Comportements humains & management

Frédérique Alexandre-Bailly, ESCP-EAP

Denis Bourgeois, HEC

Jean-Pierre Gruère, ESCP-EAP

Nathalie Raulet-Croset, IAE, Paris I

Christine Roland-Lévy, Université de Reims Champagne-Ardenne

3e édition

PEARSON Education

Mise en pages : Compo-Méca s.a.r.l

ISBN : 978-2-7440-7397-7

Table des matières

Table des encadrés

Introduction

Chaque personne se plaît dans certains environnements de travail, qu'elle trouve stimulants, agréables, et se déplaît dans d'autres, jugés moins accueillants voire -hostiles. Le travail avec les autres peut nous faire vivre les meilleurs comme les pires moments, sans que nous sachions toujours bien anticiper ce qu'il nous réserve.

Il y a des chefs que l'on suit spontanément. D'autres nous laissent indifférents, ou suscitent même de l'hostilité. Leurs directives ne sont pas suivies malgré l'autorité théorique dont ils disposent.

Un grand club de football espagnol a recruté les plus grandes stars mondiales du football de ces dernières années. Mais les meilleures individualités ne font pas les meilleures équipes et les supporters sont déçus des résultats de leur club.

Lors de grandes grèves dans les services publics, certains établissements sont totalement paralysés, alors que d'autres, dans les mêmes conditions, continuent à fonctionner.

On observe souvent qu'un surcroît d'avantages et de rémunération accordé au personnel n'entraîne pas de performances ni de résultats conséquents. À l'inverse, certains font preuve d'une très grande motivation et atteignent des résultats exceptionnels dans des conditions de rémunération très modestes.

Des collaborateurs d'une même entreprise, ou d'une même administration, mais de départements ou services différents, s'ignorent alors qu'ils sont censés servir le même but. Ailleurs, en revanche, sans raison apparente, les cloisons sont abaissées et la coopération est bonne.

Plus les directions de certaines entreprises multiplient les initiatives pour « communiquer » avec leur personnel et moins elles sont entendues. Alors que, pour d'autres, la communication est spontanément excellente, sans efforts particuliers.

Un nouveau système de gestion des données client va être mis en place dans une entreprise. Il est bien plus performant que le précédent : rapidité, accessibilité… Et pourtant, sa mise en œuvre se fait très difficilement : résistances, démotivation, incompréhensions. Et cela alors que le même système a été mis en place très facilement dans une entreprise concurrente.

La vie sociale, et en particulier celle des organisations, est pleine de paradoxes et de phénomènes déconcertants au premier abord. Les mêmes causes ne produisent pas nécessairement les mêmes effets. Un acteur au sein d'une organisation, c'est-à-dire quelqu'un qui y travaille, doit pourtant comprendre ce qui s'y passe pour se créer, dans la mesure du possible, les conditions de réussite et de satisfaction qu'il y recherche. S'il en est le chef, en outre, cela lui est nécessaire pour susciter l'adhésion des collaborateurs.

Il y a deux voies pour comprendre ces phénomènes. La première est la connaissance de soi-même. « Connais-toi toi-même, disait Socrate, et tu connaîtras l'univers et les dieux. » La seconde est la connaissance des autres et des phénomènes sociaux. Ces deux voies sont donc complémentaires. Progresser dans l'une, c'est progresser dans l'autre, et vice versa.

Le but de cet ouvrage est de donner à voir un état de la réflexion et des connaissances sur les comportements humains dans les organisations. Par définition, un livre n'est pas la vraie vie mais son objectif est d'aider le lecteur à la regarder et à mieux la comprendre. La connaissance dont nous parlons se construit par des allers et retours entre la réflexion et l'expérience. Les théories qui vont être présentées aident dans ces allers et retours car elles offrent des grilles de lecture de cette expérience, des questions à se poser à son sujet.

Le livre s'adresse en priorité aux étudiants en formation initiale et continue qui se destinent à exercer des responsabilités d'encadrement et de direction dans les organisations. Il sera également utile aux personnes qui entretiennent des liens professionnels avec une organisation (les consultants d'entreprises par exemple), ainsi qu'à toute personne désireuse de faire le point sur sa pratique managériale en explorant les principaux fondements théoriques issus des recherches actuelles.

Nous entendons par « organisation » toute forme d'action collective orientée vers un but : entreprises, administrations publiques, associations…

Quelques choix fondamentaux

Voici les choix fondamentaux qui ont guidé la conception et la rédaction de cet ouvrage.

La nature du savoir présenté

Ce livre est conçu comme une aide à l'action pour des lecteurs qui sont ou seront -chargés d'œuvrer au sein d'organisations.

Nous partons du principe que la tâche est complexe, car l'on ne détient que très rarement toutes les informations permettant de prendre une décision. Non seulement nous ne nous connaissons pas totalement nous-mêmes ni les autres, ce qui rend difficile l'appréciation d'une situation, et nous ne pouvons toujours prédire les conséquences de nos actes ou de ceux des autres. De ce fait, il n'y a pas de technique permettant de manager ou de parvenir à coup sûr à ses fins dans cet environnement. Il faudrait pour cela que la matière humaine puisse s'étudier comme la chimie, par exemple, étudie les molécules des corps physiques. Il conviendrait que, comme en chimie, on puisse procéder à des expériences répétées permettant de dégager des lois et des prévisions quasi certaines, au moins, par exemple, pour un certain nombre de réactions chimiques. Ce projet des sciences de la matière n'est cependant pas systématiquement transposable aux -groupes humains. D'une part, l'indépendance et la neutralité de l'observateur sont hautement improbables lorsqu'un être humain en étudie d'autres. D'autre part, même lorsqu'on réduit la subjectivité au minimum, les expériences que l'on met sur pied ne peuvent rendre compte de la complexité de la vie sociale réelle. Il y a trop de facteurs emmêlés à la source d'une situation pour en débrouiller complètement l'écheveau.

Alors, en sommes-nous réduits à nous fier à notre intuition ? Certes, celle-ci peut être une ressource précieuse. Nous pensons cependant que le raisonnement logique peut lui aussi être d'un grand secours. Il sera simplement adapté, dans sa forme, à l'objet complexe que sont les collectivités humaines. Entre l'éprouvette et le flair il existe une troisième voie. Cette approche, à laquelle nous souscrivons, s'inscrit dans la lignée de l'épistémologie interprétative, née à la fin du XIXe siècle en Allemagne[1], et reprise depuis lors sous différentes formes par une large partie des sciences humaines, en particulier en Europe. Elle part du principe que la recherche du vrai, du prouvé, en matière de réalité humaine est le plus souvent illusoire. Toute situation ne peut qu'être interprétée, ce qui laisse la place à plusieurs regards possibles sur le même objet. Des théories peuvent être dégagées de ces interprétations, ce ne seront pas des lois absolues, mais plutôt des grilles de décodage du réel. Au lieu de leur vérité, ce qui fera la valeur de ces interprétations et théories, ce sera leur pertinence, le fait que des individus, en les utilisant, seront à même d'évoluer au sein de collectivités humaines, grandes ou petites, de façon plus satisfaisante pour eux et pour leur entourage.

En d'autres termes, nous proposerons ici des manières d'analyser les phénomènes humains dans les organisations qui ne pourront conduire à des certitudes, mais qui aideront cependant à baliser l'incertitude. Elles n'apporteront pas de réponses définitives mais des questions utiles à se poser et des démarches pour y répondre. En dernier ressort, chacun, dans sa vie au sein d'organisations – comme en dehors, d'ailleurs –, se construit sa propre vision de soi et du monde.

L'éthique et le management

Progresser dans sa compréhension de l'organisation, comme cet ouvrage incite à le faire, aidera un manager à parvenir à ses fins. Cela pose un problème éthique qu'il convient de mentionner même si nous ne prétendons pas le résoudre. Toutes les fins, fussent-elles celles des managers, ne sont pas nécessairement recevables. Nous ne ferons du manager ni le héros ni le démon des temps modernes, comme il apparaît parfois dans des débats trop simplistes. Nous le considérerons comme un être humain capable aussi bien de respecter une éthique que de céder parfois à des tentations ou des pressions. Notre rôle en l'occurrence consiste à présenter des connaissances et à signaler les implications éthiques de telle ou telle décision.

Les niveaux d'étude

Nous avons également opté pour une approche systémique de la réalité organisationnelle, prenant en compte les interactions entre plusieurs niveaux :

- **Le niveau des individus.** Les individus agissent dans leur singularité à la fois de raisonnement, d'intelligence, de sentiments et d'émotions.
- **Le niveau des groupes.** Les individus agissent en interaction, selon des mécanismes psychosociologiques inhérents au fait que des individus se côtoient.
- **Le niveau de l'organisation.** Les individus agissent ensemble, dans des structures définies, autour de buts concrets.

En toile de fond, nous ajouterons **l'univers social et culturel** dans lequel l'organisation est insérée. Les influences de ces niveaux se combinent et se renforcent mutuellement. Comprendre une situation, c'est comprendre ce qui se joue à chaque niveau mais aussi appréhender comment chaque niveau agit sur les autres.

1. Dilthey J., *Le monde de l'esprit*, Paris, Aubier, 1947 ; Weber M., *Essais sur la théorie de la science*, Presses Pocket, 1992 (1904, édition originale).

La prise en compte de ces divers niveaux ne se confond pas complètement avec l'acceptation ou la recherche de regards différents sur le même objet, que nous avons annoncée plus haut. En effet, même à un niveau donné, celui de l'individu par exemple, il existe des approches théoriques différentes proposant des interprétations différentes d'un même comportement.

La pluridisciplinarité

En conséquence, nous sollicitons dans cet ouvrage les principales disciplines qui traitent du fonctionnement des comportements humains :

- **La psychologie** (subdivisée en de nombreux sous-ensembles théoriques et méthodologiques). Elle vise le niveau de l'individu et des relations interindividuelles. La psychologie sociale a toute sa place dans l'étude des relations au sein des groupes.
- **La psychologie sociale, l'anthropologie, la sociologie, l'économie** (chacune subdivisée en branches diverses). Elles s'intéressent à l'homme social.

Nous ferons parfois appel à des notions de base de ces disciplines ; très souvent, nous étudierons l'application qui a été faite de ces notions dans le domaine spécifique des organisations. Cette application a produit un champ de connaissance appelé « **théorie des organisations** ».

La structure de l'ouvrage

Nous avons choisi de structurer l'ouvrage autour de grandes questions qui se posent concrètement et aujourd'hui dans la vie de chacun au sein des organisations. Ce sont la communication, la motivation, la coopération et le conflit, le leadership, l'autonomie et la délégation, le changement.

Chacune est étudiée sous l'angle des trois niveaux d'analyse – individu, groupe, organisation – et de leur interaction.

Le livre est conçu en deux parties. La première, à travers trois chapitres, présente les bases théoriques nécessaires à l'approche des organisations.

Les deux premiers chapitres présentent, de façon synthétique et illustrée, les principales théories utiles à la compréhension des niveaux de la réalité sociale mentionnés plus haut : individu, groupe et société, organisation. Ils renvoient à des fiches annexes, situées en fin de livre, permettant d'approfondir certaines notions.

Le deuxième chapitre propose également un modèle général de l'organisation qui sera utilisé tout au long de l'ouvrage.

Dans le troisième chapitre, un cas illustre une façon concrète d'utiliser ce modèle pour analyser les comportements humains dans l'organisation ; il permet de situer l'usage qui peut en être fait par un manager.

La deuxième partie est consacrée à des développements thématiques ; elle est organisée en six chapitres. Elle explore successivement, dans le cadre de l'organisation, les phénomènes de communication (chapitre 4), de motivation (chapitre 5), de coopération et de conflit (chapitre 6), de pouvoir et de leadership (chapitre 7), d'autonomie et de délégation (chapitre 8), de changement (chapitre 9). Les références théoriques sont assorties d'exemples tirés de la vie professionnelle.

Mode d'emploi

Pour faciliter le repérage du lecteur, l'ouvrage comprend plusieurs rubriques :

- Au début de chaque chapitre sont présentés les objectifs, ainsi que les concepts clés qui regroupent les définitions, l'historique des notions et les problèmes terminologiques.
- Tout au long de l'ouvrage, le lecteur trouvera des encadrés explicatifs. Ils sont présentés sous deux rubriques : les « exemples », généralement pris dans la vie sociale ou professionnelle, qui ont vocation à illustrer les propos tenus dans le déroulement du texte, et les « approfondissements », qui développent une information plus technique sur certains thèmes.
- À l'issue de chaque chapitre, une figure ou un tableau récapitulatif synthétise les connaissances passées en revue.
- Chaque chapitre se termine par une liste sélective des ouvrages essentiels sur le thème du chapitre, pour en indiquer les principales sources et les livres clés pour aller plus loin.
- Des exercices et des cas d'application, à la fin des chapitres 4 à 9, permettent de mettre en pratique les notions étudiées.

Nous tenons à remercier les enseignants qui nous ont fait part de leur avis sur les précédentes éditions et qui, par leurs remarques, ont contribué à l'améliorer : Marc Arbouche, Christoph Barmeyer, Philippe Chauvet, Djamila Elidrissi, Jean-Marc Garthe, Georges Gravé, Hervé Mesure, Christine Naschberger, Stéphane Trébucq.

Chapitre 1

Les sources du comportement individuel : personnalité, influences sociales et perception

Objectifs du chapitre

À l'issue de ce chapitre, pour comprendre les sources du comportement individuel, vous devriez :

- **connaître les principales théories de la personnalité ;**
- **comprendre les relations entre personnalité, attitude et comportement ;**
- **mesurer l'incidence des influences sociales et des groupes sur les comportements individuels ;**
- **comprendre le fonctionnement de la perception du monde et d'autrui par l'individu ;**
- **savoir que la perception confère un sens à l'action, et participe à la fois de la personnalité, de l'identité, de l'environnement social, culturel et de groupe.**

Pour permettre de comprendre les sources du comportement, nous proposons ici d'explorer trois éléments clés du fonctionnement de l'individu : l'émergence de sa personnalité, les influences des différents groupes sociaux auxquels il appartient, et sa manière de percevoir le monde.

Nous nous appuierons pour cela sur un schéma général (voir figure 1.1) qui repose sur la conviction suivante : une bonne analyse des comportements doit se fonder sur une compréhension de ce qui provient des personnes en jeu (c'est l'objet de ce chapitre), ainsi que sur une conception claire de l'impact du contexte organisationnel (structures, procédures, culture…) sur ces mêmes comportements et attitudes (ce sera l'objet du chapitre 2). Nous considérons ici en effet que le comportement d'un individu dépend de deux éléments principaux : sa personnalité et les contraintes de la situation dans laquelle se situe l'action. Face à un comportement donné, on fait souvent l'hypothèse que c'est la personnalité de l'individu qui est en cause, alors que bien souvent sa réaction provient pour l'essentiel des forces de la situation elle-même. C'est ce qu'on appelle l'erreur fondamentale d'attribution (voir approfondissement 1.8). Pour être capable de l'éviter, de faire la part des choses entre la responsabilité de chacun et celle de la situation dans laquelle les personnes sont placées, il faut avant tout comprendre comment un individu donné se construit en tant que personne à l'identité composite, responsable de ses actes, sujet en même temps qu'objet de l'organisation, percevant le monde et les autres d'une façon particulière.

Nous aborderons ce portrait en trois temps :

- Nous montrerons comment chacun hérite d'un patrimoine bio-physio-psychologique et construit sa personnalité en interaction avec les environnements qu'il subit et qu'il crée.
- Nous aborderons ensuite l'impact des groupes et de la vie sociale sur les comportements individuels.

– Nous évoquerons enfin comment les mécanismes de la perception, inscrits en chaque personnalité, orientent et infléchissent les comportements des acteurs sociaux en activant leur vision personnelle du monde.

Concepts clés

DÉFINITIONS

Un **individu** est une entité que l'on peut, pour les besoins de la démonstration, subdiviser en trois éléments plus ou moins bien coordonnés :

- Un corps, qui doit être pris en compte et respecté pour entretenir une efficacité durable. Dans les organisations, par exemple, ce sont les spécialistes de l'ergonomie qui se préoccupent de cette question.
- Un cerveau, lieu principal d'élaboration des rationalités et de la coordination des conduites.
- Un cœur, des affects ou des sentiments, qui vont conduire l'individu à agir, tout autant que son cerveau.

Venu au monde sous une forme inachevée, l'individu va construire les bases de sa personnalité pendant les premières années de sa vie. Cette construction va se faire et se poursuivre en fonction de son caractère, de ses appartenances sociales et des expériences que le hasard et son éducation, puis aussi sa volonté et son désir, vont lui faire vivre.

Nous utilisons ici trois concepts très proches, mais dont il convient de distinguer les usages.

On appelle **personnalité** la structure organisée, stable dans le temps et cohérente du rapport au monde d'un individu. Cette notion est développée à la section 1.

On nomme **caractère** (mot qui signifie « **signe gravé** » en grec) l'ensemble des dispositions apparemment innées dont est doté l'enfant dès son plus jeune âge.

L'**identité** est un concept distinct de celui de la personnalité dans la mesure où il n'est pas utilisé dans les mêmes circonstances. La personnalité sert à cerner les caractéristiques de la personne de l'extérieur, tandis que l'identité concerne la manière dont la personne elle-même se définit et se reconnaît. La constitution de l'identité relève d'une différenciation de l'individu par rapport aux autres et d'une « conservation du même » par-delà l'évolution historique. Au fur et à mesure de son histoire, l'individu constitue et confirme son identité, composée de multiples éléments :

- des éléments corporels, biologiques et physiologiques qui relèvent de l'espèce humaine, et qui conditionnent ses apparences, ses potentialités physiques, intellectuelles ;
- des éléments culturels historiques : origines, histoire, système de valeurs, motivation, intérêts ;
- des éléments cognitifs multiples : compétences particulières, aptitudes, connaissances.

L'identité se développe toute la vie durant, et n'est pas constituée une fois pour toutes. Elle est issue non seulement de la personnalité mais aussi des interactions sociales[1]. Elle est confortée ou modifiée par l'image que renvoient les autres.

Cette personnalité et cette identité vont contribuer à former et renforcer des attitudes qui constituent autant de dispositions à agir. La traduction en comportements pourra s'opérer en conséquence.

L'attitude

L'**attitude** se définit comme un état mental prédisposant à agir d'une certaine manière, face à un objet particulier. Il s'agit d'une construction hypothétique, élaborée pour rendre compte d'une structure relativement stable chez l'individu, relevant de sa personnalité et de son identité.

Elle repose sur trois composantes structurelles qui interfèrent :

- L'une, **cognitive**, renvoie aux perceptions, aux croyances, aux représentations d'un individu concernant des « objets » au sens large, qui peuvent comprendre aussi bien des situations que des personnes. Elle correspond à une expérience privée reposant sur un substrat neurobiologique.
- Une autre, **affective**, concerne les phénomènes socio-émotionnels éprouvés en réponse aux stimuli internes et externes. Par exemple, ils s'expriment par une attraction ou un rejet : « j'aime ou je n'aime pas », « je suis pour ou je suis contre ».
- Une dernière enfin, **opératoire**, souvent décrite comme une prédisposition à l'action, qui correspond à une intention d'agir, un signe avant-coureur de nos comportements, le moteur qui donne une direction aux actions menées.

L'attitude assume quatre fonctions essentielles : l'une de connaissance (ou épistémique), une autre adaptative (d'ajustement social), une autre fonction est dite expressive (expression des valeurs) et enfin, la dernière exerce une fonction de défense de soi.

Les attitudes d'une personne ne sont pas toujours clairement identifiables, ni par elle-même, ni par autrui. Pour les appréhender, elles nécessitent bien souvent une conduite de détour. Les spécialistes des études de marché peuvent poser, par exemple, des questions indirectes aux prospects sollicités, leur permettant ainsi de livrer leur opinion, révélatrices de leur attitude, sans risque d'implication excessive. Des enquêteurs peuvent mesurer des attitudes en présentant un choix de réponses à une question sur une échelle numérique graduée, dite échelle de Likert.

Le comportement

Le **comportement**, c'est ce que les autres observent chez un individu. Au sens large, ce concept renvoie aux activités d'un organisme qui peuvent être observées par un autre organisme, ou enregistrées par les instruments d'un expérimentateur. Pour l'école behavioriste, le comportement d'un individu s'inscrit dans le schéma « stimulus-réponse ». Il est le résultat des réponses que l'individu a apprises sous l'influence de stimuli variés. C'est le fruit à la fois des contraintes extérieures fortuites et des renforcements provoqués par l'éducation (avec les multiples conditionnements sociaux qui l'accompagnent).

Les relations entre attitudes et comportements

Si l'individu est cohérent, son attitude (qui sert de stimulus) et son comportement (qui correspond à la réponse) se situent dans une relation de cause à effet directe que l'on peut prévoir. Mais seules les fortes personnalités font ce qu'elles disent et disent ce qu'elles font en toute occasion, au risque d'affronter les tensions qu'elles ne manquent pas de rencontrer, ou même de susciter auprès de leurs interlocuteurs moins structurés et plus contradictoires.

Pour évoquer le destin de gens plus ordinaires, prenons l'exemple d'un individu qui croit aux vertus stimulantes du café, qui aime le café, qui affirme son goût prononcé pour cette boisson, et qui en consomme réellement et fréquemment. On a affaire à un « bon consommateur », entièrement acquis au produit et prévisible en ce qui concerne son comportement relatif à cet univers particulier.

Mais cette chaîne logique peut être contrariée si des pressions extérieures interfèrent dans une situation particulière, obligeant l'individu à infléchir son comportement volontaire, à en adopter un autre sensiblement modifié, sous l'effet par exemple de contraintes matérielles ou économiques, ou même sociales telles que les convenances, les bienséances, la peur du jugement d'autrui, la crainte de déplaire à ses interlocuteurs.

Le comportement, ainsi détourné, ne traduit pas fidèlement les valeurs ni les croyances profondes qui sous-tendent les attitudes de la personne. Celle-ci, sous l'effet des contraintes, les dissimule ou ne les exprime pas, préférant composer avec les éléments extérieurs qui prennent alors le pas, dans le comportement affiché, sur ses attitudes et les convictions profondes qui les sous-tendent.

L. Festinger[2] émet l'hypothèse que l'individu, tiraillé par ses contradictions entre attitudes et comportement notamment, se trouve souvent en état de « dissonance cognitive », alors même qu'il aspire à la « consonance », et au confort d'un état cohérent et non conflictuel. Pour résoudre ce conflit intérieur, il met en place des stratagèmes qui consistent essentiellement à rationaliser ses conduites *a posteriori* ou à infléchir ses attitudes pour les mettre en conformité *a posteriori* avec ses comportements. Les changements d'attitudes et de comportements feront l'objet d'un développement ultérieur au chapitre 9.

Les relations entre personnalité, identité, attitude, comportement, environnement situationnel et perception

La figure 1.1 montre les relations systémiques qui existent entre les différents éléments présentés, ainsi qu'avec la perception. L'individu voit le monde de sa fenêtre et sa perception interfère dans l'action entreprise. Il perçoit une situation ou plus généralement un objet compte tenu des caractéristiques de cet objet et de ses propres caractéristiques, qu'il s'agisse de ses capacités physiques ou de ses attitudes vis-à-vis de cet objet. Il va se forger une attitude vis-à-vis de la situation, en fonction de sa personnalité et de la façon dont il perçoit cette situation.

On voit la complexité du système. On se rend compte de la difficulté de comprendre l'origine réelle des comportements individuels observables, puisque ce schéma montre des interactions à double sens. Pourtant, il est indispensable pour un manager de se doter de modèles de compréhension du fonctionnement de ses principaux interlocuteurs, qu'ils soient clients, fournisseurs ou collaborateurs par exemple, s'il veut mettre en place des politiques efficaces. Ce schéma sera repris et développé en conclusion du chapitre.

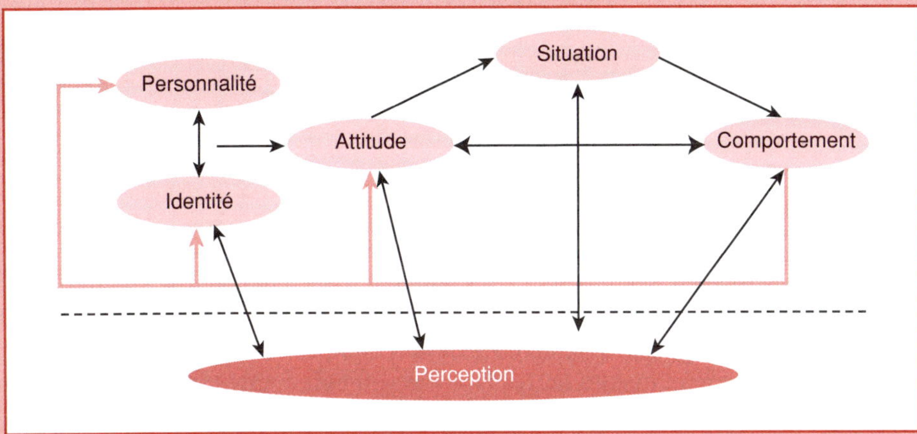

Figure 1.1 • Interactions entre les notions.

1. Le fonctionnement de la personnalité

La meilleure façon de décrire la spécificité d'un individu, c'est de parler de sa personnalité. Par exemple, entre deux candidats à un poste donné, si les deux ont le même profil, on choisira celui ou celle qui a la personnalité la plus apte à réussir pour le poste en question. Mais qu'entend-on exactement par personnalité et comment l'appréhender ? Comment savoir qu'il faut tel type de personnalité pour affronter telle situation ? Comment agir face à quelqu'un qui aurait une personnalité « difficile » ? Comment s'assurer enfin du lien entre personnalité et comportement ? Tel est l'objet de cette première section qui va nous permettre de mieux cerner les conduites des individus.

Pour bien comprendre le fonctionnement de la personnalité, nous allons traiter successivement les points suivants :

- représentations et constitution de la personnalité ;
- impact de la personnalité sur le comportement : le lien entre personnalité, attitudes et comportements ;
- impact des appartenances à une organisation sur la personnalité et l'identité.

1.1 La constitution de la personnalité : théories et typologies

1.1.1 Définition de la personnalité

Pour Salvador Maddi[3], « *vue de l'extérieur, la personnalité est un ensemble de caractéristiques et de tendances qui détermine les points communs et les différences du comportement psychologique – pensées, sentiments et actions – des gens, comportement qui présente une continuité dans le temps et ne peut être aisément attribué aux seules pressions sociales et biologiques du moment* ».

Quand les individus peuvent choisir librement leur mode d'action, c'est-à-dire lorsque les contraintes qui pèsent sur eux se présentent comme minimales, leur personnalité a alors la meilleure chance de se révéler. En revanche, sous une contrainte externe importante, l'expression de la personnalité se trouve entravée et perd de sa force et de sa distinction compte tenu des répercussions internes ainsi produites.

Si pressions et circonstances nous obligent à agir de manière identique à ceux qui sont autour de nous, notre personnalité s'exprimera moins par nos actions elles-mêmes que par le style qu'elle parviendra à leur conférer.

Les théories de la personnalité, exposées plus bas, font référence à la fois aux éléments qui nous sont communs et aux facteurs qui distinguent une personne d'une autre. Essayer de comprendre la personnalité d'un individu, c'est donc essayer de comprendre ce que celui-ci possède en commun avec d'autres et ce qui l'en différencie. Pour le manager, cela signifie que chaque membre de son équipe est unique et peut réagir ou non de la même manière que les autres face aux difficultés, aux éloges, aux critiques, aux augmentations de salaires et aux injonctions diverses.

Les trois caractéristiques fondamentales de la personnalité sont les suivantes :

- Elle suppose **une stabilité et une continuité dans le temps**. Si des changements majeurs ne peuvent habituellement se produire soudain dans une personnalité, il est possible néanmoins que celle-ci se transforme avec le temps. Une certaine évolution de la personnalité se produit tout au long de la vie, bien que les plus grands bouleversements surviennent au cours de la petite enfance. Cette évolution est le produit de l'expérience. Les individus apprennent de nouvelles manières de se conduire et peuvent modifier les modèles de comportements qui étaient précédemment les leurs. Par exemple, les nouveaux employés sont souvent influencés d'une façon significative par les exigences du milieu dans lequel ils sont amenés à travailler, et leur personnalité peut changer quelque peu sous l'effet des rapports personnels qui existent au sein de l'organisation.
- Elle est appréhendée comme une **globalité** : on considère la personnalité dans son ensemble et non tel ou tel aspect.
- Elle est un **ensemble organisé selon certains modes de fonctionnement**, cohérent, qui fait système.

Ces trois caractéristiques impliquent que la personnalité est considérée comme une structure stable qui possède un mode de fonctionnement régulier qui permet de prévoir à peu près les attitudes et les comportements d'un individu. « *La personnalité correspond aux "caractéristiques" qui expliquent les schémas habituels de comportement d'une personne*[4] », mais c'est sans compter le poids des autres, le poids notamment du groupe et de ses normes.

La personnalité englobe les caractéristiques individuelles dont sont issus des modèles cohérents de comportement. Dans la vie des organisations, les individus, acteurs sociaux, cherchent à comprendre ces modèles comportementaux qui entrent en interaction avec ceux d'autrui. Les managers tout autant que les membres de leur équipe ont besoin de comprendre les comportements des autres dans un grand nombre de situations variées.

De nombreux facteurs tels que l'âge, le sexe, l'appartenance culturelle, l'éducation, les compétences, l'expérience professionnelle, le milieu social, s'entremêlent dans la construction de la personnalité. Mais tous ces facteurs se conjuguent de manière spécifique et singulière en chaque être humain. De nombreuses théories ont tenté d'expliquer les mystères de la formation de la personnalité. C'est l'objet de la section suivante.

1.1.2 Les théories sur les origines de la personnalité

Il existe principalement trois familles de théorisation de la personnalité et de sa constitution, mais avant de les aborder plus en détail, essayons de donner un aperçu général, le plus neutre possible de ce qui semble constituer la personnalité, quelle que soit l'école de pensée.

Aperçu général

Au commencement, on constate un caractère : un ensemble de traits caractéristiques d'un individu, vu du dehors, qui semble né avec l'enfant et le différencie très vite de ses pairs. Il s'agit d'un ensemble sous-jacent, solide et permanent qui résiste au changement, quelles que soient l'éducation et les expériences vécues. On dira banalement que quelqu'un a bon caractère ou un bon naturel. Difficile de savoir d'où cela vient. Pour certains chercheurs, il s'agit de facteurs génétiques, innés, et pour d'autres, d'acquis précoces. Toujours est-il que le caractère initial va se trouver confronté à une série d'expériences fondatrices face auxquelles ses réactions et celles de l'entourage vont contribuer à créer des impressions pérennes et des façons particulières de réagir au monde. Tout se passe comme si l'individu gardait l'empreinte de ces expériences originelles et se constituait progressivement une manière de percevoir et de réagir, issue des premières interactions. Ainsi, on peut dire que la personnalité est issue des éléments suivants :

- les interactions précoces parent-enfant et les projections faites sur chaque enfant ;
- l'éducation ;
- le milieu familial ;
- le milieu social ;
- les appartenances religieuses ;
- les premières expériences.

Spécificités de chaque école de pensée

Il existe deux grands types de théories sur la constitution de la personnalité :

- Pour **les behavioristes**, la personnalité est issue d'un apprentissage par expérience. À partir d'un potentiel particulier, il ne s'agit que de l'ensemble des réponses apprises par l'individu face aux stimuli de l'entourage et consécutives des premières expériences. Ainsi, l'éducation va être primordiale pour la construction progressive de la personnalité. Celle-ci, en tant que résultante, regroupe un ensemble de caractéristiques, assez facilement programmables si l'éventail des stimuli activés engendre les effets prévus. Il existe, par exemple, des tests de personnalité, qui permettent de classer les individus selon leurs réponses à des questions discriminantes. Cette vision assez simple permet alors d'établir des correspondances entre un type de personnalité et un type d'activité.
- La **psychanalyse** s'est caractérisée dès l'origine par une représentation précise de la personnalité et de son fonctionnement. En effet, Freud, pour fonder son édifice scientifique, a eu

besoin de se doter d'une représentation qui permettait de comprendre le fonctionnement de l'inconscient. La structuration de la personnalité en trois instances : le ça (siège des pulsions), le surmoi (instance morale des interdits et des prescriptions), le moi (siège de la régulation plus ou moins consciente du ça et du surmoi), est la même pour chaque individu. Ce qui change en revanche, c'est l'équilibre que chacun va trouver entre les trois instances et la réalité. Selon Freud, en effet, la personnalité se constitue durant les premières années de la vie au fur et à mesure que l'individu passe par les différents stades psychosexuels. À chaque stade, oral, anal et phallique, une série de nouvelles problématiques se présente à l'enfant. Il les résout plus ou moins bien, soit en passant sans difficulté au stade suivant, soit en développant des mécanismes de défense qui lui permettent de garder son équilibre interne au prix d'une moins bonne adaptation sociale (voir approfondissement 1.1). Les différences de personnalité vont plus tard se remarquer par l'utilisation de mécanismes de défense privilégiés pour faire face à des situations répétitives. Ainsi, par exemple, celui qui a eu des difficultés à affronter l'autorité paternelle au moment du stade phallique aura tendance tout au long de sa vie à éviter les rapports d'autorité ou à mal les vivre. On comprend alors que les personnes qui sont dans ce cas présentent une personnalité peu compatible avec une organisation classique et sont plus à l'aise dans une activité plus indépendante. Mais au-delà de ce type de situation, on peut déduire de la psychanalyse qu'un type de personnalité est associé à certains mécanismes de défense, si bien que les personnes initiées peuvent s'apercevoir que la même personne a tendance à user des mêmes mécanismes dans diverses occasions. Repérer les mécanismes de défense les plus utilisés et le type de personnalité de quelqu'un permet alors aux spécialistes de savoir comment le comprendre et comment l'aborder.

Cette vision de la personnalité, plus complexe que celle des behavioristes, appelle quelques commentaires dans son utilisation, en particulier au sein des organisations. S'il existe une typologie générale des personnalités chez les psychanalystes (on distinguera par exemple les obsessionnels des hystériques), il est extrêmement difficile, en peu de temps, de bien comprendre la personnalité de quelqu'un. Ainsi, sans être spécialiste, on peut savoir que les obsessionnels réagissent en général de telle ou telle façon. De là à identifier qu'une personne est obsessionnelle, il y a un pas que certains franchissent parfois trop rapidement. Ainsi la psychanalyse n'est-elle pas facilement mobilisable par le manager. Pourtant, elle invite à relire des situations d'un œil plus bienveillant que par un simple constat d'irrationalité ou d'incohérence. Il y a souvent des raisons très solides, mais inconscientes, qui poussent quelqu'un à réagir d'une façon plutôt que d'une autre. Savoir que cela peut exister est déjà un bon pas vers un questionnement de meilleure qualité.

Pour E. **Erikson**, la personnalité est issue d'une série de crises psychosociales et donc d'une interaction entre la personne et les situations rencontrées. Il propose de distinguer huit étapes, qui couvrent l'ensemble de la vie, de la naissance à la vieillesse. Il distingue les stades : 1) oral sensoriel, 0-1 an ; 2) musculaire anal, 2-3 ans ; 3) locomoteur génital, 3-5 ans ; 4) latence, 6-11 ans ; 5) adolescence, 12-18 ans ; 6) début de l'âge adulte, 19-35 ans ; 7) âge adulte, 35-50 ans ; 8) maturité, 50 ans et plus. Au cours de chaque étape, l'individu est confronté à une crise dont le type de résolution va conduire à une caractéristique de la personnalité. Par exemple, si un adolescent résout mal la crise liée à cet âge, il risque de développer une identité confuse. C'est une vision qui intègre, mieux que les deux précédentes, les apports combinés de l'expérience et du caractère. Elle a de plus l'avantage de proposer une conception évolutive de la personnalité tout au long de la vie.

Approfondissement 1.1

Quelques mécanismes de défense : refoulement, déplacement et projection

L'équilibre de la personnalité n'est pas une constante acquise une fois pour toute. Les instances sont en perpétuel déséquilibre et lorsque le moi ne parvient pas à rétablir l'équilibre simplement, à combattre les pulsions du ça, il met en place des mécanismes de défense.

Ces mécanismes sont importants à connaître et à repérer, car ils sont la source de nombreux comportements apparemment dysfonctionnels. Comprendre que l'acte posé par une personne provient d'un mécanisme de défense peut permettre de prendre les devants et de tenter de la sécuriser, de lui éviter de déployer un comportement inopportun, qui risque d'être mal apprécié dans le cadre d'une organisation.

Voici, parmi les mécanismes de défense décrits par Freud et sa fille Anna, trois mécanismes importants pour l'analyse du comportement des individus dans l'organisation :

- **Le refoulement** est le mécanisme principal de défense. Il consiste à rejeter dans l'inconscient ce qui est insupportable à la conscience. Il s'agit d'oublis qui peuvent sembler incroyables aux autres tant la force de ce mécanisme est puissante.
- **Le déplacement** consiste à déporter un sentiment ou un affect d'une personne ou d'un objet vers un(e) autre. Il est fréquent, par exemple, qu'une personne se mette à détester quelqu'un par pur déplacement, simplement parce que le fait de haïr la véritable personne qui est en cause (un proche en général) est totalement insupportable. Lors de relations difficiles entre deux personnes, il peut être intéressant d'envisager l'hypothèse du déplacement lorsqu'il n'y a aucune raison apparente à l'existence d'une haine farouche.
- **La projection** consiste à attribuer à autrui ses propres affects. Elle peut alors être la source d'idées fausses sur les sentiments des autres et justifier des comportements que l'on n'assume pas soi-même. Si par exemple un individu n'aime pas son supérieur hiérarchique et que cela lui est insupportable, il peut projeter ce sentiment sur le supérieur et croire que celui-ci ne l'aime pas. Tout se passe comme si le raisonnement inconscient se résumait à « **ce n'est pas moi** (qui déteste mon supérieur), **c'est lui** (qui ne m'aime pas) ! ». Cela risque alors de justifier de la part du supérieur un comportement hostile en retour, en toute bonne foi. La projection est aussi un mécanisme qui perturbe l'objectivité du jugement dans toutes sortes d'interactions, notamment lors des entretiens de recrutement. Le recruteur a tendance à projeter sur le candidat des sentiments qui lui sont propres. Ainsi, si un candidat fait de la planche à voile et que le recruteur aime ce sport, il aura un *a priori* favorable sans explication légitime.

Source : Freud A., *Le moi et les mécanismes de défense*, PUF, 1946.

1.1.3 Quelques éléments clés de la personnalité

Ces représentations de la constitution et de la structure de la personnalité étant données, il nous reste à examiner quelques dimensions clés qui permettent d'analyser la source des comportements en organisation.

Il ne s'agit pas ici d'être exhaustif, mais de présenter des concepts qui sont très utilisés dans la littérature et qui sont utiles à l'analyse des causes d'un comportement. Nous en avons retenu trois.

L'idéal du moi

Il s'agit de l'image idéale que l'enfant se constitue très tôt, selon S. Freud, dans la formation de sa personnalité et qui va l'orienter vers l'action. On considère qu'elle est l'autre facette du surmoi, celle de l'idéal à atteindre, par opposition aux prescriptions ou aux interdits. C'est en quelque sorte l'objectif ultime que l'individu poursuit. Un individu qui possède un idéal du moi très élevé va être le plus souvent très ambitieux, mais pourra aussi se révéler déçu d'une position sociale qui n'est pas assez élevée par rapport à son idéal du moi, alors qu'elle correspond pourtant au résultat de ses différentes actions. Il est intéressant dans certains cas d'essayer d'appréhender l'idéal du moi d'un individu pour tenter de comprendre par exemple pourquoi il ne tente pas d'aller plus loin.

L'estime de soi

C'est la façon dont l'individu se juge et qui provient de son appréciation de ses actions sur le monde. L'estime de soi évolue en fonction des expériences réussies ou ratées, elle peut croître ou diminuer. Elle se différencie de la confiance en soi, qui est plus stable dans le temps. Quelqu'un qui dispose d'une mauvaise estime de soi va avoir des difficultés à se lancer dans l'action, à imaginer qu'il peut réussir.

Le *locus of control*

Le *locus of control* (« lieu de contrôle ») est une attitude, une disposition d'un individu à assumer plus ou moins ce qui lui arrive.

Soit l'individu présente un « locus interne ». Il se considère alors comme responsable de ses actes et aura tendance à prendre son destin en main, à penser que sa réussite ne dépend que de lui. Il s'impliquera donc dans les activités qu'il entreprendra.

Soit il présente un « locus externe ». Dans ce cas, il se considère comme très peu responsable de ce qui lui arrive et pense que son destin dépend du hasard, de son milieu d'origine, des actions des autres. Il aura donc tendance à peu s'impliquer dans ses activités, estimant que son rôle n'est pas très important, que de multiples facteurs l'empêchent de réussir, ou que sa réussite n'est pas due à son travail.

La localisation du *locus of control* dépend certes de la structuration de la personnalité mais aussi, en grande partie, des valeurs sociétales. Dans une société qui valorise avant tout la réussite, l'accent portera sur le *locus of control* interne et l'éducation donnée aux enfants tendra à le développer. Dans les sociétés qui valorisent l'obéissance et la conformité, le *locus of control* sera plutôt externe et l'accent sera mis sur les valeurs de respect et d'autorité.

1.2 Les typologies de la personnalité

S'il est difficile d'analyser, lors d'un entretien de recrutement par exemple, quels sont les ressorts de la personnalité d'un individu, on peut toutefois s'appuyer sur des typologies, que chacun a d'ailleurs tendance à se fabriquer pour s'orienter dans sa compréhension des autres.

Créer des typologies de personnes disposant de personnalités proches permet de se donner des représentations, de pouvoir prévoir et anticiper leurs réactions à différents stimuli. Cela permet d'ajuster son propre comportement pour faire en sorte que l'autre réagisse dans le sens souhaité. En amont, cela permet aussi d'imaginer quel type de personnalité sera le plus à même d'exercer telle ou telle fonction. On pensera par exemple que les bons commerciaux doivent être extravertis, et les bons chercheurs créatifs.

Ces tentatives de création de typologies existent depuis la nuit des temps. Hippocrate, par exemple, fondait la sienne sur les tempéraments, issus du fonctionnement physique de ses patients. Plus tard, on a vu se développer d'autres théories, parfois sans validations expérimentales, fondées sur les traits physiques et les zones plus ou moins développées du cerveau.

Aujourd'hui, sans répertorier les traits physiques des individus, des chercheurs ont mis au point des tests de personnalité (par questionnaires ou démarche projective, par exemple) qui permettent de caractériser un individu en très peu de temps et de le différencier de ses semblables. Ces tests sont des épreuves standardisées. Ils sont construits pour être à la fois sensibles, fidèles et valides. Ils peuvent se présenter sous la forme de questionnaires (300 questions, par exemple). Les réponses du sujet (en général : oui, non, ou « ne sait pas ») sont analysées statistiquement à l'aide d'une grille, en fonction des traits de personnalité recherchés par le psychologue (exemple : activité générale, objectivité, sociabilité, résistance au stress, ascendant, émotivité…) et enfouis dans un flot de questions. Les réponses aux questions permettent d'établir un profil du sujet. Ses résultats seront resitués dans un échantillon de population dont il est issu. Déontologiquement, seules des personnes compétentes, agréées par les créateurs du test ou les détenteurs patentés, sont habilitées à les faire passer et à les commenter à la personne intéressée.

Chaque test présente des dimensions différentes selon que l'on s'intéresse à la façon de penser, de se comporter avec les autres ou aux activités préférées. Le choix d'un test plutôt qu'un autre, effectué par exemple par un recruteur ou par un cabinet de conseil en gestion de carrière, va dépendre de la confiance accordée en sa validité, du type d'informations recherchées sur la personne, mais aussi de la disponibilité des tests et de leur prix. Tous ne sont pas équivalents, non pas tant au niveau des traits de personnalité choisis, qu'à celui de la fiabilité des questions pour fournir des éléments sur la personnalité. Il faut ajouter à cela qu'un test, quelles que soient ses qualités, ne vaut que s'il est administré et interprété par un professionnel. Il saura aider la personne à comprendre et à s'approprier les résultats pour y gagner une meilleure connaissance de soi.

L'approfondissement 1.2 donne un aperçu d'une typologie très utilisée dans les entreprises.

Ces modélisations sont largement utilisées en recrutement. Il n'est pas inutile pour un futur manager d'en connaître l'existence et le fonctionnement.

Approfondissement 1.2

Les cinq dimensions de la personnalité

Le modèle des cinq facteurs bipolaires, évoqué sous l'appellation de « big five » a été proposé par des chercheurs en psychologie de l'évolution. Il procède de cinq dimensions de la personnalité qui émergent de la plupart des études psychométriques. Ces dimensions permettent d'interpréter les différences individuelles de la personnalité en jouant sur les variations des cinq attributs qui ont marqué l'évolution de l'espèce humaine dans sa tentative d'adaptation permanente à l'environnement.

- **Stabilité émotionnelle.** Les émotions nous donnent des antennes et nous aident à identifier les opportunités et les dangers éventuels de la vie courante. Elles procèdent souvent d'une transformation de nos états physiologiques en « ressentis psychologiques » (certains psychanalystes ont évoqué la « psychogénisation des afférences sensorielles »). Lorsque les situations que nous affrontons sont « extrêmes », agréables ou désagréables, nos réponses émotionnelles puisent dans le patrimoine physiologique commun de l'humanité. Si les situations ont un caractère plus habituel, les réactions des uns et des autres seront beaucoup plus différenciées. Certains restent très flegmatiques, d'autres réagissent avec excès.
- **Extraversion.** Nous sommes le siège de deux impulsions contradictoires : aller vers les autres, et nous en éloigner pour développer notre autonomie. Selon les travaux de C. G. Jung, pour les personnes les plus spontanément tournées vers les autres et vers la vie de groupe, les extravertis, c'est le monde extérieur qui apporte les expériences les plus essentielles à leur équilibre. Les introvertis, tournés vers leur monde intérieur, préfèrent quant à eux l'univers de la réflexion, des ambiances intimes, et un cercle plus limité d'interlocuteurs.
- **Ouverture d'esprit.** La découverte du monde, dès l'enfance, est pour chacun de nous une nécessité et généralement un plaisir. Certains s'y lancent intensément, stimulés par leurs impulsions créatrices. Ils manifestent des attitudes d'ouverture, vis-à-vis des autres quels qu'ils soient, et vis-à-vis du monde extérieur. D'autres préfèrent le familier, la tradition et les valeurs conservatrices.
- « **Agréabilité** ». Nous sommes tiraillés notre vie durant entre des phénomènes de coopération et d'autres de compétition. Certains font confiance à autrui et attirent souvent en retour la sympathie de leur entourage. D'autres imaginent le monde comme une jungle, et exercent en tout état de cause leur sens critique, leur méfiance et leur cynisme.
- **Conscience.** Être en adéquation avec soi-même suppose une certaine connaissance de soi, de ses tendances à l'effort et au plaisir, de son patrimoine intellectuel et affectif. La conscience de nos capacités et les opportunités qu'elles permettent de saisir nous appartiennent en propre et éclairent notre action.

Source : Nicholson N., « Le rôle de la personnalité », *in L'art du management*, Village Mondial, 1997 (2001, nouvelle édition).

Certains théoriciens ne parlent plus seulement de traits mais les regroupent en types de compétences. Il en existe trois grandes familles :

- les compétences mentales ou intellectuelles : cognitives et pratiques ;
- les compétences physiques ;
- les compétences émotionnelles : capacité à reconnaître et maîtriser ses émotions et celles des autres.

Si pendant longtemps on a eu tendance à mettre uniquement l'accent sur les compétences mentales des managers, aujourd'hui on insiste davantage sur les compétences émotionnelles, qui feraient la différence, à capacités intellectuelles et expérience équivalentes, pour faire face à des situations difficiles.

Quoi qu'il en soit, on comprend déjà que la personnalité a un impact non négligeable sur le comportement organisationnel.

Résumé

- La personnalité (*persona*, le masque) est ce qui fait l'unicité d'un individu.
- Elle se constitue essentiellement dans l'enfance et se manifeste par une structure stable et cohérente.
- On peut essayer de l'appréhender soit sous la forme de typologies, soit en comprenant les principes généraux de son fonctionnement.
- Elle est l'un des déterminants principaux du comportement individuel dans les organisations.

2. Quelques éléments fondamentaux du champ social

La quasi-majorité des chercheurs estiment que la personnalité des individus se construit en grande partie à travers les interactions sociales. Il convient donc maintenant d'analyser quelques mécanismes fondamentaux du champ social. Ce dernier se manifeste à la fois sous la forme de sociétés (par exemple, la société occidentale, la société française) ou sous forme de groupes, plus restreints et plus clairement délimités (par exemple un club, une organisation, une amicale d'anciens élèves). Les mécanismes que nous allons décrire dans cette section concernent l'ensemble des formes du champ social.

Nous traiterons successivement :

- de l'identité sociale et du lien social ;
- des phénomènes de hiérarchie et de domination ;
- des représentations sociales et de leur impact sur les phénomènes culturels et moraux ;
- de l'impact particulier des organisations sur la personnalité et l'identité des individus.

2.1 L'identité et le lien social

La connaissance, même approximative, des appartenances identitaires d'un individu permet de prévoir une partie importante des attitudes et des comportements qui s'y rattachent. Si l'on fait le lien entre l'identité sociale et les attitudes d'un individu et qu'on s'intéresse à ce qu'il fait ou ne fait pas, on parlera le plus souvent de ses conduites sociales.

2.1.1 L'identité sociale

L'identité sociale d'un individu est liée à la conscience qu'il a d'appartenir à un groupe. Cette appartenance à un groupe implique une situation émotionnelle et évaluative. Tajfel[5] souligne que l'identité sociale est « *la connaissance individuelle que le sujet a du fait qu'il appartient à certains groupes sociaux, avec, en même temps, les significations émotionnelles et les valeurs que ces appartenances de groupe impliquent chez lui* ».

L'appartenance à un groupe fournit à l'individu les points de repère qui lui permettent de se référer à ce groupe, de se comparer et de valider à la fois ses modes de pensée, ses attitudes et ses opinions. La norme personnelle est alors fonction de la norme sociale et recouvre ce que l'entourage estime qu'il est bien de faire ; elle est pondérée par le désir qu'a l'individu de suivre la norme du groupe.

Il faut souligner ici qu'un individu appartient simultanément à plusieurs groupes sociaux, par exemple sa famille, son milieu social, sa communauté religieuse, son université, son entreprise, son service. Si bien qu'il vaut mieux parler d'identités sociales au pluriel et que les impacts de ces différentes appartenances entrent en interaction pour produire des attitudes complexes, difficiles à analyser par les acteurs eux-mêmes.

L'identité professionnelle n'est qu'un cas particulier de l'identité sociale[6]. Selon les personnes, elle se constitue plutôt autour d'un métier ou d'une organisation donnée. Aujourd'hui, on dit que l'identité professionnelle est en crise dans la mesure où les organisations ne peuvent plus promettre d'identité stable et où les métiers sont moins durables qu'auparavant.

2.1.2 Le lien social et la socialisation

Un groupe ou une société ne peuvent fonctionner que si des éléments fondamentaux créent un lien entre les individus membres. Pour entrer en société, ou devenir membre d'un groupe, l'individu passe par une phase de socialisation qui lui permet de revêtir les caractéristiques de cette société ou de ce groupe.

Le concept de socialisation recouvre un champ extrêmement vaste qui se caractérise par son interdisciplinarité ; c'est la convergence de trois perspectives complémentaires – sociologique, anthropologique et psychologique – qui a permis la construction et l'élaboration de ce concept.

Quelle que soit la perspective, la **socialisation** s'explique traditionnellement par deux types d'analyses qui s'opposent : d'une part, celle du conditionnement, qui considère l'individu comme « agi » et, d'autre part, celle où l'individu est « acteur », en interaction avec son milieu social.

La première conception présente la socialisation presque comme du dressage. Dans un processus coercitif unilatéral, l'individu est assujetti aux déterminismes sociaux l'amenant à intérioriser les valeurs et les normes de la société. Les études sur la socialisation sont bien souvent comparatives : il s'agit de comparer les valeurs des sujets avec celles des membres d'un même groupe. Lorsqu'on trouve une corrélation, on a tendance à conclure à une action causale mécanique des structures sociales sur l'intériorisation des valeurs.

À ce paradigme du conditionnement, on oppose celui des interactions, largement utilisé par J. Piaget[7]. La socialisation dépend d'une part du développement des structures cognitives, d'autre part de la nature du système d'interactions dans lequel l'individu est inséré. Ainsi, dans la perspective de la psychologie cognitiviste, Piaget insiste sur le caractère progressif de la socialisation de la pensée, sous l'effet de la coopération et de la discussion.

D'une façon générale, en psychologie sociale, la socialisation compte trois types de fonctions :

1. Elle permet l'apprentissage des rôles. Un rôle correspond au déroulement des comportements liés à un positionnement social (statut). Il définit un système d'attentes réciproques (entre hommes et femmes par exemple).
2. Elle conduit le processus d'enculturation, qui désigne l'ensemble des opérations par lesquelles le sujet prend possession de la culture.
3. Elle est un moyen d'acquisition du contrôle des pulsions (potentiel d'actions intentionnelles toujours en quête d'une situation dont il pourrait s'emparer pour lui donner sens et ainsi s'actualiser)[8].

Certains sociologues ont décrit la socialisation comme un phénomène nettement plus contraignant. Processus d'assimilation des individus aux groupes[9], la socialisation a alors trois fonctions principales :

1. Elle est un processus de transmission des valeurs.
2. Elle pousse à la standardisation des personnalités.
3. Enfin, elle a une fonction adaptatrice. La transmission des valeurs, des modèles et des connaissances du milieu social auquel on appartient débute à la naissance et se poursuit tout au long de la vie. Le processus d'adaptation, au sein d'un groupe ou d'une société, correspond alors à une acceptation des valeurs, de l'idéologie et des croyances du groupe ; cette acceptation permet d'interpréter le monde selon une certaine forme de personnalité culturelle[10].

Ces trois fonctions montrent à quel point la socialisation pèse sur la formation de la personne. Être conscient de ce phénomène permet de comprendre des attitudes et des conduites propres à l'appartenance à certains groupes. Il est donc important que le manager sache à quels groupes appartiennent ses collaborateurs, de façon à pouvoir mieux comprendre leurs comportements et leurs conduites sociales.

2.2 Hiérarchie, domination, pouvoir

Dans toutes les sociétés, il existe des différenciations entre individus, qui conduisent à une conception hiérarchique, aussi rudimentaire soit-elle : tous les membres d'une société ne sont pas égaux sur tous les plans. Le mot « hiéros », en grec, désigne le « sacré » qui fonde cet ordre hiérarchique.

D'une part, les différents individus ne participent pas avec un poids égal aux décisions collectives. Même dans une société démocratique idéale, qui proclame l'égalité des citoyens, des responsabilités de décision sont confiées à certains individus chargés d'exercer un pouvoir, et ce pour des raisons tout simplement pratiques : tout le monde ne peut pas discuter de tout en permanence. C'est une des raisons pour lesquelles il existe une hiérarchie dans les organisations (à part quelques exceptions dans des organisations de très petite taille).

D'autre part, cette hiérarchie des pouvoirs se double d'une hiérarchie de rang. Les individus appartiennent à des catégories sociales plus ou moins élevées dans une échelle de prestige et bénéficient de ce fait de prérogatives. Cette notion de rang est parfois très codifiée (les castes en Inde, les catégories sociales de l'Ancien Régime en France, la place des femmes dans de nombreuses sociétés) ; elle est parfois plus implicite et floue – le phénomène est néanmoins opérant. On en trouve des exemples dans les sociétés occidentales. Dans les organisations, par exemple, les postes élevés dans la hiérarchie bénéficient très souvent non seulement de pouvoirs de décision plus grands, mais aussi de marques distinctives (par exemple, un bureau plus grand, un restaurant spécial) et des rémunérations plus élevées.

Ces phénomènes peuvent être envisagés très différemment selon que l'on se place dans une vision de la société et du social comme un ensemble ordonné ou un lieu de conflit.

Dans la première perspective, la hiérarchie est un instrument d'harmonie sociale. Elle permet à chacun d'occuper sa place sans avoir à la chercher ; elle subordonne l'individu à l'ordre social, lequel lui rend en retour une sécurité matérielle et affective. Telle est la thèse défendue par exemple par l'anthropologue Louis Dumont[11]. Dans le cadre d'une organisation occidentale moderne, la hiérarchie, fondée sur le mérite et les compétences, est vue par de nombreux auteurs de la littérature managériale comme ce qui permet un fonctionnement rationnel et optimal.

Dans la perspective inverse, cette hiérarchie est un instrument de domination. En effet, la répartition du pouvoir n'est pas dictée seulement par des considérations pratiques et objectives, mais par la lutte entre groupes pour s'assurer la meilleure vie possible. Selon le bon mot de Woody Allen : « *La hiérarchie, c'est bien surtout quand on est au-dessus* »… Les approches critiques en sociologie se sont employées à démonter les mécanismes de cette domination, y compris dans les sociétés occidentales se réclamant de la démocratie. K. Marx, bien sûr, fut un précurseur, avec ses notions de classes et de lutte des classes, mais il existe d'autres pensées dans le même paradigme général. Ces approches ont également inspiré des travaux sur les organisations. Nous aurons l'occasion de nous y intéresser, notamment au chapitre 7, consacré aux notions liées au pouvoir.

2.3 La culture et les représentations sociales

Le concept de culture a été développé en anthropologie et en sociologie pour rendre compte des systèmes de valeurs, des croyances, des éléments de modes de vie communs aux membres d'une société ou d'un groupe. Cette culture exprime une vision spécifique du monde, composée d'opinions et de valeurs qui permettent d'assurer une maîtrise cognitive de l'environnement en servant de référentiel pour les actes et les conduites à tenir en toutes circonstances. Ce phénomène de culture est général ; toutes les sociétés ont une culture. Certains prétendent même qu'elles « sont » des cultures. Cette notion a ensuite été étendue à des groupes plus restreints, par exemple une organisation (voir chapitre 2, section 2.2). Dans ces contextes, la culture peut couvrir des champs moins vastes et être moins prégnante.

Les représentations que se construisent les individus sur le monde qui les entoure ne peuvent se comprendre sans référence à la culture ou aux cultures dans lesquelles ils baignent.

Le concept de « représentation collective » est dû à E. Durkheim[12], qui s'y référait essentiellement pour la différencier des représentations individuelles. Il appliquait cette notion aux sociétés traditionnelles, immuables et quelque peu statiques. Il lui attribuait aussi des caractéristiques contraignantes et préétablies, qui ne permettent pas de cerner les pensées évolutives des sociétés contemporaines.

Moscovici a ensuite développé le concept de « représentation sociale », qui établit une passerelle entre l'individu et le social. « *Les représentations sont partagées par un grand nombre de personnes, transmises d'une génération à la suivante et imposées à chacun de nous sans notre assentiment conscient*[13]. » Les représentations sont sociales parce qu'elles sont partagées et communes à un groupe donné ; c'est cette dimension sociale qui leur attribue une place spécifique fondée sur des systèmes de rapports sociaux. Il s'agit d'une construction collective, composée de connaissances partagées, qui définissent un consensus au sein d'une société ou d'un groupe. Les observations sur la dynamique des groupes ont permis d'illustrer cet aspect (voir approfondissement 1.3).

La représentation sociale, comme forme de connaissance dite « de sens commun », se caractérise par les propriétés suivantes : elle est socialement élaborée et partagée ; elle a une visée pratique d'organisation, de maîtrise de l'environnement (matériel, social, idéel) et d'orientation des conduites et des communications ; enfin, elle concourt à l'établissement d'une vision de la réalité commune à un ensemble social (groupe, équipe, organisation) ou culturel donné. Sa spécificité tient au fait qu'elle est générée et transmise au cours d'échanges sociaux, devenant une partie de la vie collective (voir approfondissement 1.4).

Appartenir à un groupe est un gage d'ancrage dans la réalité. Se référer à un groupe concerne une dimension identitaire, symbolique et normative. L'individu gère sa vie durant les recouvrements partiels ou totaux de ces deux types d'allégeances. Il peut aussi ressentir les malaises consécutifs à leurs non-recouvrements ou à leur antagonisme.

Ainsi, un individu donné se définit toujours à la croisée des groupes auxquels il appartient ou rêve d'appartenir, y compris les groupes particuliers que sont les organisations de travail.

Approfondissement 1.3

La dynamique des groupes

Une des formes constitutives de la vie sociale concerne l'appartenance des individus à des groupes. Les groupes fonctionnent comme des creusets de la société où s'élaborent et se fondent les valeurs. Ils agissent puissamment sur les attitudes et les comportements des individus qui les composent.

Depuis le milieu des années 1950, on a assisté à un véritable engouement pour l'étude de la dynamique des groupes. Sous l'influence du courant des relations humaines appliquées non seulement à l'entreprise, mais aussi à la pédagogie active, le groupe est devenu un véritable laboratoire de changement, qu'il s'agisse de politique, de religion, de production industrielle ou de formation, sans oublier les psychothérapies de groupe, qui ont commencé à se développer à cette époque.

Le système d'interdépendance, propre à un groupe à un moment donné, explique le fonctionnement du groupe et sa conduite, c'est-à-dire aussi bien le fonctionnement interne que l'action sur la réalité extérieure. C'est cela qu'on nomme, à partir de l'expression de Kurt Lewin, utilisée dès 1944, la « dynamique du groupe ». Ainsi, pour Lewin, le comportement d'une personne est à la fois fonction des caractéristiques de la personne et des caractéristiques de son environnement social. C'est la complémentarité entre l'individu, le groupe et le milieu qui constitue « l'espace de vie » des personnes.

Dans cette perspective, le groupe est conçu comme un tout dynamique ; cette « totalité dynamique groupale » possède des propriétés spécifiques. La principale est liée à l'évolution du groupe en fonction de la réalité environnante, qui est elle-même évolutive. Le groupe est en effet intégré dans un champ social ayant des propriétés dynamiques ; il est donc en interaction avec l'entourage. Cet élément est particulièrement important dans la question des changements de représentations sociales (voir C. Guimelli) et de l'introduction de nouvelles pratiques (voir K. Lewin).

Sources : Lewin K., *Field Theory in Social Science*, New York, Harper, 1951 ; Guimelli C., « Pratiques nouvelles et transformation sans rupture d'une représentation sociale : la représentation de la chasse et de la nature », *in* J.-L. Beauvois, R.-V. Joule, J.-M. Monteil, éd., *Perspectives cognitives et conduites sociales*, 2, Del Val, Cousset, 1989, p. 117-141.

Approfondissement 1.4

Groupe d'appartenance et groupe de référence

Un groupe est un collectif rassemblant des personnes qui se définissent comme étant membres de ce groupe. Ainsi, c'est le sentiment d'appartenance qui lie l'individu à un ou plusieurs groupes, qui lie les membres du groupe entre eux, jouant un rôle essentiel et médiateur entre les individus. Un groupe n'est pas une simple juxtaposition d'individus, mais bien un collectif, le principe de groupement étant fondé sur un rapport, symbolique ou réel, dans lequel se tissent des communautés d'actions et de pensées qui orientent les conduites des membres du groupe. Il ne s'agit pas seulement d'actions concrètes, mais aussi d'une forme mentale, à travers laquelle se structurent les identités personnelles et collectives.

...

Approfondissement 1.4

…

Il existe plusieurs sortes de groupes que l'on peut caractériser en fonction de différents paramètres. On peut retenir par exemple leur taille, leur durée de vie et leurs modes de fonctionnement.

Enfin, les individus membres d'un groupe s'identifient et se réfèrent à un ou plusieurs groupes. En psychologie sociale, on différencie les groupes de référence des groupes d'appartenance.

Groupes de référence et comparaison sociale

Parler de groupes de référence implique le plus souvent des groupes concrets auxquels on appartient déjà ou auxquels on aimerait appartenir ; ces groupes servent de référence ou encore de modèle qui guide les modes de pensée et d'action de l'individu qui s'y réfère. Ainsi, les groupes de référence sont les groupes auxquels « *l'individu se rattache personnellement en tant que membre actuel ou auxquels il aspire à se rattacher psychologiquement ; ou, en d'autres termes, ceux auxquels il s'identifie ou désire s'identifier* » (M. Sherif).

On peut distinguer les groupes de référence « actifs », qui sont source de normes de jugement menant à des conduites spécifiques, des groupes de référence « passifs », qui permettent essentiellement de se reconnaître comme faisant partie du groupe par différenciation avec d'autres groupes (voir D. Jodelet). Prenons l'exemple d'un étudiant d'une école de commerce ; son appartenance au groupe des étudiants de cette école constitue une référence « passive », car il en fait partie, et il peut s'y référer à l'extérieur de ce groupe, se comparer par exemple à d'autres étudiants d'autres écoles comparables ou différentes. Ce même étudiant peut, au sein de son école, participer à la création d'une junior entreprise : le groupe composé des autres étudiants actifs dans cette junior entreprise constitue alors pour lui une référence « active », car les autres membres de ce groupe ont des idées sur la façon de concevoir cette entreprise, des objectifs et des buts communs visant à la concrétisation de ce projet à réaliser ensemble.

Les groupes de référence ont plusieurs fonctions essentielles :

- une fonction évaluative de comparaison sociale, qui donne à l'individu des éléments pour évaluer son propre groupe de référence en le comparant à d'autres groupes ;
- une fonction normative, qui permet aux individus d'accepter de partager les normes du groupe de référence, en s'y conformant ;
- une fonction protectrice, qui défend les individus contre l'influence et la pression sociales, en intégrant l'idée de consensus.

Sources : Sherif M., « The Concept of Reference Group in Human Relations », *in* M. Sherif, M. O. Wilson, éd., *Group Relations at the Crossroad*, New York, Harper, 1953 ; Jodelet D., « Représentation sociale : phénomènes, concept et théorie », *in* S. Moscovici, éd., *Psychologie sociale*, PUF, 1984.

2.4 Comment le contexte organisationnel influence-t-il la personnalité et l'identité ?

On a souvent tendance à penser que tout se joue dans l'enfance et que la personnalité une fois constituée, l'individu se présente comme porteur d'une structure établie et peu modifiable par l'organisation dans laquelle il travaille. D'où l'importance accordée au processus de recrutement qui doit favoriser des choix sans appel.

Pourtant, l'organisation est un groupe particulier, si bien que l'appartenance à une organisation donnée jouera sur l'identité de l'individu ; elle constitue une appartenance de plus qui va orienter la perception et normaliser les comportements *via* des valeurs, une culture et des pratiques particulières. De plus, le travail est un lieu où se jouent de nombreux éléments, contributifs ou limitatifs, qui peuvent avoir une influence sur la personnalité.

Nous aborderons deux points essentiels :

- le travail comme source d'identité ;
- les influences des expériences de travail sur la personnalité.

2.4.1 *Le travail comme source d'identité*

L'organisation est un lieu où l'identité s'exprime mais où elle continue fortement à se constituer[14]. En effet, le travail est un acte de projection de soi qui permet d'en savoir plus sur ses réactions, ses goûts, mais surtout sur l'image que l'on projette. Dans la mesure où le travail représente aujourd'hui le lieu principal de réalisation de soi, il a pris une place prépondérante dans la constitution d'une image de soi et d'une identité liée à la fois à ce que l'on fait, mais aussi aux milieux que l'on fréquente, et à l'entreprise ou l'organisation dans laquelle on travaille.

Sainsaulieu montre même que selon l'origine sociale et éducative des individus, ils vont pouvoir tirer plus ou moins de leurs diverses situations de travail pour se développer dans un sens ou un autre. Ainsi, le monde des organisations perpétue ce que la société a commencé, en dotant davantage ceux qui ont déjà beaucoup d'atouts et moins ceux qui en ont le moins.

Un professionnel reconnu pour sa valeur aujourd'hui a de grandes chances d'être doté d'une identité très positive, avec une image favorable de soi qui lui permettra d'avoir confiance et de réussir plus de choses, dans et hors de l'organisation. Quelqu'un qui arrive au contraire dans une organisation avec une identité de non conformiste aura du mal à se sentir à l'aise dans une organisation, n'y rencontrera pas beaucoup d'occasions de renforcer son image de soi et son pouvoir réel, si bien qu'il en ressortira peut-être avec une confirmation de la faiblesse de sa place dans la société.

L'organisation peut ainsi donc être considérée comme un lieu de renforcement positif ou négatif d'identités sociales plus ou moins élevées dans la hiérarchie de valeurs. C'est un point important à prendre en compte lorsqu'on essaie, par exemple, de motiver par l'espoir d'une promotion des personnes qui ne peuvent pas y croire.

2.4.2 *Influences des expériences de travail sur la personnalité*

Pour continuer dans cette perspective, le travail et en particulier le travail au sein d'une organisation peut être l'occasion de développer sa personnalité. Un individu entré avec une faible estime de soi peut petit à petit, au fil des succès professionnels, la renforcer et développer de nouveaux comportements qui vont le faire évoluer, y compris dans son fonctionnement psychique.

Mais il ne faut pas oublier à l'inverse que les organisations sont aussi sources de souffrances et de destruction de certaines personnalités. En effet, tant par le temps qu'elles représentent que par l'impact symbolique qu'elles ont sur les personnes, des expériences malheureuses de travail peuvent s'insinuer dans le fonctionnement psychique des personnes et leur nuire durablement.

On peut distinguer deux sortes principales de nuisances. D'une part celles dont la personne n'est pas du tout consciente sur le moment, c'est le cas en particulier lorsque le mode de management détourne l'idéal du moi de l'individu pour lui substituer celui de l'organisation[15]. L'individu va alors s'effacer au profit d'une sorte de robot qui ne vit plus que pour son organisation et s'oublie au passage. Il peut en être très satisfait sur le moment, mais le regretter après coup lorsqu'il comprend qu'il a été dépossédé de son propre désir.

L'autre sorte de nuisance est celle d'une souffrance plus consciente, mal vécue sur le moment et qui peut avoir des conséquences désastreuses à long terme pour l'individu. Christophe Dejours décrit fort bien cette souffrance dans l'ouvrage qu'il lui consacre (voir approfondissement 1.5). On peut aussi penser au harcèlement moral, créateur également de fortes souffrances. Ces souffrances, vécues au travail, peuvent perturber, profondément la personnalité d'un individu et le conduire au bord du gouffre. On comprend alors bien que les interactions entre organisation et individu sont à double sens.

Nous avons présenté dans ce chapitre les déterminants principaux du comportement humain, à travers la structure de la personnalité et les influences des différentes appartenances sociales.

Approfondissement 1.5

La souffrance au travail

Pour Christophe Dejours, le travail peut être vecteur d'accomplissement de soi, ou de souffrance. La souffrance se traduit par l'ennui et la peur au travail. Elle naît notamment d'une non-reconnaissance, par l'organisation, des individus et de leur histoire, de leurs désirs, ainsi que de l'énergie et de l'inventivité qu'ils mettent au service du travail.

Le manque de reconnaissance comme cause de souffrance au travail est au centre de l'analyse de C. Dejours : « *la reconnaissance est la forme spécifique de rétribution psychologique vis-à-vis de l'identité dans le monde du travail* », l'identité étant « *l'armature de la santé mentale* ». En quoi la reconnaissance joue-t-elle sur l'accomplissement de soi ? Pour C. Dejours, il ne s'agit pas d'une reconnaissance qui porte sur la personne directement, mais d'une reconnaissance « médiatisée » par le travail, et qui est liée à l'« *intelligence de la pratique* », ou « *métis* », développée au travail par les individus.

…

Approfondissement 1.5

…

Face aux contraintes de l'organisation prescrite, les opérateurs font en effet preuve de « *métis* », une forme de ruse souvent nécessaire au regard des contraintes du travail prescrit par l'organisation. Le développement de cette métis implique l'existence d'un « *espace privatif* », où « *exercer le bricolage, où faire les essais et les tentatives, à l'abri des regards extérieurs, à l'abri des contrôles et de la surveillance, dans le secret* ». S'éloigner ainsi du prescrit crée pour le sujet un espace d'autonomie, à la fois par rapport à sa hiérarchie et à ses collègues. Mais l'existence de cet espace de secret peut ne pas être acceptée par la hiérarchie, source d'autorité formelle, et conduire à un isolement des individus. Pour vaincre les inconvénients du secret, il faut qu'une certaine visibilité soit possible. Cela n'est possible que s'il existe une dynamique de confiance entre les individus du collectif auquel appartient le sujet, et des formes de reconnaissance de la « *tricherie* » réalisée par rapport à l'organisation prescrite. Cette reconnaissance est fondée sur différents types de jugements portés sur l'individu, qui proviennent notamment de sa hiérarchie, mais également de ses pairs, voire de ses clients, etc. C'est le travail qui est l'objet de jugement, la personne se réappropriant ensuite des jugements portés sur les résultats de son travail, pour les articuler à la problématique de son identité.

La non-reconnaissance du travail accompli, de l'intelligence mobilisée pour réussir à travailler dans le cadre prescrit par l'organisation, peut créer un sentiment d'injustice et une souffrance au travail. Des logiques et stratégies défensives peuvent alors se développer : stratégies du secret, individualisme, désengagement et repli sur la sphère privée. Au contraire, la reconnaissance va participer à la construction de l'accomplissement de soi dans le travail.

Pour Marie Pezé, psychologue clinicienne, le paysage reste pessimiste : « Les leviers de la solitude, de la peur, de la désubjectivisation peuvent se retourner contre le productivisme qui les entretient. La quantité et la vitesse de travail qu'on exige actuellement d'un travailleur dépassent ce qu'un organisme humain peut supporter, tant sur son versant organique que sur son versant psychique. Les franges de salariés qui s'effondrent, pour être remplacés par d'autres, font ainsi le lit de nos consultations ».

Sources : d'après C. Dejours, *Le facteur humain*, coll. Que sais-je, PUF, 1995 ; « Coopération et construction de l'identité en situation de travail », *Futur antérieur*, n° 2, 1993 ; *Travail, usure mentale*, nouvelle édition augmentée, Bayard Éditions, 2005 ; Marie Pezé, *Ils ne mouraient pas tous mais tous étaient frappés*, Pearson, 2008.

Nous avons proposé jusqu'ici une explication partielle du schéma général dessiné dans la rubrique Concepts clés, en insistant sur les interactions systémiques entre personnalité, expériences vécues, attitudes et comportements.

Les influences personnelles et sociales s'incarnent dans le processus de perception, qui oriente et dirige au quotidien nos comportements personnels, sociaux et professionnels. La dernière section sera donc consacrée à l'étude du fonctionnement de la perception.

Résumé

- L'individu se définit et se développe à la croisée de ses appartenances multiples à une ou plusieurs sociétés et à des groupes de taille et d'importance différentes, et le processus de socialisation commande en grande partie ses modes d'adaptation aux contextes social et professionnel.
- Les sociétés et les groupes se dotent le plus souvent d'une hiérarchie ; celle-ci peut être vue comme un instrument d'harmonie sociale ou de domination. Elle constitue un bon indicateur de la distribution du pouvoir dans un système organisé. Elle permet d'appréhender les degrés de liberté accordés aux individus dans l'organisation.
- La culture ou l'idéologie influent fortement sur les valeurs et les croyances des individus. Leur impact pèse sur la destinée des individus au travail.
- Les représentations sociales sont des produits culturels ; elles constituent des constructions collectives qui contribuent à organiser les conduites et à orienter les communications.
- L'organisation, comme tout groupe d'appartenance, a une influence sur l'identité des individus qui la composent. Elle contribue à la construction de cette identité, mais peut aussi conduire à altérer, ébranler, voire même parfois mettre en danger la personnalité des acteurs.

3. Le fonctionnement de la perception et ses pièges

La perception est un processus de traduction : les stimulations sensorielles sont transmises des sens au système nerveux central, où elles sont converties en « impressions » de la réalité.

Ce processus complexe se décline en plusieurs opérations successives : la sélection des informations, leur organisation, leur interprétation, et la globalisation « impressionniste » qui couronne l'ensemble. Pour ce faire, plusieurs dimensions sont mobilisées à la fois, qui relèvent du physiologique et du psychologique, mais aussi du sociologique, de l'organisationnel et du culturel. Nous reviendrons sur les points relevant du social dans la seconde partie, pour nous concentrer ici sur les aspects physiologiques et psychologiques.

Pour comprendre le phénomène de la perception, nous explorerons la manière dont les individus :

- organisent leur perception physique ;
- construisent leur perception d'autrui et lui attribuent ou non la responsabilité de ses actes ;
- peuvent gérer, entretenir et améliorer leur clairvoyance.

3.1 La perception du monde

La perception du monde implique pour chaque acteur social une déduction « personnelle » de la réalité. C'est dire que les perceptions sont « identitaires » et appartiennent en propre à ceux qui les élaborent, même si les mécanismes de ce processus restent le plus souvent méconnus de ceux-là même qui les vivent de façon immédiate.

C'est dire aussi que perception et réalité ne correspondent pas nécessairement. On constate de fréquents décalages : chacun a tendance, en toute subjectivité, à ne pas percevoir des éléments qui existent, et à en percevoir d'autres qui n'existent pas.

L'objectivité revendiquée « naturellement » par la plupart des gens et en toute bonne foi pose question. Car la réalité, comme le suggèrent les tenants de la phénoménologie, n'est pas indépendante de la conscience qui la réfléchit. Cette réalité, que l'individu considère souvent comme une évidence, n'est rien de plus qu'une réalité consensuelle, c'est-à-dire acquise par convention. Dans la mesure où nos perceptions nous paraissent semblables à celles de la plupart des gens avec lesquels nous les partageons, nous nous sentons rassurés : grâce aux « appuis sociaux » fournis par l'entourage, nous croyons que ce que nous percevons présente les garanties d'une réalité objective (voir exemple 1.1).

Exemple 1.1

L'entreprise face à la diversité des cultures

Pour des Allemands ou des Suédois, une décision est un compromis où s'exprime la volonté de chacun de s'accorder avec les autres membres de la communauté, ainsi que le respect que chacun porte à une communauté sacralisée. « Pour les Français, une décision est une confrontation d'idées, et ce sont les idées, expression de la raison, qui sont sacralisées. Il est quelque peu sacrilège pour les Allemands ou les Suédois de remettre en cause la décision prise par la communauté ; pour des Français, il est sacrilège de sacrifier la raison à ce qui, pour être apparu acceptable à un stade provisoire de l'évolution des idées, n'en est pas plus justifié au fond. Par ailleurs, comme l'affrontement français des points de vue "fondés en raison" n'a aucune raison de s'arrêter de lui-même, une décision politique, prise par une autorité, doit à un certain moment clore la discussion. Mais le fait de le reconnaître ne veut en rien dire que les Français soient, de manière générale, soumis à leur hiérarchie ».

Source : D'Iribarne Ph., « L'entreprise face à la diversité des cultures », *in Sciences Humaines*, n° 70, mars 1997, p. 39-40.

3.1.1 *Sélectivité et globalisation*

Notre perception est caractérisée par une démarche sélective et globalisante.

- **Sélective**, car elle ne nous permet pas d'embrasser tous les éléments de notre environnement. À chaque instant nous ne pouvons prêter attention qu'à certains stimuli et non à quantité d'autres qui nous sollicitent. La perception fait office de filtre ou d'écran à travers lesquels doivent passer les renseignements collectés.

La sélectivité s'opère en fonction des propriétés de l'objet perçu, de la personne qui perçoit et de la situation globale environnante (voir tableau 1.1).

Tableau 1.1 : Principaux facteurs de sélectivité de la perception

Caractéristiques de la personne qui perçoit	Caractéristiques de la situation globale	Caractéristiques de l'objet perçu
Expériences passées, Besoins, Motivation, Valeurs, Attitudes, Attentes, Traits de personnalité	Contexte physique, social, organisationnel, économique, culturel	Contraste figure/fond, Intensité, Taille, Mouvement, Répétition, Nouveauté, Proximité

Nous percevons les objets avec des couleurs, des formes, des textures, des sons, des odeurs, des utilisations différentes qui nous permettent de les catégoriser.

- **Globalisante**, car les multiples propriétés physiques d'un objet sont regroupées dans le sens particulier que leur confère la cohérence interne du sujet qui perçoit. Les théoriciens de la Gestalt[16] (M. Wertheimer, K. Koffka, W. Köhler, dans les années 1920) parlent d'unité perceptuelle d'une personnalité donnée. Selon eux, nous percevons des « ensembles » avant même de saisir des stimuli isolés. La configuration totale d'une situation ou d'un objet traduit quelque chose de plus que la somme des parties qui la composent.

3.1.2 Lois d'organisation de la perception

Nous organisons nos perceptions selon certaines lois cognitives : de proximité (on regroupe les données proches), de similitude (on crée des liens entre données en série), de clôture (on choisit les organisations à figure fermée), d'influence (une forme ambiguë est déterminée par l'ensemble auquel elle appartient), de signification ou d'analogie (on perçoit mieux une organisation déjà perçue).

Les éléments qui influencent la sélectivité de notre perception concernent la valeur de l'objet, sa signification, son degré de familiarité, l'intensité et la fréquence de sa manifestation. Cette sélectivité entraîne quant à elle des distorsions perceptuelles qui représentent autant de déformations possibles de la réalité. Les illusionnistes exploitent ces mécanismes à des fins professionnelles pour étonner et surprendre leur public.

R. M. Hogarth et S. Makridakis répertorient plusieurs de ces distorsions inhérentes au traitement de l'information :

- **L'existence de précédents** : si une personne peut facilement se souvenir d'exemples antérieurs d'un évènement, elle peut surestimer la fréquence avec laquelle l'événement se produit (et vice versa).
- **La perception sélective** : ce que l'on s'attend à voir déforme ce que l'on voit. Chacun cherche une information compatible avec ses propres opinions. Les intéressés minimisent l'information qui est en contradiction avec leurs idées préconçues.
- **L'information concrète** : le souvenir d'une expérience précise, directe, l'emporte sur une information abstraite ; une seule expérience personnelle peut l'emporter sur une information statistique plus valable.
- **La loi des petits nombres** : de petits échantillons sont tenus pour représentatifs d'une population plus importante (quelques cas confirment la règle), même quand cela n'est pas le cas.
- **La complexité** : une information complexe peut être traitée de façon superficielle par manque de temps et/ou par manque d'aptitudes pertinentes pour ce faire.
- **L'illusion du joueur** : la répétition d'un nombre inattendu d'évènements semblables, due au hasard, fait croire qu'un élément nouveau ne peut manquer de se produire (comme c'est le cas à la roulette, quand, après avoir observé que le rouge sortait neuf fois de suite, on en déduit que les chances de voir le noir sortir au prochain coup seront supérieures à 50 %).

Ces erreurs fréquentes et ces leurres, préjudiciables à l'objectivité du manager, se retrouvent dans le phénomène de perception d'autrui. Aussi est-il utile de comprendre comment, à travers les interactions interpersonnelles, nous élaborons des impressions sélectives et globalisantes à l'égard des autres.

3.2 La perception d'autrui

Le processus de perception d'autrui est régi par le même ensemble de règles que celui de la perception des objets et donc soumis aux mêmes aléas, avec toutefois une différence essentielle : la réciprocité. La qualité de leur transaction, de leur regard croisé, interfère dans le processus.

3.2.1 La formation des impressions vis-à-vis d'autrui

La question de l'exactitude des perceptions renvoie à la façon dont les gens parviennent à combiner leurs informations sensorielles pour façonner une impression d'autrui.

En admettant que les phénomènes perceptuels s'agencent de façon organisée, lorsque nous percevons quelqu'un, nous avons tendance, par inférence, à surajouter à son endroit les éléments d'information qui nous manquent et à supprimer ceux qui nous gênent.

Ainsi nous formons nos impressions à partir de simples indices caractéristiques, et nous « extrapolons » au risque de commettre des erreurs d'appréciation. Nous avons tendance spontanément à formuler des jugements sur une personne qui reposent sur notre première impression. Cette impression première, justifiée ou non, sert d'ancrage à la suite des relations qu'on entretiendra avec elle. Ces premiers jugements sont caractérisés par leur « consistance », qui les rend rebelles au changement. L'apport d'informations nouvelles n'aura pas de vertu immédiate pour transformer la perception première qu'on a de l'autre.

Dans notre monde actuel, traversé constamment par un flux d'informations diverses et complexes, voire contradictoires, l'avantage des impressions que nous élaborons sans cesse réside dans leur fonction économique. Le temps manque pour interagir avec tout le monde et ces impressions commandent un tri rapide entre les élus de notre attention et les autres.

S. E. Asch[17], dans ses recherches sur l'élaboration des impressions, a montré qu'une impression ressentie à l'égard de quelqu'un ne correspond pas à la simple addition d'une série d'attributs, mais que la totalité des attributs présents et perçus modifient ensemble l'impression (voir approfondissement 1.6).

En présence d'un certain nombre d'indications concernant une personne, comment parvient-on à faire surgir une impression, comment reconstruit-on le réel ?

3.2.2 La théorie implicite de la personnalité

La façon dont on parvient à reconstruire la réalité est évoquée dans la « théorie implicite de la personnalité » énoncée par J. S. Bruner et R. Taguiri[18].

Les individus s'ingénient à combiner et associer les traits qu'ils perçoivent, comme un médecin combine différentes indications pour établir son diagnostic. De même que le médecin se réfère à la théorie médicale, l'individu ne forme pas ses impressions au hasard mais suit sa propre « théorie implicite de la personnalité ». Chaque personne dispose d'un ensemble de concepts qui lui permettent de définir les phénomènes, de faire des suppositions sur les comportements d'autrui et de développer les hypothèses permettant d'intégrer ces concepts.

Les traits centraux de Asch

Approfondissement 1.6

Au cours d'une expérience devenue classique, Asch présenta à deux groupes de sujets une liste des caractéristiques concernant une personne. La première liste fut établie comme suit : « intelligent, adroit, ingénieux, chaleureux, décidé, pratique, prudent ». Dans la seconde, le mot chaleureux fut remplacé par « froid ». La tâche des deux groupes consista à dresser le portrait de l'individu décrit en essayant d'exprimer le plus d'impressions ressenties. Le résultat fut que les deux groupes de sujets évoquèrent des portraits très différents.

Le groupe « chaleureux » parla d'une personne généreuse, humoristique et spontanée alors que le groupe « froid » dépeignit une personne plutôt égoïste. C'est donc la seule substitution d'un qualificatif qui provoqua ici cette importante différenciation des portraits. Nos impressions sont issues d'une configuration totale, comme le suggère l'école de la Gestalt.

Asch nomme « traits centraux » les adjectifs « chaleureux » et « froid » car ils permettent de bien stigmatiser le phénomène d'amalgame qui sous-tend l'émergence des impressions. Nos impressions renvoient souvent à des catégories familières où l'inconnu est rapporté au connu.

Source : Asch S. E., « Forming Impressions of Personality », *Journal of Abnormal and Social Psychology*, 41, 1946, p. 258-290.

Par exemple, on demande à quelqu'un d'essayer d'imaginer un individu, monsieur Dupont, dont on lui donne progressivement certaines caractéristiques, au compte-gouttes. Après lecture de chaque nouvelle information, il s'agit pour le sujet de donner ses impressions : de quel type d'homme s'agit-il ? Qui n'est-il certainement pas, compte tenu des dernières informations reçues ? La liste des caractéristiques peut s'établir par exemple comme suit : son prénom est Tchang, il est de nationalité française, son épouse est très jolie, il est père de cinq enfants, il a 65 ans, il passe sa vie dans les avions, il est musulman, il vote à gauche, il conduit une jaguar, il est végétarien, etc. Les informations se bousculent et sont traitées par le sujet en fonction de ses hypothèses successives…

3.2.3 *Explication des causes du comportement : la théorie de l'attribution causale*

H. H. Kelley[19] suggère que chacun de nous, pour expliquer la cause des comportements, utilise une démarche apparentée à la démarche scientifique. L'environnement social étant complexe, et l'aptitude de l'individu à comprendre et accumuler de l'information étant limitée, on observe que l'environnement perçu est réduit à une succession de séquences régies par la relation de cause à effet. L'individu aboutit ainsi à un compromis acceptable. Ce type d'analyse causale est construit par l'individu qui s'appuie sur sa rationalité limitée et sur la connaissance parfois très imparfaite de l'environnement social qu'il peut avoir (voir approfondissement 1.8).

Approfondissement 1.7

La rationalité limitée

Les capacités cognitives imparfaites de l'individu ne lui permettent pas d'appréhender la réalité dans toute sa complexité et l'obligent à la simplifier, parfois à l'extrême, pour pouvoir agir. Comme le suggère H. Simon, il s'imagine adopter un comportement « synoptique maximisateur », où il maîtrise les causes et les effets de ses décisions en optimisant son intérêt, alors même qu'il se comporte le plus souvent en « séquentiel satisfacteur », c'est-à-dire qu'il procède par séquences et s'arrête lorsqu'il trouve un compromis satisfaisant. Mais ses capacités cognitives ne sont pas les seules limites à sa rationalité. Celle-ci est aussi socialement façonnée et limitée par un ensemble de facteurs, tels que ses origines, sa position sociale, sa trajectoire, ses expériences variées. L'***habitus***, selon P. Bourdieu, pré-structure la vision du monde et les comportements, car le système de préférences de chacun, ce qu'il croit et ce à quoi il attache de la valeur, reste étroitement tributaire de ses appartenances sociales et culturelles. Ses émotions elles-mêmes constituent des limites à sa rationalité. Elles ne l'empêchent pas généralement d'être rationnel, mais limitent seulement l'éventail des solutions envisageables. Elles le conduisent à écarter telle ou telle alternative pour des raisons de coût psychologique excessif. Mais si ses émotions limitent bien sa capacité à se comporter rationnellement, elles sont aussi d'importantes ressources pour l'action. Elles sont en effet des mises en garde intuitives qui, dès le départ, permettent de circonscrire le champ de la décision en éliminant certaines options et en en valorisant d'autres. Sans elles, l'embarras du choix existerait, mais rendrait l'individu incapable de prendre une décision : parce que le nombre d'alternatives serait bien souvent trop important, faute d'un système de préférences propre permettant une hiérarchisation et donc un choix. La rationalité des salariés est limitée par des facteurs contextuels (incertitude, urgence, complexité, rôle et divergence des objectifs) mais également par des caractéristiques individuelles (capacités cognitives, dispositions sociales, émotions). Par ailleurs, du fait du pouvoir qu'ils possèdent, ils ont bien souvent les moyens de ne pas se comporter de manière raisonnable du point de vue de ceux qui les managent. Parce que dans une organisation, les rationalités sont multiples, convergentes en partie mais aussi nécessairement divergentes, les comportements sont rationnels en toute objectivité, mais selon des points de vue « non raisonnables ».

Sources : Simon H. A., « A Behavioral Model of Rational Choice », *in Quarterly Journal of Economics*, LXIX, 59, 1955 ; Bourdieu P., *La distinction, critique sociale du jugement*, Éditions de Minuit, 1979.

Pour celui qui perçoit, porter un jugement sur un acte particulier c'est donc essayer d'identifier un lien causal ou un ensemble de raisons explicatives. Les actes que l'on perçoit chez autrui peuvent être classés comme suit :

- ceux qui résultent des dispositions internes de la personne (les traits de personnalité ou les aptitudes, par exemple) ;
- ceux qui découlent des pressions de l'environnement externe (la nature de la tâche, l'influence des pairs, les exigences de la hiérarchie).

À partir d'une phase d'observation des comportements d'autrui, Kelley suggère l'utilisation d'une grille d'interprétation comprenant trois facteurs principaux pour mieux saisir les causes du comportement des autres :

J'observe un comportement chez une personne et je me pose trois questions :

– Dans quelle mesure ce comportement est-il distinct de celui adopté par la personne observée dans d'autres situations ? C'est le critère de DISTINCTIVITÉ.

– Dans quelle mesure chaque individu placé dans cette situation se comportera de la même manière que la personne observée ? C'est le critère de CONSENSUS.

– Dans quelle mesure la personne observée a-t-elle un comportement uniforme dans le temps quand elle est placée dans cette situation ? C'est le critère d'UNIFORMITÉ.

Ces critères peuvent être déclinés, selon les cas, en intensité « forte » ou « faible » (voir tableau 1.2).

J'observe le comportement d'une personne et je lui attribue une cause, interne ou externe, selon les alternatives suivantes :

Tableau 1.2 : Déterminants de la causalité, interne ou externe

Critère	Intensité	Causalité
Distinctivité	Forte	Externe
	Faible	Interne
Consensus	Fort	Externe
	Faible	Interne
Uniformité	Forte	Externe
	Faible	Interne

Prenons un exemple. J'observe une femme se plaindre de la qualité de la nourriture et de la décoration dans un restaurant. Le tableau 1.3 synthétise la démarche de recherche de causalité qui va nous mener à des conclusions spécifiques.

Tableau 1.3 : Démarche explicative

Si vous observez que :			Vous en déduisez que :
Elle se plaint partout (distinctivité faible)	Elle est la seule (consensus faible)	Elle se plaint toujours ici (uniformité forte)	Elle n'est jamais contente (causalité interne)
Elle ne se plaint pas d'habitude (distinctivité forte)	D'autres personnes aussi (consensus fort)	Elle ne se plaint jamais ici (uniformité faible)	Ce restaurant est mauvais (causalité externe)

Source : d'après Brent et Smith, « Microorganizational Behavior », transparents de cours à Cornell, 1999.

On a souvent tendance à expliquer le comportement d'une personne donnée en se référant à ses dispositions internes, car ce type d'explication nous semble plus pertinent pour prévoir le jeu de ses interactions futures. Par exemple, quand on observe quelqu'un en colère, on peut penser qu'il est fondamentalement violent, alors que sa conduite peut être dictée par une situation exceptionnelle, et ne pas être significative de son tempérament habituel.

Une action observée chez autrui peut avoir un certain nombre d'effets. Pour pouvoir attribuer une motivation à quelqu'un, ou une disposition à agir, on devrait savoir : si la personne avait l'intention d'effectuer cette action et de produire ces effets, si elle avait l'aptitude à le faire, et si elle était consciente des résultats entraînés.

L'exemple 1.2 met l'accent sur l'attribution des causes concernant le comportement d'autrui que chacun, poussé par la logique qu'il privilégie, a tendance à valoriser.

Exemple 1.2

Modèle d'attribution causale

Travaillant dans une entreprise, vous observez par exemple que le chef de service procède au recrutement d'un nouvel employé. Cet acte est porteur d'un certain nombre d'effets possibles : moins de travail pour le personnel en place, et la crainte éventuelle pour ce personnel d'être privé de son emploi à terme. Par cet acte d'embauche, le chef a la possibilité de produire ces deux effets. Si vous supposez qu'il a une claire connaissance des effets produits, vous supposez alors qu'il avait l'intention de provoquer ces effets. Une fois établies ses intentions, on peut inférer ses dispositions personnelles. Si l'on s'en tient au premier effet « diminution de charge de travail pour le personnel », on attribue au chef une qualité de prévoyance ; et si l'on met l'accent sur le deuxième effet, c'est-à-dire la crainte de se faire remplacer, on peut inférer que sa conduite est manipulatoire car elle présente un risque d'exclusion pour les employés en place depuis longtemps.

Source : Jones E. E., Davis K. E., « From Acts To Dispositions, The Attribution Process in Person Perception », *in Advances in Experimental Social Psychology*, vol. 2, Academic Press, New York, 1960.

3.2.4 L'élimination des causes improbables

Quand une seule observation est possible, on met en œuvre un principe d'élimination des causes les plus improbables pour parvenir à discerner les causes de l'effet produit. Dans une expérience menée par J. W. Thibaut et H. W. Riecken[20], un sujet est placé dans une situation où il doit demander assistance successivement à deux comparses. L'un fait état d'un statut social plus élevé que le sujet, et l'autre d'un statut plus modeste. Les deux comparses répondent positivement l'un et l'autre à la demande d'assistance formulée par le sujet. Ce qu'il convient de noter, c'est la façon dont le sujet explique quant à lui cette aide.

Lorsqu'il bénéficie de l'aide de la première personne au statut élevé, il en déduit que les intentions de celle-ci devaient être bonnes car il lui était facile de refuser cette aide. Le premier comparse est donc perçu comme ayant une personnalité généreuse puisqu'il accède à la demande de façon désintéressée. Son comportement révèle une causalité interne. Le comparse de statut modeste, quant à lui, est perçu comme soumis à une pression sociale qui ne le rend pas libre d'agir à sa guise. Il aide par obligation ou par calcul. Son comportement est attribué à des causes externes.

L'approfondissement 1.8 évoque une autre déclinaison biaisée de l'attribution des causes.

Approfondissement 1.8

L'erreur fondamentale d'attribution

L'attribution causale mène à un certain nombre d'erreurs qui sont liées à nos perceptions et nos jugements. Le biais majeur est celui que L. Ross nomme « erreur fondamentale d'attribution ». Les observateurs d'une action sous-estiment le rôle des facteurs situationnels pour expliquer ses causes et surestiment l'importance des motivations personnelles. Ce biais peut mener à des impressions erronées d'autrui (le phénomène de bouc émissaire en est un exemple). On impute souvent à quelqu'un des dispositions personnelles particulières, alors que son comportement peut être dicté par les exigences et les limites d'un rôle organisationnel. Les attentes créées par ce rôle sont des déterminants puissants de nos comportements dans les organisations. Néanmoins, ils ne reflètent pas nécessairement les dispositions personnelles des gens à agir. Lorsqu'un dirigeant découvre qu'un modeste employé de son entreprise est, par ailleurs, une personnalité importante dans une association influente, cela peut l'étonner. Cela ne devrait pas lui causer de surprise particulière à moins qu'il ait en tête une représentation limitative de son employé à travers l'emploi qu'il exerce, emploi soumis à de multiples contraintes professionnelles.

Sources : Ross L., « The Intuitive Psychologist and His Shortcomings: Distortions In The Attribution Process », *in* L. Berkowitz, éd., *Advances In Experimental Social Psychology*, vol. 10, New York, Academic Press, 1977.

3.3 Le contexte culturel de la perception

Nous allons explorer la part du facteur culturel qui affecte, souvent à notre insu, nos perceptions et les valeurs mises en jeu.

Processus marqués par nos particularités individuelles, tant physiologiques (qualité de notre appareil sensoriel) que psychologiques (qualité de nos facultés mentales), nos perceptions sont aussi largement tributaires de nos apprentissages sociaux et de nos appartenances culturelles. Être membre d'une communauté nous conduit à partager ses valeurs et influence notre perception de la réalité. Cela nous distingue des non-membres.

Le mécanisme de sélection incite par exemple à ne prendre en compte que quelques traits particuliers relatifs à une autre personne. L'**effet de halo** illustre ce phénomène ; il se produit lorsqu'un seul attribut détermine l'impression d'ensemble qu'on retire d'une personne ou d'une situation sans qu'on prenne en compte la multiplicité des informations disponibles.

Le fait de vivre et d'évoluer dans un contexte spécifique nous confronte à une catégorie d'informations concernant autrui : on apprend qu'une personne est grande, âgée, noire, etc. On élabore rapidement une forte évaluation qui prend en compte cette information de type catégoriel. Cette perception qui s'interpose en fonction des données culturelles s'appelle un **stéréotype**. Les catégories ethniques, en l'absence de toute autre information sur la personne jugée, sont capables de provoquer des évaluations très définitives.

La notion de stéréotype est en relation étroite avec celles de cliché, de fichier mental, et de préjugé (attitude qui nous prédispose à réagir de manière favorable ou défavorable envers un groupe et/ou ses membres.)

Exemple 1.3

Clichés et fichiers mentaux

Les clichés ne sont pas mauvais en soi ; seule leur utilisation peut être néfaste. « Si, lors d'une réunion avec un Américain, vous pensez : "Ils sont tous pareils", vous ne faites que remplacer la réalité par un fichier mental au lieu de prendre en compte de nouvelles données. Celles-ci sont déformées afin d'être placées coûte que coûte dans des cases. C'est un peu la méthode de Procuste, qui, après avoir attaché les voyageurs sur un lit, coupait les membres qui dépassaient ou étirait ceux qui étaient trop courts. Mais la rencontre peut aussi être l'occasion d'enrichir le fichier culturel des Américains. »

Sources : Adler N. J., *International Dimensions of Organizational Behavior*, 2e éd., PWS Kent., 1991 ; Shneider S., Barsoux J. L., *Management interculturel*, Pearson Éducation, 2003.

Paradoxalement, les stéréotypes en disent plus sur ceux qui les profèrent que sur ceux auxquels ils sont censés s'appliquer. On juge autrui à l'aune de sa propre norme intériorisée. Si je pense que « les femmes sont émotives », c'est qu'en tant qu'homme, je les juge implicitement plus émotives que moi.

P. F. Secord et C. W. Backman[21] soulignent les trois processus qui opèrent presque simultanément dans la formation du stéréotype culturel :

1. On identifie une catégorie de personnes. Cette catégorie peut reposer sur des caractéristiques physiques telles que le sexe, l'âge, l'appartenance à un groupe catégoriel, ethnique ou national, par exemple.

2. Dans la culture à laquelle nous appartenons, il peut exister un consensus à propos de traits qui seront attribués à la catégorie en question (les Anglais sont flegmatiques, les Français sont arrogants, les Allemands sont méthodiques…)

3. Ces traits sont attribués à n'importe quel membre qui appartient à la catégorie. Si une personne a la peau blanche mais a été identifiée comme noire, alors tous les traits stéréotypés des noirs, référencés dans son groupe d'appartenance, lui seront attribués.

Les stéréotypes issus du caractère sélectif de la perception ont une fonction économique de facilitation sociale. Ils représentent à l'occasion un danger potentiel lorsqu'ils stigmatisent ou encouragent l'anathème et l'exclusion.

3.4 Le contexte organisationnel de la perception

Une organisation s'inscrit dans un environnement culturel, matériel et immatériel. Elle adopte et construit des normes et des valeurs qui dictent et orientent les comportements de ses membres. Les perceptions des membres d'une organisation sont influencées par les groupes auxquels ils appartiennent (les commerciaux, les comptables, les juristes) et par les modes de socialisation globale proposés ou imposés par l'organisation. L'appartenance organisationnelle influence les perceptions sélectives. Celles-ci peuvent aussi bien aider à la résolution des problèmes (expérience professionnelle, compétences) que limiter le champ des investigations (sectarisme, corporatisme…). D. C. Dearborn et H. Simon[22] ont demandé aux responsables de différents services d'une grande société d'étudier un cas d'organisation fictive. Il s'agissait de l'analyser et d'indiquer les problèmes auxquels cette organisation se trouvait confrontée. Leur recherche démontre que chaque responsable avait tendance à percevoir les aspects de la situation qui étaient proches de son service et d'ignorer les autres. Peu importe ici si les jugements du responsable étaient pertinents. Ce qui compte, c'est qu'ils avaient tous un champ rétréci de préoccupations, un référentiel prédéterminé, qui leur faisait percevoir le même problème de façon différente.

Les stéréotypes plaqués, par exemple, sur les collègues qui travaillent dans les autres services remplissent une fonction visant à nous faire gagner du temps dans la vie de relation. Bien qu'ils nous permettent d'économiser du temps, ils sont bien souvent réducteurs et difficiles à faire évoluer.

Travailler dans une organisation nécessite que l'on soit conscient des différents processus perceptuels. On travaille et interagit avec les gens. Il est toujours utile de pouvoir prévoir le comportement possible de nos collègues. Cela nous permet de mieux fonder la fiabilité de notre action et d'accroître à la fois notre degré de liberté et notre zone de pouvoir.

3.5 L'objectivité en question : la gestion de la perception

La perception au quotidien apparaît comme semée d'embûches. Pour maintenir en permanence un lien acceptable avec la réalité, pour s'ajuster au monde et pour « raison garder », nous soumettons l'univers de nos perceptions à un ensemble de vérifications diverses. Ces modes de contrôle, spontanés ou méthodiques, adoptent des procédés analogues à la démarche expérimentale de validation. En voici cinq exemples parmi les plus courants :

- **Validation consensuelle :** nous vérifions avec les autres le bien-fondé de nos perceptions. Un accord unanime fonde notre point de vue et nous rassure.
- **Validation comparative dans le temps :** nos expériences présentes sont mises par nous-même en rapport avec d'autres expériences jugées analogues, vécues par nous antérieurement.
- **Validation répétitive :** nous reprenons nos observations en les répétant personnellement afin d'en confirmer la teneur.
- **Validation multisensorielle :** nous faisons jouer plusieurs de nos sens (en les combinant) à des fins de contrôle interne.
- **Validation empirique :** nous agissons en présupposant que nos théories perceptuelles sont exactes. Et nous enregistrons les conséquences de nos actes pour vérifier la pertinence de nos hypothèses.

Pour améliorer la qualité de nos perceptions, on peut mobiliser volontairement un ensemble de solutions pertinentes bien connues des spécialistes de l'évaluation, comme : augmenter la fréquence des observations, diversifier ses sources d'information, multiplier les observateurs, objectiver les critères d'appréciation, adopter le point de vue d'autrui, fiabiliser la représentativité de l'échantillon observable ou encore rechercher les erreurs de perception et d'attribution, explorer les inconsistances du système perçu (faiblesse des liens de cause à effet).

À ces préconisations, on peut ajouter un travail sur soi en profondeur, pour permettre de cultiver et développer des dispositions personnelles :

- approfondir la connaissance de soi, pour affiner la qualité de ses perceptions individuelles ;
- renforcer l'estime de soi, pour s'affirmer avec sérénité et sans complexe, et en même temps respecter les autres dans leur spécificité ;
- cultiver le goût d'entrer en relation, pour favoriser les régulations adaptatives (feed-back) ;
- susciter l'expression authentique des sentiments et l'échange des expériences.

La gestion des processus de perception passe par certaines actions de formation, de conseil ou de coaching qui peuvent être envisagées pour sensibiliser les managers à l'évaluation productive. Plusieurs points pourront faire l'objet de dialogues et d'entraînement :

- prêter attention à son état personnel ;
- reconnaître les ressemblances et les différences ;
- admettre les biais perceptuels ;
- tester les perceptions par la communication ;
- savoir jouer des analogies ;
- classifier ses observations, et les organiser en système.

Résumé

- La perception est immédiate, automatique, sélective et subjective, structurée et stable.
- Nos perceptions des autres nous conduisent à formuler des hypothèses explicatives de leur comportement. Nous tentons de déceler les causes de ces comportements pour pouvoir prédire leur façon d'agir lors de futures rencontres.
- Il existe des moyens de s'assurer que notre perception n'est pas trop erronée.

Conclusion

La connaissance, même approximative, de la structure de la personnalité et des appartenances identitaires d'un individu permet de prévoir ses attitudes et les comportements qui s'y rattachent. On ne peut agir dans une organisation sans imaginer les réactions des individus aux différents leviers mis en place. Cela est vrai autant par rapport à une personne donnée que par rapport à tout un groupe. Ainsi, nous faisons des hypothèses quant aux réactions de notre manager face à une initiative que nous avons prise, en fonction de ce que nous avons compris de sa personnalité. De même, un DRH va s'appuyer sur ce qu'il connaît de la personnalité de ses commerciaux pour imaginer un système de rémunération qui lui permettra de faire en sorte qu'ils atteignent leurs objectifs. Cela est également applicable par rapport aux consommateurs : une politique de communication va jouer sur les réactions attendues des personnes ciblées. Tout cela repose sur une connaissance du fonctionnement de chacun, de ce qui va l'amener à agir.

Face à une situation donnée, l'individu va agir en fonction de (voir figure 1.1) :

- Sa personnalité, à la fois stable et évolutive, source variable d'énergie positive, qui va le conduire à envisager les choses d'une façon plus ou moins engagée face aux résultats attendus. Par exemple, celui qui ne se sent pas de taille à affronter des défis importants risque de baisser les bras avant de commencer à agir. Celui qui se sent lésé et mal aimé va commencer par se mettre en colère plutôt que de voir le problème à résoudre plus objectivement. Au contraire, celui qui a un idéal du moi très élevé et une bonne estime de soi va mettre en œuvre un comportement décidé pour faire face à la situation.
- Sa perception de la situation et de ses enjeux. La perception est elle-même influencée par ce qui lui permet de lire la réalité. Il est dans l'intérêt de l'organisation de donner à « ses acteurs » (employés et cadres) le plus d'informations possibles sur les situations qu'elle leur confie, faute de quoi ceux-ci risquent de percevoir ces situations en fonction de leur propre champ de vision. Ce point sera repris au chapitre 4, sur la communication.

Dans un second temps, il peut y avoir un décalage entre l'attitude vis-à-vis de l'action et le comportement véritablement mis en place, si par exemple l'individu voit qu'il est contraint socialement à ne pas agir selon son intime conviction, mais à faire comme les autres. Ainsi, par exemple, celui qui serait tenté de faire grève dans un milieu où cela ne se fait pas va le plus souvent se conformer à la norme de groupe, contrairement à son attitude initiale.

L'examen des rétroactions dans le schéma amène à préciser que :

- Le comportement déployé a évidemment un impact en retour sur la situation, mais aussi sur les attitudes, en fonction du résultat de l'action. La perception est influencée par les attitudes, elle modèle à son tour la personnalité et l'identité.
- La relation sans doute la plus complexe à analyser est celle entre la personnalité et l'identité, puisqu'elle fait intervenir les interactions entre l'individu et le social. La personnalité joue sur l'identité, dans la mesure où elle informe la façon de s'approprier les éléments des groupes sociaux rencontrés, mais l'identité, notamment de par ses conséquences extérieures, en termes de pratiques sociales et de façons de penser le monde, a en retour un effet sur le fonctionnement de la personnalité.

Le schéma présente donc des relations systémiques entre les concepts présentés.

Le processus de perception est présent sur toute la chaîne (personnalité, identité, attitudes, impact de la situation…) qui mène au comportement. Il s'appuie au départ sur les composantes dynamiques de la personnalité et de l'identité de l'individu. Il renseigne les attitudes et les met sous tension. Il accompagne une démarche d'interprétation permanente. Le manager organise et surveille à tout moment la mise en œuvre du comportement et l'ensemble des conduites.

Adossée aux caractéristiques personnelles et identitaires de l'individu, la perception participe à la construction et au renforcement des attitudes. Elle permet à l'individu d'intégrer, à sa façon, les spécificités de la situation (contraintes, liberté) pour déclencher ou inhiber l'action avec ses conséquences.

Bibliographie sélective

Baudouin C., Brosseau O., *Les Créationnismes : Une menace pour la société française ?*, Syllepse, 2008.

Bourdieu P., *La distinction, critique sociale du jugement*, Paris, Éditions de Minuit, 1979.

Cattell R. B., *La personnalité*, PUF, 1956.

Dortier J.-F., *Le cerveau et la pensée : La révolution des sciences cognitives*, Sciences Humaines, 2003.

Enriquez E., *Organisation, idéologie et identité*, note roanéotée 1986.

Faucheux C. et Moscovici S., *Psychologie théorique et expérimentale*, Paris, Mouton, 1971.

Girard R., *Le bouc émissaire*, Grasset, 1987.

Goffman E., *La mise en scène de la vie quotidienne*, Éditions de Minuit, 1974.

Jaspars J. et Hewstone M., « La théorie de l'attribution », dans *Psychologie Sociale*, sous la direction de Moscovici S., Paris, PUF, 1984.

Kets de Vries, *Combat contre l'irrationalité des managers*, Éditions d'Organisation, 2002.

Lainé S., *Management de la différence. Apprivoiser l'interculturel*, Paris, AFNOR, 2004.

Lewin K., *La Psychologie Dynamique*, PUF, 1964.

Leyens J. P., *Psychologie Sociale*, Bruxelles, Pierre Mardaga Ed., 1979.

Linton R., *Le fondement culturel de la personnalité*, Dunod, 1978.

Molinié M., *La psychanalyse. Points de vue pluriels*, Sciences Humaines, 2007.

Molénat X. *et al.*, *L'individu contemporain : Regards sociologiques*, Sciences Humaines, 2006.

Piaget J., *La psychologie de l'intelligence*, Paris, Colin, 1947.

Stoczkowski W., *Anthropologies rédemptrices. Le monde selon Lévi-Strauss*, Herman, 2008.

Thelot C., *Tel père, tel fils*, Paris, Dunod, 1982.

Notes et références

1. Erikson E., *Adolescence et crise*, Flammarion, 1972 (1950, édition originale).
2. Festinger L., *A Theory of Cognitive Dissonance*, Evanston, Illinois, Row, Peterson, 1957.
3. Maddi S. R., *Personality Theories, A Comparative Analysis*, 4e éd., Homewood III, Dorsey, 1980.
4. Pervin L. A., *Current Controversies and Issues in Personality*, 3e éd., Wiley, 2001.
5. Tajfel H., « La catégorisation sociale », *in* S. Moscovici, éd., *Introduction à la psychologie sociale*, tome 1, Paris, Larousse Université, 1972.
6. Dubar C., *La socialisation. Construction des identités sociales et professionnelles*, Armand Colin, 1991.
7. Piaget J., *Le jugement moral chez l'enfant*, Paris, F. Alcan, 1932 ; *La psychologie de l'intelligence*, Armand Colin, 1947.
8. Levine R. A., *Culture, Behavior and Personality*, New York, Aldine, 1982.
9. Sutherland R. L., Woodward J., *Introductory Sociology*, New York, Lippincott, 1937.

10. Linton R., *Le fondement culturel de la personnalité*, Dunod, 1978.

11. Dumont L., *Homo hierarchicus. Le système des castes et ses implications*, Gallimard, 1967.

12. Durkheim E., *Les règles de la méthode sociologique*, PUF, 1898.

13. Moscovici S., « L'ère des représentations sociales », *in* W. Doise, A. Palmonari, éd., *L'étude des représentations sociales*, Neuchatel, Delachaux & Niestlé, 1986.

14. Sainsaulieu R., *L'identité au travail*, Paris, Presses de la FNSP, 1977.

15. Pagès M., Bonetti M., de Gaulejac V., Descendre D., *L'emprise de l'organisation*, PUF, 1979.

16. Koffka K., *The Growth of the Mind*, New York, Harcourt Brace Jovanovich, 1925 ; Köhler W., *The Mentality of Apes*, New York, Harcourt Brace Jovanovich, 1925.

17. Asch S. E., « Forming Impressions of Personality », *Journal of Abnormal and Social Psychology*, 41, 1946, p. 258-290.

18. Bruner J. S., Taguiri R., « Person Perception », *in* G. Lindzey, *Handbook of Social Psychology*, vol. 2, Reading, Mass., Addison-Wesley, 1954.

19. Kelley H. H., « Attribution Theory In Social Psychology », *in* D. Levine, éd., *Nebraska Symposium on Motivation*, vol. 15, p. 129-238, Lincoln: University of Nebraska Press, 1967.

20. Thibaut J. W., Riecken H. W., « Some Determinants and Consequences of The Perception of Social Causality », *Journal of Personality*, 24, p. 113-133, 1955.

21. Secord P. F., Backman C. W., *Social Psychology*, 2e éd., New York, McGraw-Hill, 1974.

22. Dearborn D. C., Simon H. A., « Selective Perception: A Note On The Departmental Identifications of Executives », *Sociometry*, 21, 1958, p. 140-144.

Chapitre 2

L'organisation

Objectifs du chapitre

À l'issue de ce chapitre, vous devriez être capable de :

- **donner une définition de la notion d'organisation ;**
- **identifier les spécificités que le contexte de l'organisation entraîne pour le comportement humain ;**
- **comprendre le fonctionnement d'une organisation comme un système et en décrire les divers éléments ;**
- **expliquer les grandes approches théoriques qui en ont été proposées à ce jour ;**
- **décrire différents types d'organisation.**

Nous allons étudier comment le comportement humain est affecté par le contexte d'une organisation. Ce qui a été présenté dans le chapitre précédent nous servira, mais le contexte d'une organisation amène à prendre en compte également d'autres aspects. Après avoir défini ce que nous entendons par organisation, nous expliciterons en quoi le contexte de l'organisation présente des particularités qui ne se rencontrent pas dans d'autres groupes. Puis nous regarderons comment fonctionne une organisation, en la considérant comme un système formé par l'interaction de divers éléments.

L'approche de l'organisation utilisée ici n'est pas la seule possible ; afin de compléter cette étude, nous passerons en revue les grandes approches théoriques de l'organisation déjà proposées par le passé, qui peuvent être plus ou moins convergentes avec la nôtre. Enfin, nous étudierons trois typologies connues d'organisations, produites à différents moments du XXe siècle et mettant en évidence l'évolution des organisations tout au long de cette période.

Dans ce chapitre, nous aborderons donc successivement :

- les particularités de l'organisation en matière de relations humaines ;
- un modèle permettant de comprendre le fonctionnement de l'organisation du point de vue humain ;
- quelques grandes approches théoriques de l'organisation ;
- trois typologies d'organisations.

Concepts clés

Une organisation est un groupe d'êtres humains ; à ce titre, on y retrouve des mécanismes de comportement décrits au chapitre précédent. Mais l'organisation comporte une propriété qui la distingue d'autres groupes comme une famille, un village ou un cercle d'amis : elle est créée pour mener à bien des actions, en vue d'atteindre un ou plusieurs buts, auxquels les membres de l'organisation sont supposés concourir. Certes, les membres d'une famille, d'un village ou d'un cercle d'amis peuvent de temps en temps mener des actions en commun ; ces groupes fonctionnent alors temporairement comme des organisations, mais les actions qu'ils mènent ne constituent pas leur raison d'être permanente. Il n'est pas nécessaire qu'il y ait action en commun orientée vers un but pour qu'une famille, un village ou un cercle d'amis existe. Dans l'organisation, au contraire, l'action en commun et les buts visés sont les conditions mêmes de l'existence du groupe.

Les buts des organisations sont très variés, tout comme leur forme juridique. On distingue classiquement trois familles : les entreprises privées capitalistes, les administrations et entreprises publiques, le tiers secteur (coopératives, mutuelles, associations à but non lucratif, fondations). L'essentiel de ce qui est décrit dans ce livre vaut cependant pour toutes ces formes d'organisation.

DÉFINITIONS

Une **organisation** est un groupe humain structuré par une ou des actions communes.

Cette définition appelle quelques précisions :

Les membres sont supposés concourir aux buts de l'organisation, mais leur contribution peut être difficile à évaluer : il arrive que certains membres agissent à l'encontre des buts officiels et explicites de l'organisation. Ce n'est donc pas la contribution effective et sans faille de tous qui est requise pour qu'il existe une organisation, mais le fait que les membres admettent tous qu'ils sont censés apporter leur contribution.

L'existence d'une organisation n'est pas liée au nombre de ses membres. Il existe des organisations comprenant deux personnes, d'autres plusieurs centaines de milliers. Évidemment, en fonction du nombre, certains comportements peuvent différer.

L'**action** menée par l'organisation peut être matérielle (par exemple la production industrielle) ou immatérielle (par exemple la promotion d'une cause).

Les **buts** affichés peuvent être lucratifs (société commerciale) ou non (association à but non lucratif, administration publique). L'entreprise est une forme très répandue d'organisation, mais elle n'est pas la seule.

La **délimitation** de l'organisation (qui en fait partie ?) n'est pas toujours évidente et elle n'est pas nécessairement confondue avec un périmètre juridique. Par exemple, de nombreux bénévoles participent au Téléthon ; ils contribuent bien à une organisation, caractérisée par une action commune, mais ils ne sont pas membres d'une même entité officiellement déclarée. Même quand son périmètre juridique est clair, l'organisation peut comprendre, outre des salariés, des bénévoles ou du personnel détaché par des entreprises sous-traitantes ou partenaires. À partir de quand sont-ils considérés comme membres de l'organisation ? Cela est en partie affaire d'estimation et de point de vue envisagé. Ainsi, quand il s'agit de suivre la sécurité du personnel et de comptabiliser le nombre d'accidents du travail, de nombreux sites industriels ou grands chantiers incluent dans leurs effectifs le personnel des sous-traitants travaillant sur place.

---

1. Les particularités de l'organisation en matière de relations humaines

En matière de relations humaines, les particularités de l'organisation tiennent à sa double nature : elle est orientée vers l'action, l'atteinte de résultats pratiques, et elle est en même temps, comme tout groupe humain, un lieu de création de lien social. Ces deux aspects sont présents en permanence et intimement mêlés.

Cela entraîne deux types de conséquences, que nous allons envisager tour à tour dans deux sections :

- le renforcement fréquent de l'empreinte du groupe social sur les individus ;
- l'apparition de spécificités liées à l'action collective.

1.1 Le renforcement fréquent de l'empreinte du groupe social

Certains groupes suscitent chez leurs membres une forte implication. C'est fréquemment le cas avec les organisations, dont certaines disposent même d'atouts spécifiques à cet effet, au moins pour certains de leurs membres. En particulier, les collaborateurs de bon nombre d'organisations y passent la majeure partie de leur temps, et en retirent l'essentiel de leurs revenus. Heureux ou malheureux, un tel investissement concret laisse rarement indifférents les intéressés.

Pour se sentir exister, les individus éprouvent le besoin du regard réel ou imaginaire des autres. Tout ensemble social peut jouer un rôle de ce point de vue (voir chapitre 1, section 2), mais l'organisation, parce qu'elle ouvre l'accès à l'action avec d'autres, est particulièrement efficace à cet égard. Ainsi, dans le monde contemporain, le travail est un puissant moyen de construction de leur identité par les individus[1]. L'organisation est pourvoyeuse de statut social. Elle attribue des places sur une échelle de responsabilité et de hiérarchie, et, bien souvent, sur une échelle de prestige. Elle permet aux individus d'agir avec une puissance bien supérieure à celle à laquelle ils pourraient prétendre en agissant seuls. Quand, de surcroît, l'organisation est connue, ses collaborateurs peuvent se sentir investis du prestige de leur organisation. Une variante de ce phénomène se rencontre quand l'identité des individus se bâtit à partir de l'appartenance à un groupe plus restreint à l'intérieur de l'organisation : une équipe, une catégorie de collaborateurs (par exemple, les agents de maîtrise), dont les membres partagent à la fois des compétences, des intérêts et des valeurs.

Dans tous les cas, le phénomène est le même : l'individu puise dans son appartenance à l'organisation, ou à un sous-ensemble de celle-ci, des raisons de se rassurer sur sa propre valeur en tant qu'être humain et en tant que professionnel. Ce phénomène peut expliquer les difficultés que rencontrent certains au moment où ils arrivent à la retraite : privés désormais de la relation à leur organisation et de l'identité qu'elle leur procurait, ils ont le sentiment de « n'être plus personne ». D'autres mécanismes peuvent aussi stimuler le besoin d'appartenance : recherche d'une autorité protectrice, d'une mère nourricière. En contrepartie, si les collaborateurs s'impliquent, leur personnalité est en partie façonnée par les normes et les valeurs que l'organisation leur impose.

Il en résulte que certaines organisations laissent une puissante empreinte sur les individus. Quelques-unes deviennent même de véritables institutions, qui se maintiennent dans le temps, se renouvellent en inculquant un style et des valeurs directrices stables à des générations successives de collaborateurs. Certes, ces organisations ne sont en définitive que ce qu'en font leurs membres, mais la force des sentiments mis en jeu leur donne une existence qui paraît dépasser les individus. Certains observateurs, comme Sainsaulieu[2], ont même défendu la thèse que, depuis les années 1980, l'entreprise était devenue une institution, façonnant les esprits autant que les églises, l'armée ou la famille avaient pu le faire auparavant. Bien entendu, cette empreinte de l'organisation sur les individus est variable. Les individus ne retirent pas toujours des organisations auxquelles ils se consacrent l'identité ou la protection qu'ils recherchent. Tous les cas de figure se rencontrent ; les insatisfactions plus ou moins grandes qui en résultent font souvent des organisations des univers traversés de tensions.

1.2 Les spécificités liées à l'action collective

La dimension de l'action collective introduit une complexité supplémentaire par rapport à celle qui a trait à la nature d'ensemble social de l'organisation. En effet, l'action collective nécessite que les membres de l'organisation, d'une manière ou d'une autre, fassent des choix qui, souvent, ne vont pas de soi. D'où des difficultés, des tensions et des malaises. On peut citer en particulier les choix relatifs aux sujets suivants.

1.2.1 Le partage du travail

Il existe beaucoup de façons de partager le travail, surtout quand l'organisation compte de nombreux membres. Ce partage, ou division du travail, est une des raisons d'être de l'organisation (voir approfondissement 2.1), mais sa mise en œuvre est délicate, sujette à de fréquentes modifications au sein de la plupart des organisations. Doit-on spécialiser étroitement les postes de travail ou, au contraire, maintenir une polyvalence des collaborateurs ? Doit-on distinguer des postes de travail uniquement chargés de l'exécution et d'autres uniquement chargés de la conception ? Doit-on mettre en place des échelons hiérarchiques, et combien ? Doit-on diviser les grands sous-groupes de l'organisation en fonction de la nature de leur mission (vente, production, etc.), du territoire géographique, des marchés éventuels auxquels l'organisation s'adresse ? Doit-on donner à ces divisions ou départements (*business units*) des responsabilités globales, c'est-à-dire regroupant toutes les fonctions de l'organisation ? Comment assurer la coordination et la communication entre les divers membres de l'organisation ?

Une première approche consiste à se demander ce qui est le plus efficace, sans se soucier des préférences des individus ; ce fut le cas notamment du taylorisme (voir section 3.1). Une autre est de se demander ce qui est le plus motivant pour les individus. Ces deux critères sont évidemment importants ; le problème est qu'ils ne sont pas nécessairement convergents. Qui plus est, ni l'un ni l'autre ne permettent de dégager des solutions exemptes d'inconvénients, du fait de la complexité des problèmes et de la variété des individus.

En outre, la division du travail pose des problèmes sur le plan des relations humaines. Tout d'abord, des individus ou des sous-groupes de l'organisation peuvent être chargés de missions antagonistes (par exemple, développer l'activité pour les uns, limiter les risques financiers pour les autres). Ensuite, la division du travail peut être un facteur d'incompréhension entre individus, chacun détenant des informations et des compétences différentes. Enfin, elle peut conduire à la création de clans au sein de l'organisation (les vendeurs, les comptables, la maintenance, etc.), c'est-à-dire de sous-groupes entretenant leurs propres normes de conduite, leur propre identité, en opposition ou en repli par rapport au reste de l'organisation. Il n'empêche qu'il faut bien partager le travail… Il faut donc vivre avec les inconvénients et essayer de les limiter.

Approfondissement 2.1

Pourquoi existe-t-il des organisations ?

Certaines tâches nécessitent d'être faites à plusieurs. Un exemple classique est l'obélisque de la Concorde, à Paris, qui a été dressé en une journée par cinquante hommes, mais qui ne l'aurait pas été par un seul homme pendant cinquante jours.

Selon Adam Smith, économiste du XVIIIe siècle, la division du travail procure d'autres avantages que la simple addition de forces de travail. Il prenait l'exemple d'une manufacture d'épingles et constatait que la production par ouvrier était nettement supérieure quand les ouvriers se partageaient les différentes étapes du travail que quand chaque ouvrier fabriquait de son côté des épingles du début à la fin.

Toutefois, rien n'empêcherait en théorie que la manufacture d'épingles embauche toutes les heures ou toutes les demi-journées les ouvriers dont elle a besoin et les congédie ensuite. Il n'y aurait alors que des organisations très éphémères, et un vaste et permanent marché de main-d'œuvre. Puisque nous sommes dans une société régie par les lois du marché, pourquoi ce dernier fait-il place si souvent à des formes de collaboration plus stables ?

On peut répondre que d'autres lois que celles du marché sont à l'œuvre ; les individus ont besoin de lien social, et les organisations, comme nous l'avons vu, n'ont pas qu'une simple fonction pratique ou économique. D'autre part, l'économiste Coase a montré que, d'un simple point de vue pratique, l'existence des organisations était logique. En effet, passer des transactions avec des personnes dont on a besoin présente un coût (temps, information, risque et, au final, argent). Il peut être intéressant, dans certains cas au moins, de passer un contrat de plus long terme, moins coûteux que des transactions répétées. C'est donc l'appréciation des coûts de transaction qui conduit un entrepreneur à recourir à la forme d'une organisation ou, au contraire, à de simples transactions sur un marché.

Sources : Smith A., *Recherches sur la nature et la cause de la richesse des nations*, Paris, Guillaumin, 1881 (1776, édition originale) ; Coase R. H., « La nature de la firme », *Revue française d'économie*, 1987, pp. 134-163 (1937, édition originale).

1.2.2 Le partage des décisions et du pouvoir

Il en va de même pour le partage des décisions ; il est inévitable, et nécessairement imparfait. Dans l'action commune, de multiples décisions doivent être prises, depuis les plus basiques (par exemple, avec quels mots accueillir un client qui se présente au comptoir ?)

jusqu'aux plus stratégiques (quelle production développer ou abandonner ?). Les réponses sont variées ; pour ne citer que les extrêmes, il est des organisations où tous les employés travaillant au comptoir d'accueil doivent prononcer les mots qui ont été décidés par un comité d'experts et où une seule personne décide des productions qui vont être développées ou abandonnées. À l'inverse, il en existe d'autres où les employés du comptoir disent ce qu'ils jugent adapté – ils ont même conçu la disposition du comptoir – et la décision d'abandonner une production se fait en assemblée générale des employés. Il existe de nombreuses autres formes de partage des décisions plus nuancées. De plus, comme nous le verrons plus loin (chapitre 7), le pouvoir de décision n'est pas seulement formel ; une chose est de disposer d'un pouvoir théorique de décision, conféré par un règlement ou un titre, autre chose est de le mettre en œuvre concrètement.

On se doute que la question peut facilement poser des problèmes. Comme pour le partage du travail, il est possible de rechercher la formule la plus efficace, rapide, adaptée aux compétences de ceux qui décident ; il est également possible de s'interroger sur la formule qui permettra la meilleure adhésion des membres de l'organisation. Là encore, tous les critères ne convergent pas et la solution idéale n'existe pas. Les insatisfactions et les conflits autour du partage des décisions sont d'autant plus sensibles qu'ils sont liés à une autre question cruciale : le partage des avantages et des inconvénients du travail en commun.

1.2.3 Le partage des avantages et des inconvénients du travail commun

Le plus souvent, l'organisation retire des avantages de son action, financiers (les profits et les plus-values d'une entreprise) ou symboliques (renommée, popularité, etc.). En même temps, contribuer à une organisation peut présenter des risques en cas de difficultés : des pertes financières pour un actionnaire d'entreprise privée, une perte de l'emploi et de la source de revenus principale pour un salarié, etc. Comment répartir les fruits et les risques du travail commun ? La question est complexe. Chacun contribue à sa façon au travail commun (finances, travail, influence), et pas toujours avec la même intensité, sans que cela soit facilement mesurable. Les rétributions sont, elles aussi, composites : revenus financiers, plus-values, satisfactions symboliques, accumulation de compétence, employabilité, protection vis-à-vis des risques. Comment équilibrer ces contributions et ces rétributions disparates et parfois mal connues à l'avance ? De nombreuses théories politiques (voir, au XXe siècle, le débat entre marxisme et capitalisme) se sont attelées au problème sans que la question soit aujourd'hui tranchée. En Occident, les rapports de force, l'histoire et la culture ont façonné le modèle capitaliste actuel pour ce qui concerne la majorité des entreprises privées. Toutefois, dans les faits, chaque organisation est traversée par ce débat et ces rapports de force, tant en ce qui concerne l'aspect matériel que symbolique.

1.2.4 Le partage des responsabilités

Quand il y a action en relation avec des tiers, il y a le plus souvent responsabilité de l'organisation vis-à-vis de ces tiers, ou de certains d'entre eux au moins, en particulier les actionnaires. Il y a également responsabilité de l'organisation vis-à-vis de ses collaborateurs (hygiène et sécurité dans le travail, respect des engagements pris). Se pose alors la question du partage des responsabilités parmi les membres de l'organisation.

On pourrait penser que la réponse à cette question est liée aux précédentes, c'est-à-dire au partage du travail, des décisions et des fruits du travail commun. Ce n'est vrai qu'en partie. D'une part ces partages sont souvent trop complexes pour qu'une solution évidente se dégage, d'autre part de nombreux acteurs sont tentés de dissocier à leur avantage pouvoir de décision et responsabilité ou encore part dans les fruits du travail et responsabilité.

Bon nombre d'organisations ont fortement limité la responsabilité de la plupart de leurs collaborateurs. Cela signifie que ces derniers encourent peu de risques en cas de travail insuffisant, sauf faute grave ou insuffisance majeure ; leurs performances jouent peu sur leur rémunération, leur carrière... sauf, toutefois, si cette organisation cesse de devenir viable. Les organisations limitent le plus souvent le report de leur responsabilité aux collaborateurs des strates supérieures de la hiérarchie. Ce report ne se fait pas à l'identique, mais sous forme d'un système de sanction-récompense ; par exemple, leur rémunération comportera une part variable significative, liée à leur contribution aux résultats de l'organisation. Seul un ou quelques individus au sommet endossent directement certaines des responsabilités de l'organisation. Les stock-options sont de cet ordre : les dirigeants ou cadres d'une entreprise bénéficient directement de l'augmentation de la valeur des actions de l'entreprise ; toutefois, leurs risques, en cas de chute de cette valeur, sont limités... sauf s'ils ont emprunté pour acheter leurs actions. Sur le plan pénal, lorsqu'il y a délégation de responsabilité au sens légal, un dirigeant peut être poursuivi pour une faute commise par son organisation, même s'il n'a pas eu de rôle direct dans cette faute. On retrouve le plus souvent ces trois catégories dans les organisations : responsabilité très limitée, responsabilité transférée sous forme de sanction-récompense, et responsabilité directement assumée. Le dosage entre ces catégories, le degré d'impact du système de sanction-récompense et ses formes varient suivant les organisations, et font l'objet de débats et parfois de conflits.

Une autre question est de savoir si cette responsabilisation est appliquée individuellement ou collectivement. La responsabilisation individuelle permet le plus souvent une forte mobilisation des individus ; elle est la plus claire et la plus facile à mettre en œuvre. Elle possède cependant l'inconvénient de donner aux individus la tentation de privilégier leurs intérêts propres et les missions sur lesquelles ils sont responsabilisés, au détriment de la coopération avec les autres collaborateurs et de l'intérêt plus général de l'organisation. La responsabilisation collective, pour l'ensemble des membres ou pour des sous-groupes, permet d'échapper à cet inconvénient, mais présente le risque inverse, celui de favoriser une implication très inégale des membres. Nous reviendrons plus longuement sur ces questions au chapitre 8.

1.2.5 Le partage du contrôle

L'action collective implique des contrôles. Contrôle des résultats souhaités, des méthodes employées, du respect des règles communes. Le partage du contrôle, et les questions qu'il pose, constitue une facette de la division du travail évoquée précédemment, mais il comporte une forte implication dans le partage du pouvoir.

D'une part, ces contrôles peuvent être plus ou moins nombreux et stricts. D'autre part, se pose la question de leur répartition, tant vis-à-vis de ceux qui sont contrôlés que de ceux qui contrôlent. En particulier, jusqu'où doivent aller l'autocontrôle, celui que chaque collaborateur exerce sur son travail, et la confiance qui lui est accordée ? Jusqu'où, à l'inverse, doivent porter les contrôles effectués par d'autres ? Ici encore, la question fait l'objet de débats, d'interrogations et parfois de conflits dans les organisations.

Tous ces dilemmes, toutes ces tensions, tous ces problèmes structurent à la fois les comportements des individus au sein de l'organisation et l'action de ses dirigeants. Ils n'ont le plus souvent pas de solution simple et définitive et posent fréquemment des questions d'éthique (voir approfondissement 2.2). Ils constituent les difficultés spécifiques des organisations… et la raison d'être du métier de manager.

Résumé

- Des particularités naissent, en matière de relations humaines, du contexte de l'organisation.
- Elles tiennent au fait que l'organisation est souvent un lieu de fort investissement et d'enjeux importants, matériels et symboliques, pour les individus.
- Elles proviennent également de ce que l'action collective impose des choix délicats et des dilemmes qui sont facilement source de tensions.

Approfondissement 2.2

L'organisation et l'éthique

Des questions d'éthique se posent à tout acteur. Elles se posent donc bien évidemment à tout individu dans une organisation, et à l'organisation en tant qu'acteur collectif. Elles se posent d'autant plus que les enjeux sont importants et que les tentations d'enfreindre des principes éthiques sont fortes. C'est souvent le cas dans les organisations, car l'emploi, l'argent, le pouvoir et le prestige sont souvent en jeu.

Le niveau minimal de respect de l'éthique est le respect des règles et des lois. Celles-ci sont souvent la traduction de principes éthiques largement admis : ne pas mentir, ne pas voler, respecter ses engagements… Ces dernières années, les affaires de corruption, les financements occultes de partis politiques, le scandale Enron nous ont rappelé que ces principes, bien que généralement admis en théorie, ne sont pas toujours respectés dans la pratique. Une vigilance constante est nécessaire pour que :

- au sein des organisations, les individus respectent les principes éthiques qu'elles se donnent et les règles qui en garantissent l'application ;
- à l'échelle d'un pays, les organisations elles-mêmes respectent les principes éthiques qui y sont en vigueur et les lois qui en découlent.

On notera que, si certains principes éthiques sont probablement universels, le code éthique peut varier d'un pays à un autre ou d'une époque à une autre. Par exemple, il n'est pas éthique en Occident, de nos jours, de faire travailler les enfants ; cela ne posait pas de problème dans les mêmes pays au début de l'ère industrielle.

…

Approfondissement 2.2

...

Cela conduit à un deuxième niveau de respect de l'éthique : respecter l'esprit des lois et ne pas chercher à les contourner quand elles ont des failles. Pour rester sur le même exemple, il est interdit de faire travailler les enfants en Occident, mais certaines entreprises ont recours à des sous-traitants basés dans d'autres pays, où cette pratique est courante.

Il y a enfin un troisième niveau, plus exigeant et nécessitant également plus de réflexion. Il s'agit de respecter le principe éthique proposé par Kant : « Agis de façon telle que tu traites l'humanité, aussi bien dans ta personne que dans tout autre, toujours en même temps comme fin, et jamais simplement comme moyen. » (*Fondements de la métaphysique des mœurs*). Au fur et à mesure que l'on monte dans les niveaux décrits ici, on trouvera de plus en plus de possibilités de désaccord, sur le fond, mais aussi sur les interprétations pratiques des principes éthiques. Ce troisième niveau est bien entendu celui qui fera le plus débat. La tentation est grande, dans l'action individuelle comme dans celle de l'organisation, d'instrumentaliser l'autre, qu'il soit client, employé, employeur... Et cela est possible tout en respectant les lois. Certains rejetteront ce principe, d'autres soutiendront que la fin justifie les moyens et qu'en l'occurrence, le principe de Kant n'est pas applicable ; d'autres encore pourront accepter ce principe, mais diverger sur son interprétation, par exemple, sur ce qui distingue la simple influence de la manipulation.

Dans la vie de l'organisation, les questions où ces débats éthiques peuvent intervenir sont nombreuses ; les formes de partage du travail, des fruits du travail en commun, du pouvoir, des responsabilités et du contrôle, décrites dans cette section, sont concernées. Les modes de communication (voir chapitre 4), de motivation et de direction des collaborateurs (voir chapitres 5 et 7), de conduite du changement (voir chapitre 9) le sont également.

2. Le système organisationnel et ses éléments

Comment les organisations affrontent-elles les difficultés que nous venons de passer en revue ? Les réponses sont très variables, comme en témoigne la grande diversité des organisations. Néanmoins, il existe une base de fonctionnement commune à toutes, car les mêmes défis fondamentaux sont posés à toute organisation. Nous caractériserons cette logique commune sous la forme d'un modèle.

- Tout d'abord, nous partirons de l'idée que, pour faire face aux défis et aux dilemmes que nous avons évoqués, l'organisation ne peut ressembler à une machine au fonctionnement bien huilé et prévisible ; c'est un lieu d'incohérence partielle et d'ambiguïtés. En même temps, elle doit nécessairement tendre à un minimum de cohérence et de clarté. Elle se situe donc entre ordre et désordre.

- Nous proposerons ensuite une modélisation de l'organisation comme un système formé de trois éléments en interaction, que nous nommerons sphères et que nous décrirons. Cette modélisation permettra de rendre compte de cet état intermédiaire entre ordre et désordre.

- Enfin, nous compléterons la description de ce modèle en envisageant les influences que ce système de trois sphères reçoit de son environnement.

2.1 Entre ordre et désordre

Face à tous les défis et dilemmes qui se présentent à elles, soulignons pour commencer que les organisations ne réussissent jamais totalement. Sur le plan des relations humaines, aucune n'évite les tensions et les frustrations, même celles où les membres se sentent plutôt bien. L'organisation procure des satisfactions à ses membres, mais l'action en commun ne va jamais sans compromis ou concessions plus ou moins bien vécus : elle est un lieu de frustrations. L'organisation ne vit que parce que les individus ont la capacité de les supporter. Dans les cas heureux, elles sont compensées par les satisfactions et la dynamique du groupe ; dans les cas malheureux, il s'ensuit des souffrances et des maladies (voir, par exemple, approfondissement 1.5, chapitre 1).

L'organisation possède une caractéristique qui lui permet de faire face aux défis : elle est un lieu d'ambivalence et d'un minimum d'incohérence, que ce soit au niveau de chaque individu ou au niveau de l'ensemble des individus. Comment, en effet, se sort-on d'un dilemme quand on dirige une organisation ? Au mieux, en se fixant un cap, une position à tenir sur le curseur (par exemple, entre responsabilisation collective et responsabilisation des individus). Comme cette position comporte des inconvénients et n'est pas adaptée à toutes les situations, on admet des variations, des entorses plus ou moins importantes à la ligne de conduite, en procédant par essais pragmatiques. La rationalité limitée que déploient ordinairement les membres d'une organisation (voir approfondissement 1.7, chapitre 1) les conduit à se contenter de ce qui « marche », sans toujours savoir pourquoi ni se soucier de la cohérence de tout ce qu'ils font. L'ambivalence du psychisme humain facilite en outre le vécu de ces situations. Par exemple, un individu peut être à la fois demandeur de protection, de fusion dans un groupe, et demandeur de différenciation, d'affirmation de lui-même. Il peut ainsi s'adapter aux éventuelles ambiguïtés de son organisation sur ce plan : celle-ci peut être très responsabilisante sur certains points et nettement moins sur d'autres. Le même individu pourra donc passer, dans la même organisation, de situations où il fait appel à sa maturité d'adulte autonome à d'autres où il peut se laisser aller à la facilité, se reposer sur les autres et fuir ses responsabilités. Pas plus qu'ils ne sont totalement rationnels, les individus sont rarement totalement clairs et exempts de contradictions dans tout ce qu'ils font. Le plus souvent, ils ne s'en rendent d'ailleurs pas compte, faute de prendre le temps d'y réfléchir ou parce que leurs défenses inconscientes sont à l'œuvre. Paradoxalement, cela aide les organisations à fonctionner au jour le jour puisque les individus sont de ce fait capables de tolérer, voire d'apprécier, l'ambivalence et l'incohérence partielles dans lesquelles ces organisations les font vivre.

Pourtant, si l'organisation n'était que désordre, incohérence et ambiguïté, elle ne pourrait pas survivre. Pour reprendre l'expression d'Atlan[3], elle se situe, comme le vivant, entre le cristal et la fumée ; le cristal, c'est l'ordre, mais aussi la rigidité ; la fumée, c'est le désordre, mais aussi le flou, l'inconsistance. Aucun de ces deux états ne permet la vie.

Pour se développer, les molécules du vivant ont besoin d'une structure intermédiaire qui ne soit ni l'ordre parfait ni le chaos complet.

Dans son acception la plus courante, le travail du manager consiste précisément à apporter et renforcer cette part d'ordre et de cohérence, c'est évident. Mais ce serait une illusion de croire que, s'il y a du désordre, de l'incohérence et de l'ambiguïté, il s'agit d'une anomalie. Ce qui précède suggère que ces phénomènes ne sont ni évitables, ni systématiquement négatifs. Le manager peut espérer réduire l'ampleur de ces phénomènes, mais il doit savoir qu'il mène un combat sans fin.

2.2 Trois sphères en interaction

Nous décrirons ici l'organisation comme un système, c'est-à-dire comme un ensemble d'éléments en interaction. Plus précisément, nous distinguerons trois éléments, que nous nommerons sphères : les dispositifs organisationnels, la culture et les jeux individuels. L'existence de ces sphères découle de la nature de l'organisation, des problèmes spécifiques et des défis qui se posent à elle, tels qu'ils ont été exposés précédemment. Le jeu entre les sphères permet l'état intermédiaire entre ordre et désordre, cohésion et dispersion, qui caractérise l'organisation.

D'une part, les organisations ont besoin d'assurer la cohérence pratique des actions de chacun de leurs membres ; d'autre part, comme tout groupe, elles ont également besoin de préserver leur cohésion sociale. On trouve donc deux sphères dont une fonction essentielle est d'apporter en partie cet ordre, cette cohérence d'ensemble.

2.2.1 Les dispositifs organisationnels

Un ensemble de dispositifs, que nous nommerons dispositifs organisationnels, est conçu pour assurer la cohérence des actions de chacun en vue de l'atteinte des buts de l'organisation. On trouve dans cet ensemble :

- des règles concrètes, définissant la façon dont sont partagés le travail (organigrammes, fiches de poste, procédures, plannings), les décisions, le mode de répartition des fruits du travail commun, les responsabilités et les contrôles, précisant les modes opératoires ;
- des outils de management de la performance : objectifs, système de sanction-récompense ;
- des outils de GRH (Gestion des ressources humaines) : méthodes de recrutement et de gestion des effectifs et des compétences, règles d'évolution des carrières, système de rémunération ;
- des installations (machines et outils de production, locaux et utilisation de l'espace) ;
- des systèmes d'information.

Tous ces dispositifs forment le gros des outils de management. Toutefois, ces dispositifs ne suffiraient pas à garantir la convergence des actions de chacun. La sphère suivante est également nécessaire.

2.2.2 La culture

Il existe ensuite une culture de l'organisation, c'est-à-dire un ensemble de valeurs, de représentations et de mécanismes psychiques partagés par les membres ou, du moins, acceptables par chacun d'eux. Cet ensemble sert de ciment au groupe ; il est ce qui le fait tenir en tant que groupe et lui procure une base de mode de vie en commun. Sur le plan concret, il permet que ses membres se mettent assez vite d'accord sur les points essentiels de leur travail et agissent de façon relativement cohérente, au moins dans certaines situations, sans qu'il y ait besoin de les contrôler et de leur donner des instructions à tous les instants.

Le concept de culture a été développé en anthropologie pour rendre compte du mode de vie, des valeurs et des croyances de tribus ou d'ethnies. Son importation dans le champ de la théorie des organisations est relativement récente ; elle a donné lieu à des définitions nombreuses mais relativement convergentes[4].

Les valeurs et les représentations s'appliquent principalement à quatre domaines :

- la raison d'être de l'organisation et son utilité, son histoire, ses grandes options stratégiques ;
- le type de relation considérée comme normale entre l'organisation et ses membres, la légitimité des sources d'autorité qui s'imposent aux membres, des modes de partage des décisions, des fruits du travail, des responsabilités et du contrôle ;
- le travail : ce qu'est un bon travail, comment il doit être divisé, organisé et conduit, les qualités d'un bon professionnel et l'échelle de prestige entre les divers métiers pratiqués dans l'organisation, l'éthique professionnelle reconnue comme légitime ;
- la vie du groupe social, sa communication interne, ce qui est équitable ou non, approprié ou non dans les relations entre individus ou entre strates hiérarchiques, les qualités qui rendent une personne estimable et le degré acceptable d'écart par rapport aux normes communes.

Ces valeurs et ces représentations s'expriment au travers de multiples codes (spécificités de langage, façons de s'adresser la parole, de se vêtir, de décorer un lieu de travail), de rites sociaux (par exemple, des fêtes, des cérémonies), de savoir-vivre (par exemple, ce qu'il est correct de se dire, la façon de traiter les désaccords).

La nature de l'influence qu'exerce la culture de l'organisation sur les individus, son caractère bénéfique ou nuisible, font l'objet de débats (voir approfondissement 2.3). Les mécanismes psychiques communément mis en œuvre chez les individus dans leur participation à l'organisation font écho à la fonction psychique du groupe (voir chapitre 1). Ces mécanismes, quand ils sont très répandus parmi les membres de l'organisation, expliquent en partie la prédominance de certaines valeurs et représentations. Certaines organisations bénéficient de l'adhésion de leurs membres, parce qu'elles leur procurent une identité ou un sentiment de protection, ou encore parce que ces derniers y trouvent en elle un ordre, un garde-fou contre leurs propres pulsions. Dans ces cas, elles rendent leurs membres psychiquement dépendants d'elles. Mais une organisation peut au contraire susciter un travail de maturation psychique chez ses membres, en les aidant à se confronter au réel, en leur permettant de mieux se connaître et de travailler sur leurs propres vulnérabilités.

L'importance de la culture dans une organisation, son caractère inéluctable ou non, sont également objets de débat. Il semble néanmoins inévitable que tout groupe social produise au moins certains éléments d'une culture (voir approfondissement 2.4).

Approfondissement 2.3

Culture ou emprise ?

Le pouvoir de conditionnement de la culture d'une organisation n'a pas été sans susciter des débats quant à son bien-fondé. À partir du moment où le partage des fruits du travail commun est jugé inéquitable, tout élément de la culture visant à perpétuer l'organisation telle qu'elle est peut en effet être suspecté de favoriser, volontairement ou non, cet état de choses. Le concept d'idéologie, largement développé notamment par Marx et Foucault, a été appliqué aux organisations (courant de la *critical theory* anglo-saxonne[5]). Une idéologie est un ensemble de valeurs et de représentations assurant la reproduction d'un état des rapports sociaux et qui est intériorisé par tous comme allant de soi, même par ceux qui sont défavorisés par la configuration de ces rapports sociaux. De ce point de vue, l'effort de dirigeants pour influer sur la culture de leur organisation peut être interprété comme une tentative de renforcer l'emprise idéologique sur ses membres en vue d'accroître leur implication.

Le concept de discours, inspiré de Foucault, a été utilisé pour dépeindre dans les organisations les représentations à caractère fortement idéologique, le plus souvent incluses dans la voix officielle de la direction de l'organisation[6].

Le concept d'aliénation, proposé par Marx, a été appliqué à l'étude d'organisations avec un accent mis sur les mécanismes psychiques inconscients. On trouve de tels travaux en particulier chez les psychosociologues français[7]. Ils dépeignent l'emprise de plus en plus fréquente de l'organisation sur les individus, qui deviennent psychiquement dépendants de leur appartenance à ces organisations. C'est dans des organisations exigeant une forte implication de leurs membres que ces phénomènes sont mis en évidence.

Approfondissement 2.4

Une organisation peut-elle ne pas avoir de culture ?

Tout dépend de la façon dont on définit la culture. Si, pour que l'on puisse parler de culture d'une organisation, il faut que les valeurs et les codes de comportement soient très prégnants, assez unanimement partagés et respectés, il existe des organisations dont on pourra dire qu'elles n'ont pas de culture. En effet, dans certaines organisations, on peut trouver des mentalités et des comportements très différents, voire opposés ou en conflit ; l'influence de ces organisations sur les individus apparaît faible, souvent d'ailleurs parce qu'ils n'y restent pas longtemps.

…

Approfondissement 2.4

…

Si, en revanche, on retient la définition de la culture proposée dans ce chapitre, on parlera plutôt de culture faible ou forte, en fonction du degré de conformité que les individus manifestent avec ses principes, ses normes, ses représentations, ses codes, et de la variété des domaines de la vie où cette conformité s'exprime. Il est en effet difficilement évitable qu'un groupe humain, quel qu'il soit, ne développe au fil du temps un minimum d'éléments d'une culture qui va les définir comme un groupe particulier par rapport à ceux qui n'en font pas partie. Cela commence très vite, dès les premiers jours. Un premier élément est que ses membres accumulent nécessairement une histoire en commun, avec des évènements spécifiques. Un second élément est que ses membres ont dû trouver des modes de vie ou d'action en commun, qui commencent à structurer un code de conduite propre au groupe. Au fil des jours, et *a fortiori* au fil des années, se forge une culture ou, au minimum, des éléments de ce qui peut demeurer une culture faible.

Ces deux sphères, dispositifs organisationnels et culture, sont en interaction. Les valeurs, les représentations et les mécanismes psychiques communs rendent acceptables ou non telle manière de travailler et de décider, telle façon de répartir les responsabilités ou les fruits du travail commun. À l'inverse, la façon de partager le travail, les décisions, et l'ensemble des dispositifs organisationnels contribuent à la longue à façonner la culture de l'organisation.

Il est à noter également que ces deux sphères sont le résultat de l'action quotidienne des membres de l'organisation, mais que ce résultat n'est pas toujours bien maîtrisé par eux. Cela vaut pour tous les membres et, en particulier, pour les dirigeants de l'organisation. Ces derniers ont un pouvoir marqué sur les dispositifs organisationnels mais leur influence sur la culture est à la fois plus indirecte et moins immédiate. Certes, bon nombre d'organisations sont en partie le reflet de leurs dirigeants, mais le phénomène n'est pas nécessairement volontaire ni même satisfaisant pour ces derniers. Voir, par exemple, l'étude de cas en fin de chapitre 6.

Par ailleurs, ces deux sphères ne remplissent jamais complètement leur rôle. En effet, d'une part, le contenu de ces deux sphères n'est pas parfait ; il peut comporter des contradictions internes, plaçant les membres de l'organisation en porte-à-faux. D'autre part, le travail de façonnement des comportements par l'organisation a ses limites, que ce soit à travers la culture ou les dispositifs organisationnels : les individus sont en effet pris dans une tension entre le dévouement à l'organisation et la poursuite de leurs seuls objectifs personnels.

2.2.3 Les stratégies des acteurs

Si la sphère des dispositifs organisationnels était suffisante pour comprendre les comportements dans une organisation, cela signifierait que les individus sont des robots programmables, capables d'exécuter sans état d'âme, ni faiblesse les instructions données. Si la sphère de la culture était suffisante, cela signifierait que les individus sont des clones, totalement modelables psychiquement. Bien entendu, il n'en est rien.

Les individus n'adhèrent souvent que partiellement aux buts de l'organisation ou, autrement dit, les buts de chacun ne convergent que partiellement. Ils ne souscrivent pas tous à toutes les valeurs et croyances en vigueur dans l'organisation. En conséquence, ils respectent rarement toutes les règles édictées au sein de cette dernière. Plus encore, il existe toujours des acteurs dans l'organisation qui ne se satisfont pas de la façon dont sont partagés le travail, les décisions, les fruits du travail commun, les responsabilités, les contrôles ; il y a donc toujours autour des règles qui régissent ces partages des luttes plus ou moins ouvertes pour les modifier formellement ou dans les faits. On ne peut donc pas comprendre une organisation en regardant seulement sa culture et ses dispositifs organisationnels. Il faut également saisir ce qui se joue dans une troisième sphère, celle des stratégies des acteurs dans l'organisation, en vue de bien faire valoir leurs propres valeurs et intérêts. Ces stratégies peuvent être plus ou moins conscientes et explicites, mais tous les acteurs dans l'organisation en développent, soit individuellement, soit collectivement au sein de sous-groupes (par exemple, des catégories d'employés). Certaines de ces stratégies peuvent très bien renforcer la cohésion du groupe social et sa culture, ou solidifier le système des dispositifs organisationnels, parce que les valeurs et les intérêts des acteurs iront dans leur sens. Mais ces stratégies des acteurs peuvent aussi très souvent affaiblir le pouvoir de cohésion lié à la culture, diminuer l'efficacité espérée des dispositifs organisationnels. On trouve dans cette troisième sphère, une source majeure de l'incohérence partielle de l'organisation (voir figure 2.1).

Stratégies des acteurs et jeux de pouvoir

Ces stratégies peuvent mener à des jeux de pouvoir, dans la mesure où les individus ou les sous-groupes sont à la fois en concurrence et dépendants les uns des autres pour obtenir les ressources convoitées et où ils n'y parviennent que par leur capacité à modeler le comportement des autres. Ainsi que l'expriment Michel Crozier et Erhard Friedberg[8], deux des principaux théoriciens de ces phénomènes : « Le jeu pour nous est bien plus qu'une image. C'est un mécanisme réel, grâce auquel les hommes organisent et structurent leurs relations de pouvoir, leur imposent des règles, tout en laissant, en même temps, à ces relations – ainsi qu'aux hommes – une grande liberté. » Crozier et Friedberg décrivent les diverses ressources que les acteurs peuvent mobiliser, indépendamment des prérogatives classiques de la hiérarchie, et utiliser pour maximiser leur pouvoir : l'expertise quand elle est difficilement remplaçable, le contrôle de relations importantes avec l'environnement, la détention d'informations, la capacité d'appliquer (ou non) les règles de l'organisation. Ces éléments ne sont pas des ressources en eux-mêmes mais parce qu'ils permettent de contrôler des incertitudes préoccupantes pour d'autres acteurs. Par exemple, une expertise pointue permet de limiter les risques de panne d'une machine dont l'arrêt coûterait très cher ; celui qui la détient, même s'il est ouvrier en bas de l'échelle hiérarchique, détient alors plus de pouvoir réel que son chef, dans la mesure surtout où il peut ne pas mobiliser cette expertise, où il ne la mobilisera qu'en fonction de sa bonne volonté, qui reste en partie imprévisible pour ceux qui ont besoin de lui (voir chapitre 7, section 3.1). À titre d'illustration, l'approfondissement 2.5 offre quelques exemples de jeux de pouvoir classiques.

Il convient de souligner que ces stratégies et l'ensemble des jeux qu'elles produisent ne sont pas toujours négatifs, ni nuisibles pour l'organisation. Ils sont parfois une aide dans le fonctionnement quotidien. Un exemple classique est celui des arrangements entre l'encadrement de proximité (agents de maîtrise) et les employés. Il s'établit fréquemment entre eux une sorte de donnant-donnant : l'encadrement est accommodant sur certains points, voire admet de petites entorses aux règles prescrites, en échange de la bonne volonté des employés pour faire face aux aléas de la production ; par exemple, des employés accepteront de rester plus tard un soir, pour compenser la panne d'une machine dans la journée, mais, un autre jour, leur chef fermera les yeux en cas de telle ou telle insuffisance dans leur travail ou s'ils allongent leur temps de pause.

Approfondissement 2.5

Quelques exemples de jeux de pouvoir dans l'organisation

Henri Mintzberg donne une liste de comportements typiques de ce qui est désigné ici par jeux individuels. Ils sont effectivement assez fréquents dans les organisations.

L'un des jeux les plus courants est le jeu de l'insoumission ; il conduit les subordonnés à ne pas obéir aux règles et aux ordres, ou à les arranger d'une manière satisfaisante pour eux. Ce jeu appelle chez les supérieurs des jeux pour contrer l'insoumission, c'est-à-dire des stratégies visant à dissuader les collaborateurs de désobéir. Les organisations sont parcourues par de multiples relations « du chat et de la souris », chaque protagoniste rivalisant d'astuce.

Une autre catégorie de jeux est liée à la recherche de maximisation de leurs pouvoirs par les acteurs. Il peut s'agir d'alliances entre membres de l'organisation : des membres, de niveaux hiérarchiques différents ou identiques, échangent des faveurs, de l'information et des services, pour obtenir des avantages qu'ils convoitent et renforcer leur position de pouvoir dans l'organisation. Les jeux autour des budgets sont également classiques. Chaque responsable d'un budget le négocie périodiquement avec ses supérieurs ; il existe de nombreuses ruses, proches de la manipulation et du marchandage, pour maximiser les moyens alloués.

Il existe enfin des jeux liés à la compétition entre individus ou sous-groupes en vue d'obtenir un poste ou des ressources particulières. Chaque protagoniste essaie alors de promouvoir ses propres chances, souvent en nuisant à ses compétiteurs. Les « luttes de palais », les querelles entre « baronnies » peuvent parfois devenir très acerbes.

Source : Mintzberg H., *Le pouvoir dans les organisations*, Éditions d'Organisation, 1986.

Les stratégies des acteurs dans leur rapport avec les deux autres sphères

Il y a influence réciproque entre la sphère des stratégies des acteurs et les deux autres. D'une part, la culture et les dispositifs organisationnels rendent admissibles et possibles, ou au contraire empêchent, dans une organisation donnée, certaines stratégies des acteurs. En même temps, ces stratégies sont le plus souvent stimulées par des discordances, soit à l'intérieur de la sphère culturelle ou de celle des dispositifs organisationnels, soit entre ces deux sphères.

Les discordances à l'intérieur de la sphère culturelle ne sont pas rares. La source la plus fréquente en est la disparité des catégories d'individus. Suivant les niveaux hiérarchiques, les métiers exercés au sein de l'organisation, existeront des cultures de sous-groupes qui ne seront qu'en partie cohérentes entre elles : on trouvera généralement des points communs et des divergences. Mais une même organisation ou un même sous-groupe peut également vivre dans l'incohérence culturelle, par exemple entre les valeurs relatives au travail et les valeurs relatives à la vie sociale. Cela est certes inconfortable, mais de nombreuses organisations vivent dans ce genre d'inconfort. Il en va de même à l'intérieur de la sphère des dispositifs organisationnels. Par exemple, les systèmes de sanctions-récompenses peuvent ne pas correspondre aux objectifs prescrits, les outils de production peuvent ne pas être adaptés aux moyens alloués pour les utiliser. Quant aux discordances entre les deux sphères, elles adviennent assez facilement. Souvent, les dispositifs organisationnels changent plus vite que les éléments de la culture. Cela est spécialement vrai à notre époque de changements technologiques et économiques rapides. Nous revenons plus en détail sur ce point au chapitre 9.

D'autre part, on peut aussi dire que les stratégies des acteurs façonnent à la fois la culture de l'organisation et ses dispositifs organisationnels. Les règles, les normes, les valeurs en vigueur sont aussi le résultat des rapports de force au sein de l'organisation, du pouvoir d'influence que tels individus ou sous-groupes sont capables de déployer. Il ne suffit pas, par exemple, d'être le chef pour imposer une règle, et encore moins pour qu'elle soit appliquée par tous. Les discordances dans la sphère culturelle proviennent de ce que des individus et des catégories d'employés différents affirment leur identité et leurs valeurs. Les discordances dans les dispositifs organisationnels résultent souvent de compromis plus ou moins implicites et chaotiques entre divers acteurs ou groupes d'acteurs.

Ainsi fonctionne une organisation, produit constamment renouvelé de ces trois sphères en interaction. Cela vaut pour toutes les organisations, même si, bien entendu, le contenu ou le poids de chaque sphère peut varier grandement. Elles découlent directement des particularités de l'organisation. La figure 2.1 résume cette logique.

Ce modèle de l'organisation possède des liens de parenté avec d'autres proposés par le passé. On peut citer notamment ceux de Roethlisberger et Dickson[9], Fombrun[10], Piotet et Sainsaulieu[11], Detrie *et al.*[12]. Leur point commun est de raisonner sous forme de système de domaines distincts mais en interaction, prenant en compte à la fois les aspects pratique et humain de l'organisation.

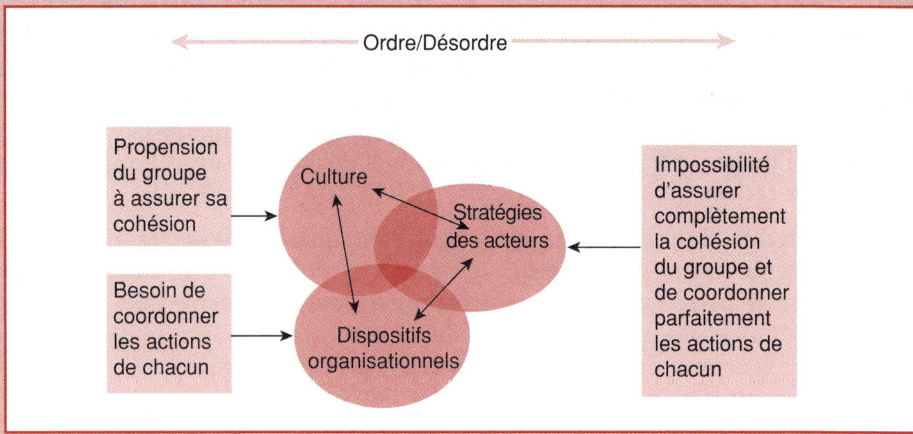

Figure 2.1 • L'organisation comme système de trois sphères.

2.3 L'influence de l'environnement

Comment sont déterminés les contenus des trois sphères à l'œuvre dans toute organisation ? Il existe un débat sur le déterminisme dans les sciences sociales, qui a connu son apogée dans la seconde moitié du XXe siècle mais qui est loin d'être clos. En d'autres termes, les phénomènes sociaux sont-ils déterminés par des paramètres qui dépassent les acteurs concernés (facteurs macroéconomiques, par exemple), ou ces acteurs ont-ils une part de liberté, les phénomènes sociaux n'étant que la résultante de multiples choix individuels libres ? Les recherches sur les organisations ont, elles aussi, été traversées par ce débat. La position la plus fréquente aujourd'hui est celle d'un déterminisme limité. Les organisations sont en partie façonnées par leur environnement économique et social, mais ce déterminisme n'est pas total, les organisations réservent toujours une part d'inattendu et de variété, due à leurs propres membres.

2.3.1 Sur la sphère des dispositifs organisationnels

De nombreuses études ont été menées sur le sujet. Elles se sont attachées à repérer les divers facteurs de contingence et la nature de leur influence sur les organisations. La synthèse la plus connue de ces travaux a été réalisée par Mintzberg[13]. Les éléments de l'environnement économique qui sont généralement considérés comme les plus influents sont l'état du marché et le type de production attendue par les clients, ainsi que l'état de la technologie. On peut y inclure également la taille de l'organisation. Ainsi peut-on expliquer, par exemple, pourquoi une entreprise de production de masse, où la valeur pour le client est fortement liée au prix (par exemple, textile, restaurant fast-food), n'est pas organisée de la même façon qu'une entreprise qui produit des petites séries ou des modèles uniques (par exemple, aéronautique spatiale, restaurant gastronomique haut de gamme). Ou encore, on peut ainsi comprendre pourquoi une organisation qui doit survivre dans un environnement technologique et commercial turbulent et mal prévisible (par exemple, biotechnologies, télécommunications) se donne des modes de fonctionnement plus souples et réactifs qu'une organisation pour laquelle ces contraintes ne sont pas aussi fortes (par exemple, compagnie d'assurances, opérateur de distribution d'eau). On notera que cela vaut pour les entreprises privées comme pour les associations ou les organisations publiques.

Toutefois, le déterminisme issu de ces éléments est limité. D'une part, ces facteurs jouent plus sur le partage du travail et son agencement que sur le partage des fruits de ce travail, qui reste hautement lié aux aspects culturels et aux stratégies des acteurs. D'autre part, les facteurs culturels jouent également dans la marge de liberté laissée aux organisations pour se mouvoir au milieu des contraintes économiques qui les affectent. Il en résulte que l'on trouvera toujours des différences dans les dispositifs organisationnels entre les cabinets d'avocats comme entre les constructeurs automobiles...

On constate également une certaine influence de l'environnement social sur les choix des organisations en matière de dispositifs organisationnels. Des recherches ont montré[14] qu'il existe un mimétisme en la matière. Certaines techniques ou méthodes de management ont tendance à suivre des effets de mode.

2.3.2 Sur la sphère de la culture

Une première source d'influence externe est la culture du pays, de la région ou de l'ethnie dans laquelle se trouve l'organisation. Des recherches menées essentiellement depuis vingt-cinq ans l'ont mise en évidence. La recherche de Hofstede[15] fut la première d'envergure dans ce domaine ; elle est restée fameuse. Hofstede a fait remplir un questionnaire à 88 000 employés d'une multinationale américaine installée dans 66 pays. Il a pu dégager quatre domaines où les valeurs des collaborateurs différaient significativement en fonction de leur nationalité : l'individualisme, la relation à la hiérarchie, l'aversion à l'incertitude, et ce qu'il nomme le caractère masculin ou féminin des valeurs dominantes (ambition, challenge d'un côté, coopération, sécurité de l'autre). D'autres travaux ont suivi et confirmé l'existence de ces influences nationales, même s'ils ont varié dans leurs résultats précis[16] (voir notamment, chapitre 7 section 3.2.2). Il résulte de ces travaux, par exemple, que l'on peut s'attendre, si l'on entre dans une entreprise française, à des rapports hiérarchiques plus formels que dans une entreprise néerlandaise, sans même connaître au préalable ces deux entreprises. Cela peut être vrai. Toutefois, ce raisonnement a ses limites, que la variété des comportements dans les entreprises françaises et néerlandaises met en évidence. On peut plus volontiers parler d'influence que de déterminisme. D'autres exemples de ces influences sont proposés dans l'exemple 2.1. Le phénomène n'est pas circonscrit aux pays. En France, par exemple, des différences de comportement peuvent être constatées dans la même entreprise d'une région à l'autre, ou bien entre une grande ville et une zone rurale.

Une autre source d'influence sur la culture est le milieu professionnel de l'organisation. On peut par exemple observer des points culturels communs entre la plupart des cabinets d'avocats ou entre la plupart des constructeurs automobiles ; le registre de langage, les qualités qui font l'excellence d'un individu aux yeux des collaborateurs seront plus proches entre deux cabinets d'avocats de pays différents qu'entre un cabinet d'avocat et un constructeur automobile d'un même pays.

Exemple 2.1

Les méthodes de management sont-elles universelles ?

Peut-on appliquer une même méthode de management partout dans le monde ? Il serait dangereux de le croire. De plus en plus de managers et de consultants cherchent à s'appuyer sur la ou les cultures nationales des pays où ils interviennent, plutôt que de plaquer des schémas inventés ailleurs. Quelques exemples récents :

- Une multinationale américaine a implanté dans toutes ses filiales asiatiques le même logiciel de gestion. Celui-ci impliquait un changement significatif dans les méthodes de travail. Sur le conseil de la consultante en charge du projet en Asie, la façon dont les employés ont été informés, formés et motivés a varié en fonction de la culture de chaque pays. D'un pays à l'autre, dans cette même région du globe, en effet, la conception de la relation hiérarchique pouvait grandement varier. Là où elle était très formelle, l'introduction des réformes s'est faite auprès des dirigeants et ceux-ci se sont chargés de faire descendre les consignes le long de la ligne hiérarchique. Là où l'esprit était plus démocratique, ces réformes ont été introduites de façon beaucoup plus participative, au travers de réunions impliquant les collaborateurs et leur permettant de s'exprimer sur le sujet.
- Le chef de deux grandes entreprises ivoiriennes s'est efforcé de concilier, dans sa façon de manager, les principes issus de l'Occident et la culture de son pays. Il s'est attaché, en particulier, à ce que l'esprit communautaire traditionnel se retrouve dans ses entreprises, sous la forme notamment d'une politique sociale ambitieuse.
- Dans le même esprit, l'un des dirigeants d'une grande banque sud-africaine a suscité l'introduction, dans bon nombre des agences dont il a eu la charge, d'une pratique calquée sur celle de « la palabre » sur les places de village de son pays. Les employés ont la possibilité de se réunir périodiquement, sans considération de grade hiérarchique, et de discuter des sujets relatifs à la marche de l'agence. Les réunions sont facilitées par un des anciens, respecté par tous, mais pas nécessairement le plus haut placé dans la hiérarchie de l'entreprise. On a constaté un effet bénéfique sur le climat de travail et les performances des agences concernées.

Sources : Flinn J., Shelton Consulting, Singapour ; Zadi M., CIE et SODECI, Abidjan (Zadi M., *Culture africaine et gestion de l'entreprise moderne*, Abidjan, CEDA, 1998) ; van der Walt P., First National Bank, Johannesburg.

Des différences existent également entre générations d'un même pays ou d'un même métier. L'important est de reconnaître que la façon dont les gens ont été éduqués, les bases de la vie en société qu'ils ont apprises se retrouvent dans leur manière de travailler ensemble. L'évolution des organisations occidentales depuis les années 1980 est en partie à mettre en relation avec de grandes évolutions macrosociales contemporaines : perte d'influence d'institutions majeures comme l'État, l'armée ou les églises, délitage de la famille traditionnelle (voir chapitre 7, section 3.2.3). Il s'ensuit le plus souvent, dans les organisations, un affaiblissement du statut hiérarchique et une moins grande fidélité des jeunes employés.

D'où vient alors cette mesure de liberté, cette irréductibilité aux déterminismes ? D'une part, de la multiplicité de ces sources d'influence et de leurs contradictions éventuelles, laissant aux intéressés le loisir de faire des choix. D'autre part, elle provient de l'histoire de l'organisation, de sa taille et de son âge, des événements qu'elle a vécus et qui ont marqué ses membres. Enfin, elle peut venir des propres singularités des membres, et, en particulier, de celles du fondateur ou du leader quand il y en a un.

2.3.3 Sur la sphère des stratégies des acteurs

Les stratégies que se donnent les membres dans leur participation à la vie de l'organisation sont celles qui sont acceptables dans leur univers culturel. Les influences macrosociales sur cet univers, mentionnées précédemment, s'exercent donc également à ce niveau.

La propension plus ou moins grande des individus à adhérer à un groupe social, à s'y dévouer, leur capacité à transgresser les règles établies sont en grande partie façonnées par les divers milieux sociaux auxquels ils appartiennent et ont appartenu. On ne peut pas parler, ici non plus, de déterminisme strict de l'existence et du contenu de ces stratégies, mais au moins d'influences externes. Ces influences viennent compléter ou amender la dynamique interne de l'organisation.

À l'issue de ces considérations sur le déterminisme partiel au sein de l'organisation, la logique de fonctionnement de cette dernière peut être représentée par la figure 2.2 (voir à la fin du chapitre).

Résumé

- Les organisations se construisent dans un compromis entre ordre et désordre.
- On peut représenter l'organisation comme un système de trois sphères en interaction : les dispositifs organisationnels, la culture et les stratégies des acteurs.
- Ces trois sphères subissent une influence de l'environnement économique et social de l'organisation. Cette influence n'est pas un déterminisme absolu ; les individus au sein de l'organisation conservent une marge de liberté pour façonner son fonctionnement.

3. Quelques grandes approches théoriques de l'organisation

La façon dont l'organisation est présentée dans ce livre, sous forme d'un système de trois sphères, est différente de la façon dont d'autres l'ont présentée ou la présenteraient aujourd'hui. Sans entrer dans les détails, nous mentionnerons plus bas quelques grandes approches théoriques de l'organisation. Cet aperçu montrera comment la pensée sur l'organisation a évolué, et il donnera au novice des pistes pour enrichir son regard sur les organisations.

Nous présenterons successivement :

- les approches centrées sur la sphère des dispositifs organisationnels ;
- les approches prenant en compte les dispositifs organisationnels et la culture ;
- les approches prenant en compte les trois sphères (dispositifs organisationnels, culture, stratégies des acteurs).

3.1 Les approches centrées sur la sphère des dispositifs organisationnels

Les organisations existent depuis la nuit des temps, mais la littérature à leur sujet n'a commencé à devenir abondante qu'au début du XXe siècle. À cette époque les travaux furent le plus souvent écrits pour répondre à la question : comment manager une organisation ? Ils ont constitué les premières pièces de ce que l'on nomme aujourd'hui la « littérature managériale », dont le but n'est pas de produire de la théorie sur les organisations mais des conseils pratiques. Pour autant, ces livres s'appuient sur une représentation de ce qu'est une organisation et de la façon dont elle fonctionne, même si cette représentation est le plus souvent implicite.

L'homme qui a laissé le plus de traces, parmi ces précurseurs, est l'Américain Frederick Taylor. Ouvrier, puis ingénieur, puis consultant, ses principaux ouvrages datent du début du XXe siècle (voir notamment *Direction scientifique des entreprises*[17]). Sa ligne directrice est la rationalisation des méthodes de production. Ses moyens sont une étude « scientifique » des postes de travail, une codification minutieuse des pratiques optimales, une séparation des fonctions de conception et d'exécution de façon à ce que les ouvriers ne fassent que bien appliquer les méthodes optimales mises au point, une sélection et une formation elles aussi rationnelles des ouvriers, et enfin un contrôle rigoureux de la bonne exécution du travail prescrit. L'organisation selon Taylor est avant tout une sphère de dispositifs organisationnels qu'il s'agit d'agencer le plus rationnellement possible. Il considère que la motivation des ouvriers au travail est assurée s'ils sont équitablement rémunérés. Il sait bien que les stratégies individualistes des ouvriers sont fréquentes dans les usines. Il le déplore et entend y mettre fin par ses méthodes, en faisant gagner de l'argent à l'entreprise, argent que devront se répartir ensuite équitablement patrons et employés. En d'autres termes, Taylor est conscient qu'il existe d'autres sphères, mais, dans sa représentation de l'organisation, elles ne sont pas opérantes si la sphère des dispositifs organisationnels est correctement traitée. Aujourd'hui encore, l'esprit sinon la lettre des méthodes de production de Taylor sont encore souvent présents ; ses recommandations sur le partage équitable des gains se sont, elles, perdues dans l'oubli. À la même époque naissaient aux États-Unis les chaînes de production ; Taylor n'en fut pas l'inventeur mais elles procédaient du même souci de rationaliser la sphère productive.

Puis les représentations sur les organisations se sont enrichies ; en réaction à la vague du management scientifique incarnée par le taylorisme, les deux autres sphères de notre modèle ont été de plus en plus étudiées.

Parmi les approches considérant les organisations essentiellement comme un ensemble de dispositifs organisationnels, citons-en une autre, plus récente (seconde moitié du XXe siècle), qui s'inspire de la diffusion de la notion de système dans la pensée scientifique (voir section 3.2) et de la notion de sélection, dérivée de celle proposée par Darwin. Il s'agit d'expliquer les dispositifs organisationnels (structures, méthodes de travail, technologie) d'après des paramètres de l'environnement, principalement technico-économiques. Nous avons abordé cette question précédemment (section 2.3). Les travaux dont il est question sont issus de plusieurs courants ; leur dénominateur commun est qu'ils cherchent à comprendre la façon dont l'environnement conditionne ou façonne les formes pratiques de l'organisation, en partant du principe que les organisations qui survivent sont celles qui ont réussi un minimum d'adaptation à cet environnement et que les autres disparaissent. Parmi ces courants, il convient de citer celui de la théorie de la contingence, avec Burns et Stalker[18] et Woodward[19] comme travaux fondateurs, et Mintzberg[20] comme synthèse, sur laquelle nous revenons à la section 4.2. Sont également à mentionner celui de l'écologie des populations[21] et celui de l'économie évolutionniste, *evolutionary economics*[22].

3.2 Les approches prenant en compte les sphères des dispositifs organisationnels et de la culture

Max Weber[23] fut un précurseur dans la prise en compte de la sphère culturelle pour l'étude des organisations. Il a notamment produit une description du type d'organisation dominant durant une bonne partie du XXe siècle, sur laquelle nous reviendrons à la section 4.1.

Des chercheurs et enseignants de Harvard, entre les deux guerres, en particulier Mayo[24], Roethlisberger et Dickson[25], ont mis en évidence et commencé à modéliser les deux autres sphères, celle des valeurs et des sentiments d'une part, celle des stratégies des acteurs de l'autre. Toutefois, la mouvance à laquelle ils sont rattachés, dite École des Relations Humaines, a surtout mis l'accent sur la première. On lui doit d'avoir souligné l'importance des valeurs et des sentiments, d'avoir montré qu'à trop les négliger on ruinait tous les efforts de rationalisation du travail, que ce dernier ne pouvait se faire au détriment des hommes (voir revue de ce courant et références au chapitre 5, approfondissement 5.1). D'où un plaidoyer pour un management et des méthodes de travail prenant en compte le bien-être moral des employés.

Ces travaux théoriques ont été complétés par ceux du Tavistock Institute, centre de recherche et d'intervention londonien, précurseur dans l'introduction d'une réflexion psychanalytique sur les organisations. Ses travaux[26] ont étudié les mécanismes psychiques à l'œuvre chez les membres de diverses organisations. Une autre branche de cet institut[27] a développé la représentation de l'organisation comme un système sociotechnique, c'est-à-dire comme une interaction entre la sphère technique de la production et la sphère sociale, montrant les multiples rapports entre elles.

D'une manière plus générale, la prise en compte de domaines différents et de leurs interactions a été stimulée par la diffusion de la notion de système, popularisée au début de la seconde moitié du XXe siècle[28]. Cette notion a inspiré les travaux ci-dessus et, plus généralement, a conduit à dépasser les approches par trop mécanistes qui avaient marqué le début du siècle.

Cette intégration de ce que nous avons nommé la sphère de la culture a été largement faite dans la littérature managériale de la seconde moitié du XXe siècle. Les écrits les plus connus, tels ceux de Drucker[29], Peters et Waterman[30], véhiculent une représentation de l'organisation avec deux sphères. Notre troisième sphère, les stratégies des acteurs, continue à y être traitée comme une anomalie, qui doit disparaître si le management agit correctement vis-à-vis des dispositifs organisationnels et de la culture. Cette conception est souvent partagée ; elle caractérise ce que certains ont dénommé NATO (*North American Theory of Organization*), mais elle est fréquente aussi en Europe.

C'est à partir des années 1980 que se sont développées les études plus spécifiquement centrées sur la culture d'entreprise, soit pour comprendre ce qu'elle est, soit pour analyser l'influence des cultures nationales ou ethniques (voir précédemment section 2.3).

C'est également à cette époque que s'est développée une approche insistant sur la composante cognitive de la culture d'une organisation, c'est-à-dire les concepts, les raisonnements, les façons de traiter l'information qui lui sont propres. Cette composante cognitive est vue comme un puissant levier de management. La notion clé qui caractérise ces travaux est celle d'apprentissage organisationnel, développée en particulier par Argyris et Schön[31] et par Senge[32] ; voir également chapitre 9, section 4.3. Dans cette perspective cognitive, on peut également mentionner les recherches autour de la notion d'*enactment*, développée notamment par Weick[33] : face à la masse énorme de données qui les entoure, les acteurs catégorisent, créent des schémas d'analyse, et donc construisent une représentation de leur environnement, qui n'est pas une donnée objective.

3.3 Les approches prenant en compte les trois sphères

À la différence des précédentes, ces approches voient l'organisation comme un lieu de tensions et de conflits, d'à-peu-près et de désordre partiel. Ces phénomènes ne sont plus considérés comme des anomalies mais comme des propriétés inhérentes aux organisations. Cette perspective ne condamne pas pour autant les efforts des membres de l'organisation tendant à apporter plus d'harmonie ; elle vise au contraire à éclairer leurs analyses. La troisième sphère de notre modèle de fonctionnement, celle des stratégies des acteurs, est alors prise en compte à part entière. Ces approches contribuent à complexifier la description du fonctionnement de l'organisation ; certaines sont nées au milieu du XXe siècle, mais leur développement est plutôt une caractéristique de la fin du siècle.

Un premier courant de recherche s'est attaché aux stratégies que déploient les membres des organisations en vue de poursuivre, à l'intérieur d'une organisation, leurs propres intérêts ; ce courant s'est parfois intéressé aux bureaucraties[34] ou aux organisations en général[35]. Parmi les travaux les plus représentatifs et conceptuels de ce courant, il convient de citer ceux de Crozier[36] et de Friedberg[37], ainsi que l'école française dite « de la sociologie des organisations » à laquelle ils ont donné naissance. Selon cette école, l'organisation peut être vue comme une arène stratégique où chaque membre joue en fonction de ses propres buts (voir section 2.2.3). Les travaux de Sainsaulieu (voir notamment section 4.3) s'attachent à établir un lien étroit entre les jeux individuels et la sphère culturelle de l'organisation.

À la même époque, Simon[38] avait contribué à cette complexification de l'approche des organisations. Il avait souligné que les membres d'une organisation n'agissent pas en faisant un usage plein et entier de leur raison dans les décisions qu'ils doivent prendre. Par facilité, pragmatisme ou manque de temps, ils se contentent d'une « rationalité limitée » (voir chapitre 1). D'autres travaux, poursuivant cette approche, ont exploré l'idée d'une rationalité « locale » des acteurs, fonction de leur environnement proche[39], leurs comportements étant pour beaucoup déterminés par les champs de jugement et d'évaluation portés sur eux localement[40], et notamment par l'ensemble des outils et instruments de gestion porteurs de ces jugements[41] (voir chapitre 9, section 1.1.2). Cela pointait une autre faiblesse des approches purement rationalistes et mécanistes de l'organisation et, en même temps, ouvrait la voie à une prise en compte plus facile des incohérences, dans le regard sur les organisations. Dans la même mouvance, Cohen *et al.*[42] ont développé le *garbage can model*, ou modèle de la poubelle, en vertu duquel, dans les organisations, les décisions ne se prennent pas après un examen rationnel et complet du problème qui se pose, mais, dans l'esprit de la rationalité limitée des acteurs, en appliquant des solutions disponibles, même si elles n'ont pas été pensées pour le problème en question. Toutefois, ce désordre relatif de l'organisation se situe plus sur le plan cognitif que sur le plan social.

À partir des années 1980 se sont développés des travaux sur l'organisation caractérisés par ce que Julienne Brabet nomme le modèle de la « gestion des contradictions ». Ils envisagent l'organisation comme un carrefour complexe d'ambitions et de jeux disparates, de logiques contradictoires[43]. Ils s'appuient en fait sur les courants qui viennent d'être cités pour rompre clairement avec un modèle de l'organisation où ces contradictions sont considérées comme accidentelles, provisoires, anormales. Dans ces approches, le manager devient donc celui qui gère les contradictions, sans pouvoir espérer les éliminer.

Enfin, il convient de mentionner ici un courant assez vaste, qui se distingue des précédents en ce qu'il introduit une notion de domination et, de ce fait, ajoute une dimension critique à l'approche des organisations. On peut définir ainsi la domination : le fait que les membres de l'organisation, en vertu d'une dissymétrie de pouvoir, sont le plus souvent, consciemment ou non, contraints et leurrés par cette dernière.

Paradoxalement, ce n'est pas du marxisme orthodoxe que proviennent le gros de ces critiques qui visent pourtant préférentiellement les entreprises ; sans doute l'attirance des révolutionnaires russes pour les idées de Taylor, la propension des régimes socialistes de la période soviétique à générer des bureaucraties pesantes expliquent-elles le peu de sensibilité du marxisme orthodoxe à une critique des organisations. Les racines théoriques de ces critiques sont plutôt à chercher du côté de l'école de Francfort (notamment Horckheimer et Adorno[44], Marcuse[45]) et de Michel Foucault[46]. Ces auteurs ont en effet renouvelé la façon de penser la combinaison des mécanismes économiques et culturels de domination à l'œuvre dans la société. L'école critique anglaise et anglo-saxonne (*critical theory*) en a été largement inspirée. La psychosociologie française a produit des travaux très convergents à partir d'une forte influence de la psychanalyse (à propos de ces deux courants, voir également le chapitre 1, ainsi que l'approfondissement 2.2). D'autres travaux français des vingt dernières années ont également développé le thème de la domination avec un point de départ sociologique[47].

Résumé

- Les approches théoriques de l'organisation sont nombreuses et diverses.
- Elles diffèrent notamment par leur insistance variable sur l'une ou l'autre des trois sphères que nous avons définies dans ce chapitre.
- Elles se différencient également en approches non critiques et approches critiques, les dernières s'attachant à décrire des phénomènes de domination au sein des organisations.

4. Quelques types d'organisation

Que l'on étudie les insectes, les nuages ou les étoiles, toute construction de connaissance amène à établir des typologies… L'organisation, en tant que sujet d'étude, n'échappe pas à cette règle. Plusieurs des approches théoriques évoquées au chapitre précédent ont permis de dresser des typologies d'organisations. Du fait des multiples choix qui s'offrent aux organisations, du fait également de la possibilité d'incohérence partielle entre ces choix, il n'en existe pas deux identiques, même à taille égale et de même activité. Par contre, comme l'incohérence n'est que partielle, il est possible de dégager des types d'organisation. Nous faisons appel ici à la notion d'idéal type, proposée par Weber[48]. Un type d'organisation, ou idéal type selon Weber, est une organisation qui n'existe jamais exactement comme telle dans la réalité, mais avec laquelle beaucoup d'organisations ont de nombreux points communs. C'est une construction de l'esprit effectuée de manière logique, en assemblant les divers éléments de l'organisation de façon cohérente. Derrière la diversité infinie des organisations, il est ainsi possible de dégager quelques grands types. Cela peut présenter un intérêt quand on cherche à comprendre le fonctionnement d'une organisation donnée. Si l'on rencontre un certain nombre de traits caractéristiques d'un type d'organisation identifié, alors on peut faire l'hypothèse que d'autres traits, non observés ceux-là, sont aussi présents. Bien entendu, ce ne sera qu'une hypothèse, du fait du caractère seulement indicatif de ces types, mais elle permettra d'orienter les recherches et, au moins, de se donner des chances de gagner du temps dans l'analyse.

Ce qui suit ne constitue pas un catalogue exhaustif des types d'organisation qui ont pu être décrits ; nous aborderons trois travaux connus en la matière qui nous paraissent éclairants pour illustrer les concepts qui viennent d'être présentés ainsi que pour comprendre l'évolution des organisations durant le XXe siècle et leurs réalités d'aujourd'hui :

- Le premier peut être considéré comme l'ancêtre de tous les autres, il dépeint le type dominant d'organisation d'une bonne partie du XXe siècle (qui est encore présent aujourd'hui). Ce travail se fonde sur des paramètres culturels, même s'il s'étend ensuite aux dispositifs organisationnels.
- Le deuxième est un exemple de typologie se fondant sur des éléments liés aux dispositifs organisationnels.
- Le troisième, le plus récent, est mixte, fondé sur la culture, les dispositifs organisationnels, les jeux individuels ; il permet de faire le point sur l'évolution du type dominant décrit dans la première typologie.

4.1 L'organisation moderne et la bureaucratie (Weber)

La première typologie d'organisations a été produite au début du XXe siècle par Weber[49]. Certains de ses aspects datent, mais d'autres sont toujours d'actualité. Weber est parti de la sphère culturelle : il fonde son raisonnement sur la source de légitimité de l'autorité exercée sur les membres de l'organisation et admise par eux. De ce point de départ, il a déduit des caractéristiques débordant sur la sphère des dispositifs organisationnels. Il y a, selon lui, trois sources de légitimité :

- La légitimité traditionnelle, en vertu de laquelle l'autorité est dévolue à une ou des personnes occupant une position dans la société. La tradition fixe ces positions, et les droits et les devoirs de chacun. Le chef, un roi par exemple, exerce cette fonction du fait de sa position et non de sa personne.
- La légitimité charismatique, en vertu de laquelle l'autorité est dévolue à une personne hors du commun, historiquement pour des raisons religieuses, plus tard pour ses qualités extraordinaires. L'autorité est alors dévolue à une personne, et non à une position dans la société.
- La légitimité rationnelle-légale, en vertu de laquelle l'autorité appartient à celui ou ceux qui sont chargés de faire appliquer les règles en vigueur. Ici, l'autorité est attribuée à une position et non à une personne ; ce qui change par rapport à la légitimité traditionnelle est que le ou les titulaires de l'autorité ne sont pas désignés par une tradition (par exemple, leur naissance, la position de leurs parents) mais en vertu de leurs mérites, déterminés rationnellement en fonction de la tâche à remplir. Les règles, elles aussi, sont déterminées rationnellement, en fonction des missions de l'organisation. Autre différence par rapport aux deux autres sources de légitimité : ceux qui subissent l'autorité ne la subissent pas dans toute leur personne et dans tous les domaines de leur vie (comme le sujet d'un monarque ou le disciple d'un chef religieux), mais seulement dans les domaines qui sont régis par les règles, et dans les limites de celles-ci.

Pour Weber, le monde moderne se caractérisait par la diffusion rapide et la prédominance de la légitimité rationnelle-légale dans les organisations, ce qui marquait une rupture avec les périodes antérieures, dominées par les deux autres sources de légitimité. Sur ce point, son analyse reste d'actualité. Les organisations occidentales contemporaines continuent de mettre en œuvre, en principe, ce type de légitimité. Le contrat de travail salarié introduit un lien de subordination de l'individu à l'entreprise, mais seulement pendant la durée de son travail, et pour l'objet du contrat. Un patron n'a pas le droit de s'immiscer dans la vie privée de son employé, ce que pouvait aisément faire, il y a quelques siècles, un châtelain avec son domestique. Cependant, la tentation demeure toujours de revenir à l'un ou l'autre système de légitimité ou, du moins, de bénéficier de leurs avantages. Par exemple, l'on a déjà vu des patrons de grandes entreprises faire nommer leur fils à leur succession alors qu'ils n'en contrôlaient pas le capital (mais ils avaient soin de souligner que leur fils devait cette nomination à ses mérites personnels, légitimité rationnelle-légale oblige). Toutefois, il existe aujourd'hui encore des leaders charismatiques et certaines organisations essaient de jouer sur ce registre pour susciter une très grande implication de leurs membres.

Weber a appelé **bureaucratie** cette organisation fondée sur la légitimité rationnelle-légale. Cet idéal type d'organisation, étroitement associé à l'ère moderne, possédait selon lui les caractéristiques suivantes :

- une prédominance de règles écrites ;
- une délégation de l'autorité en cascade le long de la hiérarchie ;
- une certaine impersonnalité des relations, les collaborateurs devant faire abstraction de leurs états d'âme personnels pour bien tenir leur rôle ;
- des nominations et des promotions en fonction des mérites et des compétences des individus ;
- une sécurité de l'emploi, garantissant l'indépendance d'esprit du collaborateur, et une fréquente possibilité de carrière à vie.

Weber a donné une description cohérente de deux des trois sphères de notre modèle : la sphère culturelle, première dans son esprit, et celle des dispositifs organisationnels. Il a simplement oublié la troisième, celle des stratégies des acteurs. D'autres auteurs se sont chargés de compléter ce tableau, notamment Crozier[50] et Merton[51]. Ils ont montré que ces organisations, offrant des raisons de s'impliquer relativement pauvres et responsabilisant peu les employés, étaient un terrain d'élection tout désigné pour la défense d'intérêts catégoriels, les luttes de pouvoir, la fuite des responsabilités. C'est cet aspect qui vaut aujourd'hui au mot bureaucratie sa connotation péjorative. Celle-ci est bien entendu plus ou moins justifiée selon les organisations ; comme nous l'avons vu, un type ne rend compte de la réalité que de manière approchante.

Mais, si ces auteurs ont complété le travail de Weber, la plupart des chercheurs ont admis que, jusqu'aux années 1980, le type bureaucratique pouvait être considéré comme un type dominant des organisations occidentales, au moins pour ce qui concernait les organismes publics et les grandes organisations privées.

Depuis les années 1980, le monde a changé. Le monde social, d'une part : le déclin des grandes institutions sociales, la crise des sources de légitimité, et notamment de la légitimité rationnelle-légale[52], amènent d'autres façons de penser la relation entre l'individu et l'entreprise. Le monde économique, d'autre part, avec la fin des « trente glorieuses », le poids accru du client, la globalisation et l'explosion des technologies de l'information. Sommes-nous pour autant entrés dans une ère post-bureaucratique ? Si oui, existe-t-il un nouveau type dominant ? Le débat reste ouvert ; l'évolution des organisations est aujourd'hui sans doute trop disparate pour qu'on puisse apporter une réponse tranchée.

4.2 Les cinq configurations structurelles de Mintzberg

Mintzberg[53] a proposé une typologie qui découlait de sa synthèse des travaux sur les facteurs de contingence façonnant les structures des organisations. Son travail touche donc essentiellement la sphère des dispositifs organisationnels. Il identifie cinq mécanismes de coordination mis en œuvre au sein des organisations :

- l'ajustement mutuel (quand les membres de l'organisation se coordonnent de façon informelle en se concertant directement) ;
- la supervision directe d'un supérieur hiérarchique sur les collaborateurs ;
- la standardisation des procédés, c'est-à-dire la mise en règle formelle des processus de travail ;
- la standardisation des résultats, c'est-à-dire l'imposition de résultats à atteindre ;
- la standardisation des qualifications, c'est-à-dire le recours à des personnes ayant suivi une formation bien spécifiée pour accomplir un travail (ce qui dispense alors de standardiser les procédés ou les résultats).

Puis il décrit cinq types, appelés « configurations structurelles », qui se caractérisent par la prédominance d'un de ces mécanismes de coordination. À chacune de ces configurations correspondent à la fois des formes d'organisation préférentielles, des acteurs internes clés (dirigeants, cadres opérationnels, etc.) et des caractéristiques de l'environnement favorisant leur émergence. Ces cinq configurations sont :

- **La structure simple**, fondée sur la supervision directe. Elle est généralement de petite taille et dominée par son dirigeant.
- **La bureaucratie mécaniste**, fondée sur la standardisation des procédés. Elle est généralement ancienne, de grande taille, et elle se caractérise par la formalisation poussée du travail, le poids des experts techniques. Les grandes unités de production industrielle ou de services administratifs utilisant une main-d'œuvre peu qualifiée en sont des exemples classiques.
- **La bureaucratie professionnelle**, fondée sur la standardisation des qualifications. À l'inverse de la précédente, elle se caractérise par une certaine décentralisation en faveur des opérationnels (ceux qui font le travail effectif) ; ceux-ci sont qualifiés (les professeurs d'une université, les médecins d'un hôpital) et disposent d'un pouvoir fort.
- **La bureaucratie divisionnalisée**, fondée sur la standardisation des résultats. Il s'agit d'une forme voisine de l'une ou l'autre des deux précédentes, généralement de grande taille, découpée en unités auxquelles une certaine autonomie est accordée. Le contrôle de ces unités s'effectue par le moyen d'objectifs à atteindre.
- **L'adhocratie**, fondée sur l'ajustement mutuel. Cette forme est décrite comme émergente et à la mode à l'époque. Elle est rendue nécessaire dans des environnements complexes, changeants, où la standardisation n'est pas efficace. Les décisions y sont décentralisées, la formalisation du travail y est peu poussée.

Bien qu'écrite il y a plus de vingt ans, cette typologie est souvent utilisée pour qualifier des organisations. Elle repose en effet sur les critères relativement intemporels que sont les mécanismes de coordination.

Parue au tournant des années 1980, elle confirme le caractère toujours dominant du type bureaucratique dans les organisations de grande taille, même si elle en propose plusieurs variantes.

Mintzberg a également travaillé ultérieurement sur une typologie en termes de configurations de pouvoir[54]. Cela l'a conduit notamment à intégrer dans sa réflexion le rôle des normes et des valeurs dans l'organisation, à la fois en tant que vecteurs de pouvoir et de contrôle, mais également comme facteurs de coordination. Il a ainsi ajouté aux cinq configurations précédentes la configuration dite « missionnaire », où la coordination résulte d'un partage par les membres de l'organisation de normes et de valeurs communes qui les poussent à agir dans le même sens.

4.3 Les mondes sociaux de l'entreprise (Sainsaulieu et son équipe)

Sainsaulieu et son équipe[55] ont étudié 81 établissements, appartenant à des organismes publics et des entreprises privées de tous secteurs, en France. L'étude a duré 7 ans, de la fin des années 1980 au milieu des années 1990. Les chercheurs ont observé à la fois ce que nous avons nommé les aspects culturels, les dispositifs organisationnels et les stratégies des acteurs. Ils concluent à une assez grande disparité des organisations ; ils n'identifient pas un type dominant mais cinq. Chacun de ces types offre une façon de s'adapter aux profonds changements que la plupart des organisations sont obligées d'affronter aujourd'hui. Ce sont cinq façons de sortir ou non du type bureaucratique précédent. Chacun de ces types est marqué par des relations entre les trois sphères de notre modèle. Il est intéressant de noter que seuls deux de ces types sont relativement harmonieux : la « bureaucratie de consensus » et l'« entreprise communautaire ». Les autres, soit la majorité des organisations étudiées, sont traversés d'incohérences importantes et de forts clivages ou tiraillements.

- **L'entreprise duale.** Elle est comme tiraillée entre deux modèles. Elle a été marquée par une refonte de ses processus de production, impliquant une centralisation accrue des décisions, un renforcement des principes tayloriens (voir section 3.1). Cela n'empêche pas qu'il existe des poches de flexibilité, là où les méthodes tayloriennes sont en défaut. Il en résulte une dualité de cultures et d'approches du travail.
- **L'entreprise bureaucratique.** Elle comprend deux sous-types, rencontrés dans l'univers des bureaucraties traditionnelles :
  - **La bureaucratie ouverte**, caractérisée par une ouverture sur l'usager, voire le client, qui donne un sens au travail. Il existe cependant une tension liée aux faits que les directions cherchent à augmenter les productivités, et que ces organisations ont conservé un système de sanction-récompense peu stimulant.
  - **La bureaucratie de consensus**, fondée sur un pacte fréquent en univers bureaucratique : travaux peu intéressants contre une certaine autonomie dans le travail quotidien et des conditions de travail faciles (horaires, lieu stable) ; refus des tentatives de changement, perçues comme une rupture de ce pacte.
- **L'entreprise modernisée.** Entreprises le plus souvent industrielles, elles ont une histoire, des valeurs fondées sur des métiers techniques, d'anciennes solidarités ouvrières. Puis sont intervenus des chocs économiques qui les ont amenées à modifier fortement leur fonctionnement, leur technologie et leurs produits (ce que n'a pas fait l'entreprise duale, souvent partie du même état initial). On y trouve généralement une forte technicité, ce qui permet de perpétuer, avec un autre contenu, les valeurs d'excellence technique ; mais ces valeurs sont maintenant associées à un accent mis sur les

hommes comme élément essentiel de ces processus de production. D'où des pratiques participatives, des équipes semi-autonomes, et donc un paysage composite, avec beaucoup de catégories d'acteurs disposant toutes de leurs ressources de pouvoir.

- **L'entreprise en crise.** Ces entreprises ont le même genre de passé que celles du type précédent, mais cela se passe moins bien. Les « seigneurs » – ceux qui incarnaient l'excellence professionnelle et jouaient un rôle de leaders d'opinion – et les syndicats sont descendus de leur piédestal ; la culture ouvrière cohésive se délite. On introduit des populations nouvelles, on impulse des méthodes de management participatif, mais ces greffes prennent difficilement, elles sont vécues comme des agressions.
- **L'entreprise communautaire.** Elle est marquée par la personnalité du dirigeant, par la figure mythique de son fondateur. Il s'agit souvent d'une PME, dont le dirigeant a une bonne connaissance personnelle des collaborateurs. L'identification des salariés à l'entreprise est forte. Ils y font souvent carrière. L'encadrement est issu du rang. Il est très impliqué sur le terrain ; il centralise bon nombre de décisions mais laisse de l'informel dans les processus de travail, permettant ainsi aux individus et aux équipes de travailler par ajustement mutuel. La polyvalence des collaborateurs est fréquente. La culture est marquée par le client, qu'une grande proportion de collaborateurs rencontre, le sens du résultat, l'autonomie, la responsabilité, la flexibilité et l'adaptation, ainsi que par de fortes valeurs métier.

Résumé

- Il est possible de définir des types d'organisation en se fondant plus ou moins sur différentes sphères de l'organisation.
- Max Weber a donné une définition du type le plus classique des organisations du XXe siècle : la bureaucratie.
- Deux typologies plus récentes montrent une tendance progressive à une plus grande diversité des organisations dans la période contemporaine.

Conclusion

Dans ce chapitre, nous avons défini l'organisation comme un groupe humain structuré par une ou des actions communes et mis en évidence les particularités que le contexte de l'organisation ainsi définie introduit dans les relations humaines. Les enjeux des individus sont souvent forts, l'empreinte du social y est potentiellement renforcée, exacerbant les difficultés éventuelles. L'action collective exige des choix difficiles, place les individus devant des dilemmes qui sont source de tensions et de conflits.

Nous avons présenté un modèle de fonctionnement de l'organisation qui découle de ces difficultés. L'organisation y est décrite comme un système de trois sphères en interaction, compromis entre ordre et désordre. La sphère des dispositifs organisationnels et la sphère de la culture visent à assurer la cohérence de l'organisation, tandis que la sphère des stratégies des acteurs résulte d'une part inévitable d'incohérence, qu'elle peut contribuer fréquemment à renforcer. Comprendre le fonctionnement d'une organisation, c'est comprendre comment ces trois sphères interagissent. L'environnement économique et social influe sur ces sphères mais laisse aux membres de l'organisation une marge de liberté pour façonner son fonctionnement (voir figure 2.2).

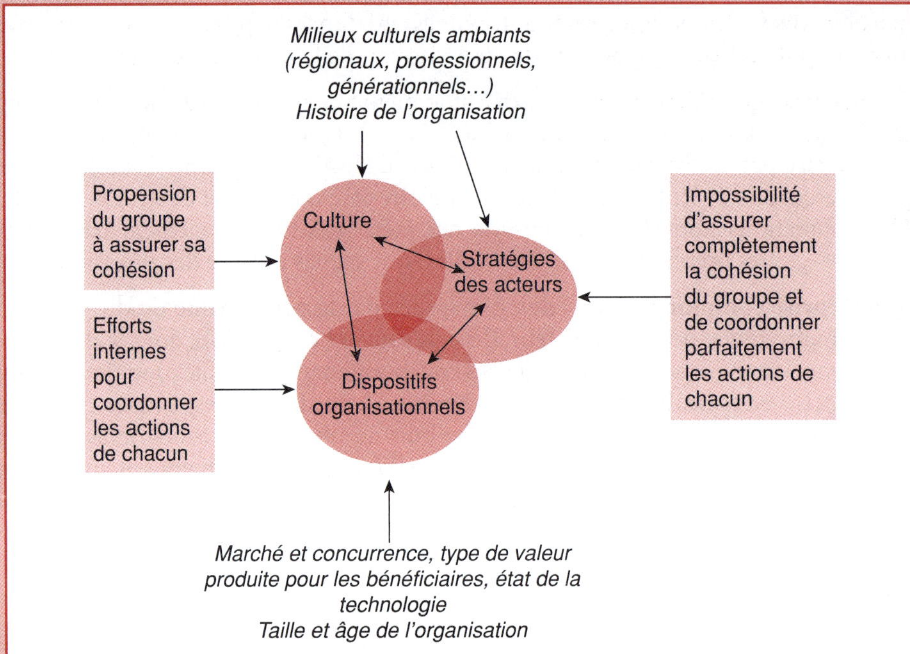

Figure 2.2 • L'organisation vue comme un système de trois sphères dans son environnement.

Au cours de ce chapitre, nous avons également proposé un panorama d'autres approches théoriques des organisations. Il existe une grande diversité d'approches, selon les éléments qu'elles privilégient et selon qu'elles portent un jugement positif ou négatif sur les organisations.

Enfin, nous avons présenté trois typologies connues d'organisation. En particulier, nous avons décrit le type bureaucratique, considéré comme dominant au xxe siècle, et des types plus récents, signalant une tendance progressive à une plus grande diversité des organisations.

Bibliographie sélective

Charreire S., Huault I., *Les grands auteurs en management*, Éditions EMS, 2002.

Crozier M., *Le phénomène bureaucratique*, Seuil, 1963.

Francfort I., Osty F., Sainsaulieu R., Uhalde M., *Les mondes sociaux de l'entreprise*, Desclée de Brouwer, 1995.

Livian Y.-F., *Organisation – Théories et pratiques*, 3e édition, Dunod, 2005.

Mintzberg H., *Structure et dynamique des organisations*, Éditions d'Organisation, 1982.

Morgan, G., *Images de l'organisation*, 2e éd., Presses de l'Université de Laval, 2003.
Rojot J., *Théorie des organisations*, Eska, 2003.
Schein E., *Organizational Culture and Leadership*, Jossey Bass, 1985.

Notes et références

1. Sainsaulieu R., *L'identité au travail*, Paris, Presses de la FNSP, 1977.
2. Sainsaulieu R. (dir.), *L'entreprise, une affaire de société*, Paris, Presses de la FNSP, 1990.
3. Atlan H., *Entre le cristal et la fumée*, Seuil, 1979.
4. Schein E., *Organizational Culture and Leadership*, San Francisco, Jossey-Bass, 1985 ; Thévenet M., *La culture d'entreprise*, PUF, 1993.
5. Notamment, Alvesson M., *Organization Theory and Technocratic Consciousness*, Berlin, De Gruyter, 1986 ; Alvesson M., Willmott H., *Critical Management Studies*, London, Sage, 1992.
6. Voir notamment Keenoy T., Oswick C., Grant D., « Organizational Discourses: Text and Context », *Organization*, n° 4, 1997, pp. 147-157.
7. Notamment Pagès M., Bonetti M., Gaulejac V. (de), Descendre D., *L'emprise de l'organisation*, PUF, 1979 ; Enriquez E., « L'individu pris au piège de la structure stratégique », *Connexions*, 54-2, 1989 ; Aubert N., Gaulejac V. (de), *Le coût de l'excellence*, Seuil, 1991.
8. Crozier M., Friedberg E., *L'acteur et le système*, Seuil, 1977.
9. Roethlisberger F. J., Dickson W. J., *Management and the Worker*, Cambridge, Mass., Harvard University Press, 1939.
10. Fombrun C., « Structural Dynamics Within and Between Organizations », *Administrative Science Quarterly*, vol. 31, 1986, pp. 403-421.
11. Piotet F., Sainsaulieu R., *Méthodes pour une sociologie de l'entreprise*, Presses de la fondation nationale des sciences politiques & ANACT, 1994.
12. Détrie J.-P. (dir.), *Strategor : politique générale d'entreprise*, Dunod, 2000.
13. Mintzberg H., *Structure et dynamique des organisations*, Éditions d'Organisation, 1982.
14. Abrahamson E., « Management Fashion », *Academy of Management Review*, vol. 1, 1996, pp. 254-285 ; Powell W. W., Di Maggio P. J., *The New Institutionalism in Organizational Analysis*, Chicago, University of Chicago Press, 1991.
15. Hofstede G., *Culture's Consequences: International Differences in Work-Related Values*, Beverly Hills, CA, Sage, 1980.
16. Iribarne P. (d'), *La logique de l'honneur*, Seuil, 1989.
17. Taylor F., *Direction scientifique des entreprises*, Dunod, 1971 (1911, édition originale).
18. Burns T., Stalker G. M., *The Management of Innovation*, London, Tavistock, 1961.
19. Woodward J., *Industrial Organization: Theory and Practice*, London, Oxford University Press, 1965.
20. Mintzberg H., *op. cit.*
21. Hannan M., Freeman J., « The Population Ecology of Organizations », *American Journal of Sociology*, 83, 1977, pp. 929-984.
22. Nelson R., Winter S., *An Evolutionnary Theory of Economic Change*, Cambridge, MA, Harvard University Press, 1982.
23. Weber M., *Économie et société*, Plon, 1995 (1922, édition originale).
24. Mayo E., *The human Problems of an Industrialized Civilization*, NewYork, Macmillan, 1933.
25. Roethlisberger F. J., Dickson W. J., *op. cit.*
26. Jaques E., « Social Systems as a Defense against Persecutory and Depressive Anxiety », *in* Klein M. (ed), *New Directions in Psychoanalysis*, London, Tavistock, 1955 ; Trist E., Murray H., *The Social Engagement of Social Science*, Philadelphia, The University of Pennsylvania Press, 1990.
27. Trist E., Bamforth K., « Some Social and Psychological Consequences of the Longwall Method of Coal Getting », *Human Relations*, 1951, 4:3-38 ; Trist E., « The Evolution of Socio-Technical Systems as a Conceptual Framework and as an Action Research Program », *in* A. Van de Ven, W. Joyce (eds), *Perspectives on Organization Design and Behavior*, New York, John Wiley, 1982.
28. Bertalanffy L. (von), *Théorie générale des systèmes*, Dunod, 1973.
29. Drucker P., *The Practice of Management*, New York, Harper and Row, 1954 ; *Post-Capitalist Society*, Oxford, Butterworth-Heinemann, 1993.
30. Peters T. J., Waterman R. H., *In Search of Excellence*, Harper and Grow, New York, 1982

(traduction française : *Le prix de l'excellence*, InterÉditions, Paris, 1983).
31. Argyris C., Schön D. A., *Organizational Learning: A Theory of Action Perspective*, Addison-Wesley, 1978.
32. Senge P., *The Fifth Discipline*, New York, Doubleday/Currency, 1990.
33. Weick K. E., *The Social Psychology of Organizing*, Addison-Wesley, 1969.
34. Merton R., *Éléments de théorie et de méthode sociologique*, Plon, 1965.
35. Simon H., *Administrative Behavior*, 2e édition, New York, MacMillan, 1957.
36. Crozier M., *Le phénomène bureaucratique*, Seuil, 1963.
37. Crozier M., Friedberg E., *op. cit.*
38. Simon H., *op. cit.*
39. March J. G., *in Décisions et organisations*, Éditions d'Organisation, 1991 (1978, édition originale).
40. Riveline C., « Un point de vue d'ingénieur sur la gestion des organisations », *Gérer et comprendre*, décembre 1991.
41. Berry M., *Une technologie invisible ? L'impact des instruments de gestion sur l'évolution des systèmes humains*, École polytechnique, 1983.
42. Cohen M., March J., Olsen J., « A Garbage Can Model of Organizational Choice », *Administrative Science Quarterly*, n° 17, 1972, pp. 1-25.
43. Brabet J. (dir.), *Repenser la gestion des ressources humaines ?*, Economica, 1993 ; Bouchikhi H., « Living in and Building on Complexity: A Constructivist Perspective on Organizations », *Organization*, vol. 5(2), 1998, pp. 217-232.
44. Horckheimer M., Adorno T., *The Dialectics of Enlightment*, London, Verso, 1947.
45. Marcuse H., *One-Dimensional Man*, Boston, Beacon Press, 1964.
46. Foucault M., *Les mots et les choses*, Gallimard, 1966 ; *L'archéologie du savoir*, Gallimard, 1969 ; *Surveiller et punir*, Gallimard, 1975.
47. Notamment Borzeix A., Linhart D., « La participation : un clair-obscur », *Sociologie du travail*, 1/88, 1988, pp. 37-54 ; Boltanski L., Chiapello E., *Le nouvel esprit du capitalisme*, Gallimard, 1999 ; Courpasson D., *L'action contrainte*, PUF, 2000.
48. Weber M., *Essais sur la théorie de la science*, Presses Pocket, 1992 (1904, édition originale).
49. Weber M., *op. cit.*
50. Crozier M., *op. cit.*
51. Voir notamment Merton R., *op. cit.*
52. Laufer R., Paradeise C., *Le Prince bureaucrate*, Flammarion, 1982.
53. Mintzberg H., *op. cit.*
54. Mintzberg H., *Power In and Around Organizations*, Prentice-Hall Inc., Englewood Cliffs, New Jersey, 1983. Version française, *Le pouvoir dans les organisations*, Éditions d'Organisation, 1986.
55. Francfort I., Osty F., Sainsaulieu R., Uhalde M., *Les mondes sociaux de l'entreprise*, Desclée de Brouwer, 1995.

Chapitre 3

Comment aborder l'étude du comportement humain dans une organisation

Objectifs du chapitre

À l'issue de ce chapitre, vous devriez être capable de :

- **développer un questionnement suffisamment large pour permettre une analyse pertinente des comportements humains dans la vie courante d'une organisation ;**
- **saisir la complexité des situations réelles dans les organisations telles qu'elles se présentent aux managers ;**
- **comprendre l'intérêt pour les managers, face à ces situations, de l'approche qui est proposée.**

Nous commencerons par récapituler les questions qu'on peut se poser pour appréhender une situation dans une organisation, telles que les diverses approches que nous avons étudiées dans les deux précédents chapitres nous les suggèrent. Nous obtiendrons ainsi une démarche de questionnement qui pourra servir de base de raisonnement pour traiter n'importe quel problème. Bien entendu, il s'agit d'une trame qui devra être adaptée aux spécificités de chaque situation ; il n'existe pas de recette universelle.

Nous verrons ensuite, à partir d'un cas concret, comment cette démarche peut être appliquée à un problème précis, courant dans les organisations aujourd'hui. Nous en dégagerons quelques principes de base pour l'étude des questions humaines dans les organisations.

Enfin, nous nous intéresserons à la vie concrète des managers et à la façon dont ils peuvent utiliser cette démarche.

Dans ce chapitre, nous aborderons donc successivement :

- la démarche de questionnement proposée pour comprendre les comportements dans les organisations ;
- l'application de cette démarche à un cas concret ;
- la façon dont les managers peuvent aborder ces problèmes compte tenu des contraintes qui sont les leurs.

1. Une démarche de questionnement

Les dirigeants, les collaborateurs d'une organisation, parfois des observateurs extérieurs, sont amenés à se poser fréquemment des questions sur son fonctionnement. En général, il s'agit pour eux de la rendre plus efficace et/ou plus à même de les satisfaire. Or, une organisation fonctionne essentiellement avec des êtres humains, même s'ils s'aident d'outils de gestion et de production et que la robotisation se développe. Face à un problème, il est donc utile de comprendre le comportement des individus qui sont impliqués. Par « comprendre », nous entendons à la fois comprendre quel est le comportement de ces individus – celui-ci n'est en effet pas toujours apparent –, et en analyser les raisons. Nous récapitulons ici les principales questions qu'il est bon de se poser. Elles se répartissent en trois niveaux d'analyse complémentaires qui ont été abordés dans les deux chapitres précédents :

- le niveau des individus impliqués dans la situation, avec leurs caractéristiques propres ;
- le niveau du ou des groupes, sous-ensembles de l'organisation, auxquels ces individus appartiennent ;
- le niveau de l'organisation dans son ensemble.

Nous présentons ces questions dans les trois parties de cette section, correspondant à chacun de ces trois niveaux : individu, groupe et organisation.

1.1 Le niveau des individus

L'individu peut être appréhendé sous différents angles (voir chapitre 1). Cela conduit à se poser plusieurs séries de questions au sujet de celui ou de ceux qui sont impliqués dans une situation que l'on veut comprendre.

1.1.1 Le champ biologique

Quelles sont ses forces et ses points de vulnérabilité au niveau corporel, son état de forme physique ? Quels sont les impacts possibles de ces caractéristiques sur son comportement ?

1.1.2 Le champ psychologique

Quels sont les traits principaux de sa personnalité (voir chapitre 1) ? Comment ceux-ci façonnent-ils ses attitudes et ses comportements ? Quel idéal du moi s'est-il constitué ? De quelle estime de soi s'est-il doté ? Jusqu'à quel point se considère-t-il généralement comme responsable des situations qu'il vit ? Comment a-t-il établi son rapport à l'autorité, au stress et à la routine, au risque et à l'incertitude, au travail ? Quelles valeurs éthiques s'est-il données ? Quel est son projet de vie ? Comment cherche-t-il à se réaliser ?

Comment s'est-il construit son identité ? Comment se représente-t-il ce qui fait sa valeur à ses propres yeux ?

Quels sont ses capacités intellectuelles, ses modes de raisonnement ? Quelles cartes mentales utilise-t-il pour se représenter le monde dans lequel il vit ? Quelle langue parle-t-il et comment cette langue influe-t-elle sur sa représentation du monde ?

Dans le cas où plusieurs individus sont impliqués, quelle est la compatibilité de leurs modes de raisonnement et cartes mentales respectifs ? Leur communication est-elle efficace ?

1.1.3 Le champ des influences sociales

Comment a-t-il établi son rapport à l'autre et à la société ? Quel est son besoin d'appartenance et de protection par le groupe social ? Quelle dépendance entretient-il au regard des autres sur lui-même ?

En quoi l'identité qu'il s'est construite est-elle dépendante de son environnement social ? Est-elle fortement liée à l'exercice d'une profession, à sa formation ?

Quelle influence exerce sur lui son appartenance à des groupes sociaux extérieurs à l'organisation : famille, ethnie ou région, religion, etc. ? Comment et dans quelle mesure sa représentation du monde est-elle façonnée par ces groupes sociaux ?

1.2 Le niveau des groupes

Les individus appartiennent le plus souvent à des groupes qui forment des sous-ensembles de l'organisation (une équipe d'atelier, un service, un département, etc.). Il s'agit ici de les analyser dans leur participation à ces groupes restreints. Un individu peut appartenir à plusieurs d'entre eux : par exemple son équipe d'atelier, et le groupe plus vaste des ouvriers de l'usine. Chacun de ces groupes peut influer sur le comportement des individus qui le composent, en même temps d'ailleurs que la personnalité de ces individus tend à façonner le groupe dans un mouvement d'influence réciproque.

Face à une situation que l'on cherche à comprendre, il convient donc de se poser des questions sur le ou les groupes concernés.

Tout d'abord, de quels groupes les individus concernés font-ils partie ?

Puis, pour chacun de ces groupes :

- Quelle est la prégnance du groupe sur les individus ? Sur quels aspects de leur comportement est-il contraignant pour ses membres ? Le groupe est-il fortement prescripteur de modes de pensée ? Si oui, quelles valeurs, quelles représentations diffuse-t-il ?
- Quels sont les moteurs de cette prégnance ? L'identité qu'il fournit à ses membres ? Des coalitions d'intérêts ? Le partage de défenses collectives contre l'angoisse ?
- Le groupe est-il sous l'influence d'un leader fort ? De leaders d'opinion ?
- Le groupe est-il uni ou divisé ? Qu'est-ce qui le soude ou le divise ?
- Avec quels autres groupes au sein de l'organisation ce groupe entretient-il de bonnes relations ? Avec quels autres est-il en conflit ? En concurrence ?

1.3 Le niveau de l'organisation

L'organisation introduit d'autres paramètres, eux aussi susceptibles de jouer sur le comportement des individus. Les trois sphères de l'organisation, décrites au chapitre 2 (section 2.2.), conduisent à de nouvelles questions, complémentaires des précédentes. Comme les autres, elles visent à nous aider à comprendre le comportement d'individus dans une situation.

1.3.1 Culture

Quelle est la prégnance de la culture de l'organisation sur les individus ? Sur quels aspects de leur comportement est-elle contraignante pour ses membres ? Est-elle fortement prescriptrice de modes de pensée ? Si oui, quelles valeurs, quelles représentations diffuse-t-elle (en particulier celles qui sont concernées dans la situation étudiée) ?

Sur quelle source de légitimité l'organisation est-elle fondée ? D'où ses chefs tirent-ils leur légitimité ? Au nom de quoi l'organisation mobilise-t-elle ses collaborateurs ? Que procure-t-elle en échange sur le plan humain ? Quels frustrations ou désaccords éventuels ce système de légitimité et cet échange suscitent-ils ?

Comment est entretenue cette culture ? Par qui ? Est-elle homogène ou bien existe-t-il des groupes de cultures différentes, voire adverses ?

Quel est le rôle du management dans le maintien de cette ou de ces cultures ? Se comporte-t-il en accord avec elles ?

Le degré d'autonomie des collaborateurs est-il en conformité avec ce qu'ils jugent souhaitable et normal ?

Comment le management introduit-il d'éventuelles nouveautés ? Comment les rend-il acceptables par les collaborateurs ?

1.3.2 Dispositifs organisationnels

L'organisation est-elle performante, atteint-elle des résultats opérationnels satisfaisants ? Sinon, pourquoi ?

Comment les conditions matérielles de travail jouent-elles sur la forme physique des collaborateurs ? Le travail est-il physiquement pénible pour eux ?

Comment les collaborateurs sont-ils informés ? Sur quels sujets ?

La stratégie de l'organisation, ses règles et ses ordres leur paraissent-ils clairs ?

Dans quelle mesure les dispositifs organisationnels peuvent-ils influencer les comportements des individus ?

Dans quelle mesure les dispositifs organisationnels apportent-ils aux individus ce qu'ils attendent de leur collaboration avec l'organisation ? Soit :

- rémunération, conditions de travail ;
- nature du travail et sens proposé par la direction ;
- organisation du travail et niveau de contrainte provoqué par les règles internes ;
- style de délégation utilisé par le management.

Quels sentiments, positifs ou négatifs, sont suscités de ce fait chez les collaborateurs ?

Quel est le mode de responsabilisation des individus ?

- Ont-ils des objectifs ? Si oui, quels aléas et quels obstacles doivent-ils surmonter, quelles ressources doivent-ils mobiliser pour les atteindre ?
- Quelles règles doivent-ils respecter ? Quels efforts cela leur demande-t-il ?

Quel est le système de sanction-récompense ? Est-il cohérent avec le mode de responsabilisation des individus ? Soumet-il les individus à des injonctions contradictoires ?

1.3.3 Stratégies des acteurs

Quels buts les individus ou groupes concernés dans leur implication ou non-implication dans l'organisation poursuivent-ils ? En quoi est-ce que ces buts convergent ou ne convergent pas avec ceux de l'organisation ?

De quel pouvoir les individus ou les groupes concernés disposent-ils sur les autres ? Quelles ressources, quelles incertitudes contrôlent-ils et quel intérêt représentent-elles pour les autres ?

Quelles ressources matérielles ou symboliques convoitent-ils ? Quelles incertitudes craignent-ils ? Comment ces préoccupations orientent-elles leurs comportements ?

Dans quelle mesure le comportement des individus est-il conforme à ce qui leur est prescrit (règles, instructions reçues) ? Dans quelle mesure les divergences internes en matière culturelle, les imperfections ou incohérences des dispositifs organisationnels les incitent-elles à s'écarter de ce qui leur est prescrit ?

Quel est le pouvoir réel de la hiérarchie aux différents niveaux ? Quels buts ses membres poursuivent-ils ?

Résumé

- Il faut construire un questionnement pour comprendre le comportement des individus dans une situation organisationnelle.
- Ce questionnement constitue une trame, à adapter aux particularités de chaque situation.
- L'important est que le questionnement couvre bien les grandes approches possibles et, en particulier, qu'il prenne en compte le niveau des individus, celui du ou des groupes dans lesquels ils s'insèrent, et celui de l'organisation dans son ensemble.

2. Application à un cas

Nous allons maintenant appliquer cette démarche à un cas concret, assez classique dans les entreprises aujourd'hui.

Cette section comportera trois parties :

- un exposé du cas ;
- une analyse du cas, en appliquant la démarche proposée ci-dessus ;
- une conclusion quant aux principes d'étude des comportements dans l'organisation.

2.1 Le cas Citylines : commerciaux et producteurs, une coopération difficile

Ce cas est tiré d'une étude effectuée au sein d'une grande entreprise européenne de services au début des années 2000. Seuls des éléments accessoires au problème traité ont été modifiés en vue de préserver l'anonymat des individus et de l'entreprise.

2.1.1 Citylines et son activité

Cette entreprise est une ancienne administration d'un pays de l'Europe de l'Ouest, alors en charge d'un service public de transport urbain dans une grande métropole. En une dizaine d'années, la dérégulation du secteur a entraîné d'une part sa transformation en entreprise, d'autre part son développement dans une vingtaine d'autres villes du pays, par reprise de l'activité de régies municipales de transport. Elle emploie plus de 25 000 personnes et exploite principalement des lignes de bus et de tramways. On peut considérer que cette entreprise était auparavant un assez bon exemple d'organisation bureaucratique (voir chapitre 2, section 4.1). Elle constitue aujourd'hui une sorte d'hybride. Depuis une quinzaine d'années, elle s'est engagée sur le chemin des réformes et ses dirigeants ont introduit une démarche commerciale en même temps qu'un management par objectifs pour les cadres.

Certains aspects la rapprochent d'une entreprise commerciale classique : conscience de l'importance du client, largement répandue chez les cadres mais aussi chez bon nombre d'employés, stratégies orientées vers la rentabilité et le développement de l'activité, conscience de la nécessité d'atteindre des objectifs de résultat (chez les cadres), efforts sensibles pour améliorer l'accueil des clients et la qualité des prestations. D'autres aspects rappellent l'ancienne administration. Le statut du personnel des anciennes administrations ou régies municipales n'a pas été modifié, l'accord des syndicats pour la libéralisation du secteur a été obtenu à cette condition ; les employés anciens bénéficient donc d'une sécurité de l'emploi à vie, sauf faute très grave, d'un avancement largement lié à l'ancienneté, d'une stabilité géographique de leur emploi, sauf souhait contraire de leur part. Les personnes recrutées depuis quelques années ne bénéficient plus de ce statut, mais jouissent d'une sécurité de l'emploi comparable dans les faits – les syndicats y ont veillé.

La responsabilisation des employés par rapport à leur travail est largement fonction de leur bonne volonté personnelle. On trouve des employés imprégnés d'une culture de service, en vertu de laquelle il importe que le client soit bien servi ; on en trouve d'autres qui tirent surtout avantage de leur sécurité. Par exemple, l'absentéisme est assez élevé, les absences pour maladie n'occasionnant pas de baisse de salaire. Dans l'ensemble, les performances de l'entreprise sont jugées honorables mais largement perfectibles. Elle se situe dans le milieu du tableau dans le classement des entreprises européennes de son secteur. Un autre aspect notable est la centralisation des décisions et la marge de manœuvre peu importante de l'encadrement intermédiaire. Le phénomène s'est même renforcé durant la dernière décennie.

L'entreprise est organisée en régions, couvrant chacune un morceau du territoire national (voir figure 3.1). Chaque directeur régional est assisté de plusieurs adjoints, dont un directeur de la production, qui supervise l'activité des établissements (ou dépôts), et un directeur commercial. La production est basée dans les dépôts, lieux où sont parqués et entretenus les bus ou les trams et où le personnel prend son service ; un seul suffit pour des villes moyennes, plusieurs sont nécessaires dans les grandes villes. Le directeur de la production est en contact direct avec les chefs d'établissements du secteur, environ douze à quinze par région. Le directeur commercial, assisté d'un adjoint, dirige les commerciaux de la région (une vingtaine par région). Le rôle du service commercial est de développer les ventes de transport par bus chez les entreprises et les collectivités.

Pour développer cette activité, marginale pour elle il y a encore dix ans, l'entreprise a embauché des spécialistes au siège et des commerciaux issus du privé sur le terrain. On trouve aussi des commerciaux qui sont d'anciens collaborateurs de la production reconvertis. Les cadres commerciaux sont également soit d'anciens cadres de la production soit des professionnels recrutés récemment. Sur cette activité, l'entreprise est en concurrence directe avec les autocaristes. Pour la développer, Citylines s'est efforcé d'établir des synergies avec son activité de base, qui demeure le transport public urbain : étalement de frais de structure et d'ateliers, optimisation de l'utilisation des effectifs de chauffeurs et de certains véhicules. Pour cette raison, il n'a pas été créé d'établissements à part, dédiés à l'activité entreprises et collectivités, avec leurs propres locaux, matériels et personnels. Moyennant cette synergie, la rentabilité de cette activité est plus élevée que celle du transport urbain pour le compte des municipalités. Sa part dans le chiffre d'affaires croît régulièrement ; elle est à ce jour de 20 %.

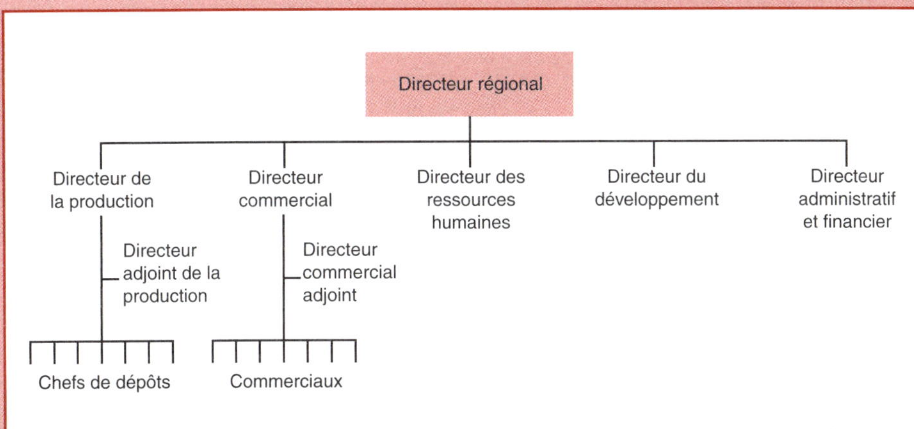

Figure 3.1 • Citylines : composition d'une structure régionale.

Les producteurs et les commerciaux doivent donc coopérer, mais cela ne va pas toujours de soi. Voici ce qu'en disent divers collaborateurs dans deux des régions de l'entreprise.

2.1.2 Nuages dans l'Ouest…

Dans la région Ouest, cette coopération pose des problèmes.

Les **commerciaux** se plaignent. Ce sont tous d'anciens producteurs, chauffeurs puis agents de maîtrise de dépôt, qui connaissent bien une partie de leurs collègues. Leur local est situé dans le même bâtiment que l'un des principaux dépôts de la région, mais cela ne suffit pas.

> *Souvent, on ne peut pas vendre de contrats parce que les dépôts disent qu'ils ne peuvent pas produire. Manque de personnel ou de moyens techniques.*

> *Dans les dépôts, ils ne sont pas au courant de ce qu'on fait ; ce n'est pas leur faute, ils ne sont pas encadrés et structurés comme nous le sommes. Mais certains sont plus*

coopératifs que d'autres. Il faudrait les éduquer sur ce qu'est un client. Ils sont restés « administration ».

On s'use plus avec les collègues qu'avec les clients.

Ces problèmes durent depuis que le service commercial existe. À un moment, j'ai même refusé d'apporter des nouvelles affaires à la direction. On a des objectifs ambitieux, on nous dit de vendre, mais la production ne suit pas. Comme on était bloqués (on refusait aux dépôts du personnel d'appoint), la direction nous a aidés en faisant appel à la sous-traitance pour le travail supplémentaire. Ça soulage, mais ce ne doit pas être très rentable.

Les chefs de dépôts ont d'autres priorités : assurer la production de base, leurs rotations sur les lignes municipales. Ils peuvent aussi bien retirer quelqu'un du service aux entreprises pour combler un trou ailleurs. En plus, il y a un manque de communication entre les directions, ils ne se réunissent jamais. Pour nous aussi, il n'y a pas de manifestations où on peut rencontrer les gens de la production.

Les employés des dépôts, pour eux, les services aux entreprises, ce n'est rien... Il faudrait leur expliquer que c'est ça qui fait vivre l'entreprise ; ce serait le travail des chefs d'établissements.

Quand on interroge les **chefs de dépôts** de la même région, on constate que la relation avec les commerciaux n'est pas leur principal souci. Leur gros problème est de faire face à une production en progression et aux impératifs croissants de qualité de service, imposés par les municipalités, avec des effectifs stables et pas facilement manageables. En effet ces managers ont peu de pouvoir de sanction ou de récompense. Ils ne sont pas hostiles à la démarche commerciale dans son principe, mais ils reconnaissent que certains employés n'ont aucune considération pour les services commerciaux rendus aux entreprises et collectivités.

Pour eux, ce qui est noble, c'est le service de base qu'on a toujours rendu à tout le monde. Ils n'ont pas compris que ce n'est pas ça, l'avenir.

Néanmoins, ils se plaignent quand même de la collaboration avec le service commercial. Par exemple, l'un d'eux affirme :

J'en ai assez. Chaque fois, c'est pareil. Ils doivent nous consulter quand ils ont un prospect pour un contrat d'entreprise ou de collectivité. Mais ils ne le font pas. Je reçois des feuilles d'ordre, elles ne sont même pas bien remplies. Ils s'imaginent qu'on peut prendre un client de plus comme ça. Si je n'ai personne pour travailler pour ce client, je ne peux rien faire.

Si l'on remonte **à l'échelon de la région**, on constate que le directeur commercial et celui de la production ont des bureaux voisins et qu'ils ont de bonnes relations personnelles. Mais il n'empêche que le **directeur commercial** est préoccupé.

Les relations avec la production sont une source de soucis. Il y a souvent des dysfonctionnements. On passe plus de temps à débloquer des situations qu'à construire.

Les chefs de dépôts n'ont plus d'objectifs commerciaux ; c'est dommage, j'espère que ça changera.

On a des objectifs un peu contradictoires avec la production ; leur organisation n'est pas connectée à l'activité, ils n'ont pas la flexibilité pour absorber les pointes. Il y a un problème de moyens et d'objectifs des dépôts, et aussi de culture des agents.

On nous dit que le client est au cœur de nos préoccupations, mais, quand on voit le fonctionnement au quotidien, on en doute. Récemment, une grande entreprise nous a fait une grosse commande. Le chef de dépôt concerné a dit OK, mais avec des moyens supplémentaires adéquats, ce qui est normal. Or, la direction financière a bloqué les embauches ; elle reçoit en ce moment des consignes très strictes du siège. Ça se règle, finalement, mais à l'affectif ; ce n'est pas normal de devoir plaider pour ça.

On ne connaît pas la marge par produit ; c'est donc plus difficile d'argumenter pour développer l'activité, prouver que ça vaut le coup de créer un poste de travail. La solution serait de redonner des objectifs communs.

C'est vrai aussi que les commerciaux qui râlent le plus contre les producteurs sont aussi les plus difficiles à manager, les moins rigoureux., les moins structurés, ceux qui posent le plus de problèmes de management. Mais ceux pour qui ça va bien avec les dépôts en font trop. Ils vont informer les employés, ils les forment. On déborde de notre métier, mais c'est utile. Il y a des commerciaux qui vont parfois donner un coup de main à des chauffeurs pour que leur client soit bien traité. Je sais même que des commerciaux prennent parfois le volant en douce pour remplacer un chauffeur qui fait défaut au dernier moment…

De son côté, le **directeur de la production** est plus modéré, mais il reconnaît que des problèmes existent.

La coopération entre les producteurs et les commerciaux, c'est important, mais ça ne marche pas. Les commerciaux visent à développer leur CA (chiffre d'affaires) sans souci des coûts ou du respect des engagements clients. On n'est pas dans une démarche de complémentarité. La production a toujours fonctionné sur elle-même, et encore moins par rapport à des clients.

Je suis ici depuis six mois et j'ai été trop pris par les urgences pour avoir le temps de bâtir avec mon collègue du commercial des relations permanentes.

Auparavant, j'avais le même poste dans la région Centre ; ça fonctionnait bien. Je voyais mon collègue deux fois par mois. Nos collaborateurs sur le terrain devaient se voir une fois par mois. Cela fonctionnait dans le sens « remontant », de telle sorte que mon collègue et moi traitions les problèmes qui n'avaient pas pu être réglés au niveau inférieur. C'est un de mes objectifs d'arriver à la même chose.

Quant au **directeur régional**, il est lui aussi en poste depuis six mois environ. Il estime également que cette coopération est importante ; toutefois, lors de son premier tour d'horizon, effectué à l'occasion de sa prise de fonction, il ne lui a pas semblé que c'était un problème lourd dans sa région.

Bien sûr, il y a des efforts à faire, mais il y a d'autres problèmes urgents dans cette région ; en particulier, nous devons remonter à la fois la productivité et la qualité de service ; nous sommes derrière les autres régions.

2.1.3 Beau temps dans l'Est...

Le climat n'est pas le même dans la région Est. Sur le terrain, la coopération entre producteurs et commerciaux est le plus souvent jugée satisfaisante par les intéressés.

Dans l'ensemble, les chefs de dépôts et les commerciaux estiment bien s'entendre pour les services auprès des entreprises et collectivités. Ils se concertent pour examiner les disponibilités d'employés et de moyens techniques. En cas de problème, ils en parlent ensemble ou avec leur hiérarchie, et, jusqu'à présent, une solution a toujours été trouvée.

Un **commercial** parle ainsi de ses rapports avec l'établissement proche :

> *Cela se passe plutôt bien avec les employés. Je l'ai été moi-même, dans cet établissement. Cela aide. Ce qui aide également, c'est que les commerciaux ont leur bureau dans les mêmes murs.*
>
> *Au départ, on n'est pas très bien perçus par les employés ; si on ne va pas les voir, cela aggrave la situation. Je passe les voir deux ou trois fois par semaine, aux prises de service. Je vais voir la maîtrise. Je les tiens au courant de ce que je fais sur la zone, des accords que je passe avec les clients, surtout s'ils sont un peu limites avec les règles établies. Je fais le tampon entre le client et la production. Quand un chauffeur a un problème avec un client, il m'en parle ; de même, si un client râle auprès de moi, je vais voir la production. Ce contact est capital. Si les commerciaux étaient basés ailleurs, cela se passerait moins bien, car ils ne prendraient pas le temps d'aller voir les employés de la production aussi souvent. Inversement, ils me donnent des informations précieuses sur mes clients : projets nouveaux, réorganisations internes, etc. Il n'y a que quelques-uns avec qui la collaboration est médiocre (peut-être 10 %).*

Au niveau régional, l'entente est également jugée bonne, bien que perfectible. Le directeur de la production et le directeur commercial sont tous deux dépeints par leur entourage comme les promoteurs du rapprochement mutuel de leurs services. Voici ce qu'en dit le **directeur de la production :**

> *Historiquement, les producteurs décidaient de tout. Il n'y avait pas de commerciaux. J'étais à la direction régionale Centre et je m'occupais des grands clients. On était les seuls à en avoir, à cette époque. Je faisais le tampon avec mes collègues producteurs, dont la philosophie était : « On applique la règle. » C'est une période qui m'a marqué ; je passais mon temps à concilier des intérêts inconciliables.*
>
> *Quand mon collègue est arrivé comme directeur commercial, on a décidé de travailler là-dessus. On a fait des réunions communes. On s'invitait à nos réunions de filières. On a travaillé en projet sur deux services phares. Pour ceux-là, les commerciaux ont été contraints de respecter des règles explicites dans la prise de contrat.*
>
> *Maintenant, il y a une bonne synergie. Il y a encore parfois des problèmes, mais beaucoup moins. Les deux premières années, ça a bien marché. Cette année, cela se relâche peut-être un peu. On est en tête dans les challenges nationaux ; on est premiers en pourcentage d'augmentation du CA. L'important est de montrer aux gens du terrain qu'à la région producteurs et commerciaux travaillent ensemble, que ce n'est pas de la façade.*

Il n'y a pas de sanction, seulement de l'incitation ; il faut que les gens travaillent en confiance.

Globalement, ça crée un état d'esprit différent. Le commercial n'est pas jeté dehors sans explications par les producteurs. Les gens se parlent, se comprennent. Les gens sont a priori favorables au fait de travailler dans un bon climat.

Nous avons une bonne équipe à la région, des pros qui n'hésitent pas à se remettre en question, à chercher des solutions aux problèmes. On ne dit jamais non a priori. L'équipe est motivée par la performance ; ils sont fiers d'être les premiers. Mes collaborateurs se déplacent beaucoup, vont parler avec les gens, y compris dans les dépôts. Les gens du terrain les voient.

Quant au **directeur commercial**, ses propos sont concordants.

Le grand mal de notre entreprise, c'est la guerre entre la production et les commerciaux.

Ici, on avait fait le constat des mauvaises performances dans le service aux entreprises et collectivités. On avait aussi fait le constat avec le directeur de production qu'on ne travaillait pas assez ensemble. Il n'y avait rien de formalisé entre nous, chacun se renvoyait la balle en cas de problème. On a procédé en trois temps :

1. Réunions entre commerciaux et producteurs. Au début, les gens ont vidé leur sac, c'était plutôt tendu, mais ça a été mieux ensuite. Aujourd'hui encore, à chaque réunion importante d'une filière, des représentants de l'autre sont invités. Cela mange du temps, mais c'est important : chacun comprend mieux les problèmes de l'autre et l'autre voit qu'on s'y intéresse.

2. On a défini ensemble des outils formalisés, utilisés en commun par les deux filières. Par exemple, des tableaux de bord permettant de suivre l'évolution des parts de marché. Cela permet de sensibiliser chacun aux enjeux de l'autre.

3. On a mis en place des contrats de service sur les services pour les entreprises et collectivités, signés par les deux filières, précisant les règles que chacun doit respecter. Il y a un tronc commun pour toute la région et des variantes qui dépendent de chaque dépôt. Notre rôle est de nous assurer que c'est bien en place. S'il y a un problème à la production pour prendre un nouveau client, on va chercher l'arbitrage du directeur régional, qui peut réfléchir plus globalement au développement des moyens sur une zone donnée.

Alors que nos résultats étaient plutôt mauvais, ils se sont nettement améliorés.

Rien d'extraordinaire n'a été inventé, mais on a formalisé. On a aussi valorisé les gens qui ont travaillé ensemble. La commerciale et la chef de dépôt qui avaient le plus avancé sur le sujet sont venues présenter ce qu'elles avaient fait aux autres.

Ce qu'on a mis en place est fragile, devra toujours être stimulé. C'est aussi très dépendant des hommes qui sont à la tête. J'appréhende beaucoup le départ de mon collègue de la production (il part à la retraite).

Le **directeur régional** souligne également l'attention qu'il porte à cette coopération.

Il y a une chose essentielle : la volonté du directeur régional et de ses adjoints. C'est la clé du succès. Chacun a des objectifs contradictoires, donc la synergie a ses limites. C'est le patron qui fait la synthèse. Quand j'étais directeur de la région Sud, je poussais le CA des commerciaux et je disais que les producteurs doivent se débrouiller pour assurer ensuite la production. Pour les services aux entreprises et collectivités, le CA croît assez facilement si on fait des actions commerciales. C'est la production qui freine. C'est vrai que les producteurs n'ont rien à y gagner, que des embêtements (changer les programmations de travail, l'affectation des moyens techniques, embaucher, etc.). Ce qu'on peut faire, c'est les aider à se réorganiser, si besoin ; c'est ce qu'a fait ici la direction régionale. On peut aussi marquer de la reconnaissance pour leurs efforts (je réalise que je ne l'ai pas assez fait dans le Sud). Et surtout, il est important que tout le monde parle le même langage (les commerciaux, les financiers, la direction). Sinon, les producteurs peuvent toujours trouver des discours pouvant légitimer leur réticence à faire des efforts.

Dans les années 80, j'en étais à mes débuts et j'étais dans le commercial ; un collègue producteur, très compétent, m'avait dit sérieusement : « Les commerciaux devraient rester à la maison, car, si le volume d'activité augmente, la qualité de service aux usagers va se dégrader. » Là, il y avait un vrai antagonisme. Cette période est terminée. La place centrale du client est reconnue par tous.

Les producteurs ont tendance à s'arranger sur le dos du client. Ils travaillent avec des flux très tendus, des horaires très difficiles ; le rêve du producteur est de détendre ces contraintes… Il aime bien aussi les organisations stables, bien rodées. Son rêve est donc que ça ne change pas trop. Le travail du commercial est de freiner cela, de porter la voix du client. Dans cette région, c'est sans doute plus facile que dans certaines autres, comme le Centre ou l'Ouest. Là-bas, il y a des grosses équipes, plus anonymes.

2.2 Analyse : comment se joue la coopération entre commerciaux et producteurs ?

Comment améliorer la coopération entre commerciaux et producteurs ? Nous avons vu que les collaborateurs de l'entreprise se posent cette question à divers niveaux hiérarchiques ; cela est compréhensible puisque cette coopération conditionne en grande partie la performance de l'entreprise dans l'activité ouverte à la concurrence, activité qui promet en outre de tenir de plus en plus de place dans sa stratégie.

Au demeurant, cette coopération pose problème dans de nombreuses organisations (voir le développement sur ce sujet au chapitre 6).

Pour influer sur la situation, il est très utile de comprendre quels facteurs freinent ou favorisent cette coopération. C'est ici que les notions et mécanismes présentés dans les chapitres précédents peuvent être mobilisés. Reprenons l'un après l'autre les différents niveaux que nous avons détaillés précédemment : individus, groupes et organisation.

2.2.1 *Niveau des individus*

On peut être tenté de considérer que cette coopération est fonction de la personnalité des individus en place.

L'analyse

C'est d'ailleurs un réflexe assez fréquent, lorsqu'il y a un problème dans une organisation, d'en attribuer la cause aux personnes impliquées. Il existe, dans les données qui sont à notre disposition, des arguments en faveur de cette hypothèse. Il semble en effet que l'impulsion donnée par le directeur de la région Est et ses deux adjoints, directeur de la production et directeur du commercial, ait joué un rôle fort et qu'une telle impulsion n'ait pas été donnée dans la région Ouest. De même, on peut penser que c'est finalement la personnalité de tel ou tel chef d'établissement, tel ou tel commercial, tel ou tel responsable de secteur qui, dans leurs domaines respectifs, font de la situation ce qu'elle est. Les différents acteurs le soulignent bien dans leurs propos.

On peut alors se demander ce qui, chez ces individus, favorise ou freine la coopération. En effet, si celle-ci se joue au niveau des individus, alors il conviendra de bien les choisir ou de les faire évoluer.

Les différentes approches de l'individu que nous avons étudiées au chapitre 1 ont un rôle à jouer à ce niveau. Nous envisagerons tour à tour ce qui a trait à la personnalité de chacun des individus concernés, puis les influences sociales éventuellement marquantes qu'ils subissent.

Champ biologique. S'agissant des individus clés au niveau du management, il sera utile de vérifier qu'un problème de santé important, créé ou pas par leur travail, n'est pas la cause d'une moindre capacité à établir de bonnes relations avec ses collègues.

Champ psychologique. On peut tout d'abord envisager les divers protagonistes sous l'angle de leur fonctionnement intellectuel. Pour coopérer, il faut « s'entendre ». Si, à un niveau donné, région ou terrain, le producteur et le commercial ont les mêmes mécanismes de pensée et de raisonnement, leur relation en sera grandement facilitée. Le révélateur de cette compatibilité sera la manière dont ces personnes communiquent entre elles. Les données que nous avons sur ce point mériteraient d'être enrichies.

On peut également s'intéresser aux affects des individus. Cela conduit notamment à vérifier qu'il n'y ait pas incompatibilité d'humeur ou de personnalité dans les nombreuses paires qui composent la relation entre commerciaux et producteurs. On doit s'attendre à ce qu'il y ait des paires plus ou moins heureuses, selon la dynamique affective des individus. En outre, une propension à la coopération chez chaque individu constituera un plus. Cela suppose une capacité à ne pas être trop sur la défensive, à s'ouvrir aux autres et à l'échange. Comment se caractérisent de ce point de vue les personnes avec qui la coopération fonctionne mal dans le cas étudié ? Nous en savons trop peu pour l'affirmer, mais on peut penser que quelque chose se joue là. Par exemple, dans le cas des responsables de la région Est, on peut émettre l'hypothèse que la compatibilité des personnalités en présence a eu un rôle positif.

L'histoire personnelle de ces individus a pu également influer. Le responsable de la production de la région Est, par exemple, nous a rappelé qu'il a été commercial précédemment, ce qui peut l'aider à comprendre ses collègues.

Champ des influences sociales hors de celles provenant de l'entreprise. On sait peu de chose sur les groupes d'appartenance des divers protagonistes hors de leur entreprise. Il serait cependant étonnant, vu le nombre d'individus impliqués, qu'un groupe particulier (religion, sous-ensemble ethnique) ait une influence déterminante sur un grand nombre de ces individus. Il est également peu probable que la particularité de la culture nationale favorise tel ou tel comportement. En revanche, l'insertion des individus dans la société environnante est probablement influente dans l'évolution des mentalités vis-à-vis de la fonction commerciale. On sait que cette entreprise était précédemment une administration publique. La mutation vers le statut d'entreprise peut ne pas aller de soi pour les collaborateurs, ce qui pourrait expliquer un rejet par certains de la fonction commerciale, en ce qu'elle représente un changement de finalité de l'organisation. Or, bon nombre des individus concernés, et en particulier les cadres, baignent dans un univers culturel (médias, amis travaillant ailleurs) où cette évolution d'anciennes administrations vers une finalité d'entreprise tend à devenir banale, et où elle est plus ou moins bien acceptée, mais considérée comme inéluctable.

Conséquences pour la direction

Si la direction se préoccupe des questions de coopération interne, et qu'elle se focalise sur le niveau des individus, elle tirera de ces considérations quelques enseignements. D'une part, elle soignera le recrutement des divers responsables en incluant comme un des critères de sélection sur les postes concernés la capacité de travailler en équipe, de voir au-delà des enjeux immédiats de son propre poste. Elle pourra également chercher à constituer des « paires » susceptibles de bien fonctionner (par exemple, directeur commercial et directeur de production dans une région). D'autre part, elle pourra être tentée de favoriser les parcours professionnels transversaux, c'est-à-dire ceux où les individus occupent tour à tour des postes de production et des postes commerciaux. Ce serait en effet de nature à produire, sur le moyen terme, des collaborateurs plus ouverts aux préoccupations de leurs collègues.

Toutefois, une focalisation sur ce seul niveau et sur les actions qu'il suggère serait insuffisante. Certes, il existe des individus plus disposés que d'autres à coopérer, mais il serait sage de se demander, compte tenu de la fréquence des problèmes rencontrés, si le contexte dans lequel se trouvent les individus ne joue pas, lui aussi, un rôle important. En outre, les actions évoquées ci-dessus ne seraient qu'imparfaites. On ne recrute pas toujours, dans tous les postes, les candidats correspondant idéalement à tous les critères ; c'est même rarement le cas. Il y aura donc toujours des choix, dictés par l'urgence ou la nécessité, de collaborateurs qui seront de bons professionnels dans leur domaine (production, commercial), mais moins bons dans la coopération transversale. *A fortiori*, constituer des « binômes » compatibles sur les plans cognitif et affectif sera très difficile. Les personnes chargées du recrutement ont généralement ce souci en tête, mais il n'est pas toujours facile de prévoir les compatibilités de personnalité, et il faut disposer d'un choix suffisant de candidats pour se donner cette contrainte. En supposant même qu'un « bon binôme » soit constitué, rien ne garantit ensuite qu'il ne sera pas dissocié parce qu'un des deux membres sera muté ailleurs ou partira à la retraite (comme le directeur de production de la région Est). Ces difficultés se présenteront à tous les niveaux de la hiérarchie, mais encore plus au niveau de l'exécution, où les critères de recrutement sont moins précis. Il faut savoir en effet que cette entreprise ne propose pas de très hautes rémunérations. Suivant la conjoncture, elle peut donc même éprouver des difficultés à satisfaire ses besoins quantitatifs en personnel, si elle multiplie les critères de recrutement. Au niveau de l'exécution, les parcours professionnels transversaux sont aussi moins faciles, du fait de la formation des intéressés.

En résumé, ces limites ne devront pas empêcher la direction de soigner les actions visant le niveau des individus (recrutement, parcours professionnels), mais elles l'inciteront à compléter ces actions par d'autres, visant le niveau des groupes et celui de l'organisation.

2.2.2 Niveau des groupes

La première question à se poser est : quels sont les groupes à considérer, c'est-à-dire quels groupes peuvent exercer une influence non négligeable sur les individus concernés ?

L'analyse

Les données en notre possession ne nous renseignent pas complètement sur ce point et une enquête complémentaire serait utile.

A priori, on peut penser aux groupes suivants :

- Pour le personnel d'exécution, les collectifs de travail. Par exemple, le groupe des employés de chaque dépôt, le groupe des commerciaux de chaque secteur.
- Pour le personnel d'exécution également, les groupes plus larges que forment les employés de production et les commerciaux dans l'entreprise. Ces groupes seront plus imprécis que les précédents, puisque tous leurs membres ne se connaîtront pas.
- Pour l'encadrement, les groupes formés par les personnes travaillant au sein de la même filière d'encadrement, qui se réunissent périodiquement et partagent les mêmes préoccupations techniques (l'encadrement du commercial, l'encadrement de la production).
- Pour l'encadrement également, les comités de direction de chaque région réunissant le directeur régional et ses divers adjoints, dont les responsables de la production et du commercial.

Cela ne nous renseigne pas sur la prégnance de ces divers groupes. On sait que les collectifs de travail au niveau de l'exécution jouent souvent un rôle important dans le façonnement des comportements individuels et cette entreprise ne fait pas exception. Les groupes formés par les membres de l'encadrement peuvent être, quant à eux, plus ou moins influents. Il serait long de comprendre les caractéristiques propres à chacun de ces nombreux groupes. Comme pour les individus, le risque serait de se perdre dans des histoires humaines chaque fois spécifiques, qui ne permettent pas de saisir ce qui rend cette question de la coopération si fréquemment problématique. L'important est, d'une part, de repérer ce qui se joue dans et entre des groupes éventuellement importants pour notre question et, d'autre part, de repérer les points communs aux groupes de producteurs ou aux groupes de commerciaux, qui forment ce qu'on peut appeler des cultures de métier.

Sur le premier point, il semble, au vu de nos exemples, que les comités de direction de région et de secteur jouent un rôle important dans l'incitation des collaborateurs de niveau hiérarchique inférieur à coopérer. Il serait alors intéressant de mieux connaître la dynamique de ces groupes, le rôle qu'y joue le directeur régional. On sait que certains leaders, du fait de leur style, favorisent ou inhibent la bonne entente entre leurs collaborateurs. On touche à la fois à des aspects individuels, liés à la personnalité du leader, et des aspects groupaux. Il faut également se pencher sur les occasions qu'ont les divers protagonistes de se rencontrer. On peut être tenté de penser en effet que les individus qui travaillent dans les mêmes locaux ont plus de chances de coopérer parce qu'ils ont des occasions plus nombreuses de se voir et donc de nouer des liens d'ordre affectif. C'est le cas dans la région Est ; toutefois, la même configuration dans la région Ouest ne produit pas les mêmes effets. On peut donc retenir qu'il s'agit d'un élément favorisant mais pas suffisant.

Sur le second point, indépendamment de l'enquête qui a été menée ci-dessus, d'autres études ont décrit les cultures de métier au sein de cette entreprise. On sait que la culture de métier en matière de production est ancienne. Les collaborateurs de la production sont souvent depuis de nombreuses années dans l'entreprise, car ils participent au modèle de carrière le plus fréquent, la carrière à vie. Ils ont été formés à l'esprit de l'entreprise et en sont souvent fortement imprégnés ; dans les diverses régies municipales qui ont été reprises dans tout le pays, une culture de métier très voisine prévalait. Cela signifie que les valeurs d'excellence auxquelles les ouvriers de maintenance, les chauffeurs et les agents de maîtrise se réfèrent touchent à la capacité à « faire passer » la production : les bus et les trams doivent partir et arriver à l'heure, aux fréquences adéquates. Ces valeurs traditionnelles ne prennent pas en compte les aspects commerciaux. La culture de métier en matière de commercial est plus récente dans l'entreprise, et généralement apportée par des collaborateurs qui ont travaillé ailleurs précédemment. Chez ceux qui ont exercé un métier commercial durant l'essentiel de leur carrière, les valeurs d'excellence professionnelle sont la capacité à vendre et à nouer de bonnes relations avec les clients. La production est souvent là, dans leur esprit, pour assurer les prestations qui ont été vendues.

Les deux cultures de métier en présence sont donc, de façon classique, passablement égocentriques, exclusives des autres métiers. Elles ne prédisposent pas à la coopération transversale. Nous avons vu que des individus sont capables de s'extraire de cette influence. Dans certains cas au moins, cette dernière peut donc être contrebalancée. Des facteurs individuels, envisagés précédemment, peuvent être à l'œuvre, mais aussi des facteurs organisationnels, que nous abordons plus bas.

Conséquences pour la direction

Les analyses qui ressortent de ce niveau peuvent conduire la direction à mettre en œuvre d'autres actions.

Tout d'abord, chercher à augmenter les capacités des directeurs de région à exercer un leadership fédérateur au sein de leur comité de direction. Cela rejoint les considérations sur le recrutement des individus : outre leur capacité à la coopération, c'est leur style de management qui est visé. On peut aussi imaginer des formations qui aident les intéressés à progresser dans ce domaine. De même des actions de *team-building* peuvent renforcer la cohésion des équipes de direction. Grâce à un ensemble de techniques, ces actions permettent généralement aux participants de mieux se connaître mutuellement et de poser les bases d'une communication plus facile.

Toutes ces mesures peuvent utilement compléter celles qui ont été suggérées par l'analyse du niveau des individus. Cependant, elles ne sont pas non plus suffisantes : l'entreprise ne peut pas compter que des leaders exemplaires, et ces derniers auraient de toute façon à composer avec l'influence des cultures de métier et avec des intérêts antagonistes. Il pourra également être utile de veiller à ce que producteurs et commerciaux ne soient pas séparés dans des lieux de travail éloignés, même si, comme nous l'avons vu, ce type de mesure facilite la coopération plus qu'elle ne la suscite.

Enfin, on peut chercher à faire évoluer les cultures de métier. Il n'est ni facile ni rapide de changer une culture (voir chapitre 9) ; cependant, des actions peuvent y tendre. On retrouve la promotion de parcours professionnels transversaux, mentionnés déjà au niveau des individus. Le renouvellement des populations, le contenu des formations dispensées sont également à inscrire dans ce registre. Plus généralement, c'est le développement d'une culture et de valeurs d'entreprise qui peut tempérer celles des métiers. Pour ce faire, une meilleure compréhension des raisons de l'adhésion des individus à ces cultures de métier pourrait être utile. S'il s'avérait, notamment que la raison principale en est qu'elle fournit des repères identitaires forts aux collaborateurs, il conviendra de se demander comment l'entreprise en tant que telle peut, elle aussi, procurer des repères forts. Nous revenons plus en détail sur ce sujet un peu plus bas.

2.2.3 Niveau de l'organisation

Reprenons les trois sphères de notre modèle de l'organisation : culture, dispositifs organisationnels et stratégies des acteurs (voir chapitre 2, section 2.2).

Culture

Compte tenu de ce que l'on sait par ailleurs de la culture de cette organisation, on peut faire l'hypothèse que deux de ses aspects au moins sont à l'œuvre. Ces aspects sont communs à tous les sous-groupes au sein de l'organisation.

D'une part, nous sommes dans une entreprise qui a conservé bon nombre de traits d'une bureaucratie (voir chapitre 2, section 4.1). Les collaborateurs ont intégré une représentation de l'organisation où les ordres et les instructions arrivent d'en haut, le travail de chacun étant de bien faire ce qui lui est demandé, sans avoir à réfléchir à la cohérence d'ensemble avec les actions des autres ; cette cohérence est supposée être l'affaire des niveaux supérieurs de la hiérarchie. La coopération transversale n'est donc pas un réflexe naturel dans une telle entreprise. Cela ne signifie pas qu'elle n'a jamais existé. Au sein même du métier traditionnel de la production, la coopération entre les divers acteurs peut être utile. Toutefois, elle procède alors de la bonne volonté des uns ou des autres et d'affinités entre eux ; elle est donc inégalement répartie au sein de l'entreprise.

D'autre part, bon nombre de collaborateurs, surtout au niveau de l'exécution, n'ont pas encore totalement adopté les nouvelles finalités de l'entreprise. Il convient de se demander quelle part peut prendre chez certains producteurs une réticence de principe à une collaboration étroite avec le commercial. Cette réticence peut être de nature politique : le refus de la libéralisation de l'économie et des services publics ; elle peut également naître d'une crainte pour l'avenir même de l'emploi dans une entreprise qui est appelée à prendre place progressivement dans un jeu concurrentiel ouvert.

À l'inverse, quand la coopération fonctionne, on peut voir quelques signes d'évolution de cette culture. On constate ainsi le développement, chez certains au moins, d'une responsabilisation plus directe par rapport aux enjeux de l'entreprise, notamment celui de sa rentabilité.

Dispositifs organisationnels

Sans vouloir passer en revue les nombreux aspects qui peuvent être envisagés sous cette rubrique, plusieurs points saillants sont à prendre en compte.

Disparité de performances entre les régions. On constate que la région où la coopération transversale est problématique est aussi celle où les résultats opérationnels (productivité, qualité de service) sont les moins bons. Pourquoi ? S'agit-il d'une mauvaise ambiance dans le personnel de production – ce qui renforcerait l'hypothèse d'une déficience du management (voir plus loin) ? Ou bien s'agit-il de questions techniques (vétusté du matériel et des installations, moyens alloués, processus de travail obsolètes, etc.) ?

Information, clarté des messages. On peut constater que l'information diffusée aux collaborateurs est différente d'une région à l'autre. Ceux de la région Est sont mieux informés des préoccupations de leurs collègues et ils les rencontrent plus souvent. La volonté de la direction de voir les deux métiers collaborer y est plus clairement réaffirmée. Si l'on remonte d'un niveau, toutefois, il conviendrait de vérifier qu'au siège national, l'équipe de direction générale donne bien une image d'unité et de coopération, et que le message, explicite et implicite, à l'endroit des directeurs régionaux est bien une injonction à développer les coopérations transversales.

Conditions de travail. Les budgets restreints dont disposent les chefs d'établissements peuvent les conduire à rogner sur la qualité des conditions de travail. Dans cette hypothèse, « l'égocentrisme » des employés de production, peut se trouver renforcé ; leur sentiment de n'être pas considérés, de ne pas compter (par exemple, mon véhicule de dépannage est toujours en panne, mais on dépense des millions pour la publicité…) peut être accru. Il conviendrait aussi de s'assurer que le travail pour les clients entreprises ou collectivités n'est pas plus fatigant ou inconfortable que celui du transport urbain.

Nature du travail. Indépendamment des objectifs fixés par la hiérarchie, les deux métiers ont à composer avec un jeu de contraintes partiellement antagonistes. Les producteurs doivent assurer la fluidité et la continuité de la production avec des moyens parfois réduits. Ils n'ont pas de priorité particulière à accorder à la clientèle entreprises et collectivités et peuvent être tentés d'affecter leurs moyens là où des difficultés se présentent. Ils ont de plus une logique budgétaire qui les amène à programmer leurs effectifs sur l'année, ils n'ont pas la possibilité d'embaucher en cours d'année. Ce fonctionnement s'accommode mal des impératifs de réactivité que suppose la logique des relations commerciales. Les commerciaux doivent convaincre des clients, ce qui n'est pas toujours facile en milieu concurrentiel ; leur réussite se mesure au niveau de leur chiffre d'affaires. Par conséquent, les contraintes des producteurs, voire des considérations sur la rentabilité des affaires qu'ils ramènent, peuvent leur apparaître comme autant de limitations de leur action. Le stress, les angoisses des uns et des autres peuvent donc se télescoper s'ils ne prennent pas le soin de se concerter.

Règles et procédures. Il n'y a qu'une seule règle édictée au niveau national, au sujet des prestations offertes aux entreprises et collectivités : elle prévoit que les chefs d'établissements reçoivent un poste de travail supplémentaire à partir du moment où le chiffre d'affaires de cette prestation dépasse un certain seuil. Cela allège le problème sans le résoudre complètement, car les chefs d'établissements doivent commencer par faire avec les moyens dont ils disposent – et qui sont parfois réduits – avant d'atteindre ce seuil. Nous avons vu qu'au niveau régional avaient été établies des procédures régissant la coopération entre les deux métiers : par exemple, le circuit de décision avant d'accepter un nouveau contrat, le type de formulaire à remplir et les indications à y porter sont précisés. Ces procédures, bâties sur le même principe dans les deux régions, prévoient que tous les acteurs concernés soient consultés ; elles prévoient également les formes d'arbitrage en cas de désaccord. Cependant, elles semblent ne pas produire le même effet.

Système de responsabilisation, de sanction-récompense. L'entreprise, en même temps qu'elle s'est éloignée de son ancien statut d'administration, a entrepris de responsabiliser son encadrement par un système d'objectifs. Il est clair que les objectifs des deux filières ne sont pas communs, voire qu'ils peuvent être antagonistes, comme l'indiquent certains des collaborateurs. Il s'agit là d'un élément clé dans notre analyse. Toutefois, son impact est limité par le fait que l'atteinte des objectifs est un point important mais pas capital pour la carrière des intéressés. L'entreprise offre des garanties de sécurité de l'emploi que ne peuvent remettre en question d'éventuelles mauvaises performances. L'enjeu se situe donc seulement en termes de progression de carrière. Et, là aussi, l'atteinte des objectifs ne pèse que d'un poids relatif. Les appréciations qualitatives de la hiérarchie et les bonnes relations que les individus entretiennent avec cette hiérarchie entrent largement en ligne de compte.

Stratégies des acteurs

Les producteurs peuvent être tentés de considérer que leur tâche est déjà suffisamment délicate pour qu'ils la compliquent avec les exigences des commerciaux. Coopérer avec les commerciaux peut leur apparaître comme une injonction supplémentaire, contradictoire avec la première. Les commerciaux, dans leur souci de maximiser le chiffre d'affaires, peuvent être tentés de prendre des commandes sans se pénaliser par la prise en compte des contraintes de la production. De fait, de tels comportements existent et sont décrits par les individus interrogés, quand bien même l'instruction officielle est d'établir une bonne coopération entre métiers. Et quand bien même il existe des procédures, qui sont donc plus ou moins bien respectées.

Dans les discours de la direction, la priorité officielle est accordée au commercial, mais la force de la production réside dans sa capacité d'inertie. Si, en définitive, les producteurs ne respectent pas les consignes, mais qu'ils respectent les impératifs de volume et de qualité de production globale, s'ils contribuent à obtenir, le cas échéant, le renouvellement des contrats de transport urbain avec les municipalités, ils savent que les manquements à la coopération transversale ne leur seront pas reprochés trop sévèrement. Nous sommes en outre dans un univers où les sanctions sont limitées. La coopération entre producteurs et commerciaux est finalement plus nécessaire aux commerciaux. La frustration, quand cela fonctionne mal, est d'ailleurs plus amèrement exprimée par les commerciaux. On constate également que ce sont les commerciaux qui vont voir les producteurs sur le terrain, plus que l'inverse. Au-delà des règles et des prescriptions de la direction, ils ont compris qu'ils ont tout intérêt à soigner leurs relations personnelles avec les producteurs. C'est aussi parmi les commerciaux que l'on voit adopter des solutions de type « système D » pour satisfaire leurs clients tout en palliant les insuffisances des producteurs : par exemple, certains commerciaux, étant d'anciens chauffeurs, prennent eux-mêmes le volant de temps à autre, ce qui suppose de s'arranger avec un agent de maîtrise bienveillant au dépôt.

Mais tous les commerciaux n'agissent pas ainsi, espérant, parfois en vain, que la position officiellement privilégiée du commercial leur apportera les prestations internes qu'ils souhaitent.

Les directeurs de région, puisqu'ils sont responsables des deux filières, ont en principe intérêt à ce que cette coopération réussisse. Leurs adjoints peuvent, de ce fait, leur emboîter le pas puisque leur supérieur hiérarchique peut jouer un rôle important dans leur progression de carrière. Toutefois, il ne contrôle pas toutes les ressources et la progression de carrière ne constitue pas un enjeu d'égale importance pour tous. Les moyens de travail (personnel, matériel) constituent un autre enjeu fort, car ils conditionnent la qualité de vie au travail et la dose de stress que chacun devra supporter. Ils sont attribués aux régions par les directions de métier au siège national. Celles-ci évaluent les performances du terrain en fonction de leurs propres critères (qualité et quantité de production pour l'une, ventes pour l'autre). La direction financière, au siège et *via* ses représentants dans les régions, exerce également un fort contrôle des dépenses. Le directeur de région ou de secteur ne peut donc agir comme un responsable de centre de profit, libre de ses mouvements tant qu'il développe son activité et préserve sa rentabilité. Lui comme ses collaborateurs doivent donc composer avec les directions de métier et la direction financière qui, toutes, les poussent vers des objectifs partiels. Il s'ensuit un jeu de négociations implicites entre chacun de ces responsables, dont la coopération interne peut parfois faire les frais.

Conséquences pour la direction

Plusieurs pistes d'action s'ouvrent pour la direction.

Faire évoluer la culture. La direction peut s'efforcer de faire évoluer la culture de l'entreprise. Si les employés de production font évoluer la vision qu'ils ont de leur métier, ils pourront être plus sensibles à l'utilité pour l'entreprise de l'action des commerciaux. Il s'agit pour la direction de susciter la diffusion parmi les collaborateurs de valeurs nouvelles qui ont trait à la vie sur un marché concurrentiel (service au client, rentabilité), sans pour autant renoncer à un certain nombre de celles qui ont fourni le socle de la culture passée. On sait toutefois que ce travail est lent (voir chapitre 9 pour plus de détails sur les leviers que l'on peut actionner en pareil cas). Toujours dans la même perspective, un autre domaine d'action est celui des messages que la direction diffuse auprès des directeurs régionaux. Si l'équipe de direction nationale est exemplaire en matière de coopération transversale, elle sera beaucoup plus crédible pour demander à ses collaborateurs le même comportement. Elle peut également insister, dans ses communications, sur l'importance de cette coopération transversale. Cela peut aider, mais le message ne sera crédible que si un certain nombre de dispositifs organisationnels sont en accord avec lui.

Agir sur les dispositifs organisationnels. La direction peut également agir sur les dispositifs organisationnels. Elle peut envisager d'encourager la coopération transversale par la voie procédurale. Imposer, par exemple, que des procédures de coordination existent dans toutes les régions et soient négociées par les divers acteurs. Imposer également que des comités de pilotage fassent régulièrement le point, dans chaque région, sur les dossiers où la coopération est requise. En somme, imposer ce qui se fait déjà dans les régions où la coopération marche bien. La limite est que la direction ne peut tout imposer. N'oublions pas que cette directive viendrait s'ajouter à une masse déjà importante de directives dans d'autres domaines. Le zèle pour l'appliquer, dans l'esprit et non seulement dans la lettre, sera fonction de la propension des responsables régionaux à coopérer… Toutes les prescriptions de la direction générale se heurteront à la puissance des stratégies des acteurs. Alors, comment les orienter ?

Réguler les effets des stratégies des acteurs. La direction doit peser sur les dispositifs organisationnels en tenant compte de l'impact probable sur les stratégies des acteurs.

Les deux métiers sont partiellement antagonistes en grande partie du fait des fortes pressions qui pèsent sur eux en termes d'économies budgétaires. Il existerait des moyens de rendre ces pressions plus convergentes.

Le premier est d'introduire plus de flexibilité dans la gestion des effectifs. Dans la région Ouest, le travail a été sous-traité à l'extérieur, ce qui ne peut durer qu'un temps pour des questions de coût. S'il s'agit d'affecter un volant flexible de personnel aux dépôts, se pose alors toute la question de la gestion d'une main-d'œuvre à statut précaire, de l'attitude potentiellement hostile des syndicats et de la modification du système de budget et de contrôle de gestion en vigueur. Beaucoup de choses à changer et des remous en perspective…

Un autre moyen serait de faire descendre au niveau des dépôts la responsabilité d'un centre de profit. Ainsi, les stratégies des cadres auraient tendance à se fonder sur la notion de rentabilité, au lieu que les uns considèrent des coûts à contenir et les autres des recettes à augmenter. Pour les chefs de dépôts, il deviendrait plus naturel de dépenser plus pour gagner plus et, dans certains cas, de renoncer à un chiffre d'affaires non rentable. Les objectifs des uns et des autres pourraient facilement être harmonisés, les commerciaux devenant par exemple des pourvoyeurs de rentabilité pour les dépôts. Une telle structure n'est pas évidente à mettre en place, car la rentabilité réelle des dépôts, pour des raisons techniques, ne peut s'apprécier qu'à l'échelle d'un réseau entier, communal voire régional.

À défaut de descendre si près du terrain, la notion de centre de profit pourrait être appliquée aux directions régionales. Cela n'a pas été fait jusqu'à présent, car cette entreprise s'est engagée dans une politique de sévère compression des coûts, le prix étant une variable de plus en plus essentielle dans ce secteur. Cela a eu pour effet de donner de forts pouvoirs à deux directions centrales au siège. D'une part, la direction financière, qui a imposé un contrôle budgétaire étroit sur les dépenses, avec une possibilité limitée pour les directeurs régionaux de jouer sur des surplus de recettes pour financer des surplus de dépenses ; les dépassements de quota de personnel en région, notamment, sont soumis au feu vert du siège. D'autre part, la direction technique, qui a imposé dans tous les dépôts des méthodes de planification de la production identiques dans toutes les régions. Ces deux directions portent, aux yeux de la direction générale, l'enjeu de la compression des coûts ; elle serait mal venue de rogner sur leurs pouvoirs.

En somme, les défauts de la coopération interne chez Citylines sont la contrepartie d'un certain nombre de grands choix en matière de structure : centralisation des décisions et absence de centres de profit au niveau intermédiaire. Nous l'avons dit au chapitre 2 (section 1.2), manager, c'est faire face à des dilemmes… La direction pourrait être tentée de remettre en cause cette politique. Mais il conviendrait avant cela d'apprécier si les inconvénients dépassent pour elle les avantages.

Une autre voie consiste à trouver, à la marge, des façons de rendre les inconvénients de cette politique plus supportables, moins dommageables. La direction serait alors bien inspirée de s'interroger sur ce qui pourrait inciter les producteurs à avoir besoin des commerciaux. On a vu précédemment que seul l'inverse était vrai. Aujourd'hui, le commercial dérange le producteur, aux prises avec ses difficultés quotidiennes. Quand le producteur répond malgré tout aux attentes du commercial, ce n'est pas en vertu de son intérêt mais par souci du bien collectif et/ou pour plaire à un chef pour qui ce point est important. On peut penser à deux leviers susceptibles de soulever l'intérêt des chefs de dépôts ; le premier, au moins pour certains, est le déroulement de leur carrière. Si le chiffre d'affaires réalisé avec la clientèle entreprises et collectivités faisait l'objet d'une attention particulière dans les critères de performance, davantage de chefs de dépôts se sentiraient naturellement les alliés des commerciaux. Le second levier est le souci de limiter le stress dans leur travail, stress lié en grande partie aux moyens de production qui leur sont sévèrement comptés. Si la coopération avec les commerciaux leur permettait de desserrer quelque peu l'étau dans lequel ils se sentent pris, ils la considéreraient sans doute autrement ; par exemple, la progression du chiffre d'affaires sur l'activité entreprises et collectivités pourrait leur valoir à coup sûr l'année suivante des moyens supplémentaires. La solution précise sortirait d'ailleurs sans doute plus facilement d'un dialogue avec les gens de terrain que d'une réflexion d'état-major. Bien entendu, ces deux solutions comportent aussi des inconvénients. Privilégier le chiffre d'affaires réalisé avec la clientèle entreprises et collectivités reviendrait à minimiser l'importance accordée à d'autres critères de performance, et ces derniers sont déjà au nombre d'une vingtaine… Garantir un accroissement automatique de moyens en cas de bonnes performances ne cadre pas avec la logique budgétaire pilotée de manière descendante… Il faudrait de toute façon trouver des compromis. La coopération transversale n'est pas un détail ; elle ne peut pas s'améliorer sans contrepartie…

Enfin, il convient de garder à l'esprit que l'approfondissement de ce cas, au moyen de données plus détaillées, déboucherait vraisemblablement sur des pistes complémentaires (voir approfondissement 3.1).

2.3 L'étude d'une situation dans une organisation : quelques principes

Nous avons vu que la situation décrite peut trouver de multiples facteurs explicatifs, se situant à différents niveaux. Aucun ne constitue la cause unique du phénomène. La direction a, de ce fait, plusieurs leviers d'action possibles. Fort logiquement, un seul ne sera pas suffisant. C'est une convergence de mesures qui peut permettre d'améliorer la situation. Nous disons bien « améliorer », car la résolution complète du problème est peu probable. En tout cas, elle exigerait de très grosses remises en question touchant à des éléments clés de l'organisation actuelle. Le problème exposé n'est pas, loin de là, le seul que la direction doit traiter. Parmi la gamme des mesures que notre analyse lui fournit, elle pourrait choisir, en fonction de la priorité qu'elle accorde à la question, celles qui lui paraissent appropriées.

Mais avons-nous bien compris la situation ? Nous ne pouvons pas l'affirmer, pas plus que quiconque d'ailleurs, y compris parmi les protagonistes. L'avantage est que nous avons utilisé une grille d'analyse systématique, permettant de ne pas oublier de se poser un certain nombre de questions importantes. Mais nous ne pouvons être certains d'y avoir bien répondu, ne serait-ce que parce que nous ne disposions pas de toutes les informations, et aussi parce que nous n'avons pas mis en œuvre tous les concepts et toutes les analyses approfondies qu'il serait possible d'appliquer à la situation (voir approfondissement 3.1). C'est le but de la deuxième partie de ce livre que de donner les clés pour aller plus loin. Munis de plus d'informations et d'un bagage théorique plus important, nous serions à même d'affiner notre analyse et de restreindre le nombre d'hypothèses plausibles.

Approfondissement 3.1

Quelques pistes d'approfondissements souhaitables

Dans le cas Citylines, des approfondissements pourraient viser :

- La façon dont la direction et les directions régionales communiquent avec le terrain ; la façon dont les producteurs et les commerciaux communiquent entre eux. Des erreurs, des distorsions sont possibles. Le chapitre 4 visera à mieux faire comprendre ces mécanismes.
- La motivation ou la démotivation des employés, qui ont été évoquées au travers d'une de nos hypothèses. Comment fonctionne la motivation chez les individus ? Comment le management influe-t-il sur elle ? C'est l'objet du chapitre 5.
- Les différents ressorts qui conduisent individus ou groupes au conflit ou à la coopération, et les pratiques des organisations pour peser sur ces ressorts. Le chapitre 6 approfondira les pistes déjà suggérées dans le cas étudié.
- En quoi les relations entre commerciaux et producteurs sont-elles une relation de pouvoir ? Comment discerner dans ces situations ce qui est de cet ordre ? Quel pourrait être le rôle d'un leader, le directeur régional par exemple, pour améliorer la situation ? Le chapitre 7 approfondira les notions de pouvoir et de leadership, ainsi que leur rôle dans les organisations.
- Le système de délégation des responsabilités chez Citylines est-il adéquat ? Nous avons vu que le manque d'autonomie des opérationnels joue un rôle dans le cas étudié. Quand donner plus d'autonomie à des collaborateurs ? Quelles conditions satisfaire ? Quel est l'impact d'une délégation mal adaptée ? Le chapitre 8 fera le point sur ces questions.

Citylines vit une période de changement profond. Dans le modèle ancien, les producteurs n'avaient pas à collaborer avec d'autres, et notamment pas avec des commerciaux, qui symbolisent le changement d'état d'esprit de l'entreprise. Mais le changement touche aussi la façon de définir le travail, de l'organiser. Un macro-changement de cet ordre est toujours délicat. Il comporte des pièges. Comprendre cette situation, c'est aussi comprendre la dynamique de changement organisationnel. Le chapitre 9 apportera des éléments de fond sur cette question.

Il serait cependant illusoire de croire qu'il est possible de rassembler toutes les informations utiles ; il faudrait pour cela disposer de beaucoup de temps et parvenir à ce que les acteurs aient la volonté de se confier.

Même si nous ne sommes pas certains d'avoir tout compris ou même tout envisagé, nous avons par contre l'assurance de nous être donné une vision riche et réfléchie de la situation.

Quelques principes se déduisent de la démarche qui a été proposée et de cet exemple.

- Le point clé est dans la représentation que l'on a de l'organisation…

  Quand un problème se pose, toute solution proposée se fonde, consciemment ou non, sur une théorie de l'organisation et de son fonctionnement. Les managers, qui doivent chaque jour prendre des décisions en vue d'orienter l'action collective, utilisent une telle théorie, même si elle n'est pas explicite ni nécessairement mûrement réfléchie. L'intérêt d'une étude approfondie telle que la propose ce manuel est, pour des managers ou des futurs managers, de leur permettre d'enrichir leur théorie du fonctionnement de l'organisation et d'améliorer ainsi la pertinence de leurs actions.

  … dans la délimitation que l'on se donne du problème et de ses acteurs…

  Un problème n'existe que dans l'esprit de quelqu'un. Face à cette situation, nous avons posé le problème de la coopération transversale problématique, mais certains commerciaux, par exemple, auraient pu le poser comme étant le problème du refus des producteurs de coopérer avec eux… ce qui ne les aurait pas forcément conduits à la même analyse. Enfin, nous avons délimité les acteurs pertinents, c'est-à-dire les catégories de personnes qui ont été interrogées, mais sans doute aurions-nous enrichi notre vision en nous intéressant à la direction générale, aux cadres financiers… Il n'y a pas de « bonne » délimitation, seulement des délimitations plus ou moins utiles ou faciles à mettre en œuvre.

  … et dans les questions que l'on se pose de ce fait.

  Compte tenu de la variété des problèmes qui peuvent se poser, on ne peut attendre d'une telle démarche qu'elle apporte des recettes permettant d'aller droit à une réponse qui serait déjà prête pour chaque cas. Une telle attente serait irréaliste. Par contre, il est utile dans ce contexte de se poser des questions pertinentes, et diminuer le risque d'oublier celles qui pourraient être déterminantes. On a pu noter que, dans l'exposé du cas étudié, les éléments manquaient pour approfondir certaines pistes de réflexion. Cela est peut-être dû à un manque de temps dans la collecte des données, mais aussi au fait que la personne qui a collecté ces données avait en tête un certain nombre d'hypothèses, ou de grilles de lecture de la réalité, et qu'elle n'a rapporté que des informations qui nourrissaient ces grilles. On ne trouve avant tout sur le terrain que les données que l'on cherche… Mais il n'y a pas de chercheur parfait, qui aurait en tête toutes les grilles et, s'il existait, il n'aurait pas le temps de les appliquer toutes sur le terrain…

- Il y a plusieurs angles de vue possibles, donc plusieurs explications complémentaires à une situation.

  Nous avons vu que les approches de l'organisation étaient nombreuses. Beaucoup d'entre elles sont complémentaires. Tel est le cas de l'approche par le niveau des individus, le niveau des groupes et le niveau de l'organisation et, à l'intérieur de celles-ci, d'angles de vue variés.

- L'organisation est un système : il n'y a jamais un seul facteur causal.

  Nous avons décrit l'organisation comme un système d'éléments en interaction. Chacune des approches utilisées permet d'apporter des éléments différents d'analyse. Un risque fréquent est d'attribuer les raisons d'un phénomène, d'un dysfonctionnement par exemple, à un ou à des individus fautifs et à des traits de leur personnalité. Cette façon de raisonner peut apporter un gain de temps pour un phénomène anodin et ponctuel, mais elle est très trompeuse si elle s'applique à un phénomène récurrent et/ou de fort impact sur la vie de l'organisation.

- La pertinence plus que la vérité.

  Comme nous l'avons dit précédemment, nous ne savons pas quelle est la vérité sur les raisons de la situation étudiée ni même sur tous les détails de cette situation elle-même (c'est-à-dire ce qui se passe au quotidien dans des dizaines de dépôts). Il y a fort peu de chances que nous puissions le savoir, ne serait-ce que parce que notre propre subjectivité est à l'œuvre, que nous le voulions ou non. Par contre, la démarche proposée peut aider à « y voir plus clair », à élaborer des réflexions pertinentes et, en conséquence, à enrichir la variété et l'efficacité des actions qui pourront être décidées.

  On comprend généralement mieux une organisation en interagissant avec elle.

  On ne peut développer ce regard sur l'organisation comme le ferait un observateur extérieur se contentant de regarder un groupe de souris dans leur cage. Sans interaction avec les membres de l'organisation, les hypothèses que l'on peut élaborer restent très limitées. L'interaction la plus élémentaire prendra la forme de conversations ou d'entretiens, individuels ou en groupe. Plus largement, toutes les actions que l'on peut mener dans l'organisation, en tant que manager ou consultant, sont également des sources d'apprentissage ; les effets produits par ces actions, les réactions des membres de l'organisation permettent constamment d'affiner les hypothèses que l'on a pu se forger et les questions pertinentes que l'on peut se poser.

3. Les managers face aux problèmes humains dans l'organisation

Nous venons d'expliquer pourquoi la démarche de connaissance des phénomènes humains dans l'organisation vise plus logiquement la pertinence que la vérité, et renvoie donc à des critères de scientificité spécifiques. En effet, la démarche selon laquelle il convient de parvenir à une vérité démontrable et indiscutable avant de passer à l'action vaut pour les contextes où cette vérité peut être atteinte. Cela suppose que :

- tous les paramètres pertinents de la situation puissent être connus ;
- la subjectivité de l'observateur puisse être gommée.

Aucune de ces conditions n'est ici remplie ; ce serait donc une erreur de logique que de vouloir appliquer une démarche dans un contexte qui ne lui est pas approprié. En outre, ce serait méconnaître la vie pratique des managers au sein des organisations.

Nous ne recommandons pas pour autant, face à une situation, de ne faire appel qu'à son intuition. Certes, le recours à l'intuition n'est pas inutile et de nombreux livres ou articles traitant de grands managers ne manquent pas de mentionner leur « flair » ou leur « instinct ». Mais, aussi enviables que soient ces qualités, ce ne sont pas celles qu'enseigne ce manuel. Il existe d'autres lieux pour cela. Il s'agit ici de faire usage de raisonnements.

Nous aborderons tour à tour, dans les trois parties de cette section :

- les limites de ce que peut savoir un manager sur les phénomènes humains au sein d'une organisation ;
- l'intérêt qu'il peut trouver, de ce fait, à une démarche pragmatique ;
- les contraintes pratiques des diverses actions qu'il peut entreprendre pour agir sur le fonctionnement humain des organisations.

3.1 Condamnés à ne pas tout savoir

Le cas que nous avons décrit précédemment se présente rarement ainsi à un manager, dirigeant d'une organisation ou cadre. Au mieux, ce dernier va commencer par prendre conscience qu'il existe un problème, en l'occurrence un problème de coopération difficile entre certains de ses services. Au pire, il n'en prendra pas conscience – et le pire de ce point de vue n'est pas si rare dans les organisations. Peut-être en effet n'aura-t-il pas trop envie d'entendre de mauvaises nouvelles (penchant fréquent de la nature humaine), peut-être aussi ne lui dira-t-on pas qu'il y a un problème. Les collaborateurs ne disent souvent à leur chef que ce qu'il souhaite entendre ou, au mieux, ce qu'ils le croient capable d'entendre. Il faut donc à ce manager du courage, de l'expérience du terrain lui permettant de décoder de petits signes, de bons contacts avec sa base, pour être au fait de situations qui peuvent poser problème.

Ensuite se pose la question du traitement du problème. Un manager est en général aux prises avec de nombreuses décisions, si ce n'est de nombreux problèmes. Il peut donc décider de laisser certains d'entre eux « filer » parce que moins urgents ou préoccupants pour lui que d'autres.

S'il décide de le traiter, il peut mettre en œuvre une décision qui ne demande pas beaucoup de réflexion ; par exemple, considérer que le problème est dû à la personnalité d'un collaborateur, c'est-à-dire se contenter d'analyser le premier des niveaux que nous avons mis en évidence. Il ne reviendra alors sur le problème que si ce dernier se manifeste à nouveau.

Il peut aussi décider de traiter le problème plus à fond. Il pourra alors s'engager dans une réflexion du type de celle que nous proposons ici. Il peut la mener seul ou avec des collaborateurs, avec le risque que les débats soient inhibés car tous les acteurs ne voudront pas tout lui dire de ce qu'ils font ou de ce qu'ils pensent. Il pourra faire appel à un consultant ou chercheur extérieur. Ce dernier pourra lui apporter du recul, moins de subjectivité et, généralement, plus de richesse de réflexion ; il pourra accéder à plus d'informations mais pas à toutes. Il sera perçu par les acteurs internes comme plus neutre que le manager, mais pas nécessairement comme apte à recevoir toutes les confidences. D'une part, certaines informations sont difficiles à collecter, voire impossibles.

Savoir ou, du moins, approcher ce qui se passe dans l'inconscient des individus, par exemple, nécessiterait un long travail psychanalytique ; mais il conviendrait que les intéressés soient volontaires pour s'y engager et il est en outre très peu probable que ce qui s'est dévoilé dans ce travail soit rapporté ensuite par les intéressés dans le cadre de l'organisation. On se trouve donc réduit à interpréter certains signes, à faire des hypothèses plutôt générales et peu sûres dans ce domaine. D'autre part, ce consultant ou chercheur extérieur travaille en temps et en budget limités. Il fera donc des choix dans les domaines qu'il va explorer.

Au demeurant, il serait lourd et coûteux de recourir à des prestataires externes pour chaque problème. Il existe donc des choses qui sont difficiles ou impossibles à savoir, et d'autres que l'on pourrait théoriquement savoir mais qu'on ne sait pas toujours en pratique, faute de temps et de moyens.

Le tableau 3.1 récapitule les facteurs à considérer dans une situation et le niveau de savoir auquel un manager peut avoir accès.

Tableau 3.1 : Les facteurs agissant dans une situation et le niveau de savoir possible

Facteurs agissant dans une situation	Niveau de connaissance sur la situation accessible au manager et à ses proches collaborateurs	Apport possible de l'aide d'un tiers (consultant, chercheur, quand il est possible d'y recourir)
Niveau des individus concernés		
Qualités cognitives, cartes mentales	Bon mais empirique	Complément apporté par des méthodes rigoureuses
Sentiments, valeurs, image de soi	Moyen à faible. Hypothèses et interprétations seulement, fondées sur des données très biaisées. Limitations fortes liées au fait que le dirigeant est fortement impliqué dans la situation	Hypothèses et interprétations mieux fondées (données plus riches, moins biaisées) et mieux élaborées. Mais plus utile pour comprendre une masse d'individus que des individus précis (respect de la confidentialité)
Influences sociales, hors de l'organisation	Moyen	Amélioration importante de la compréhension mais toujours avec les limites dues au respect de la confidentialité
Niveau du ou des groupes concernés		
Dynamiques de groupes	Moyen à faible. Hypothèses et interprétations seulement fondées sur des données très biaisées	Hypothèses et interprétations mieux fondées (données plus riches, moins biaisées) et mieux élaborées. Mais accès seulement aux groupes qui se laisseront approcher
Niveau de l'organisation		
Culture	Moyen à bon, suivant sa relation avec les collaborateurs	Permet de bien compléter sans certitude d'avoir épuisé le sujet
Dispositifs organisationnels	Bon dans les pratiques prescrites ; moyen à bon dans les pratiques effectives	Permet de bien compléter, notamment quant aux pratiques effectives, sans certitude d'avoir épuisé le sujet
Stratégies des acteurs	Faible à bon, suivant sa relation avec les collaborateurs	Permet de bien compléter, sans certitude d'avoir épuisé le sujet

3.2 L'intérêt d'une démarche pragmatique

Si l'on considère la matrice des savoirs, représentée au tableau 3.2, l'important pour un manager n'est pas de chercher à tout savoir, mais de progresser dans sa conscience de ce qu'il sait et de ce qu'il ne sait pas. Dans un univers complexe où l'on ne peut pas tout savoir, cette conscience compte au moins autant que ce que l'on sait.

Tableau 3.2 : La matrice des savoirs

		Savoir sur les choses	
		OUI	NON
	OUI	Sait qu'il sait	Sait qu'il ne sait pas
Conscience de son savoir		↑	↑
	NON	Ne sait pas qu'il sait	Ne sait pas qu'il ne sait pas

Sources : d'après Ramirez R., HEC Paris, 1997.

C'est en se posant des questions qu'il est possible d'atteindre cette conscience, donc en utilisant une démarche du type de celle qui est exposée précédemment. Un manager ne pourra jamais supprimer les deux cases inférieures de la matrice, mais il pourra malgré tout augmenter significativement le contenu des deux cases supérieures. Pour un dirigeant l'intérêt de connaître au moins les bases d'une analyse riche est double :

- Cela lui permet, sur de petites décisions, de ne pas tomber dans une analyse malgré tout trop simpliste de la situation.
- Il peut, pour les questions plus importantes, s'assurer que des aspects majeurs ne sont pas oubliés par ceux qui instruisent le dossier. S'il fait appel à un prestataire extérieur pour l'aider, il pourra également le choisir en connaissance de cause, en fonction du type de regard ou d'investigation que ce dernier est capable de mener (les prestataires sont en effet souvent spécialisés dans une ou quelques approches).

Ensuite, en fonction d'analyses toujours incertaines, de contraintes de temps et de moyens, il pourra décider de procéder à des approfondissements qui lui permettront de mieux s'armer sur des sujets qu'il aura choisis. Cela ne supprimera pas les quatre cases de la matrice, mais le contenu de la case supérieure gauche en sera enrichi (ce qu'il sait qu'il sait et, donc, dont il peut se servir).

Enfin, ce sont les retours de ses actions, les enseignements qu'il peut en tirer, qui lui permettront, par essais et erreurs, par ajustements, de progresser dans sa compréhension et dans son efficacité.

3.3 Les contraintes de l'action pratique

Les leviers d'action d'un manager et de son équipe ne sont pas également aisés et efficaces pour tous les facteurs influant sur une situation. D'où un cadre de contraintes dans lequel le manager devra se mouvoir. On peut résumer le phénomène par le tableau 3.3.

On comprend pourquoi certaines actions sont plus tentantes que d'autres : celles où l'on agit sur des niveaux que l'on peut bien connaître et où les effets sont rapides. Par exemple, remplacer un individu à son poste quand il pose problème, établir une nouvelle règle ou un nouvel objectif. De fait, cela suffit parfois à améliorer une situation. Mais s'il s'agit d'un problème de fond, aux racines plus intriquées, ces actions ne suffiront pas. Les actions qui produisent les effets les plus forts seront alors aussi celles qui nécessiteront le plus de finesse d'analyse, le plus de temps pour porter des fruits, parfois le plus de remises en cause du manager lui-même. Dans ce domaine-là comme dans d'autres, le dirigeant est amené à faire des arbitrages.

Tableau 3.3 : Les leviers d'action du manager sur les problèmes humains et le cadre de contraintes qu'ils forment

	Peut agir	Rapidité des effets	Impact sur un problème de fond
Niveau individuel, en changeant d'individus (recruter/licencier)			
	Oui	Rapide pour quelques individus	Limité
Niveau individuel, en changeant les individus			
Qualités cognitives, cartes mentales	Partiellement (formation)	Lent	Fort
Sentiments, valeurs, image de soi	Peu en général ; sauf par l'impact d'un bon leader (dépend des cultures)	Lent en général ; l'impact d'un leader peut être rapide, mais il peut aussi être éphémère	Fort
Influences sociales	Non		
Niveau des groupes			
Dynamiques des groupes	Oui, sur la composition	Rapide	Limité si le problème dépasse le cadre d'un groupe
	Oui, partiellement, en proposant des formations, en aménageant les conditions de travail	Variable	Idem
Niveau de l'organisation			
Culture	Indirectement	Lent	Fort
Dispositifs organisationnels	Oui	Rapide	Variable car les règles peuvent toujours être contournées
Jeux individuels	Indirectement	Plus délicat mais peut être rapide	Fort

Résumé

- Un manager est condamné à ne pas tout savoir sur les phénomènes humains au sein de l'organisation. Il n'est pas dans la meilleure position pour cela, compte tenu des relations de pouvoir qu'il entretient avec ses collaborateurs, et même un observateur mieux placé ne pourrait y prétendre.
- Il a donc intérêt à une démarche pragmatique. Un questionnement adéquat lui permet de limiter son ignorance ou au moins de mieux prendre conscience de ce qu'il ne sait pas. Les allers-retours entre questions, hypothèses et actions lui permettent ensuite d'affiner progressivement sa compréhension.
- Les actions les plus faciles sur les comportements humains en organisation sont aussi souvent celles qui ont l'impact le plus limité. Les impacts forts en cas de problèmes s'obtiennent le plus fréquemment à partir d'actions à effets lents ou bien nécessitant le plus de finesse d'analyse, voire de remise en cause personnelle du dirigeant.

Conclusion

Dans ce chapitre, nous avons mis en application les enseignements théoriques des deux précédents chapitres.

Face à une situation organisationnelle qu'on veut comprendre, il est nécessaire de se poser un ensemble de questions complémentaires, qui correspondent aux différents niveaux que nous avons distingués : niveau des individus concernés, niveau du ou des groupes concernés et niveau de l'organisation elle-même.

À l'intérieur de ces niveaux, divers types de questions sont souhaitables, correspondant à plusieurs approches complémentaires ou plusieurs aspects de ces niveaux, décrits aux chapitres précédents. C'est cet ensemble de questions qui permet une vision riche et réfléchie de la situation. Il ne nous donne pas de certitudes, mais il permet de bâtir des hypothèses plausibles.

Cette méthode de questionnement, sans qu'il puisse jamais exister de « bonne réponse » dans l'absolu, est rendue pertinente par le fait que nous sommes dans un domaine où il n'est pas possible de tout savoir, ne serait-ce que parce que le manager, comme tout autre observateur, ne peut faire abstraction de sa subjectivité ni être perçu par les autres acteurs comme apte à recevoir toutes les confidences.

Cette méthode permet essentiellement de réduire l'incertitude. Couplée avec une démarche pragmatique d'itérations questionnement-hypothèses-actions, elle permet au manager de progresser dans sa compréhension de l'ensemble humain dans lequel il évolue.

La complexité des phénomènes humains, le fait qu'on ne puisse pas tout savoir, ne disqualifient pas le raisonnement pour traiter les problèmes. Il convient de trouver des méthodes de raisonnement adaptées à l'incertitude.

Chapitre 4

La communication

Objectifs du chapitre

À l'issue de ce chapitre, vous devriez être capable de :

- **décrire plusieurs modèles de communication à travers des schémas appropriés ;**
- **comprendre l'impact et le fonctionnement de la communication dans l'organisation ;**
- **identifier les principaux biais culturels inscrits dans les communications humaines ;**
- **énoncer les conditions de fiabilité des messages verbaux et des messages non verbaux ;**
- **énumérer les obstacles courants à la communication personnelle et organisationnelle ;**
- **proposer des pistes d'amélioration au processus d'échange.**

Communiquer est un acte à la fois banal et essentiel dans la vie sociale et professionnelle. Pour un individu quel qu'il soit, communiquer c'est échanger des informations avec ses semblables, construire la relation avec eux, « créer du sens » en commun, ou encore se situer par rapport aux autres, se connaître soi-même, éprouver et partager des émotions, se détendre, persuader ou influencer autrui, explorer et mieux connaître le monde qui nous entoure, accompagner l'action sous toutes ses formes, des plus simples aux plus complexes.

Dans une organisation, la communication va véhiculer des enjeux multiples. Pour un manager, il s'agira d'assurer le lien avec ses collaborateurs, d'influencer le comportement d'autrui pour atteindre les objectifs de l'organisation, et d'améliorer la qualité des communications formelles et informelles au regard des exigences d'efficacité de ses fonctions. La communication est devenue un élément essentiel de la fonction de manager. D'ailleurs, il est classique de constater que, désormais, les cadres et les dirigeants passent l'essentiel de leur temps (80 % ou plus) à communiquer avec leur entourage de façon formelle ou informelle. La communication, composante de tous les flux des systèmes, s'insère partout, s'incarne en chacun. À la fois support, aide, principe énergétique, facilitateur, révélateur, elle permet d'analyser, d'échanger, de relier et de coordonner les efforts de tous.

Dans ce chapitre, nous aborderons donc successivement :

- les représentations les plus classiques de l'ensemble du processus de communication en évoquant notamment deux courants de référence, mécanique avec Shannon et systémique avec l'école de Palo-Alto ;
- les relations entre organisation et communication (la communication peut-elle influencer la marche

de l'organisation et est-elle elle-même influencée par des caractéristiques de l'organisation ? Comment les spécialistes de l'organisation, professionnels et théoriciens, situent-ils la place et la contribution de la communication ?) ;

– l'impact des groupes et des variables interculturelles sur les communications collectives vécues dans les organisations ;

– les phénomènes de communication relevant de la contribution de l'individu dans l'organisation, phénomènes liés au langage, à la présentation de soi et à la reconnaissance sociale.

Concepts clés

Il existe actuellement un ensemble de théories et de modèles de référence, d'origines diverses, qui forment un patrimoine commun des sciences de la communication et sur lesquels le manager peut fonder sa réflexion et son action.

La communication, un concept multiforme

Concept multiforme, la communication peut être tout à la fois envisagée comme :

- **Une chaîne de l'information.** Cette première approche décrit « physiquement » les mécanismes d'un processus normatif où un message est véhiculé d'un émetteur vers un récepteur à travers une chaîne d'éléments répertoriés, tels que la source, le canal et la destination. Ce modèle s'applique à des situations aussi diverses que lire une page de journal, envoyer un mail à un fournisseur, joindre un correspondant au téléphone, raconter une histoire à la pause-café, donner des directives à une équipe, etc.

- **Un processus d'influence.** Cette deuxième perspective met l'accent sur l'influence exercée par un « communicateur » sur les individus ou les groupes auxquels il s'adresse. La communication, au sens où l'emploie le marketing, vise à provoquer une modification des attitudes, des opinions ou des comportements chez les récepteurs. Cette façon d'entraîner la conviction d'autrui peut susciter, par exemple, de l'enthousiasme (admiration pour le leadership) ou de la méfiance (crainte des manipulations).

- **Un partage du sens.** Cette troisième lecture insiste sur la dimension relationnelle, à la fois émotionnelle et interactive, de la communication entre les personnes. Un acte de communication est complet lorsque les interlocuteurs accordent une signification identique aux mêmes signes. On peut voir le monde avec les lunettes de l'autre sans renoncer à sa propre vision, en conservant son autonomie et son libre arbitre. Selon un paradoxe désormais classique, les personnes qui communiquent le mieux sont celles qui ont fait le deuil d'une communication parfaite ou fusionnelle avec autrui.

- **Un système interactif.** Cette quatrième approche considère, avec les tenants de l'école de Palo-Alto (voir plus loin), que la communication doit être comprise comme un système. L'approche systémique n'est pas une nouvelle science, ni même une nouvelle discipline. C'est un point de vue original sur la réalité, une méthode pour aborder des phénomènes complexes. Elle permet une vision synthétique : elle recompose l'ensemble des relations significatives qui relient des éléments (individus, groupes, organisation) en interaction, attitude à laquelle correspond précisément la notion de système.

Pour explorer plus avant les deux approches les plus contrastées de ce panorama de la communication, la première plus analytique et mécanique dans le fonctionnement qu'elle propose, et la quatrième plus synthétique et organique, nous allons nous pencher tout d'abord sur les principes de la théorie de l'information, puis sur la conception systémique issue des travaux de l'école de Palo-Alto.

L'apport de la théorie de l'information

Les nombreuses études théoriques et appliquées réalisées dans le domaine de la communication ont abouti à l'élaboration progressive, par différents auteurs, de schémas descriptifs et explicatifs.

Le souci primordial présidant à la construction de tels modèles, mis au point au départ par des ingénieurs, est de retrouver à l'autre bout d'une chaîne de communication un message aussi proche que possible de l'original.

Ainsi, le schéma linéaire de H. D. Lasswell[1] correspond à la mise en forme de cinq questions essentielles concernant le processus de communication et la responsabilité des interlocuteurs.

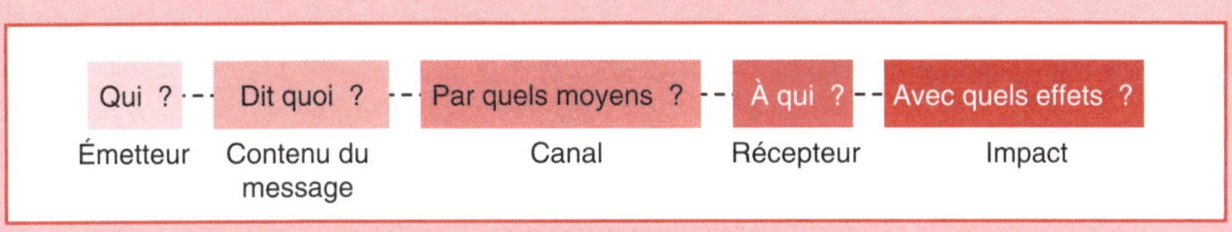

Figure 4.1 • Le schéma linéaire de H. D. Lasswell (1948).

Ce système linéaire s'inspire du schéma behavioriste (stimulus-réponse), évoqué au chapitre 1 (section 1.1.2). Sa limite est que la chaîne de causalités qu'il propose tend à simplifier la réalité observable. Un manager avisé devra donc, en complément, prendre en compte les contraintes de l'organisation et le jeu spécifique des acteurs.

À la même époque, un ingénieur américain des télécommunications, C. Shannon[2], formulait une « théorie de l'information » fondée sur l'étude des questions relatives à la transmission de l'information.

Le modèle de Shannon propose un schéma linéaire reposant sur une chaîne d'éléments : la source d'information, l'émetteur qui transforme le signal en un code (la voix humaine se métamorphose en impulsions électriques dans un téléphone), le canal de transmission, le récepteur qui décode les signaux et se trouve être le destinataire du message.

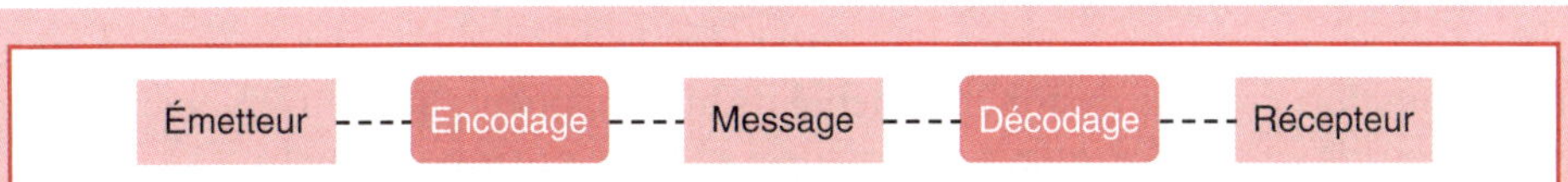

Figure 4.2 • Le schéma de C. Shannon.

Il s'agissait pour Shannon de proposer une analyse mathématique de la transformation des signaux. Son modèle est devenu une matrice de référence pour les sciences de la communication.

N. Wiener, cybernéticien, a modifié le schéma linéaire des théoriciens de l'information par l'introduction d'une notion prioritaire, celle de *feed-back* ou boucle de rétroaction, et en mettant l'accent sur les ajustements indispensables des flux d'information dans la poursuite d'une action efficace.

L'émission d'un message (1) entraîne le plus souvent des réactions (2) de la part du récepteur, lesquelles influencent en retour (3) l'émetteur, qui peut alors réajuster son message en conséquence. Le schéma suivant décompose ce processus :

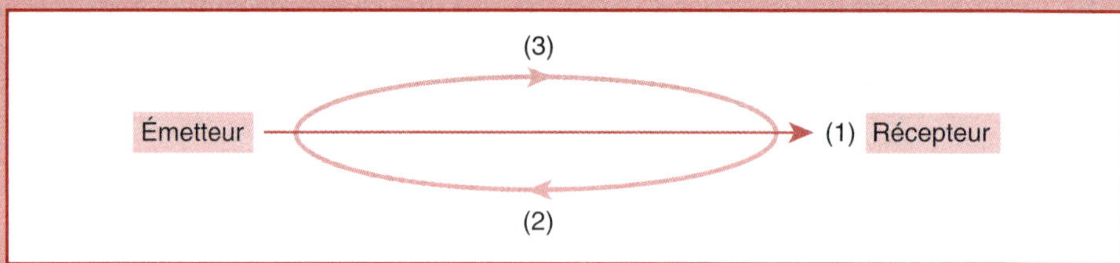

Figure 4.3 • Le schéma de N. Wiener.

Une chaîne d'éléments bien identifiés et bien coordonnés permet donc, nonobstant les difficultés d'usage, de transmettre fidèlement un message d'un émetteur à un récepteur. Le *feed-back* sert d'instance régulatrice et facilite le partage des significations entre interlocuteurs. Il garantit peu ou prou la fiabilité du système.

Outre l'accent mis sur l'importance stratégique de l'émetteur, du récepteur et du *feed-back*, certains travaux de recherche[3] se sont penchés sur la contribution spécifique du « message » et les fonctions variées qu'il est amené à remplir.

Ces différentes fonctions (**expressive** : problématique du « je » ; **conative** : problématique du « tu » ; **référentielle** : concernée par le « il » ; **phatique** : garante du lien ; **métalinguistique** : gardienne des références ; **poétique** : centrée sur la créativité) se retrouvent, à des degrés divers, dans toute communication. Savoir discerner celle qui prime permet de bien situer la finalité d'un échange interpersonnel. Les fonctions phatique (qui concerne tout ce qui sert à établir et à maintenir le contact dans le message : « Allo ! », « Comment allez-vous ? ») et métalinguistique (qui relève des dictionnaires et des lexiques) apparaissent les plus courantes dans l'entrée en matière de tout processus de communication, car elles favorisent un ajustement mutuel entre interlocuteurs.

Ainsi, l'approche analytique permet d'appréhender une logique formelle sous différentes facettes, en présentant de façon linéaire et simple des causes et des effets accessibles à tous. Toutefois certains dysfonctionnements lui échappent, qui peuvent souvent être mieux compris en se référant à la notion de « système organisationnel ».

La communication comme un système

Les chercheurs de l'école de Palo-Alto, fondateurs de « l'approche systémique », ont été les premiers à mettre en évidence la pluralité des niveaux de communication contenus dans un message.

Un ensemble de règles concernant la communication en tant que système a été élaboré par les tenants de cette école, et notamment G. Bateson[4] et P. Watzlawick[5]. Elles éclairent d'un jour différent les phénomènes de communication. Voici quelques-unes de ces règles :

- **Il est impossible de ne pas communiquer.** En effet, les êtres vivants sont « reliés » entre eux et à l'environnement, qu'ils le veuillent ou non, qu'ils le sachent ou pas. Il y a toujours communication quand une personne se trouve en présence d'une autre personne, même silencieuse. Ainsi, isolé et enfermé dans son bureau, un cadre communique quelque chose à son entourage, ne serait-ce que sa position de repli et de réserve.
- « **C'est le contexte qui éclaire la relation entre deux personnes** » et pour comprendre la communication, il vaut mieux utiliser la métaphore de l'orchestre que le schéma télégraphique de Bell. « Communiquer, c'est entrer dans l'orchestre. » « Dans un groupe humain en interaction, il y a une partition invisible que chacun déchiffre selon ses rapports aux autres et à l'ensemble, véritable grammaire implicite aux comportements. » Chacun joue sa partie en relation avec son voisin et fait apparaître un ensemble mouvant en interaction permanente. Chacun transforme, réinterprète et réinvestit les contenus de l'échange.
- **La communication est prévisible** lorsque nous connaissons les structures formelles de l'organisation et leurs modes concrets de fonctionnement. Cependant, une prévision par trop active peut « fabriquer » *de facto* les résultats attendus. Ainsi, dans les « prophéties autosuffisantes », on assiste à la construction de la réponse prévue : les individus ont des attentes par rapport aux comportements des autres personnes et agissent envers celles-ci en fonction de ces attentes ; c'est alors que la prophétie prend corps et se réalise . Les récentes turpitudes du système financier international sont en partie tributaires de ce phénomène évoqué dans l'exemple 4.1.

Exemple 4.1

Modèles économiques et effets d'anticipation

La théorie des anticipations rationnelles, élaborée en 1960 par John Muth et développée par les nouveaux classiques (dont R. Lucas, prix Nobel en 1995), inclut dans les modèles d'économie pure les prédictions des agents au sujet de l'évolution des variables économiques, et montre que celles-ci sont affectées par les prédictions en question. Imaginons que les acteurs économiques croient que les prix varient… en fonction de l'apparition de taches sur le soleil. Cette croyance induit des comportements qui affectent le marché de telle manière que les prix varient de fait selon les taches solaires. Ce modèle « d'équilibre de taches solaires » se fonde sur une prophétie autoréalisatrice. C'est en économie que les acquis de la recherche concernant ce type de processus sont les plus marquants.

Source : Staszak J.-F., université d'Amiens/institut universitaire de France, *in Sciences Humaines*, n° 94, mai 1999.

- **Ce sont les personnes qui créent les significations** et non les mots eux-mêmes, et ces significations ont vocation à être partagées. Or, le partage des significations ne se fait pas par l'intermédiaire d'un canal qui transporterait les significations d'un lieu à un autre. Une interaction se crée entre les acteurs sociaux et les significations sont analysées par les acteurs (avec une rationalité « limitée », voir chapitre 1), au fur et à mesure qu'ils organisent systématiquement ce qu'ils voient et ce qu'ils entendent.
- **Le concept de « double contrainte »**, ou double lien, caractérise une communication dite « paradoxale », c'est-à-dire comportant des messages contradictoires. L'injonction paradoxale se traduit par exemple dans l'expression « Sois spontané » qu'un manager peut adresser à un individu. Les doubles liens répétitifs et contradictoires que son entourage délivre à une personne entraînent souvent chez celle-ci des tensions ou même des troubles psychiques. La double contrainte et le paradoxe sont des indicateurs pour comprendre les blocages à la communication et aussi des moyens pour lever ces blocages. Encourager quelqu'un à aller au bout de sa logique exacerbée peut le conduire à corriger spontanément ses propres excès.
- **La communication est un processus continu sans but défini**, ni fin précise. Bien que la communication ait une origine et poursuive un but, nous ne portons attention qu'à une séquence limitée du processus, car nous décomposons ses éléments en segments plus réduits que nous pouvons manipuler. Et la façon dont nous sélectionnons et organisons nos communications détermine en grande partie le sens que nous donnons aux comportements et aux événements. Un manager peut reprocher à un collaborateur son silence (retenant principalement dans le processus les moments de silence qu'il attribue, par exemple, à de la passivité), alors que le collaborateur reprochera à son manager de l'empêcher de parler (retenant principalement, quant à lui, les moments où il est tenu d'écouter son supérieur, lesquels se traduisent par son silence). Chacun n'attribue pas la même cause au silence et ponctue différemment la séquence des faits supposés objectifs pour l'un et l'autre.
- **La façon dont nous décidons d'interagir est liée à la perception que nous avons de nos relations avec les autres.** Les termes « symétrie » et « complémentarité » sont ainsi utilisés par plusieurs auteurs, l'un décrivant les relations en « miroir », c'est-à-dire entre personnes de statut égal, l'autre les relations de dépendance entre personnes de statuts inégaux. Dans le cas d'une relation complémentaire, communiquer en position haute place l'individu dans des dispositions particulières d'écoute et de réactivité, très différentes des attitudes qu'il adopterait en position basse, marquées par la déférence ou la soumission.

L'école de Palo-Alto a révolutionné le paysage de la communication en privilégiant l'approche systémique, permettant ainsi des analyses plus fines des processus interactifs entre les acteurs en présence.

Néanmoins, les deux approches présentées – l'approche mécanique et l'approche systémique – peuvent éclairer l'action et en faciliter la mise en œuvre. La compréhension des difficultés et des enjeux de la communication qu'elles permettent doit conduire à mieux communiquer, ce qui, en termes d'efficacité, ne manquera pas d'avoir des incidences sur l'action du manager.

1. Les interactions entre communication et organisation

Les relations entre la communication et l'organisation sont essentielles, mais elles restent encore un domaine de recherche relativement peu structuré. Elles reposent de fait sur une évidence : aucun système organisationnel ne saurait fonctionner sans communication. Les spécialistes abordent ce champ à l'heure actuelle en privilégiant des approches à la fois pluralistes, qui diversifient les grilles de lecture possibles, et systémiques, qui explorent les potentialités des systèmes (groupes, organisations).

La communication fait figure d'instrument au service du management, sans constituer un modèle de management en tant que tel. Elle incarne le moyen de l'adaptation, de la souplesse et de la flexibilité des organisations à leur environnement, et des entreprises à leurs marchés. Elle fait corps avec le management et l'accompagne en toute occasion. Elle ne résulte pas seulement d'actions volontaristes, mais de relations banales, organisées entre individus et équipes de travail, situés à tous niveaux hiérarchiques et fonctionnels. La communication sert de levier et permet de déployer plus efficacement les politiques de l'organisation. Suscitant l'échange, la compréhension et l'adhésion, elle peut améliorer l'efficience interne entre les moyens mis en œuvre et les résultats obtenus.

Dans cette section, nous aborderons les points suivants :

- Tout d'abord, nous analyserons les principales difficultés que peut rencontrer la communication et qui sont spécifiquement liées aux choix organisationnels (structure, dispositifs mis en place, etc.).
- Ensuite, nous montrerons que les différentes positions des acteurs dans l'organisation les conduisent à avoir des attentes et des problématiques différentes au regard de la communication. La création de fonctions de communication (interne et externe) traduit d'ailleurs l'importance donnée à la communication dans l'organisation, et la volonté des acteurs de la mobiliser à des fins spécifiques.

1.1 Les obstacles à la communication liés à l'organisation en elle-même

Les obstacles à la communication sont *a priori* très nombreux et d'importance variable. Ils n'empêchent pas, cependant, que la plupart des organisations fonctionnent. Mais lorsque des dysfonctionnements sont observés, porter un diagnostic sur les problèmes rencontrés permet souvent d'y remédier. Nous analyserons dans un premier temps les principales causes à l'origine des dysfonctionnements. Nous verrons dans un second temps en quoi les dispositifs formels de l'organisation peuvent parfois aggraver ces dysfonctionnements.

1.1.1 Causes mécaniques et causes systémiques

On distingue deux familles de causes à l'origine des difficultés courantes en matière de communication dans l'organisation. Les unes renvoient à une approche mécanique, car elles se rapportent à la chaîne de transmission, à l'aide de laquelle les membres d'une organisation se transmettent des renseignements, les gèrent et les interprètent. Les autres relèvent d'une analyse du système mis en œuvre et des contradictions potentielles ou réelles qu'il comporte.

Causes mécaniques : les décalages entre les intentions et les résultats dans le processus de communication

Un certain nombre d'études expérimentales ont démontré les difficultés objectives rencontrées dans la communication entre les intentions d'un émetteur et l'impact réel de son message sur un récepteur. Les expériences célèbres menées par Bavelas et Leavitt[6] ont montré qu'en moyenne, le message entre deux interlocuteurs, au courant l'un et l'autre du sujet évoqué, passe dans une proportion de 30 à 50 %. Cette proportion tombe à 10 %, lorsque l'un des interlocuteurs aborde le sujet évoqué pour la première fois. Dans le cas d'un exposé écouté par plusieurs récepteurs, les 10 à 40 % perçus par chacun ne sont pas les mêmes.

Le schéma de la figure 4.4 indique sommairement les déperditions d'information et le sort réservé, en fin de compte, à un message à sens unique, sans *feed-back*. Une telle communication à sens unique peut correspondre à certaines situations (messages écrits) ou être créée par l'attitude même de l'émetteur (interdiction de poser des questions, de faire des commentaires, etc.).

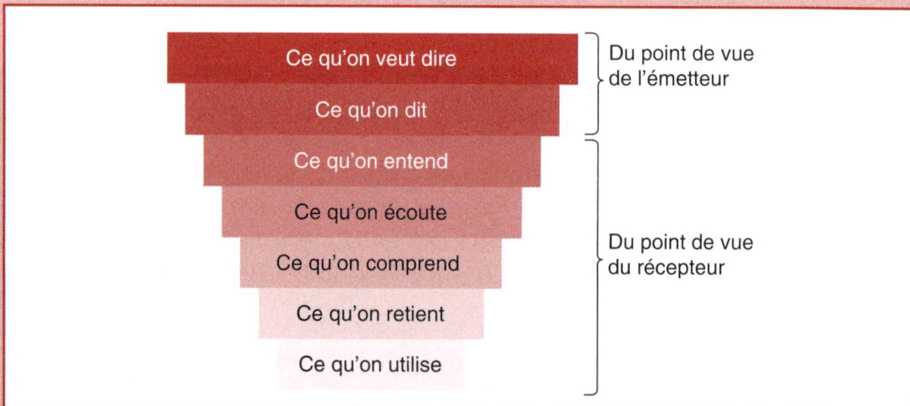

Figure 4.4 • La déperdition d'information.

Si l'on en croit le schéma, la perte est sévère entre ce que l'émetteur veut dire et ce que le récepteur du message comprend, retient et surtout utilise pour finir.

L'émetteur doit coder son message pour le transmettre. Il se trouve confronté à sa maîtrise relative de la langue et du vocabulaire utilisés. L'interprétation des mots peut causer des malentendus entre émetteur et récepteur (voir section 3.1). Chaque récepteur a sa propre perception des mots et des significations, liée à ses capacités physiologiques (audition, vision) et psychologiques (carte mentale, émotions). Le manque d'intérêt et la non-implication du récepteur limitent également ses capacités de percevoir les solutions que l'environnement peut lui offrir. Par ailleurs, si ses attentes à propos du message ne correspondent pas à celles de l'émetteur, il peut en refuser le contenu ou l'interpréter dans un sens différent.

Causes systémiques : les contradictions des messages et les paradoxes de la communication

Un deuxième niveau d'analyse des difficultés de la communication est lié à des croyances ou à des convictions, souvent fausses et naïves, sur « la communication ». Fausses, car elles ne prennent pas en compte la complexité des systèmes que constituent les groupes et l'organisation. Ces convictions masquent alors la réalité des problèmes et rendent plus difficile leur résolution. Ainsi, pour expliquer et justifier les dysfonctionnements de toute nature qui ne manquent pas de se produire dans les communications organisationnelles, même lorsqu'elles sont globalement très performantes, les partenaires sociaux et professionnels invoquent souvent plusieurs types de causes, qu'ils attribuent soit au système organisationnel, soit à la psychologie plus ou moins paradoxale des acteurs.

Voici quelques-unes de ces croyances :

- La tendance à incriminer la pesanteur et les vicissitudes d'un système complexe, contre lesquelles personne ne peut lutter. « C'est comme ça, c'est typique de la bureaucratie et on n'y peut rien ! »
- La tendance, en cas d'incompréhension entre les individus, à en attribuer la cause aux personnes plutôt que d'analyser l'incidence de causes externes jugées trop complexes. Par exemple, « Les revers de l'entreprise sont la faute du patron ! », alors que la monnaie s'effondre, que la conjoncture économique est mauvaise pour tout le monde et qu'il n'y peut pas forcément grand-chose.
- La conviction, souvent partagée par l'encadrement, les syndicats et tous les acteurs de l'entreprise, que la communication « va de soi » et que, si elle est inexistante, cela est dû en priorité à la mauvaise volonté des autres protagonistes.
- La croyance en la vertu première de la transparence, autrement dit affirmer que « tout dire » à tout le monde résoudra le problème. Ou encore, « Si ça communique mal, il suffirait de rétablir une communication plus saine et plus naturelle ». C'est oublier que l'entreprise est un système complexe, composé de sous-systèmes n'ayant pas forcément les mêmes logiques, ni le même langage, ni les mêmes intérêts. Sans doute faut-il apprendre à connaître ces différents sous-systèmes et leurs besoins propres en matière d'information et de communication.
- La tendance à faire « toujours plus de la même chose », c'est-à-dire à vouloir appliquer crescendo des solutions simples et connues à des situations complexes et incertaines, qui exigeraient parfois une restructuration adaptative du système de communication. Un responsable de la communication d'entreprise qui constate un climat d'incompréhension peut réagir en investissant massivement dans la diffusion de notes de service, de plus en plus nombreuses et explicites. Alors qu'il serait sans doute préférable de prendre en compte les apports possibles de l'ensemble des moyens disponibles, ceux, par exemple, de l'intranet, du téléphone, de l'affichage et des réunions d'information en tous genres.
- Ces croyances peuvent se traduire par des exhortations de la hiérarchie à changer volontairement de comportement, qui peuvent parfois aggraver les choses en soumettant les employés à des injonctions paradoxales du type : « Prenez des initiatives ! », « Exprimez-vous ! », « Faites-nous confiance, dites-nous ce qui ne va pas ! », etc.

On dit que l'enfer est pavé de bonnes intentions. Paradoxalement, un des obstacles à la communication dans les organisations réside souvent dans la volonté de ceux qui sont en « position de pouvoir » de faire en sorte que les autres communiquent. Hélas, plus on les enjoint de le faire et moins ils y arrivent. Cela ne signifie pas qu'il n'y ait rien à faire, mais qu'il faut essayer de faire autrement. Pour sortir des dilemmes et des paradoxes, l'école de Palo-Alto préconise deux issues : métacommuniquer (mettre à plat les difficultés rencontrées entre interlocuteurs) et surcommuniquer (multiplier les modalités de communication d'un même message) (voir section 3.1).

1.1.2 Les dispositifs formels, facteurs aggravants ?

Les dispositifs formels, comme la division du travail, la hiérarchie sous toutes ses formes, la complexité des structures et le formalisme constituent souvent, par leur pesanteur propre, des entraves à une communication optimale.

L'organisation scientifique du travail par la division fonctionnelle et la spécialisation des tâches a contribué à favoriser le cloisonnement mental des différentes catégories d'employés, et à bloquer parfois la communication latérale en multipliant les particularismes. Elle a pu aussi entraîner le repli des groupes sur eux-mêmes, en augmentant le nombre des malentendus et certaines formes de rivalités et de conflits. L'existence de plusieurs zones de langage différentes, dont les interférences sont limitées au sein d'une même organisation, pose des problèmes de compréhension réciproque et de traduction : le comptable parle comptable, l'informaticien l'informatique, le juriste le langage juridique. Et rares sont les cadres totalement « polyglottes », capables d'avoir une vue d'ensemble et de rééquilibre, le cas échéant, une tension productive entre les responsables des principales fonctions.

Ainsi, le trop grand nombre de niveaux hiérarchiques à travers lesquels un message doit circuler avant d'atteindre le récepteur voulu peut provoquer des distorsions et des manipulations liées à l'intérêt immédiat des intermédiaires dans la situation. De même, un trop grand éventail de subordination aura pour conséquence de rendre difficile l'adéquation des messages aux multiples destinataires.

1.2 Les objectifs de la communication : différents acteurs, différentes attentes

Tout acteur de l'organisation a un point de vue et des attentes relatives à la communication. C'est un sujet qui ne laisse pas indifférent ! Par ailleurs, les statuts et les positions variés dans l'organisation ont des conséquences sur les positions dans les systèmes internes de communication. Nous nous intéresserons en premier lieu aux points de vue de certains acteurs sociaux traditionnels. Nous aborderons ensuite les deux fonctions de la communication interne et de la communication externe dans l'entreprise, pour en montrer les spécificités et la complémentarité. Enfin, nous montrerons en quoi la communication externe (à destination des partenaires de l'entreprise) joue sur la communication interne, et que leur interconnexion tend à faire émerger aujourd'hui une communication dite « globale », qui unifierait en partie les deux types de communication.

1.2.1 Les points de vue différents des acteurs

Selon de nombreuses études concernant la communication dans l'organisation et dans l'entreprise, les problématiques spécifiques des différents acteurs font fréquemment ressortir les aspects critiques suivants :

Pour la direction :

- Le statut de l'émetteur joue souvent un rôle important dans la réception du message, car plus le statut de l'émetteur est élevé, plus le récepteur aura tendance à donner foi au contenu du message.
- La distance introduite par l'abstraction du discours directorial favorise les incompréhensions de la base. Celle-ci souhaiterait un langage plus concret, exprimé avec son propre vocabulaire, et proche de ses préoccupations.
- Le développement systématique et incantatoire de mesures et d'outils destinés à favoriser la communication, telles que les réunions formelles de tout le personnel ou la distribution de journaux internes, ne permet pas de créer à coup sûr une culture de communication crédible.
- La faiblesse ou l'absence d'un dispositif de communication ascendante empêche les dirigeants d'être à l'écoute du personnel. Trop souvent l'organisation de l'information dans l'entreprise est conçue presque uniquement comme descendante, à travers les maillons successifs de la hiérarchie, abandonnant par exemple aux seuls syndicats ouvriers ou catégoriels les remontées, transformées en revendications.
- Les dirigeants auraient tendance à surévaluer les informations informelles et les rumeurs, qu'ils recherchent avec une certaine avidité, au détriment d'une communication mieux documentée, plus objective et plus sereine.

Pour l'encadrement :

- Le nombre de contacts quotidiens est proportionnel au niveau hiérarchique du manager. Plus son poste est élevé dans la hiérarchie, plus il pourra multiplier ses échanges.
- Le nombre d'interrelations latérales et diagonales décroît proportionnellement à l'élévation du niveau hiérarchique du manager. En effet, plus le niveau du manager est élevé dans la pyramide, moins il a de collègues situés au même niveau de poste. Or, les cadres communiqueraient davantage et mieux entre eux qu'avec leurs subordonnés, sans doute en raison de leur proximité hiérarchique, mais aussi pour pouvoir maintenir leur position dominante et leur latitude d'action.
- Plus l'organisation s'accroît en taille, plus l'encadrement aurait tendance à communiquer de façon abstraite et formalisée, donnant ainsi l'impression aux « gens du bout de la chaîne » qu'ils sont incompris et négligés.

Pour la direction des ressources humaines, du dialogue social et de la communication :

- Lorsque, sous prétexte de dialogue social, les syndicats sont mieux informés par la direction des ressources humaines sur la stratégie, les comptes et le fonctionnement général de l'organisation que l'ensemble de la hiérarchie elle-même, méfiance et malaise se font jour au sein du personnel.
- Les responsables de la communication interne installent souvent des filtres culturels pour sélectionner automatiquement certains types d'informations et en délaisser d'autres, lesquelles sont ignorées ou discréditées *a priori* comme non conformes aux références acceptables et acceptées.

- La précarité des emplois, l'éclatement des structures de l'entreprise, mais aussi le besoin de mobilité des individus rendent plus fragile la constitution de véritables collectifs de travail propices à la communication.

Pour le personnel :

- Les commentaires et suggestions des employés de niveau modeste ont moins d'impact que ceux provenant d'un échelon élevé. Or, leur proximité directe avec les opérations devrait les rendre beaucoup plus crédibles et faire d'eux des interlocuteurs privilégiés.
- Lorsque les groupes de projet se multiplient, la transversalité recherchée par l'entreprise donne aux employés la possibilité de croiser leurs sources d'information, au risque parfois de créer des discordances et de court-circuiter les hiérarchies intermédiaires.
- La multiplication des messages de toute nature sature aussi les capacités d'attention et de communication du personnel. Les messageries informatisées augmentent cette tentation. Les craintes de marginalisation ou les rivalités internes peuvent en être la cause en provoquant, par exemple, l'inflation des documents mis en copie à quantité de gens, ce qui paralyse sans réelle utilité les canaux disponibles.
- Les « maillons » de la chaîne d'information qui ne jouent pas leur rôle, mais bloquent les messages, ne les transmettent pas ou les déforment, perturbent le système de communication et sa crédibilité.
- La tendance actuelle à l'aménagement de structures organisationnelles plus souples, flexibles et transversales tend à responsabiliser les équipes travaillant sur des aspects qualitatifs, sur des projets ou des problèmes complexes. Ces nouvelles formes d'organisation mettent l'accent sur d'autres comportements attendus des collaborateurs. Pour favoriser une indispensable coordination des efforts et des compétences, l'employé est désormais incité à cultiver le dialogue, l'expression individuelle et collective, l'autonomie personnelle, l'initiative, la participation. La confiance et ses conditions d'obtention et de maintien reviennent au centre des préoccupations actuelles du management. L'approfondissement 4.1 décline une tendance souvent abordée aujourd'hui par la presse spécialisée dans les problèmes de management (voir aussi chapitre 5).

Approfondissement 4.1

L'évolution des organisations conduit leurs dirigeants à dépasser les cloisonnements et à diffuser plus largement certaines informations. C'est ce qu'illustre le fragment d'article suivant :

> *« Votre entreprise ose-t-elle la confiance ? Le rôle dévolu au contrôle de gestion fournit des indications précieuses à cet égard. S'il est une simple pompe à chiffres destinée à alimenter la direction, c'est mauvais signe : la rétention de l'information devient alors un signe extérieur de pouvoir. En réalité, il ne faut pas confisquer les données, mais s'en servir au contraire pour nourrir l'ensemble de l'entreprise. Si les chiffres sont à l'entreprise ce que les notes sont au musicien, l'orchestre peut-il jouer si seul le maestro détient la partition ? Et chaque musicien ne doit-il disposer que de sa propre partition ? En confisquant l'intelligence on risque de faire fuir les salariés et notamment les plus jeunes. »*

Source : Trouillet M. et Saigne M., *in* « Enjeux », *Les Échos*, décembre 2002.

1.2.2 Le rôle respectif des fonctions de communication interne et externe

Deux fonctions complémentaires

À l'intérieur de l'entreprise, il est d'usage de distinguer la communication interne et la communication externe :

- La communication **externe** est tournée vers le client et vers l'extérieur, qu'elle soit centrée sur le produit (publicité, marketing, modes d'emploi) ou sur l'organisation elle-même, ce que l'on nomme la communication institutionnelle (celle utilisée, par exemple, lors des privatisations, ou celle du mécénat d'entreprise). Ce type de communication concerne les mécanismes d'influence et d'argumentation (voir approfondissement 4.2).
- Quant à la communication **interne**, elle renvoie plus particulièrement aux actions menées par la direction et les partenaires sociaux pour informer les personnels (sur des sujets tels que l'intégration, les renseignements réglementaires, l'implication, l'encouragement à la qualité, etc.).

Approfondissement 4.2

L'évolution de la communication externe

La communication externe évolue. P. Weil constate déjà, dans son ouvrage *Communication oblige !*, qu'elle s'est généralisée, étendue, spécialisée et ouverte à de nouveaux médias. Le « hors média », de son côté, a connu une prospérité rapide (promotions, sponsoring, mailing direct, etc.). Le marché s'est élargi à de nouveaux domaines et à de nouveaux acteurs (administrations, lobbies, associations, organisations politiques et religieuses, etc.). Il s'est spécialisé et professionnalisé. Des métiers à part entière sont apparus, comme le marketing direct ou la communication financière.

La communication financière, par exemple, n'est plus seulement un outil technique à l'usage des professionnels : elle participe désormais de la stratégie économique globale de l'entreprise. Une « action » est un produit qui porte le nom de l'entreprise, et son cours dépend en grande partie de l'image de cette entreprise, de son « capital confiance ». Le marché financier est fait d'anticipations et de représentations. Les cours ne collent pas à la valeur objective de la société, qui dépend de ses actifs réels : ce qui influe sur les fluctuations du titre de l'entreprise, c'est la perception qu'en ont les différents opérateurs. Or, les décisions des acteurs s'inspirent d'une rationalité limitée : elles résultent plutôt de comportements, d'intuitions, d'opinions, tous plus ou moins fondés. Une image financière forte est la meilleure protection contre les fluctuations irrationnelles ou disproportionnées du cours. La communication financière sert à construire cette image. Et elle se doit d'être à la fois vraie, autrement dit correspondre à la réalité de l'entreprise, positive, c'est-à-dire témoigner de sa bonne santé générale, et harmonieuse en confortant son image.

Source : Weil P., *Communication oblige !*, Éditions d'Organisation, 1990.

Ces deux modes de communication sont en fait, malgré leurs contradictions, souvent complémentaires. Ainsi, la fonction de communication interne ne s'est affirmée qu'avec la montée en puissance des directions des ressources humaines d'une part et des directions de la communication externe d'autre part. Le responsable de la communication interne est le plus souvent rattaché au directeur des ressources humaines, ou encore à la direction générale (dans ce cas, il cumule souvent les fonctions de communication interne et externe). Il peut aussi être rattaché à d'autres directions : marketing, direction administrative et financière. Le responsable de la communication interne se trouve proche du président, sans lequel il ne peut exercer bien longtemps ses fonctions, mais pour que son action s'avère efficace, il a besoin de la contribution de tous.

Gestion des décalages entre l'idéal et la réalité concrète

Dans beaucoup d'entreprises performantes, les cadres passent du temps à discuter avec leurs collaborateurs, à les écouter, à les informer.

Les acteurs (employés et cadres) des organisations ressentent tous intérieurement les décalages qui existent entre l'idéal et la réalité concrète. Mais, dans leurs échanges informels, ils ont souvent tendance à attribuer aux autres ou à la fatalité les causes de cette distorsion. C'est la raison pour laquelle ce malaise peut transformer les salariés concernés en évaluateurs, à la fois critiques et perspicaces jusqu'à l'impertinence, de la communication interne. En effet, le cas échéant, les personnels de tous niveaux auront tendance à invoquer l'idéal de communication prôné par la direction elle-même, dans le cadre de sa politique affichée de participation, pour dénoncer les décalages observés et lui en attribuer l'essentiel de la responsabilité. Les stratégies des acteurs participent du système de relations de pouvoir ambiant. Elles jouent notamment de la rétention d'information comme l'évoquent M. Crozier et H. Mintzberg dans l'approfondissement 4.3.

Approfondissement 4.3

Décalages

« Personne ne communique de l'information sans prendre garde intuitivement au moins aux conséquences qui peuvent en résulter du point de vue de sa situation de pouvoir. La rétention de l'information n'est pas seulement un phénomène affectif, c'est un moyen rationnel de gouvernement. On ne communique pas parce qu'on a les moyens de communiquer ou parce qu'on dispose de bons instruments de communication. On communique parce qu'on a envie de le faire et on a envie de le faire dans la mesure où cela vous sert. »

Source : Crozier M., Friedberg E., *L'acteur et le système*, Seuil, 1971.

« Il est clair que dans chaque organisation, il y a des relations de pouvoir qui sont importantes et qui ne font pas l'objet d'un document écrit. L'organigramme est une description discutable de la structure. La plupart des organisations le trouvent toujours indispensable et, inévitablement, le donnent avant tout autre élément pour décrire la structure. Mais de nombreux spécialistes des organisations le rejettent, le considérant comme une description inexacte de ce qui se passe à l'intérieur de l'organisation. »

Source : Mintzberg H., *Structure et dynamique des organisations*, Éditions d'Organisation, 1982.

L'avènement de professionnels de la communication dans l'organisation

Pour pallier ces difficultés, l'action collective efficace requiert l'instauration d'échanges qualitatifs entre les individus et entre les groupes. Tel est l'enjeu principal de la communication interne. Les grandes organisations spécialisent donc des cadres pour prendre en charge cette question spécifique et nomment des responsables de la communication, des experts, des consultants. Elles consacrent ainsi une catégorie nouvelle d'acteurs : ceux qui mettent en œuvre des modèles plus sophistiqués et les utilisent dans leurs stratégies pour promouvoir des politiques et des discours sur la communication elle-même. La communication devient un enjeu fort, souvent lieu de conflit, du fait de la concurrence des différents modèles de communication proposés, et des attentes différentes des acteurs, comme nous l'avons montré précédemment. Elle peut aussi interférer avec la communication stratégique des dirigeants. Il apparaît donc utile pour le manager de repérer avec perspicacité sa propre position vis-à-vis des autres, afin de pouvoir agir en fonction de ces décalages et au profit de tous. Il pourra, par exemple, mobiliser à cet effet le modèle de la théorie de l'information en connaissance de ses limites (voir section Concepts clés), ou la conception systémique, qui affine les diagnostics, mais a l'inconvénient de ne pas proposer de solutions immédiates, univoques, faciles d'emploi, et surtout présentables en quelques minutes à des états-majors pressés !

1.2.3 La notion de communication globale

S'il est vrai « qu'on parle de plus en plus » dans l'entreprise, comme le prouvent les efforts effectués pour améliorer la communication interne, l'entreprise elle aussi se met à parler. Quand elle s'exprime, elle s'engage et se trouve confrontée à une obligation de cohérence de ses discours qui renvoie à la concordance entre ce qui est dit et ce qui est fait.

Les dirigeants sont alors souvent amenés à penser « globalement » leur communication, car le système devenant de plus en plus complexe, il faut parfois trouver des clés opportunes de répartition des investissements de communication. Ce souci répond à une volonté d'unification des discours envers plusieurs catégories d'individus auxquels on s'adresse simultanément : actionnaires, clients, salariés et citoyens intéressés par la contribution de l'entreprise à la vie civique. La communication veut ainsi lutter contre le désordre éventuel des politiques, des messages et des investissements. Elle joue sur l'image de l'entreprise qui devient une variable stratégique de développement. La communication est globale lorsqu'elle incarne une politique de communication, et quand le discours élaboré par la hiérarchie et les experts est en phase avec les actes réalisés, en harmonie avec « tout ce qui parle » dans l'entreprise : les produits, les locaux habités, la politique sociale affichée, le personnel dans son ensemble, etc.

Sous couvert de globalisation, de cohérence et d'harmonisation des politiques d'entreprise, la fonction de communication externe aurait ainsi tendance à se rapprocher dans les faits de la communication interne. On s'oriente vers l'unification des stratégies et des messages. Ainsi, le slogan « One face to the customer » destiné à présenter un front unique au client s'adresse aussi au personnel de l'entreprise. L'exemple de Carrefour en est une illustration intéressante. Ce concept recouvre à la fois le nom d'une enseigne, le nom d'une marque, le nom d'une entreprise et l'émetteur fonctionnel qui parle à ses employés. L'entreprise revêt, pour chaque message, le statut le plus légitime pour ses destinataires. Le slogan « Avec Carrefour je positive » devait souligner la maîtrise globale d'une fonction de communication unifiée autour de l'identité de l'entreprise.

Résumé

- On constate la non-adéquation fréquente de ces deux fonctions : communication et organisation, que le manager devra s'attacher à rendre compatibles. Il peut, pour ce faire, aborder les dysfonctionnements observés avec une approche aussi bien mécanique que systémique.
- En effet, dans sa pratique professionnelle, le manager peut être confronté à toute une série d'obstacles à la communication, tels que la fragilité de la chaîne de transmission des messages entre émetteur et récepteur, qui risque de ne pas remplir ses fonctions, les erreurs de codage et de décodage, les pertes de contenu, les décalages entre les intentions des uns et celles des autres, les interprétations défectueuses, etc.
- Il est également confronté à la complexité des systèmes organisationnels, en ce qui concerne les structures, les modes de division du travail et de coordination, les statuts attribués aux acteurs, les fonctions interne et externe de la communication elle-même. Tous ces facteurs pèsent sur la communication sous toutes ses formes et peuvent parfois la bloquer.
- Les relations de pouvoir et les logiques d'acteurs peuvent mettre à l'épreuve la cohérence d'une communication qui se veut globale et cohérente.
- Il existe des processus classiques d'amélioration de la communication, qui peuvent être mobilisés en fonction de telle ou telle situation. Ainsi, outre l'attention accrue portée par les managers aux phénomènes de dysfonctionnement, on évoque principalement la pratique du *feed-back* sous toutes ses formes, de la métacommunication et de la surcommunication.
- Cependant, la communication, si elle est structurée par l'organisation, est aussi une affaire de personnes : elle dépend fondamentalement des relations interindividuelles et des caractéristiques des individus, deux dimensions que nous allons explorer dans les deux sections suivantes.

2. La communication au regard de différents collectifs (groupes, équipes, cultures, etc.)

La spécificité de la communication au sein de différents collectifs (groupes divers, réseaux, équipes, cultures, etc.) a été étudiée sous des angles variés. La communication a ainsi fait l'objet de nombreux travaux portant sur la dynamique des groupes (K. Lewin)[7], ou la structure affective de ces groupes (W. R. Bion, J.-L. Moreno, M. Pages)[8]. Les travaux sociologiques de M. Crozier et E. Friedberg[9] sur les relations de pouvoir (voir chapitre 2, section 2.2) mettent l'accent sur l'information et la communication envisagées comme « des zones d'incertitude pertinentes », dont la maîtrise assure aux acteurs une position stratégique dans l'organisation. L'analyse de la communication dans les groupes permet donc de détecter les phénomènes d'influence, de leadership, de construction de réseaux, de structuration que l'on observe à travers l'histoire dans des communautés humaines aux expressions culturelles variées.

Ici, nous avons pris le parti d'analyser d'une part les influences exercées par les groupes et d'autre part celles exercées par les valeurs interculturelles sur les communications organisationnelles. Il s'agit de deux visions du collectif très différentes, la première renvoyant surtout à l'analyse de groupes restreints, la seconde à des interactions beaucoup plus larges, de nature sociétale.

2.1 L'analyse des réseaux de communication

La communication dans l'organisation se joue aussi à l'échelle des interactions à l'intérieur des petits groupes. Or, la façon dont ceux-ci sont structurés, ainsi que leur taille, jouent sur la qualité de la communication.

2.1.1 Recherche de la structure de groupe la plus efficace

L'organisation et ses membres ont besoin d'une vie sociale et d'un univers de production et d'échange repérables. Ils évitent ainsi les écarts qui provoquent des luttes intestines et affaiblissent l'efficacité du système global. Cela conduit à faire des choix en termes de groupe et de réseau. On est alors amené à se demander quelles sont les structures de groupe les plus efficaces dans la transmission d'une information et pour l'accomplissement d'une tâche.

Le réseau de communication détermine le type et le volume des communications entre ses membres, leurs performances et leur niveau de satisfaction. De nombreux chercheurs se sont penchés sur l'efficacité des réseaux de communication, comme Alex Bavelas[10], Harold Leavitt[11], Claude Flament[12], Claude Faucheux et Serge Moscovici[13]. Ils ont présenté quelques conclusions :

- **Les groupes aux structures centralisées** réussissent mieux dans les tâches simples. L'individu central (leader) rassemble l'information fournie par les membres de la périphérie, et les décisions peuvent être prises rapidement. En revanche, c'est dans ce type de réseau que le désintérêt des individus placés à la périphérie est le plus rapide, et que le niveau de satisfaction est le plus faible.
- **Les réseaux non centralisés** sont le lieu d'une importante activité de communication, mais ils entraînent plus d'erreurs. Aucun leader ne s'y dégage et leur organisation est peu efficace. En revanche, ce mode de structuration est apprécié de tous les membres. Ainsi, les personnes montrent plus d'intérêt, de motivation au travail et de satisfaction globale lorsqu'elles peuvent discuter des politiques du groupe avec tous les autres, que lorsqu'un seul individu possède tout le pouvoir de décision.

Cependant, quand il s'agit de tâches complexes, les groupes non centralisés réussissent mieux. Dans les structures centralisées, l'individu placé au poste central peut se retrouver submergé par les informations, ce qui devient, au-delà d'un certain seuil, un facteur de saturation et d'inefficacité.

C'est en définitive la nature de la tâche qui peut déterminer les conditions matérielles optimales du réseau de communication. Une tâche simple commande des structures centralisées ; une tâche complexe favorise l'émergence de structures plus interactives.

Les applications de ces observations sur le terrain de l'entreprise sont nombreuses. Un manager en effet est en contact avec un ensemble d'individus très variés, à l'intérieur comme à l'extérieur de l'organisation. Les réseaux s'étendent à la fois latéralement et verticalement. Les réseaux verticaux comprennent le supérieur immédiat (n + 1) et les subordonnés directs (n – 1) du manager, aussi bien que les supérieurs du supérieur (n + 2, 3, 4…) et les subordonnés des subordonnés (n – 2, 3, 4…). Les réseaux latéraux comprennent les personnes qui occupent un rang identique au même niveau (les pairs), et à différents niveaux (les supérieurs latéraux et les subordonnés latéraux). Les réseaux en rapport avec un manager peuvent être très complexes. Les tentatives actuelles de faire appel à la technologie (téléphone, intranet, Internet, etc.) pour améliorer la coopération et la qualité du lien social n'ont pas toujours abouti, même si elles changent sensiblement le paysage. La technologie des réseaux, même si elle peut faciliter l'émergence de formes nouvelles de démocratie participative, produit parfois un effet contraire à l'idéal souhaité au départ par certains chercheurs (voir exemple 4.2).

Exemple 4.2

Vers une cyberdémocratie ?

Internet a été très tôt perçu comme un moyen de promouvoir la démocratie participative, sinon directe, notamment à l'échelle locale. Un peu partout dans le monde, des villes, grandes ou petites, ont cherché par ce moyen à améliorer la participation de leurs habitants : en mettant en ligne toutes sortes d'informations sur la vie municipale (comme à Milan, en Italie, ou à Hérouville, en France), en faisant participer les habitants aux processus de décision (Lewisham, en Angleterre), en leur permettant de s'exprimer (Amsterdam ou Parthenay, en France). À en juger par les premiers bilans, les résultats de ces expériences sont cependant inégaux ou incertains. La réalisation d'une démocratie virtuelle se heurte, il est vrai, à de nombreux obstacles. D'abord, le poids des traditions socioculturelles : en France, les expériences pâtiraient du faible développement des pratiques de démocratie locale. Il y a ensuite l'incertitude quant à la représentativité des « cybercitoyens » consultés ou en mesure d'intervenir dans les forums de discussion. Par ailleurs, d'aucuns pointent les dérives liées à l'instrumentalisation d'Internet, pour ne pas dire sa récupération par les pouvoirs municipaux. Faut-il pour autant ranger la cyberdémocratie locale avec les autres utopies avortées ? Plutôt que de jeter le bébé avec l'eau du bain, il s'agit plutôt, à en croire les termes actuels du débat, de savoir comment articuler cette forme de démocratie avec des modes classiques de participation à la vie politique, aussi bien locale que nationale, voire planétaire.

Source : Allemand S., *in Sciences Humaines*, hors-série n° 32, mars-avril-mai 2001, p. 73.

2.1.2 La taille du groupe

La taille du groupe détermine l'ampleur des réseaux de communication qui peuvent être mis en place à l'intérieur de celui-ci. En principe, au fur et à mesure que le groupe suit une progression arithmétique, le nombre des interrelations possibles en matière de communication suit une progression exponentielle. Aussi les réseaux de communication sont-ils beaucoup plus divers et complexes dans un groupe de huit personnes que dans un groupe de quatre.

Si, théoriquement, chacun peut avoir la possibilité de communiquer avec tous les autres membres du groupe, la direction et le nombre des canaux de communication dans une organisation sont souvent quelque peu limités. Dans certaines réunions, le maintien d'un formalisme plus ou moins accentué indique qui peut parler, ce qui peut être mis en discussion, et dans quel ordre. Le statut relatif ou le rang qu'occupent les membres du groupe peut aussi varier. Les membres qui bénéficient d'un statut plus élevé domineront probablement le réseau de communication au détriment de ceux dont le statut est inférieur. Même quand la direction préconise d'ouvrir largement l'accès au réseau, les membres du groupe ne peuvent disposer que d'une fraction de réseau plus limitée. Il est particulièrement important de connaître les types de réseaux de communication utilisés dans les organisations. Cela permet de comprendre les rapports de force et de subordination qui se font sentir parmi les employés. Par exemple, certains individus puissants peuvent limiter l'accès des autres à l'information pour maintenir ou accroître leur pouvoir.

Utiliser la communication informelle. Le rôle du manager consiste à utiliser au mieux les ressources de la communication informelle pour contribuer à l'efficacité du système organisationnel. Les managers peuvent utiliser ces modes informels de transmission de l'information pour en accélérer le débit, la moduler autant qu'il est besoin, tester auprès des destinataires les réactions aux décisions prises, obtenir un *feed-back* avant-coureur et significatif. Ils prennent en même temps le risque de propager des rumeurs ou de faire fonctionner malencontreusement le « téléphone arabe », ce qui peut entraver la rationalité et l'efficacité du processus de communication. L'exemple 4.3 évoque trois célèbres rumeurs apparues en France il y a quelque temps, et qui ont mobilisé beaucoup d'énergie de la part des pouvoirs publics et des personnes concernées pour être peu à peu circonscrites. Sans garantie de disparition définitive, car elles peuvent renaître à l'occasion. C'est en s'interrogeant fréquemment sur la pertinence et l'efficacité du réseau d'information pour ses utilisateurs qu'on peut espérer s'assurer de sa fiabilité.

La qualité de la communication dans une organisation est relative à la façon dont le gestionnaire remplit son rôle de communicateur pour prévoir, organiser et contrôler l'action.

Exemple 4.3

Des rumeurs qui ont circulé…

Mai 1969 : à Orléans se répand le bruit que des magasins d'habillement tenus par des commerçants juifs organisent une traite des blanches. Cette rumeur étudiée par Edgar Morin a également circulé dans d'autres villes françaises et étrangères. Aujourd'hui encore, elle apparaît sur le net.

Avril 2001 : dans la vallée de la Somme où les riverains sont victimes d'inondations, la rumeur accuse la technocratie parisienne de sciemment réorienter les eaux de la capitale vers la Picardie. Le discours du Premier ministre Lionel Jospin sur le terrain ne suffira pas à arrêter cette rumeur.

Début 2002 : le président du réseau Voltaire, Thierry Meyssan, affirme que le Pentagone n'a pas été atteint le 11 septembre 2001 par un avion ennemi, mais qu'il s'agit d'un complot américain. Un livre, des émissions, des déclarations continuent d'alimenter cette rumeur.

Source : *La Croix, Sciences & Éthique, Repères,* mardi 16 décembre 2008.

2.2 Le rôle de la dimension culturelle

L'une des dimensions sociales qui influencent le plus fortement les processus de communication est celle de la culture de référence, et notamment la culture nationale. Nous l'aborderons ici sous l'angle de la communication interculturelle.

La communication interculturelle met en lumière les limites de nos perceptions, de nos interprétations et de nos évaluations. La perspective interculturelle, en effet, confère à notre univers un caractère relatif et incertain. Pénétrer dans une culture étrangère, c'est déchiffrer les mots avant même de connaître leur sens. Dans l'incertitude, notre tendance naturelle est de prendre appui sur notre expérience passée et, par défaut, nous choisissons comme référence notre propre culture, où tout nous est familier. Ce faisant, nous nous interdisons de comprendre à fond la culture des autres.

« Il existe pourtant des stratégies qui nous aident à dépasser nos inclinations naturelles et notre chauvinisme et nous évitent de nous en remettre à notre propre culture comme seul point de référence », écrit Nancy Adler[14]. Nous pouvons apprendre à repérer notre propre conditionnement culturel, à le comprendre et à le maîtriser. En présence de cultures étrangères, nous pouvons nous efforcer d'être vigilants et d'adopter systématiquement un certain recul. Il nous faudra, par exemple, mettre l'accent sur l'observation descriptive plutôt que sur l'interprétation ou l'évaluation immédiate. Nous réduirons ainsi le recours aux stéréotypes qui ne prouvent qu'eux-mêmes, et nous éviterons de trancher prématurément une question par trop complexe. Le tout est de savoir identifier nos stéréotypes et de les utiliser comme guides, plutôt que d'y voir des simplifications outrancières et stériles.

2.2.1 L'importance du contexte

Communiquer avec des étrangers présente des degrés de difficulté variables. Plus leur culture est proche de la nôtre, plus le contexte dans lequel ils évoluent nous est accessible et plus nous avons une chance raisonnable de pouvoir les comprendre. En revanche, si la distance culturelle est importante, si les sous-entendus de l'autre restent pour nous obscurs et nombreux, les relations s'avéreront plus difficiles. Cependant, la proximité géographique n'est pas un gage certain de compréhension. Il arrive, par exemple, que les Français soient plus proches culturellement des Argentins que des Anglais ou des Suédois[15].

Edward T. Hall, anthropologue américain, a opéré une différenciation culturelle importante au plan de la communication, entre les cultures dites « explicites » ou de « bas contexte », et les cultures dites implicites ou de « haut contexte ».

Dans les cultures « explicites », les individus communiquent entre eux de façon satisfaisante avec un apport conséquent d'explications codifiées et largement diffusées. Les cultures explicites s'appuient sur des mots pour porter la plus grande partie de l'information et de la communication : tout peut et doit être expliqué de façon pragmatique et claire. C'est ce qui se passe en Amérique du Nord, où les contrats explicites sont garantis par des hommes de loi toujours prompts à dénoncer telle ou telle interprétation tendancieuse d'un texte, ou à en tirer parti. L'engagement contractuel entre les personnes est d'abord centré sur les faits.

Les cultures de « haut contexte » ou « implicites » bénéficient d'un substrat culturel riche, fonctionnant comme un réservoir d'explications déjà élaborées que les initiés saisissent instantanément (tel est le cas de l'Asie, et en particulier du Japon, de l'Arabie, ou encore de l'Afrique). Elles accordent une attention toute particulière à la place occupée par l'autre dans le système social. C'est le système et non l'individu qui dicte les comportements adéquats. Tel individu sera contraint de se comporter d'une certaine façon pour se conformer aux obligations morales que son statut lui confère… Quand il s'agit d'affaires, la parole d'un homme l'engage et point n'est besoin de multiplier les explications détaillées pour le faire se sentir responsable. L'exemple 4.4, évoqué par E.T. Hall, montre la force des sous-entendus culturels à l'occasion d'une transaction commerciale banale. La façon de prendre un taxi dépend en partie du système de représentations des acteurs.

Il n'est pas indispensable d'élaborer des actes légaux contresignés pour que les transactions soient efficaces.

Ces deux contextes de référence, explicite et implicite, ne sont pas exclusifs l'un de l'autre. On observe plus souvent dans la réalité une coexistence relative et un mélange dosé.

Exemple 4.4

Le prix du taxi

E. T. Hall donne l'exemple d'un Américain, tenant d'une culture explicite, essayant de prendre un taxi en Grèce (culture implicite). L'homme en question se met à négocier avec le chauffeur de la première voiture d'une file de véhicules en attente. Après une transaction laborieuse, ils se mettent d'accord sur le prix de la course. L'Américain se dirige alors vers la deuxième voiture de la file et commence une seconde négociation en se prévalant du prix obtenu dans sa première transaction. Le premier chauffeur, qui pensait l'affaire conclue, s'indigne avec force du manque de parole de l'Américain. Pour lui, il s'agit en effet d'un non-respect caractérisé de leur accord verbal. La relation établie à travers la discussion avait à ses yeux force d'engagement, puisqu'il y avait eu une conclusion sous forme d'accord.

Source : Hall E.T., *Au-delà de la culture*, Points Seuil, 1979.

2.2.2 *La gestion culturelle du temps*

Tout comme le contexte, le temps constitue une des dimensions essentielles de la vie sociale et professionnelle qui modulent les communications. Il existe des représentations temporelles très variées à travers le globe et à chaque vision du temps correspond une vision culturelle du monde. L'importance de la synchronisation sociale dans les actions organisées et dans la communication est fondamentale. On peut distinguer avec J.-C. Usunier[16] plusieurs approches de la perception du temps : l'économicité du temps, et l'utilisation du temps dans une perspective monochronique ou polychronique.

L'économicité du temps

Le système économique occidental, pénétré des valeurs de marché, proclame que le temps, c'est de l'argent. On le dépense, on le gagne, on le perd ; on l'économise, on en a ou on n'en a pas ! Comme il est rare, et donc précieux, le temps oblige à des choix. L'efficience des communications est donc évaluée à l'aune des moyens mis en œuvre pour obtenir des résultats. L'organisation sociale et professionnelle repose sur le respect des horaires, des calendriers, des plannings, des rendez-vous, des échéanciers. Les agendas des hommes d'affaires témoignent de la perception linéaire, continue et économique du temps. Tout le système bancaire repose sur l'exploitation et la rentabilisation du temps. Les jours de valeur, les agios en sont des exemples courants.

J. L. Graham[17] décrit le **temps linéaire** séparable des Anglo-Saxons comme fortement programmé. Il distingue en outre :

- **Le temps circulaire** traditionnel des Latino-Américains. Il met l'accent sur la répétition, l'aspect cyclique des activités humaines et la simultanéité des actions menées parallèlement.

- **Le temps procédural** traditionnel, orchestré par le choix du bon moment pour effectuer une tâche. Il s'agit là d'un temps non économique, qui établit des liens étroits et forts entre les activités humaines et les conditions du milieu naturel. Cette perception du temps introduit la notion de sacré dans la vie quotidienne. Les Indiens Hopis, par exemple, ne conçoivent pas l'existence d'un système unique intégrant chaque chose. Ils pensent que chaque être vivant possède son propre système et que chaque plante et chaque animal doivent être envisagés dans leur propre temps.

Temps monochronique et temps polychronique

La distinction également liée à la culture entre temps monochronique et temps polychronique, introduite par E. T. Hall, sous-tend deux approches différentes de la communication :

- Dans un **système monochronique**, les individus préfèrent effectuer une seule chose à la fois. Ils se concentrent exclusivement sur le travail en cours. Ils s'estiment tenus de respecter les dates, les délais, dans un laps de temps donné, conformément aux plans fixés. Méthodiques, ils travaillent à un rythme mesuré et soutenu. Ils communiquent sans grande référence au contexte considéré comme bas. La culture suisse-allemande semble incarner ce mode de gestion du temps.

- Dans un **système polychronique**, on valorise au contraire le fait d'accomplir plusieurs choses à la fois. Les gens se laissent facilement interrompre lorsqu'ils communiquent. Ils modifient ou abandonnent sans problème le plan de travail préétabli. Ils considèrent que l'objectif de leurs engagements constitue un idéal, qu'il peut être révisé et ne constitue pas une contrainte. Ils font varier leur rythme et sont capables de perdre patience très vite. Ils communiquent volontiers avec plusieurs personnes à la fois. L'exemple 4.5 tend à montrer la difficulté pour un cadre européen non préparé de comprendre et d'intégrer dans la vie professionnelle les présupposés et les coutumes d'interlocuteurs saoudiens.

2.2.3 Communication et gestion de l'espace

Chaque culture possède sa propre conception de l'espace. L'appréhension de l'espace suppose donc un décodage approprié à chaque aire culturelle. L'urbanisme et l'architecture montrent comment les populations prennent en compte les contraintes géographiques, climatiques, historiques, démographiques, économiques, etc., qui sont les leurs, pour s'approprier leur territoire et aménager les conditions de leur vie quotidienne, sociale et professionnelle.

L'organisation des bureaux et des espaces de travail participe de ces préoccupations. La société américaine a été l'une des premières à privilégier l'*open space*, ou bureau paysager, censé favoriser les communications interpersonnelles entre employés. (Voir à ce propos l'exemple un peu extrême développé dans l'exemple 4.6.)

Exemple 4.5

Un cadre commercial européen en Arabie

Un cadre commercial européen souhaitant prospecter de nouveaux clients en Arabie aura souvent du mal, au départ, à fixer un rendez-vous dans les mêmes conditions que dans son pays. S'il parvient à identifier un sponsor prêt à soutenir ses affaires, il se pourra fort bien que celui-ci soit absent le jour dit. Ses collaborateurs essaieront de faire patienter le visiteur avec du thé ou du café. Si l'attente se prolonge, que le sponsor ne se montre pas, parce qu'il est par exemple resté dans le désert sous sa tente plus longtemps que prévu, il ne faudra pas perdre patience. S'il devient enfin possible de le rencontrer, il peut se faire que, dans la même salle et au même moment, soient assis pêle-mêle tous les représentants des concurrents, quelques-uns de ses amis, ou d'autres personnes venues pour d'autres affaires. L'Européen devra alors adapter son offre et son argumentation commerciale en conséquence !

Source : Gruère J.-P. et Morel P., « La péninsule arabique. Les aspects socioculturels vus par les Français », *Cahier d'étude* ESCP, n° 90-93, date.

Exemple 4.6

Une entreprise transparente...

L'entreprise américaine DPR Construction, fondée en 1990, opère dans le secteur du bâtiment. L'originalité de cette entreprise concerne le management des valeurs. Des espaces de travail en plateaux favorisent l'ajustement mutuel direct entre des équipes décloisonnées non seulement horizontalement, mais aussi verticalement. Une partie du bâtiment est construite tout en verre et plexiglas avec des sols et des plafonds entièrement transparents, et de nombreux accès permettant de passer d'un étage à l'autre. On peut tout de suite se rendre compte de la disponibilité de la personne avec qui l'on travaille, même si elle se trouve à un autre étage. De plus, DPR Construction reconfigure très fréquemment l'aménagement des locaux en fonction de ses projets. Les cloisons de plexiglas sont amovibles. On peut même enlever quelques parties du sol ou du plafond et installer des escaliers temporaires. Quant à la transparence des murs, elle est destinée à améliorer la transparence des idées et des informations.

Source : D'après Picq T., « Partager des valeurs pour créer de la valeur », *Management et conjoncture sociale*, n° 265, été 2002.

La « proxémique » est une discipline élaborée par E. T. Hall[18]. Elle étudie les distances graduées que les membres d'une culture donnée introduisent de façon spontanée et systématique à l'égard des autres, étrangers ou non. Plusieurs formes de distances sont répertoriées par Hall : la distance officielle, protocolaire et adaptée aux rencontres formelles ; la distance sociale, spécifique à la culture considérée (sphère invisible qui épouse le champ de vision de chacun) ; la distance personnelle intime qui régit les rapports sociaux habituels entre membres du même clan. Le non-respect des codes spatiaux entraîne le plus souvent une gêne, voire une inquiétude quasi automatique. La connaissance des repères spatiaux et des habitudes culturelles spécifiques à chaque pays peut être utile aux managers internationaux pour développer une meilleure communication.

Résumé

- La communication est mise en forme dans les groupes et les réseaux, ce qui n'est pas sans avoir des répercussions sur l'efficacité et la qualité des relations vécues entre les membres.
- La communication est au cœur de l'identité culturelle et personnelle, de la socialisation et de la construction du sens.
- Les managers confrontés aux échanges interculturels seront d'autant plus avisés qu'ils connaîtront le lieu d'où ils s'expriment. Partant de là, ils peuvent privilégier, pour communiquer, des stratégies d'ajustements interpersonnels ou bien des stratégies relevant des institutions, comme la mobilisation d'éventuelles cultures transnationales de métier ou d'entreprise.
- « L'expérience montre souvent que l'autre culture est considérée dans ses modes d'action comme une sorte de déviation malencontreuse par rapport à une norme implicitement définie par notre propre culture », suggère André Laurent. Or, la situation interculturelle donne l'opportunité de découvrir sa propre culture dans le miroir de l'autre et permet une appréciation positive de la différence. Cette démarche donne du relief à toute communication en en éclairant les présupposés.

3. L'individu et la communication

La façon d'agir et de communiquer d'un individu prendra sens à travers la combinaison complexe de tous les processus de communication qui forment un système dans l'organisation. La construction du sens partagé se joue notamment à travers le langage, verbal et non verbal, le rationnel et l'émotionnel, et le phénomène de reconnaissance.

3.1 Le rôle des langages

Les langages verbal et non verbal constituent deux modes d'expression qui se complètent sans toujours s'accorder. Connaître ses atouts et ses faiblesses en tant qu'émetteur peut permettre de mieux maîtriser sa communication. Constater la concordance ou la discordance du style des interlocuteurs peut aussi constituer un avantage dans la plupart des transactions avec autrui.

3.1.1 Le langage verbal

Dans le processus de communication, un émetteur transmet un message à un récepteur, lequel en retire une information et en déduit une signification. Cette signification correspond au « rapport du signifiant au signifié ». Le signifiant, qui fait office de répertoire de tous les mots d'une langue inscrits dans un dictionnaire, est rapporté au signifié qui, lui, correspond à l'interprétation personnelle et univoque du terme par un individu donné. L'individu valide un des sens possibles du mot.

Le sens des mots est relié à l'univers (symbolique, culturel, idéologique, mythologique, religieux, etc.) des individus qui les emploient. Étudier la structure d'une langue, c'est donc étudier les formes et les méthodes de pensée des personnes qui l'utilisent. Le vocabulaire élaboré et utilisé par une collectivité renvoie aux découpages et aux discriminations que celle-ci opère dans la réalité. Le langage des Esquimaux, par exemple, comprend une série de mots très différenciés pour parler de la qualité et de la couleur de la neige, alors que le vocabulaire concernant les intempéries est beaucoup plus restreint sous des latitudes plus clémentes. Dans une entreprise les mots et les expressions utilisés peuvent être spécifiques et traduire aussi les formes et méthodes de pensée propres à l'organisation (et influencées bien sûr par les différentes cultures). L'exemple 4.7 rappelle un paradoxe que l'on rencontre lors de l'utilisation de jargons. L'explicitation des mots, utile à la compréhension du sens qu'ils véhiculent, fait perdre l'économie réalisée par l'emploi de formules raccourcies et concentrées qu'affectionnent les initiés et les spécialistes.

Exemple 4.7

Le jargon d'entreprise… comme facteur de dissensions

« En réunion, les utilisateurs nous accusent souvent de couper les cheveux en quatre. Par exemple, quand ils parlent de "connexion", nous leur demandons s'il s'agit du port USB ou du port SCSI, raconte R. Trique, assistant ingénieur informatique à l'université de Rennes. Car nous devons être précis pour résoudre le problème rapidement. Mais plus nous sommes précis, plus nous sommes incompréhensibles ! »

Source : Calixte L., *in Challenges*, n° 193, 23 janvier 2003.

La **théorie du déterminisme linguistique** attribue ainsi au caractère d'une langue un rôle déterminant dans la formation des procédés de pensée des collectivités. Pour illustrer ce propos, Otto Klineberg[19] note qu'on a coutume de dire de la langue française qu'elle renvoie à la netteté et à la précision de l'esprit cartésien. Même s'il s'agit là d'un stéréotype culturel, on veut dire par là que la valeur dominante du français est la clarté. La langue allemande, de son côté, en utilisant des phrases longues et complexes, exprimerait le génie allemand, profond et obscur. Les intérêts d'un peuple et les valeurs mises en avant par sa culture détermineraient le taux de présence en sa langue des termes qui les reflètent.

> « *Le monde réel se trouve en grande partie inconsciemment bâti sur les habitudes linguistiques de la société. Nos façons de voir, d'entendre, et d'observer sont dues à la prédisposition vers certains choix d'interprétation qui nous sont imposés par les habitudes linguistiques de notre communauté.* » *(E. Sapir, 1929)*[20]

La sémantique générale, fondée par Abraham Korzybski[21] aux États-Unis, étudie les rapports entre le langage et l'individu. Le principe fondamental énoncé par Korzybski est que le langage et la réalité sont dans le même rapport que la carte géographique et le terrain qu'elle représente : c'est-à-dire dans un rapport de non-identité. Le langage n'est pas une image de la réalité. Il n'est, dans le meilleur des cas, qu'une image de la structure de la réalité.

La thèse du déterminisme linguistique souligne donc le fait que le langage n'est pas réductible à un instrument que l'on contrôle. Il nous contrôle lui aussi en nous imposant une réalité symbolique que nous pouvons confronter sans cesse à notre réalité.

Pour prendre en compte ces difficultés réelles liées au langage et tenter de les résoudre, nous présentons deux types d'actions : adapter et simplifier son langage, puis donner et recevoir du *feed-back*.

Adapter et simplifier son langage. Comme le langage peut constituer un obstacle à la communication, le manager aura intérêt à structurer ses messages de façon claire et compréhensible. Il choisira son vocabulaire avec soin. Laurent Fabius (de formation littéraire), quand il était Premier ministre du gouvernement français, s'est rendu célèbre auprès des journalistes parce qu'il restreignait volontairement son vocabulaire à 400 mots lors de ses interventions télévisées. Il s'agissait pour lui de mieux communiquer avec les Français en parlant vrai et simple, sans affectation ni sophistication excessive (voir l'émission « Parlons France »). Il a pu ainsi faire évoluer le formalisme traditionnel lié à la fonction. Une communication est efficace lorsque les objectifs définis sont atteints, c'est-à-dire lorsque le message est reçu et compris par ceux à qui il s'adresse. Cela signifie, par exemple, qu'un directeur général sera mieux entendu s'il adapte son vocabulaire aux différentes catégories de personnels qu'il est amené à rencontrer, par la prise en compte de leurs particularités langagières et des sigles spécifiques auxquels ils recourent.

Donner et recevoir du *feed-back* pour être compris et mieux comprendre les autres. Il s'agit de reformuler tout ou partie du message reçu et, ainsi, de vérifier la qualité du sens attribué de part et d'autre au message.

Ce que nous avons vraiment communiqué, c'est ce que l'autre a compris. C'est le résultat final, plus que l'intention, qui va déterminer s'il y a eu ou non communication. Ce sont donc les réactions de l'interlocuteur qui vont renseigner l'émetteur sur l'impact réel qu'il a pu avoir.

3.1.2 La communication non verbale

Certains chercheurs (école de Palo-Alto) estiment que, dans les faits, 65 à 70 % de la communication passent par l'intermédiaire de signaux non verbaux.

Bien évidemment, le langage verbal reste notre mode privilégié d'échange de l'information cognitive et de négociation de la réalité. C'est l'outil qui nous permet d'obtenir quelque chose des autres. Les mots renferment l'information sur le contenu.

La communication non verbale, quant à elle, exprime et transmet plutôt l'information affective, c'est-à-dire toute une gamme d'émotions et de sentiments que nous n'exprimons pas toujours verbalement. Le visage peut assez bien exprimer, par de multiples inflexions dans les mimiques, ce que nous voulons ou ne voulons pas, notre accord ou notre désaccord. Les messages non verbaux fonctionnent sur un mode analogique et traduisent facilement notre opinion face à une situation, mais ils s'avèrent peu propices à communiquer des idées plus complexes. À cet égard, la communication interpersonnelle peut ne pas être consciente, ni intentionnelle.

Le contenu et la relation

La communication non verbale revêt souvent une importance décisive et méconnue. Les comportements parlent plus que les mots prononcés. Tenter de faire coïncider ses paroles et ses actes peut apporter de la force et une plus-value au message délivré. En revanche, la discordance entre comportement et langage sera perçue comme une hésitation préjudiciable à l'action. Il s'agira alors d'utiliser la communication non verbale à bon escient, de la faire contribuer, avec tout son potentiel expressif, aux objectifs poursuivis par les managers.

Il est difficile de « mentir non verbalement » et d'exprimer des émotions que nous ne ressentons pas. Tout le monde n'a pas la maîtrise des comédiens professionnels pour jouer des rôles. La plupart des gens ont du mal à contrefaire longtemps une émotion ou un sentiment qu'ils n'éprouvent pas. Les personnes auxquelles nous faisons confiance sont plus volontiers celles dont le comportement non verbal confirme et renforce le contenu de la communication verbale. Nous voyons et sentons qu'ils expriment leurs vrais sentiments, qu'ils sentent et agissent conformément à ce qu'ils disent, qu'ils sont en bonne cohérence avec eux-mêmes. La figure 4.5 montre bien qu'entre l'émotion et le contenu, chacun communique en introduisant un ajustement permanent, plus ou moins volontaire.

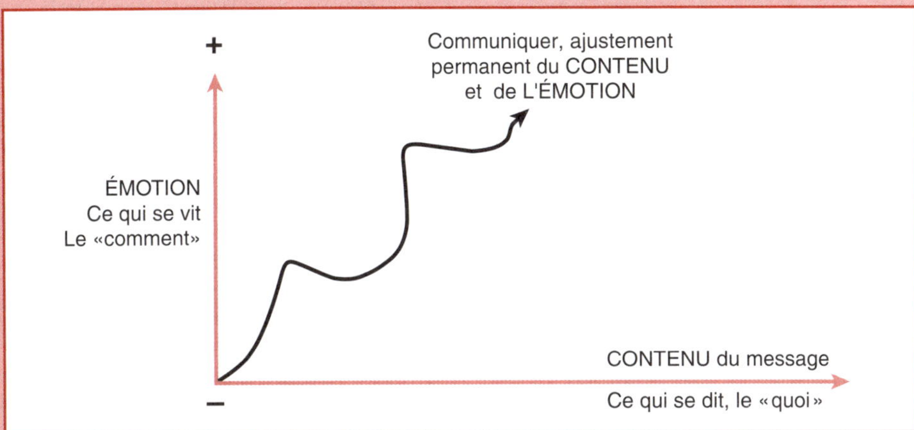

Figure 4.5 • L'équilibre entre contenu (rationnel) et émotion (affectif).

S'il est vrai que « nous ne pouvons pas ne pas communiquer » (voir section Concepts clés, l'école de Palo-Alto), nos silences et nos autres comportements non verbaux n'interviennent pas par hasard et peuvent être décodés et interprétés à notre insu par d'autres personnes attentives. La plupart des études portant sur les « séquences vides » dans les échanges verbaux, sur les « latences », révèlent que les gens qui gèrent mal ces trous dans la communication sont de moins bons communicateurs. Sans garder le silence, on ne peut pas vraiment écouter les autres.

La communication non verbale procure aussi de l'information sur la nature de notre relation avec ceux et celles qui nous entourent. La formule célèbre : « Ce que tu es parle tellement fort que je n'entends pas ce que tu dis ! » illustre ce phénomène. Dans ce domaine, les subtilités sont nombreuses. Avant de qualifier une relation de bonne ou de mauvaise, au cours d'un entretien ou d'une conversation par exemple, nous devrons être capables de saisir conjointement plusieurs variables et nuances.

L'expression des émotions

Un manager ne peut prétendre communiquer de façon constamment rationnelle. Les émotions interfèrent et produisent souvent des distorsions dans l'émission et la compréhension d'un message, même si elles ne sont pas que perturbatrices pour la raison. (Nous avons vu, en effet, qu'elles sont aussi un guide utile pour nos choix ; voir approfondissement 1.7.)

Mais sous le coup d'une émotion, le manager peut perdre son sang-froid et son objectivité, au risque de créer des malentendus, de comprendre des choses qui ne sont pas dites ni exprimées, et de ne pas comprendre celles qui le sont. L'approfondissement 4.4 évoque l'ambivalence vécue par chacun dans l'expression de ses émotions : il conviendrait de les contenir d'une façon optimale : profiter de leur potentiel énergétique sans se laisser submerger par elles.

Approfondissement 4.4

Du bon usage des émotions

L'intelligence émotionnelle réside en un bon usage des émotions. Ces dernières sont de très efficaces signaux d'alarme (la colère pour les frustrations, la peur pour les dangers, la tristesse pour les pertes et insatisfactions, l'envie pour les écarts entre nous et les autres, etc.), mais une fois ce rôle d'alarme accompli, il ne fait pas si bon les laisser continuer à diriger nos existences. Elles sont, selon la formule, de bons serviteurs mais de mauvais maîtres…

Source : André Ch., « Peut-on gérer ses émotions ? », *Sciences Humaines*, n° 171, mai 2006, p. 37.

Deux procédés s'avèrent particulièrement appropriés pour améliorer la qualité des communications lorsque l'émotion a tendance à prendre de l'importance :

- **Métacommuniquer.** C'est-à-dire prendre du recul en évoquant avec les interlocuteurs présents les éventuelles difficultés rencontrées dans le dialogue en cours. Et, si possible, en parler de façon non défensive, car cela permet d'effectuer un saut qualitatif dans l'échange et le partage du sens.
- **Surcommuniquer.** C'est-à-dire mobiliser toutes les ressources et les moyens dont on est capable, pour faire en sorte que le message soit compris le mieux possible par le récepteur.

3.2 Présentation de soi et reconnaissance sociale

Communiquer présuppose de la part des interlocuteurs en présence un processus d'identification réciproque satisfaisant. En cela, la communication bien comprise participe d'un besoin implicite et explicite de reconnaissance identitaire, inscrit en tout être humain.

L'offre et la demande sont au cœur de la communication interpersonnelle. À travers cet échange qui commence, l'autre va-t-il me reconnaître et m'accepter pour ce que je suis, pour ce que je veux être ? Ou bien va-t-il m'ignorer, ou dénier la valeur que je revendique ? Va-t-il répondre de façon bienveillante ou agressive à ma demande ? Ces moments d'émotion, d'inquiétude, parfois même d'angoisse puisent leurs racines dans l'inconscient collectif de l'espèce humaine.

Communiquer met en jeu des images, de soi et d'autrui, qui interfèrent et conditionnent la qualité de la relation et du sens qu'on lui attribue de part et d'autre, avant même tout échange verbal : l'idée plus ou moins réaliste que je me fais de moi-même, l'image de moi que je voudrais donner à autrui dans la situation, la façon concrète dont je me présente à autrui, l'idée que je me fais de l'autre, l'image que je crois qu'il a de moi et réciproquement.

Ce jeu croisé de perceptions réflexes et de préjugés rarement formulés de façon explicite accompagne la communication et lui confère sa saveur particulière dans la mise en scène de la vie quotidienne.

Nous essaierons d'en clarifier certains aspects :

- Un des préalables à toute communication interpersonnelle réside dans l'attitude *a priori* des protagonistes et en particulier de celui qui veut communiquer quelque chose à l'autre. Ses dispositions à agir et à réagir portent en germe, souvent à son insu, les prémices de la réussite ou de l'échec d'une transaction interpersonnelle.
- Pensées, sentiments et dispositions à agir constituent en effet trois composantes psychologiques de la connaissance de soi, qui se retrouvent dans le comportement précédant l'acte de communication.
  - La première de ces composantes, liée aux pensées ou aux idées, est de nature cognitive. L'ensemble des idées que chacun a sur soi-même forme ce qu'il est convenu d'appeler son « concept de soi » (voir chapitre 1).
  - La deuxième composante de la connaissance de soi révèle sa nature affective. Les idées sur soi ne sont pas décontextualisées ; elles s'accompagnent de sentiments positifs ou négatifs qui ont des effets sur les conduites d'une personne. Ces sentiments découlent d'une activité d'évaluation ou d'appréciation que chacun effectue vis-à-vis de lui-même et qui débouche sur un certain degré d'estime de soi.
  - La troisième composante de la connaissance de soi concerne les actions exécutées en situation interpersonnelle. Il existe un aspect proprement comportemental de soi. Si les idées que chacun a de lui-même et qui servent à le définir portent surtout sur son moi intérieur et intime, elles concernent aussi son moi social, c'est-à-dire l'aspect de lui-même qu'il présente aux autres. L'aspect comportemental du soi pose ainsi le problème de la présentation de soi.

Les communications interpersonnelles, au-delà de leurs visées instrumentales, sont animées par une quête de reconnaissance dont dépend dans une large mesure la perception de soi, par l'individu lui-même et par les autres.

3.2.1 Diagnostic de l'estime de soi et de la reconnaissance d'autrui

La **fenêtre de Johari**, conçue par Joe Luft et Harry Ingham[22], constitue un cadre pratique pour évaluer notre mise en scène intérieure. La prise de conscience des zones qu'elle éclaire permet de se situer soi-même avec lucidité (voir tableau 4.1).

Le cadre de référence, en situation de communication, est le système complexe qui structure nos perceptions, organise nos attitudes et détermine nos comportements.

Tableau 4.1 : La fenêtre de Johari

	Connu de soi	Inconnu de soi
Connu d'autrui	Zone ouverte	Zone aveugle
Inconnu d'autrui	Zone cachée	Zone inconnue

Selon ses deux auteurs, le cadre de la « fenêtre » ne change pas, mais la surface de chacune des zones peut varier : elle diminue ou s'agrandit en fonction de l'importance relative dans la situation des éléments désignés. Tout changement dans une zone entraîne un changement dans les trois autres. Quand on fait des confidences aux autres, par exemple, on agrandit sa zone ouverte en rapetissant sa zone cachée.

- Dans **la zone ouverte** (ce que je connais de moi et ce que l'autre connaît de moi) se trouvent réunies des informations accessibles, codifiées et diffusées. Cette zone de transparence est celle de la communication par excellence et sa surface peut s'accroître si nous sommes capables d'écouter les autres parler de nous, et si nous nous risquons à leur exprimer des éléments de notre intimité.

- La **zone aveugle** (ce que je ne connais pas de moi et ce que l'autre connaît de moi) représente tout ce que nous ignorons de nous-mêmes mais que les autres peuvent savoir lorsqu'ils nous perçoivent : nos manies, nos mécanismes de défense, etc.

Pour mieux se connaître, il faut avoir le courage d'écouter les autres s'exprimer sur des sujets susceptibles de toucher nos défenses personnelles et identitaires, ainsi que l'image que nous avons de nous-même. On peut essayer de réduire cette zone sans parvenir à l'éliminer, car elle a tendance à se reconstituer en permanence.

- La **zone cachée** (ce que je connais de moi et ce que l'autre ignore) correspond à notre jardin secret, c'est-à-dire tout ce que l'on sait sur soi-même mais que l'on ne révèle pas nécessairement aux autres. L'ouverture de soi consiste à s'exposer en s'exprimant, c'est-à-dire à prendre le risque de faire passer une information personnelle de la zone cachée à la zone ouverte pour permettre la communication, l'échange et la confiance.

- La **zone inconnue** (de soi et des autres) représente les éléments d'information ou les vérités que personne – ni soi-même, ni les autres – ne connaît encore. Il s'agit d'éléments inconscients non accessibles et/ou non révélés, ni à soi, ni aux autres.

D'une manière générale, on peut accroître la connaissance de soi, et donc sa zone d'ouverture à la communication interpersonnelle, en écoutant les autres, en leur posant des questions sur nous-même, en imaginant la façon dont ils nous perçoivent. La perception croisée de soi et des autres sur soi-même est constitutive de l'estime de soi. Elle s'articule sur le besoin fondamental de reconnaissance inscrit dans le lien social.

L'**estime de soi** est le résultat de l'évaluation subjective que nous faisons des aspects jugés positifs et négatifs de nous-même. Elle est déterminée par l'écart entre :

- ce que nous sommes et ce que nous voudrions être ;
- les succès atteints au regard de nos ambitions affichées (niveau de performance/niveau d'aspiration) ;
- l'approbation des autres, et le besoin fondamental d'une estime de soi positive.

L'estime de soi se mesure à l'aune de la reconnaissance sociale espérée par tout un chacun. Cette reconnaissance est à la fois l'un des moteurs inconscients de la communication et l'un des processus fondamentaux à travers lesquels se construit l'identité personnelle. En effet, cette identité reste toujours largement dépendante du rapport aux autres et du regard d'autrui. Ce regard réel ou imaginaire, perçu ou anticipé, est un miroir dans lequel chacun cherche constamment sa propre image

La **présentation de soi** est le processus par lequel une personne tente de maîtriser l'impression qu'elle produit sur les autres. Cela dans le but d'obtenir des avantages sociaux, matériels ou symboliques, ou encore dans l'espoir de maintenir ou de rehausser son estime de soi, et de créer, ou bien de maintenir, une identité particulière.

À la lumière des différentes raisons qui poussent à modifier l'image de soi, on peut distinguer : la **présentation stratégique**, qui se manifeste lorsque la personne contrôle son image en vue d'obtenir des avantages sociaux et matériels ; la **présentation authentique**, qui correspond au fait, pour un individu, d'offrir aux autres une image fidèle à ce qu'il croit être en toute sincérité.

3.2.2 Positions de vie et communication

D'après Éric Berne[23], les positions de vie ou « positions existentielles » dépendent de la façon dont les individus ont ressenti et surmonté, au niveau émotionnel, les expériences vécues dans leur enfance. Celles-ci influencent leur mode de pensée et leur comportement dans leurs relations aux autres et leurs communications. Dans la mesure où elles reflètent une certaine constance de la personnalité des individus, elles peuvent être prédictives des attitudes de chacun dans les transactions interpersonnelles et conduire à la mise en œuvre des jeux relationnels correspondants. Quatre positions fondamentales sont décrites par Éric Berne :

- « **Je suis OK./Vous êtes OK.** » *A priori*, je m'accepte moi-même et j'accepte les autres.
- « **Je ne suis pas OK./Vous êtes OK.** » Je me dévalorise *a priori* (position basse), et je survalorise les autres. Je me positionne par exemple dans une logique d'admiration, de déférence, de dépendance ou de soumission vis-à-vis d'autrui.
- « **Je suis OK./Vous n'êtes pas OK.** » Dans ce cas, je me survalorise *a priori* et je dévalorise l'autre.
- « **Je ne suis pas OK./Vous n'êtes pas OK.** » *A priori*, je me dévalorise, je dévalorise les autres et je crée mon propre malheur.

En situation de stress, on a parfois tendance à retrouver sa « position de vie » de base la plus rassurante… au risque de perdre toute efficacité.

Par exemple, les passagers qui fréquentent les aéroports sont souvent stressés avant l'embarquement et peuvent présenter des comportements infantiles ou inadaptés en présence des hôtesses d'accueil. Certains deviennent arrogants (OK+/OK–) ; d'autres vont paniquer et perdre leur sang-froid face aux exigences de la situation incarnées par l'hôtesse (OK–/OK+) ; d'autres encore vont faire part de leur désarroi à des hôtesses tout aussi désemparées (OK–/OK–). Il peut également arriver que passagers et hôtesses se conduisent de façon positive et adaptée à la situation (OK+ /OK+). Si les hôtesses comprennent les clients et les traitent en « adulte », la relation peut évoluer et devenir « Je suis OK./Vous êtes OK. », et réciproquement.

La qualité des communications sociales ou professionnelles qu'on entretient quotidiennement avec autrui dépend donc dans une certaine mesure de ces « positions de vie », façonnées dans notre passé et que nous mobilisons, souvent à notre insu, en toute circonstance. Il est difficile de passer de l'état d'agent à celui d'acteur. Des formations à la « Gestalt », à l'analyse transactionnelle (AT), à la programmation neurolinguistique (PNL) pourront aider à redéfinir le cadre de référence des personnes intéressées, entraîner des prises de conscience et favoriser leur développement personnel.

3.3 Améliorer les communications interindividuelles

On ne s'adresse pas de la même façon à un enfant, à un ami, à son conjoint, à son supérieur hiérarchique ou à son voisin. Les relations entre individus sont vécues comme des relations personnalisée, même si elles sont aussi largement tributaires de la grammaire des statuts sociaux.

Pour améliorer le processus de communication interindividuelle, on peut travailler sur deux extrémités : non seulement sur la maîtrise de sa propre posture par l'émetteur, mais aussi sur l'**écoute active de la part du récepteur.** À cet égard, on distingue souvent le fait d'entendre et celui d'écouter. Écouter vraiment autrui suppose une recherche active de compréhension du sens, alors qu'entendre est fréquemment un phénomène passif. Un individu qui parle peut prononcer une moyenne de 150 mots par minute, alors que ce même individu pourra écouter jusqu'à 1 000 mots par minute. Un tel écart laisse entrevoir le gisement de productivité inemployé et les opportunités d'amélioration pour transformer cette latence en temps utile. La balle étant plutôt dans le camp du récepteur, le processus d'écoute active désigne la démarche qui vise à aider l'émetteur d'un message à optimiser sa contribution.

Quelques principes de mise en œuvre sont à retenir pour ce « récepteur avisé » :

1. Comprendre le contenu du message et identifier le cadre de référence de l'émetteur.
2. Évaluer la composante émotive qui l'accompagne, chez soi et chez l'autre.
3. Faire savoir à l'interlocuteur que l'émotion a été perçue et comprise (empathie).
4. Être attentif aux signes verbaux et non verbaux émis ; déceler ambivalence et discordance éventuelles.
5. Questionner, introduire du silence, pratiquer des relances, reformuler le message avec les mots de l'autre et avec les siens propres (faire coïncider les cartes mentales), faire des résumés, pratiquer la neutralité, agir sur le langage non verbal.

Pour surmonter les obstacles à la communication, réduire au minimum les déformations perceptives et améliorer les processus d'échange, diverses mesures peuvent être prises, telles que : recourir à l'écoute active, utiliser le *feed-back*, adapter son langage verbal et son langage non verbal, maîtriser ses émotions, pratiquer l'ouverture culturelle, tenir compte des rumeurs informelles, utiliser avec pertinence les multiples techniques actuelles de communication.

La communication interpersonnelle dépend d'éléments psychologiques, sociologiques et culturels. L'approfondissement 4.5 rappelle à cet égard le principe régulateur fondamental des contacts sociaux entre les individus : si ces contacts dépendent des spécificités de chacun, ils sont tributaires de conduites sociales codifiées et intégrées.

Les codes du savoir-vivre

Approfondissement 4.5

Les rituels sociaux sont là pour assurer aux protagonistes un sentiment d'équilibre, quel que soit le type de rapport (symétrique, complémentaire, hiérarchique) dans lequel ils sont engagés. « Bonjour ; bonjour » ; « s'il vous plaît ; merci » ; « excusez-moi ; je vous en prie »... Les codes de savoir-vivre sont ainsi pleins de ces petites expressions rituelles qui vont par paire, chaque réplique de l'un appelant une réplique de l'autre. Cette façon d'agir situe d'emblée les relations sociales sous le signe de l'équité, de l'échange et de la réciprocité ; personne ne doit donner sans recevoir, ni recevoir sans donner. Cela maintient les partenaires dans un rapport d'équilibre qui ne se limite pas à quelques formules rituelles, mais apparaît comme un principe régulateur fondamental des contacts sociaux.

Les deux aspects abordés ici, le langage et la reconnaissance, constituent des lectures plurielles et complémentaires de ce phénomène universel. La qualité de la perception de l'organisation par le manager dépend en partie de son regard pluriel, qu'on peut comparer aux multiples facettes de l'œil de la mouche.

Source : Marc E. et Picard D., « Face à face, les relations interpersonnelles », *in Sciences Humaines*, hors-série n°33, p. 21, juin-juillet-août 2001.

Résumé

- Le langage qu'on utilise et qu'on maîtrise nous contrôle lui aussi, en nous imposant une réalité symbolique et un champ sémantique culturel particulier.
- Chez un individu, les formes du langage – langage parlé et langage agi – se complètent sans toujours s'accorder spontanément. Ce décalage crée des malentendus et des paradoxes préjudiciables à la communication.
- Chez chaque interlocuteur, la qualité de la communication interpersonnelle dépend de l'équilibre entre le contenu du message et l'émotion qui lui correspond.
- Les communications interpersonnelles sont animées par une quête de reconnaissance dont dépend, dans une large mesure, la perception de soi, par l'individu lui-même et par les autres.
- Les communications interpersonnelles sont potentiellement améliorables.

Conclusion

La communication fait partie des concepts fondamentaux du management. Polymorphe, elle est difficile à définir, si ses enjeux et le contexte situationnel dans lequel elle s'insère ne sont pas définis. En tant que lien entre les individus, les groupes et l'organisation, elle est indispensable aux managers pour assurer leurs missions. Simple ou complexe, elle adopte des modes de régulation tant mécanique que systémique, qui rendent possible ou entravent l'organisation de l'action. Stable ou fragile, elle doit surmonter des obstacles de toutes sortes, à la fois structurels et humains, pour aboutir à ses fins. Elle représente un défi global pour les dirigeants et les managers qui l'utilisent et la conjuguent sous des formes interne et externe.

La communication accompagne la vie des groupes et des réseaux. Elle s'incarne et se décline dans les appartenances culturelles de ceux qui la mettent en œuvre. Elle est interactive et emprunte le langage, verbal et non verbal, dans les échanges interpersonnels.

Elle aide les acteurs sociaux à construire leur réalité et constitue un moyen privilégié de reconnaissance sociale et professionnelle.

Bibliographie sélective

Aoun J., *Gérer les différences culturelles*, MultiMondes, 2004.

Bateson G. *et al.*, *La nouvelle communication*, Points Seuil, 1981.

Brunet L., Savoie A., *La face cachée de l'organisation*, Presses de l'Université de Montréal, 2003.

Cabin P., Dortier J.-F., *La communication, État des savoirs*, 3e éd., Sciences Humaines, 2008.

Ciccotti S., 150 petites expériences de psychologie pour mieux comprendre nos semblables, 2e éd., Dunod, 2007.

Couchard F., *La psychologie clinique interculturelle*, Dunod, 1999.

Devito J. A., Chasse G., Vezeau C., *La communication interpersonnelle*, ERPI, 2001.

Dortier J.-F., *Le langage*, Sciences Humaines, 2001.

Grosjean M., Lacoste M., « Communication et intelligence collective », *Le travail à l'hôpital*, PUF, 1999.

Gruère J.-P., Morel P., *Cadres français et communications interculturelles*, Eyrolles, 1991.

Hall E. T., *La dimension cachée*, Points Seuil, 1971.

Hall E. T., *Au-delà de la culture*, Points Seuil, 1971.

Morris D., *Le langage des gestes*, Marabout, 1997.

Myers G. E., Myers M. T., *Les bases de la communication interpersonnelle*, McGraw-Hill, 1984.

Watzlawick P., Beavin J. H., Jackson D., *Une logique de la communication*, Seuil, 1972.

Notes et références

1. Lasswell H. D., « The Structure and Function of Communication in Society », *in* Bryson L. (ed), *The Communication of Ideas*, New York, Harper & Brothers, 1948, pp. 37-51.
2. Shannon C. E., Weaver W., *The Mathematical Theory of Communication*, Urbana, University of Illinois Press, 1949.
3. Jakobson R., *Essais de linguistique générale*, Éditions de Minuit, 1963.
4. Bateson G. & Mead M., *Balinese character: a photographic analysis*, New York Academy of Sciences, 1942.
5. Watzlawick P., Helmick-Beavin J., Jackson D., *Pragmatics of Human Communication. A Study of Interactional Pattern, Pathologies, and Paradoxes*, New York, W. W. Norton, 1967.
6. Bavelas A., « A Mathematical Model for Group Structures », *Applied Anthropology*, 7, 1948 ; Leavitt H.S., « Quelques effets de divers réseaux de communications sur la performance d'un groupe », *The Journal of Abnormal and Social Psychology*, 1951, XLVI, 38.50.
7. Lewin K., *La psychologie dynamique*, PUF, 1964.
8. Bion W. R., *Recherches sur les petits groupes*, PUF, 1965 ; Moreno J.-L., *Les fondements de la sociométrie*, PUF, 1954 (publié en anglais sous le titre *Who Shall Survive?*, 1953) ; Pagès M., *La vie affective des groupes, Esquisse d'une théorie de la relation humaine*, Dunod, 1972.
9. Crozier M., Friedberg E., *L'acteur et le système*, Seuil, 1977.
10. Bavelas A., « A Mathematical Model for Group Structures », *Applied Anthropology*, 7, 1948.
11. Leavitt H., Mueller R., « Some Effects of Feed-Back Upon Communication », *Human Relations*, 4, 1951, pp. 401-410.
12. Flament C., *Réseaux de communications et structures de groupe*, Dunod, 1965.
13. Faucheux C., Moscovici S., « Le style de comportement d'une minorité et son influence sur les réponses d'une majorité », *Bulletin du CERP*, 16, 1967, pp. 337-360.
14. Adler N. J., *Comportement organisationnel, une approche multiculturelle*, Québec, Éditions Reynald Goulet, Inc., 1994.
15. Hofstede G., *Culture's Consequences: International Differences in Work-Related Values*, Berverly Hills, CA, Sage, 1980.
16. Usunier J. C., *Commerce entre cultures*, PUF, coll. Gestion (tome 1), 1992.
17. Graham R., « The Role of Perception of Time in Consumer Research », *Journal of Consumer Research*, vol. 7, mars 1981, pp. 335-342.
18. Hall E.T., *La dimension cachée*, Seuil, 1978 (édition originale : 1966).
19. Klineberg O., « Les aspects du langage », *Bulletin de psychologie*, Groupe d'étude de psychologie de l'université de Paris, 1966.
20. Sapir E, « The Status of Linguistics as a Science », *Language*, 5, 1929, pp. 207-214.
21. Korzybski A., *Science and Sanity: An Introduction to Non-Aristotelian Systems and General Semantics*, Lancaster, Pa., Science Press, 1933.
22. Luft J., *Introduction à la dynamique des groupes*, Privat, 1967.
23. Berne E., *Games People Play*, New York, Grove Press, 1964.

Activités

Exercice : Le choix des moyens pour communiquer

En tant que manager en poste dans une grande entreprise de distribution, vous êtes amené comme vos collaborateurs à emprunter **plusieurs moyens pour communiquer** en interne :

1. le courrier électronique (mail) ;
2. la communication verbale, directe, en face-à-face ;
3. la communication écrite, notes, mémos, lettres, fax ;
4. la communication au téléphone (classique ou portable).

Il se trouve qu'aujourd'hui, vous devez transmettre un certain nombre de messages :

- Vous devez informer vos collaborateurs de la démission de l'un d'entre eux.
- Vous souhaitez prendre un rendez-vous avec votre directeur.
- Vous devez féliciter un employé pour son prochain mariage.
- Vous allez convoquer vos collaborateurs pour une réunion portant sur les objectifs des prochains mois.
- Vous proposez d'effectuer des heures supplémentaires à ceux qui le veulent.
- Vous annoncez la promotion prochaine de trois vendeurs.
- Vous souhaitez prendre une sanction exemplaire contre un collaborateur embauché récemment et qui part avant l'heure.
- Vous informez l'ensemble du personnel d'une modification réglementaire touchant les horaires variables.
- Vous devez arbitrer un conflit entre deux collaborateurs concernant leurs dates de vacances.
- Vous devez « déréférencer » (supprimer du rayon) plusieurs produits jugés non profitables et l'annoncer au fournisseur concerné.

1. **Indiquez pour chacune des situations le moyen de communication le plus approprié, en justifiant vos choix.**
2. **Commentez l'abandon des autres moyens, jugés non pertinents.**

Étude de cas : L'optimisation des réseaux

Pour illustrer certaines évocations théoriques de la deuxième partie du chapitre, voici un cas portant sur l'optimisation des réseaux.

- Bernard (le client) : Bonjour Monsieur ! Je m'appelle Bernard Durand. J'ai passé commande il y a environ quinze jours de cinq articles à Monsieur Lenoir, et j'aimerais savoir où ça en est car je n'ai encore rien reçu !
- Paul (le réceptionniste-vendeur) : Bonjour Monsieur Durand ! C'est bien moi qui ai pris votre commande. Elle a été transmise au service livraison le jour même. Il faut en effet compter une dizaine de jours en moyenne pour que la commande vous parvienne.
- Bernard : Oui, mais aujourd'hui nous en sommes à presque 15 jours, alors dites-moi ce qui se passe !
- Paul : Je comprends ! Laissez-moi à nouveau vos coordonnées et je vous rappelle dès que j'aurai vérifié.
- Bernard : Bon ! Votre entreprise n'a pas l'air d'être très bien organisée ! Mais d'accord, vérifiez vous-même et rappelez-moi sur mon portable. Voici également mon numéro au bureau.

C'est le genre de situation à laquelle Paul doit faire face au moins 36 fois par semaine ! Comme si l'entreprise ne prenait pas la chose au sérieux. Lorsqu'un vendeur comme Paul prend une commande par téléphone, il la transmet aussitôt au service comptable qui vérifie le crédit du client et prépare la facture. Puis, la facture est envoyée à l'entrepôt qui la complète. Une partie de la commande est ensuite transmise au service livraison qui va planifier la course du livreur et enregistrer la commande. Un avis est remis au service comptabilité qui fera parvenir la facture au client. Pour éviter de nuire au travail des différents services, les vendeurs sont invités à ne pas court-circuiter les voies officielles et à entrer en communication directe avec les autres services lorsqu'il s'agit de commande… sauf, naturellement, avec le service comptable. En fait, une fois passée l'étape de la comptabilité, il peut s'écouler facilement dix jours avant que le vendeur ne retrouve la trace de la commande. Une telle situation est embarrassante pour les vendeurs qui, en contact direct avec les clients, sont chargés de leur donner très rapidement des informations pertinentes.

1. **Décrivez la catégorie de réseau de communication adopté dans cette entreprise.**
2. **Quelles solutions envisageriez-vous pour remédier aux dysfonctionnements constatés ? Devrait-on ajouter d'autres canaux de communication ?**
3. **Dans une situation comme celle-là, pourrait-on voir se développer des réseaux de communication informels ?**

Chapitre 5

Les motivations au travail

Objectifs du chapitre

À l'issue de ce chapitre, vous devriez être capable de :

- **définir la motivation, la satisfaction et l'implication ;**
- **distinguer les différentes théories de la motivation qui vous ont été exposées ;**
- **comprendre pourquoi une personne est motivée ou démotivée ;**
- **définir et mettre en place une politique de motivation adaptée à un contexte donné.**

La plupart des dirigeants d'entreprises sont d'accord aujourd'hui pour considérer que c'est le facteur humain qui fait la différence entre des concurrents très proches. Il est devenu très difficile de prescrire le travail à faire et la performance ne peut venir que du zèle apporté par les collaborateurs. Pour que les hommes donnent le maximum d'eux-mêmes, tant individuellement que collectivement, il faut certes qu'ils soient bien formés et informés sur les enjeux, mais il faut surtout qu'ils s'impliquent dans leur activité professionnelle de façon à faire davantage que ce qui leur a été officiellement demandé.

On peut se demander si, en raison de la crise économique, les entreprises ne reportent pas trop le poids de la performance sur les épaules de salariés qui se doivent désormais d'être motivés en permanence. En effet, pour l'individu, l'impératif de la motivation n'est pas facile à respecter. Il ne sait pas toujours par quoi il est motivé et peut rencontrer des difficultés à le rester de façon continue. L'organisation doit alors intervenir pour aider les individus à cerner leurs attentes et à découvrir les leviers susceptibles de les motiver.

La question de la motivation se situe donc au carrefour des attentes individuelles et des propositions de l'organisation, tant en termes de contenu et de conditions de travail que de récompenses ou de sanctions motivantes. La motivation n'est pas un trait de caractère qui se diagnostique à l'embauche. S'il existe des tendances personnelles à l'implication, la motivation, elle, relève d'une dynamique qui doit être orchestrée par l'organisation. Or, si gérer la motivation n'est pas une tâche impossible, c'est néanmoins une tâche ardue, d'une part parce qu'elle est toujours à remettre sur le métier et que, d'autre part, combiner l'analyse des attentes individuelles avec des réponses plus collectives est un exercice délicat.

Par ailleurs, rien n'assure que la motivation des personnes aboutisse à la performance de l'organisation. Quelqu'un de très motivé peut aller un peu vite et négliger des aspects importants du travail ; aussi est-il essentiel de bien analyser les interactions entre la motivation et les compétences, de façon à ce que l'individu puisse orienter sa motivation dans un sens utile. Et surtout, le manager devra être capable de piloter les motivations dans un sens souhaitable pour l'organisation.

L'enjeu principal de ce chapitre est donc de comprendre par quels biais l'organisation peut affecter la motivation de ses salariés, ce qui suppose qu'aient été analysés d'une part le fonctionnement de la motivation individuelle et d'autre part les grands mécanismes par lesquels on peut tenter d'entretenir ou de développer la motivation des salariés.

Dans ce chapitre, nous aborderons donc successivement :

- le fonctionnement de la motivation individuelle ;
- l'impact des groupes sur la motivation ;
- le pilotage global de la motivation.

Concepts clés

Définitions et périmètre

La motivation serait la clé du succès aussi bien des entreprises que des individus. Un individu motivé est promis à une belle réussite, de même qu'une organisation qui sait gérer la motivation de ses salariés a des chances d'être plus performante que ses concurrentes. Cette conception suppose qu'il existe un lien de causalité entre motivation et réussite. Or, ce lien, qui n'a jamais été clairement démontré, repose en réalité sur une confusion entre motivation, satisfaction et implication.

Que l'on se place du point de vue du salarié ou de celui de son manager, on parle dans les deux cas de motivation, alors que le terme ne recouvre pas exactement la même réalité, selon que l'on se place d'un point de vue ou de l'autre. Un salarié recherche la satisfaction de différentes attentes ou besoins, tandis que son employeur recherche l'implication, de manière à ce que le salarié travaille mieux et plus. En ce qui concerne le salarié, on dira donc qu'il est motivé pour obtenir telle ou telle satisfaction ; en ce qui concerne l'organisation, on dira qu'elle veut motiver les salariés.

La motivation est le processus qui permet de faire le lien entre implication et satisfaction. C'est parce qu'un individu cherche à satisfaire certains besoins qu'il se motive. Si, par le biais de ses efforts, il obtient ce qu'il recherche, qu'il s'agisse d'un désir conscient ou inconscient, alors il est satisfait. Lorsqu'un manager dit qu'il souhaite motiver un de ses subordonnés, cela signifie en fait qu'il veut que l'employé s'implique, c'est-à-dire qu'il s'investisse dans la réalisation des missions qui lui ont été confiées.

DÉFINITIONS

La **motivation**, du latin *movere*, « se mettre en mouvement », peut être définie comme le facteur qui pousse quelqu'un à vouloir faire quelque chose. Il faut distinguer trois éléments dans la motivation : l'orientation vers tel ou tel objet, l'intensité de l'effort fourni et la persistance dans l'effort face aux obstacles rencontrés. Est motivé celui qui s'oriente fortement et continuellement vers la réussite d'un objectif donné et ne se laisse pas abattre facilement par les difficultés. La motivation n'est donc pas un trait de la personnalité, elle est un processus. Une personne n'est jamais motivée dans l'absolu, mais elle l'est par ou pour quelque chose.

On distingue la motivation intrinsèque de la motivation extrinsèque. La **motivation intrinsèque** est liée au moteur personnel de la personne, à ce qui la pousse de l'intérieur à se tourner vers telle ou telle activité. Elle relève de l'individu, de son histoire, de sa personnalité et de son fonctionnement, elle est façonnée par les situations communes et particulières qu'il a rencontrées au cours de son existence. La **motivation extrinsèque**, elle, relève des incitations extérieures qui peuvent amener l'individu à se motiver pour obtenir un élément extérieur au travail lui-même : une prime, une promotion, une marque de reconnaissance individuelle ou sociale.

La **satisfaction** survient lorsque l'individu réalise ses attentes, que celles-ci soient conscientes ou inconscientes. Elle apparaît donc dans un second temps, après que l'individu a accompli quelque chose et reçu une récompense pour cette action. Si une personne est satisfaite par ce qu'elle obtient de son travail, il y a des chances qu'elle continue à faire ce qu'il faut pour obtenir les satisfactions qu'elle recherche. Mais les besoins étant en constante évolution, il est nécessaire de proposer des récompenses toujours adaptées.

L'**implication** se caractérise par un attachement particulier à son travail, une identification à son rôle professionnel. Elle relève de traits de caractère relativement stables et peut donc être mesurée au moyen de tests de personnalité. Elle est notamment liée à l'image de soi et à la part qu'y joue le rôle professionnel.

La question de la motivation n'a pas toujours intéressé les managers. Lors des premières tentatives d'organisation scientifique du travail, elle était implicite parce qu'elle ne posait pas problème. Pour Taylor (voir chapitre 2, section 4.1), il était évident que les individus étaient tous motivés par le même objectif, celui de gagner mieux leur vie. Il suffisait donc de créer des organisations dans lesquelles les rémunérations encourageraient les salariés à travailler davantage.

Pourtant, les dirigeants qui ont recouru à l'organisation scientifique du travail se sont très vite rendu compte qu'elle était loin de porter tous ses fruits et que ce manque d'efficacité pouvait sans doute s'expliquer par des raisons liées au facteur humain. Ils ont donc essayé, dans les années 1920, d'améliorer les conditions de travail, mais force leur a été de constater que cette démarche n'était pas suffisante. Or, c'est à la même époque qu'apparaît la notion de motivation au travail, au sein d'un courant de recherche, nommé par la suite « École des relations humaines », dont les travaux, à partir d'une expérience princeps menée à Hawthorne et détaillée dans l'approfondissement 5.1, permettent de mettre en évidence que la performance ne pouvait émerger que si les salariés étaient satisfaits de leur travail.

Approfondissement 5.1

L'École des relations humaines à l'origine des recherches sur la motivation

Dans les années 1920, les chercheurs commencent à étudier l'impact des conditions de travail sur la productivité des salariés. L'équipe employée sur le site d'Hawthorne de Western Electric met progressivement en évidence, durant sept années, que de meilleures conditions de travail ne suffisent pas à augmenter durablement la productivité.

En observant les comportements des salariés placés dans différentes configurations de travail et en les interrogeant, deux éléments essentiels sont découverts :

- **L'importance et l'origine de la satisfaction.** Un salarié est d'autant plus productif qu'il est satisfait de son travail. Cette satisfaction est le produit d'une série de facteurs qui dépassent le simple cadre de l'entreprise. Elle provient à la fois de l'organisation du travail, plus ou moins parcellisée, du type de superviseur et du comportement de celui-ci avec les salariés, de l'atmosphère au sein de l'équipe, mais aussi des aspirations de la personne et du statut social que son travail lui procure, tant dans la société civile qu'à l'intérieur de l'organisation.
- **Le poids de l'organisation informelle.** La structure formelle ne suffit pas à prévoir et à orienter les comportements. Des groupes informels se mettent en place, qui constituent une seconde strate de normes que les individus respectent par souci d'appartenance. Ainsi, les comportements ne peuvent être compris et orientés que si l'on prend en compte l'existence d'une structure informelle à l'intérieur de laquelle se jouent de nombreux éléments de la satisfaction.

C'est à partir de ces découvertes que s'est mise en place la réflexion sur la nature de la motivation au travail, dans un courant appelé École des Relations Humaines, dont les principaux représentants sont Maslow, Mc Gregor, Herzberg, Likert et Lewin et dont les recherches sur la nature et le fonctionnement de la motivation sont toujours en cours.

Source : Roethlisberger et Dickson, *Management and the Worker*, Cambridge, Harvard University Press, 1939.

Depuis, de nombreux chercheurs ont poursuivi des recherches sur la motivation des individus au travail, de façon à offrir aux dirigeants des outils leur permettant de piloter la motivation. Depuis les années 1980, l'importance de la notion de motivation s'est accrue, tant les dirigeants sont conscients qu'ils ont absolument besoin de salariés très impliqués pour pouvoir affronter l'intensification de la concurrence. L'arrivée sur le marché du travail, dans les années 2000, d'une génération dont les attentes en ce qui concerne la vie professionnelle sont différentes, complique encore la tâche des managers, qui doivent désormais répondre à des souhaits très variés car très individualisés.

Utilisation des théories de la motivation

Il existe quatre grands types de théories sur la motivation. Si elles sont toutes intéressantes, chacune prise isolément est insuffisante pour traiter totalement la question. Il faut donc les connaître toutes et les utiliser de façon complémentaire. Il est artificiel d'assigner chaque type de théorie à un niveau d'analyse. C'est pourquoi nous présentons, dans l'approfondissement 5.2, un tableau général des théories de la motivation classées par famille type, pour ensuite développer chaque élément au niveau dans lequel il est le plus utile. Le tableau contient un renvoi à la section qui développe la théorie évoquée.

Approfondissement 5.2

Quatre types de théories de la motivation

Les théories dites de contenu. Elles proposent une analyse des différents besoins des individus, qui vont les pousser à agir de façon à satisfaire leurs attentes. Elles expliquent par quoi telle personne sera motivée et indiquent donc des éléments pouvant être offerts à différents types de population, tant en termes d'organisation du travail qu'en termes de récompenses. Elles ont toutes été regroupées au niveau de l'individu, puisqu'elles traitent des attentes de celui-ci.

Parmi ces théories, les plus célèbres sont :

- la pyramide des besoins de Maslow, exposée à la section 1.2.1 ;
- la théorie ERD d'Alderfer, exposée à la section 1.2.2 ;
- la théorie bifactorielle de Herzberg, exposée à la section 1.2.3 ;
- la théorie de la motivation par l'accomplissement de Mc Clelland, exposée à la section 1.3.2.

La théorie du renforcement. Il s'agit d'une théorie behavioriste qui expose comment renforcer ou affaiblir des comportements au moyen de récompenses dont l'obtention motive et de punitions à éviter. Elle est exposée à la section 2.1.

Les théories dites de processus. Ces théories tentent d'expliquer comment fonctionne la motivation, selon quels mécanismes, en se plaçant plutôt au plan cognitif ; elles proposent donc une réflexion sur les éléments à mettre en place pour assurer un fonctionnement optimal des mécanismes de motivation. Elles sont présentées au niveau de l'organisation.

Parmi ces théories, les plus célèbres sont :

- la théorie de l'équité de Adams, exposée à la section 2.2 ;
- la théorie des attentes de Vroom, puis celle de Porter et Lawler, exposées à la section 3.1.3.

Les théories interactionnistes. Ces théories mettent l'accent sur la relation, dans le processus motivationnel, entre l'individu et le contexte où il évolue. Elles sont exposées au niveau de l'individu. Les auteurs principaux sont ici Lewin et Nuttin, dont les analyses sont exposées à la section 1.3.3.

1. Les ressorts individuels de la motivation

Cette partie se concentre à la fois sur l'analyse des attentes à satisfaire par le travail et sur les traits de la personnalité qui permettent de comprendre le niveau et le type d'implication de chacun. Elle sert donc de base à l'analyse qui suivra à la section 3 concernant les leviers possibles de la motivation.

Trois séries de questions vont être abordées pour comprendre l'origine de la motivation :

- Quelle est l'importance du travail en général, de la réussite professionnelle, de l'honneur du travail bien fait dans l'échelle de valeurs d'une personne ?
- Quel impact la structure de la personnalité a-t-elle sur la motivation ?
- Quels sont alors les éléments concrets qui sont facteurs de motivation pour chaque individu ?

1.1 La place du travail dans les investissements personnels

On pourrait penser *a priori* que la motivation intrinsèque relève uniquement des désirs individuels. Ce qui, d'un point de vue managérial, impliquerait de se donner les moyens d'analyser les désirs et les fonctionnements de chacun, puis de proposer des systèmes individuels de motivation. Cependant, si les facteurs personnels ont leur importance, il ne faut pas négliger pour autant l'ancrage historique, culturel, religieux et sociétal des motivations. Car les désirs individuels relèvent aussi de constructions sociales. Selon la société ou l'époque, les individus n'accordent pas la même place ni la même valeur au travail, à l'argent, au temps, etc. Certaines cultures accordent peu d'importance au travail et valorisent davantage la participation à la vie de la communauté, tandis que d'autres, comme la culture protestante, vont jusqu'à en faire le moyen d'accéder au salut.

1.1.1 La motivation ne dépend pas que de l'organisation !

Selon la valeur accordée au travail et à la parole donnée lors de la signature du contrat de travail ou à son manager, les personnes ne vont pas s'investir de la même façon dans leur activité professionnelle, quelles que soient les conditions de travail proposées et la reconnaissance offerte.

Ainsi, par exemple, dans certains contextes, la motivation personnelle à accomplir pleinement sa tâche relève davantage des valeurs personnelles et de l'éthique que des outils de gestion. Sur un site sidérurgique, un ouvrier formé en Lorraine dans les années 1950 et fort mécontent de son manque d'avancement nous expliquait qu'il continuait à bien faire son travail car, à ses yeux, cette notion n'avait rien à voir avec la politique de l'entreprise. Le travail devait être bien fait par nature. Une telle considération relevait uniquement de son éthique et de son honneur personnels. Les revendications salariales et de promotion ne passaient pas pour lui par une qualité moindre de son investissement, mais par une discussion avec ses managers. Dans la même entreprise, un autre ouvrier, peu intéressé par la tâche qui lui avait été confiée, s'était engagé à la remplir envers son chef de poste pour lui rendre service ; cette parole l'engageait à s'acquitter parfaitement de sa tâche, par respect mutuel. Dans un contexte différent, les managers ne pourraient pas compter sur de telles valeurs et devraient trouver d'autres ressorts pour motiver leurs employés.

La valeur accordée au travail a donc un impact sur la motivation professionnelle des personnes. Elle dépend en grande partie de l'éducation et des exemples reçus, donc de la culture et du milieu d'origine, mais elle participe aussi du fonctionnement personnel de chacun.

1.1.2 Deux conceptions opposées du travail dans la pensée occidentale

Le travail n'a pas toujours occupé une place de premier plan dans toutes les civilisations. Dans la civilisation grecque, il était relégué loin derrière la politique, la science ou l'amitié ; dernier degré dans l'échelle d'honorabilité, il était laissé aux esclaves. Aujourd'hui encore, alors que le travail est valorisé dans la majeure partie du monde, il existe différentes conceptions quant à son rôle dans la réussite. Pour certains, il suffit de travailler beaucoup pour réussir ; pour d'autres, mieux vaut être malin et user de son réseau, plutôt que de s'échiner bêtement à travailler. Il n'existe plus, comme au XIXe siècle, de représentation partagée d'une éthique du travail ; une césure s'est faite entre deux courants de pensée qui jusqu'alors cohabitaient.

Il existe en effet deux grandes représentations du travail dans la société industrielle : d'un côté, le travail est conçu comme un pensum nécessaire pour assurer sa subsistance ; de l'autre, il représente le moyen qui permet de réaliser pleinement son humanité, d'accéder à l'identité.

Le travail comme punition divine

Une première tradition, d'origine biblique, pousse donc à considérer le travail comme un moment désagréable mais obligatoire pour subvenir à ses besoins. Le travail n'a pas d'intérêt en soi, il n'est qu'un moyen permettant de se procurer des revenus. Si Ève n'avait pas croqué la pomme, les hommes ne seraient pas obligés de travailler à la sueur de leur front ; ils pourraient se contenter de cueillir les fruits des arbres et passeraient leur temps à des activités plus intéressantes que le simple travail de subsistance. N'oublions pas qu'étymologiquement, le mot travail vient du latin *tripalium* qui désigne un instrument de torture. Ceux qui partagent cette conception ne seront pas aussi sensibles que les autres à certaines politiques de motivation.

Le travail comme occasion de se réaliser en tant qu'être humain

Dans le projet cartésien de maîtrise et de possession de la nature, le travail est un moyen de dominer le monde et d'affirmer la toute-puissance de la raison humaine par rapport aux sens et aux phénomènes naturels. Le travail est le moyen par lequel les hommes accèdent à la maîtrise de leur environnement et de leur destin, formidable tentation du monde moderne, qui s'incarne dans le mythe du progrès et de l'efficacité.

De plus, dans la perspective hégélienne, le travail représente le moment de l'accomplissement de soi, de la réalisation de son identité humaine, à la fois au plan individuel et au plan social. C'est par le travail que l'homme se confronte à lui-même, à la réalité et aux autres, qu'il se dépasse pour devenir ce qu'il est, grâce à la médiation de la réalité. Dans la dialectique du maître et de l'esclave de Hegel[1], l'esclave finit par être plus libre que son maître, qui n'a personne pour le reconnaître en tant qu'homme libre, tandis que la médiation du travail permet à l'esclave de mettre en acte l'emprise qu'il a sur le monde. Le marxisme a porté la dialectique hégélienne sur le devant de la scène, nourrissant les débats idéologiques sur le travail au cours des XIXe et XXe siècles et proposant une figure idéale du travail comme source d'accomplissement de l'homme, une fois supprimées les conditions matérielles de l'aliénation.

Ainsi, certains sont motivés par le simple fait de pouvoir travailler mieux, de voir le résultat de leur action. Cette constatation implique, pour le management, de mettre en place de bons systèmes de *feed-back* qui permettent au salarié d'avoir un retour sur ses réalisations, et de proposer des postes de travail suffisamment intéressants, par exemple aux opérateurs, pour que ceux-ci puissent sentir quel est leur impact sur le processus de production.

Mais, lorsque le résultat n'est pas à la hauteur de l'investissement, l'envers de la médaille apparaît sous la forme d'une démotivation en cascade. Dans notre civilisation de l'excellence, du dépassement, l'échec est souvent radical et source d'une dévalorisation extrême de la personne, voire de dépressions graves[2]. L'encadrement doit donc être en mesure de déterminer presque parfaitement quels objectifs fixer à chacun en fonction de ses capacités. Ce phénomène illustre à quel point le travail est devenu, dans nos sociétés, une source importante de constitution de l'identité[3].

1.1.3 Le travail, source d'identité

Cette importance du travail dans la réalisation de soi, ainsi que la forme qu'il a prise dans la société contemporaine expliquent que l'identité passe pour une grande partie par le statut professionnel. Il suffit de constater la rapidité avec laquelle le sujet est abordé lorsque deux personnes font connaissance. Les candidats aux jeux télévisés se présentent fréquemment en citant leur métier ou leur appartenance à une entreprise donnée. Le travail est devenu une source de positionnement social essentielle. Ainsi, certains employés d'une grande entreprise tirent une grande fierté d'y travailler, même si c'est à une place subalterne. Personne ne pense plus à se présenter comme appartenant à une famille, sauf les membres d'une entreprise familiale !

C'est donc aussi la possibilité d'atteindre un statut social convoité qui explique la motivation de certains à s'investir énormément dans leur travail. Selon la représentation qu'ils se font des résultats et des récompenses accessibles par le travail, ils sont plus ou moins motivés à bien faire. C'est ce qu'explique **la théorie des attentes** de Vroom, détaillée à la section 3.1.3.

Déjà, les premiers travaux de l'École des relations humaines avaient mis en évidence l'importance de l'adéquation entre les aspirations professionnelles et le positionnement social obtenu par le travail. Ainsi, celui qui acquiert dans l'entreprise une position inférieure à celle à laquelle il aspirait, de par son milieu familial et son ambition personnelle, peut être facilement démotivé. De même, celui qui obtient une position supérieure à celle qu'il avait imaginée peut se retrouver confronté à des difficultés par rapport à son milieu d'origine, ce qui est aussi source de démotivation.

1.1.4 L'ambivalence de notre relation au travail

La réalité est le plus souvent partagée entre les deux conceptions du travail évoquées précédemment. Les deux aspects coexistent chez la même personne, à des moments différents de sa vie. Le champ social est traversé par une forte tension entre l'aspiration à une société des loisirs, libérée d'une emprise trop forte du travail, et la nécessité toujours présente de travailler pour se réaliser. La tradition biblique elle-même présente le travail à la fois comme un châtiment divin et comme la possibilité donnée à l'homme de poursuivre la création divine, de laisser son empreinte dans le fonctionnement du monde.

Il est essentiel de bien saisir cette ambivalence pour comprendre certains mouvements complexes dans la motivation de chacun et certainement d'abord dans la sienne propre. C'est ainsi, par exemple, que certains jeunes investis dans les start-up ont imaginé qu'ils travailleraient énormément pendant dix ans et pourraient ensuite, vers l'âge de 30 ans, prendre leur retraite et passer à des activités moins intenses, présentant dans le même discours une image très positive du travail et une valorisation non moins importante des loisirs associés aux gains espérés.

De plus, quelle que soit la valeur intrinsèque accordée au travail, une fois l'éducation achevée, il faut encore lui ajouter les représentations des perspectives ouvertes par le travail. Selon les valeurs qui leur ont été transmises, associées à l'expérience personnelle ainsi qu'à l'observation, les individus se font une idée relativement claire de ce que le travail peut leur apporter comme satisfactions. Les jeunes qui arrivent aujourd'hui sur le marché du travail savent, par exemple, qu'ils ne doivent pas tout attendre de leur organisation et qu'il leur faut conserver un bon niveau d'employabilité pour pouvoir se placer ailleurs en cas de difficulté, tout en maintenant un bon équilibre global de vie, de façon à ne pas être uniquement inféodés à l'entreprise. C'est ce qui explique que leur comportement diffère de celui de leurs aînés et donc que les politiques et les outils de mesure de la motivation n'aient pas le même impact sur eux. Ils sont à l'origine de la nécessité de repenser les systèmes de motivation.

1.2 Les types d'attentes

Une façon d'aborder la motivation consiste à explorer les différents types de besoins et de désirs qui vont pousser le sujet à agir pour les satisfaire. C'est ce dont traitent les théories du contenu que nous allons aborder maintenant.

Historiquement, les premières théories de la motivation en contexte organisationnel ont été élaborées par les auteurs de l'École des relations humaines, en particulier par Maslow, dont la pyramide des besoins est particulièrement célèbre. Ces auteurs ont mis au point des théories dites de contenu, d'après lesquelles les individus sont motivés par des besoins différents, qui les poussent à agir pour assouvir ces besoins.

Trois théories sont à retenir : celle de Maslow, celle d'Alderfer et celle de Herzberg.

1.2.1 La pyramide de Maslow

Selon Abraham Maslow[4], une personne est motivée par cinq types de besoins (voir figure 5.1). Une fois les besoins de premier niveau assouvis, ils ne constituent plus un facteur de motivation et la personne passe aux besoins de deuxième niveau, et ainsi de suite. L'intérêt de cette conception est qu'elle permet de proposer des avantages adaptés au niveau de besoin auquel se trouve une personne à un moment donné. Rien ne sert de créer un cadre destiné à procurer un sentiment d'appartenance à des collaborateurs qui sont dans la précarité ; il faut commencer par leur assurer une certaine stabilité de l'emploi, avant de passer à autre chose.

Cette théorie permet de mettre en évidence la hiérarchie des besoins. Elle implique donc de disposer d'outils de veille sociale, qui permettent de mesurer régulièrement où en sont les salariés.

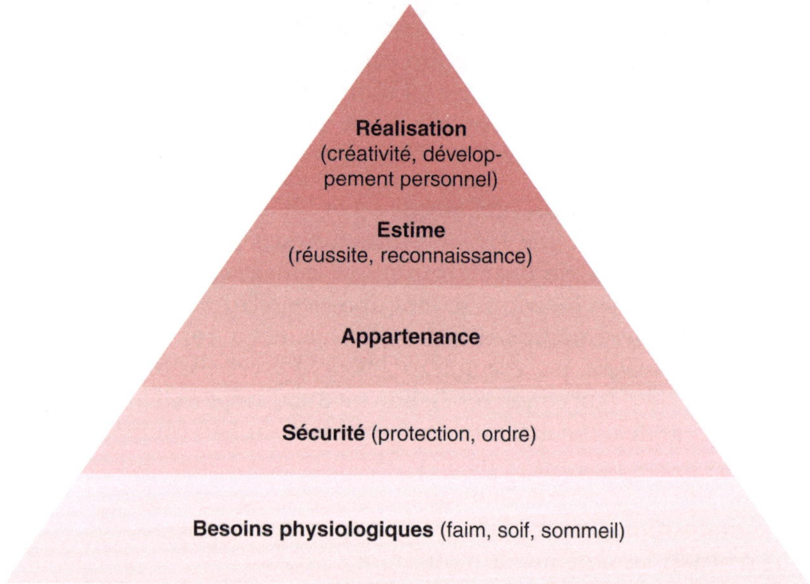

Figure 5.1 • La pyramide des besoins de Maslow.

Cependant, la théorie de Maslow compte trois grandes limites :

- Tout d'abord, le principe du passage successif d'un niveau à un autre est discutable : il est tout à fait possible d'être motivé par le fait d'être reconnu, même lorsqu'on n'a pas assuré les besoins des premiers niveaux.
- Ensuite, le principe même d'une hiérarchie universelle des besoins postule que tout le monde fonctionne de la même façon, ce qui est particulièrement discutable compte tenu des différences culturelles. Il est des personnes et des cultures pour qui l'honneur, par exemple, passe avant la survie. La littérature abonde d'exemples de ce type. Il semble peu raisonnable de supposer que tout le monde a la même hiérarchie de besoins, quelles que soient l'histoire personnelle, la culture d'appartenance ou la structure organisationnelle.
- Enfin, cette théorie ne permet pas d'expliquer la démotivation, puisque le dernier niveau est par définition infini. Or, de nombreuses entreprises sont confrontées à cette difficulté particulière. Elles constatent la démotivation de certains employés qui étaient jusqu'alors très motivés et ne savent pas toujours comment y remédier.

1.2.2 La théorie ERG de Alderfer

Alderfer[5] a regroupé les cinq besoins définis par Maslow en trois catégories hiérarchisées :

- **Existence.** Ce sont les besoins de subsistance, satisfaits par les conditions matérielles, comme le salaire et les conditions de travail.

- **Relation.** Ce sont les besoins relationnels, satisfaits par le fait d'être en contact avec des personnes sympathiques ou intéressantes.
- **Growth** (croissance). Ce sont les besoins de croissance ou de progression, satisfaits par la dynamique de l'évolution du travail et de la personne dans l'organisation.

L'idée de progression dans les besoins avancée par Maslow est complétée par l'idée que si un individu se trouve frustré à un niveau donné, il régressera au niveau inférieur : ainsi, si quelqu'un se trouve frustré dans sa réalisation personnelle, il régresse au besoin inférieur et se met à survaloriser les relations avec les autres. De même, celui qui ne développe pas de relations satisfaisantes avec son entourage va réclamer de meilleures conditions matérielles et financières. Cette théorie permet d'expliquer les variations dans le type de motivation qui pousse une personne à agir, par exemple, le découragement d'un collaborateur jusqu'alors passionné par son travail, qui se met à réclamer une augmentation de salaire.

1.2.3 La théorie bifactorielle de Herzberg

Au-delà de la hiérarchisation des besoins, Herzberg a montré, grâce à une étude statistique, qu'il faut distinguer deux types d'éléments dans le travail (voir figure 5.2) :

- **les facteurs moteurs**, qui procurent une satisfaction ;
- **les facteurs d'hygiène**, dont l'absence procure de l'insatisfaction mais qui, lorsqu'ils sont présents, sont considérés comme normaux et ne produisent aucune satisfaction particulière.

Ce n'est pas parce qu'on a un salaire correct que le travail procure de la satisfaction. En revanche, un salaire insuffisant est une source d'insatisfaction, et doit être rangé parmi les facteurs d'hygiène. Ce qui contribue à la motivation, ce sont les facteurs moteurs, autrement dit ceux qui sont liés au travail lui-même et non pas aux conditions qui l'entourent.

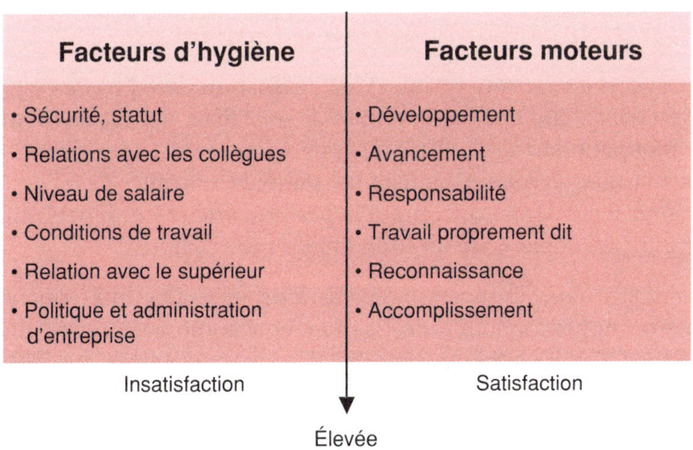

Figure 5.2 • La théorie bifactorielle de Herzberg.

Cette distinction est importante pour appuyer l'idée selon laquelle il est important de rétribuer ces deux domaines différents. Des personnes motivées par leur travail, qui auront trouvé un emploi leur correspondant, intéressant en soi, mais dans un cadre désagréable et pour un salaire estimé insuffisant, risquent de quitter l'entreprise dès qu'elles retrouveront un poste équivalent et offrant de meilleures conditions environnementales. À l'inverse, de bonnes conditions de travail et de rémunération ne sont qu'un pis-aller qui ne peut pas faire supporter longtemps un travail inintéressant ou qui ne correspond pas ou plus à l'individu.

Pour l'entreprise, la distinction entre ces deux types d'éléments entraîne une double nécessité. Elle doit d'une part dessiner une organisation du travail dans laquelle les postes, les positions ou les emplois sont riches en soi, c'est-à-dire avant tout détaylorisés grâce à l'intégration de tâches de conception aux tâches d'exécution. Mais elle doit aussi effectuer une gestion évolutive des carrières et/ou des emplois en fonction de l'évolution des aspirations des personnes. Cette gestion nécessite à son tour la mise en place d'un système de sondage des désirs individuels, en dynamique, que celui-ci soit greffé sur le système d'appréciation des personnes ou qu'il se fasse sous forme d'enquêtes récurrentes ou de comités qui examinent les possibilités d'évolution des carrières.

Les trois théories du besoin détaillées précédemment ne rentrent pas forcément en contradiction les unes avec les autres. Elles sont parfois complémentaires et permettent de se rappeler qu'il existe plusieurs angles d'attaque possibles.

Elles ont en commun de donner quelques idées aux managers sur les éléments susceptibles de constituer des sources de motivation. Elles induisent alors la nécessité de détecter la présence ou l'absence de ces éléments chez les salariés et de déterminer à quelles personnes on peut proposer telle ou telle incitation.

On peut cependant leur reprocher le fait qu'elles ne prennent pas en compte la complexité des processus qui conduisent à la motivation. C'est pourquoi elles doivent être complétées par une réflexion sur la constitution de la personnalité.

1.3 L'impact de la personnalité sur la motivation

Si aujourd'hui l'accès à l'identité pleine et à la réalisation de soi passe en grande partie par le travail, on comprend que la possibilité de se réaliser dans le cadre professionnel constitue une motivation forte, la plus puissante selon chacune des classifications envisagées dans la section précédente. Or, chaque individu se réalise de façon différente. Il faut donc disposer d'éléments concernant la personnalité et son fonctionnement pour comprendre pourquoi et par quoi un individu donné est motivé.

Trois points vont être abordés successivement : les sources des différents types d'ambition, les éléments qui provoquent l'implication, et la combinaison de l'ambition et de l'implication avec l'histoire personnelle.

1.3.1 Les sources profondes de l'ambition

L'ambition, sans connotation positive ou négative, définie ici comme l'envie de réaliser ses objectifs, d'accomplir de grandes choses, quelle que soit la définition que chacun donne à la grandeur, est une source puissante de motivation. C'est avant tout par amour et estime de soi que le sujet se projette dans un avenir qu'il estime digne de lui et qu'il va se donner les moyens d'y parvenir.

Le contour précis de cet avenir dépend d'une multitude de facteurs, tels que le milieu familial, le milieu social, les rencontres, le hasard. Ainsi, les enfants d'origine paysanne ont une moins bonne connaissance des métiers de l'industrie que les enfants des milieux d'affaires. Ils tendront davantage à s'imaginer dans des univers qu'ils ne connaissent que pour en avoir entendu parler, et s'ils rêvent de grandeur, celle-ci s'incarnera davantage dans le fait d'être cosmonaute que dans celui d'être capitaine d'industrie. Par ailleurs, ils n'auront pas forcément les clés leur permettant de savoir qu'il faut être ingénieur pour devenir cosmonaute et que pour devenir ingénieur, il faut passer par une classe préparatoire. Ainsi, l'histoire de la personne permet d'expliquer les directions qu'elle va prendre.

Mais cela ne dit rien de l'ampleur de l'ambition elle-même, qui dépend, quant à elle, selon la psychanalyse, de la force de l'idéal du moi, véritable moteur de la personne (voir chapitre 1, section 1.1.2).

Le concept freudien permet de comprendre la différence existant entre un sujet qui, muni d'un idéal du moi très puissant, se projette dans une position de dirigeant et se donne les moyens d'y arriver, et un sujet qui, muni d'un idéal du moi plus faible, s'imagine à une place moins élevée dans la hiérarchie sociale et dont on dit qu'il n'est pas ambitieux.

Par ailleurs, l'étape du complexe d'Œdipe est très éclairante pour comprendre ce qui motive véritablement tout un chacun. Car la castration, en posant des limites, permet d'accéder à un univers original : celui où l'individu peut imprimer sa propre marque, compte tenu des limites sociales. Or, c'est seulement dans cet univers-là, appelé univers symbolique par Jacques Lacan, que l'individu trouve un véritable plaisir lié à la création, à la nouveauté, à ce qui lui est propre. Cet univers symbolique s'oppose à celui de l'imaginaire, dans lequel les individus sont à la poursuite d'images, reliées à des modèles déjà existants. Dans l'imaginaire, le sujet se contente de copier les autres, le plus souvent par souci de rivalité, sans s'inscrire dans une démarche qui lui est propre.

Le pilotage par l'imaginaire, très fréquent dans les organisations, peut conduire à réactiver des phénomènes de comparaison, de rivalité, qui ne témoignent pas du dépassement de l'Œdipe et ramènent rapidement les sujets vers des comportements infantiles sans inscription originale dans la réalité identitaire de chacun. Tant que l'Œdipe n'est pas liquidé, les sujets restent prisonniers d'un narcissisme basique qui les porte à considérer les autres comme des rivaux à éliminer, si bien qu'ils usent leur énergie à se combattre les uns les autres plutôt qu'à construire quelque chose en commun. Ainsi, les entreprises qui abusent du management lié aux valeurs collectives et des visions stratégiques mobilisatrices courent le risque de générer des comportements de suiveurs, sans possibilité de créativité, faute d'un accès à l'identité de chacun que seul permet le passage au symbolique. Elles ne font que remplacer l'idéal du moi de leurs salariés par un idéal du moi collectif qui est un système d'emprise[6]. Or, si leur objectif est de disposer de ressources humaines de qualité pour faire la différence, elles risquent de ne pas l'atteindre, car les comportements seront bridés par l'imaginaire unique proposé et par une compétition intense entre les personnes.

1.3.2 Les sources de l'implication

Si la motivation n'est pas une caractéristique permanente de l'individu que l'on pourrait évaluer une fois pour toutes, l'implication, en revanche, peut être repérée en partie dans la personnalité, à travers deux traits fondamentaux : le *locus of control* (voir chapitre 1, section 1) et le besoin de réalisation que les tests de personnalité permettent de repérer.

Selon Mc Clelland[7], il existe trois types de personnalités différentes. Certains ont un besoin de réalisation (*need for achievement*). À ceux-là, il faut donc proposer des défis et une ascension importante ; ils seront toujours impliqués dans leur travail. D'autres ont un besoin de pouvoir ; il faut leur donner la possibilité d'en obtenir. D'autres enfin sont plutôt poussés par un besoin d'affiliation. Il faut donc leur permettre de s'insérer dans des équipes agréables, où ils trouveront des relations susceptibles de les motiver.

Cette théorie est importante à prendre en compte lorsqu'on met en place un système de motivation. Elle permet d'expliquer que certaines récompenses ne sont absolument pas motivantes pour des personnes qui ne les valorisent pas. Ainsi, proposer une promotion à un poste sans réel enjeu à quelqu'un qui est mu par un besoin de réalisation n'est pas forcément une bonne idée pour le motiver. Car ce qu'un tel sujet recherche, ce n'est pas le statut ou le pouvoir, mais la possibilité de continuer à avancer. Il faut donc toujours évaluer les moteurs des personnes avant de leur proposer quelque chose. D'une façon générale, les *achievers* sont des individus très intéressés par leur travail, qui aiment à se fixer à eux-mêmes des objectifs difficiles mais qu'ils peuvent atteindre, et qui ont besoin de *feed-backs* rapides sur leur performance. Ils assument bien les responsabilités.

La détection de ces deux traits de personnalité – type de *locus of control* interne et besoin de réalisation, de pouvoir ou d'affiliation – permet de faciliter les recrutements. Selon les types de postes, le profil idéal sera plutôt un sujet possédant un fort besoin de réalisation et un locus interne, ou un sujet mettant en avant un autre besoin et pouvant garder un locus externe. Ainsi, ceux qui sont plutôt portés sur l'affiliation chercheront des postes avec de nombreux contacts, où l'on pourra apprécier le fait qu'ils aient un locus externe qui leur permet de se fondre dans l'équipe. Les *achievers*, quant à eux, auront une préférence pour des postes solitaires, dans lesquels le retour sur la performance est immédiat. Mais s'ils sont en seconde position, ils tenteront de dépasser leur supérieur, ce qui peut s'avérer contre-productif.

1.3.3 La dynamique de l'histoire personnelle

Chaque personne se constitue des objectifs, plus ou moins précis, issus de la combinaison entre son idéal du moi et les déterminants culturels et familiaux qui l'orientent plutôt vers tel type d'activité ou de métier. Munie de ces objectifs, elle tente de se frayer un chemin, d'abord dans le monde scolaire, puis dans l'univers professionnel, qui lui permette de satisfaire le plus d'attentes possibles.

Il existe deux façons de traiter de la rencontre entre aspirations et réalité :

- celle de l'adéquation entre les deux ;
- celle de l'interaction.

L'adéquation entre les attentes et la réalité

L'une des découvertes fondamentales de Roethlisberger et Dickson, les chercheurs qui ont formalisé les résultats de l'expérience d'Hawthorne (voir précédemment l'approfondissement 5.1), a été de constater que la satisfaction variait en fonction des aspirations initiales, et que des individus issus de milieux identiques et avec le même niveau de formation ne se satisfaisaient pas de la même situation professionnelle obtenue. Certains étaient ravis d'être arrivés là où ils avaient souhaité être, d'autres espéraient pouvoir atteindre un meilleur poste et n'étaient pas motivés par une situation pourtant considérée comme correcte dans leur milieu d'origine. Plus généralement, ceux qui ne trouvent pas de vocation pour une activité donnée peuvent avoir du mal à se motiver durablement pour leur métier : ils pensent toujours qu'ils ont raté quelque chose de fondamental, quelque chose qui leur aurait permis de se réaliser, d'être excellents parce qu'alors, ils auraient vraiment été à leur place. Ce sentiment peut être considéré comme un mythe, mais il renseigne utilement sur le désir permanent de trouver un métier ou une activité pour laquelle on est fait, dans laquelle on excelle, parce qu'elle nous correspond profondément. C'est un des rôles des bilans de compétences qui permettent à un salarié de faire le point sur son activité et de réfléchir à la façon dont il voudrait orienter son projet professionnel.

Ici intervient une question importante sur la notion même de motivation : est-ce uniquement le manque ou le besoin qui motive, comme l'affirment les théoriciens du contenu, ou bien est-il possible d'être motivé par le plaisir actuel et projeté, issu de l'adéquation entre ses désirs et les réalités ? Cette seconde vision des choses consiste à penser que la clé de la motivation peut aussi se trouver dans le sentiment d'être en chemin vers quelque chose qui correspond à ce que l'on souhaite être, ou dans le sentiment d'être totalement en adéquation avec son action, comme l'exprime le concept de « flow » (voir approfondissement 5.3). Elle valorise donc davantage l'harmonie, l'adéquation, que la violence du manque. Elle est importante pour comprendre le poids du sens dans la motivation. En effet, si l'accès au symbolique est source d'une motivation réelle, alors être motivé, c'est aussi être motivé à aller vers ce pour quoi on sent que l'on est fait.

Autrement dit, ce qui est en jeu ici, c'est l'histoire que l'on se raconte à propos de son activité. Un homme sera motivé s'il a l'impression que ce qu'il fait a un sens pour lui, en fonction de ses valeurs, de son éthique et de ses qualités, et que, du coup, il se trouve bien à sa place là où il est, bien récompensé pour ce à quoi il contribue, par rapport aux autres qui ont chacun leur place.

La question de fond n'est donc plus celle des besoins à connaître et à remplir, mais celle du sens que chacun trouve dans un cheminement vers la construction dynamique de sa propre identité.

Dans ses dernières recherches, M. Csikszentmihalyi[8] insiste sur la relation qui existe entre l'atteinte de l'excellence et le respect de l'éthique, montrant que contrairement à certaines idées reçues, il est inutile de bafouer ses valeurs pour réussir, mais que le sentiment de « flow » ressenti lors d'une action en plein accord avec son éthique permet aux personnes d'atteindre l'excellence. Cependant, l'adéquation ne provient pas uniquement d'un accord entre travail et valeurs, mais aussi du sentiment de bien travailler au sein d'une organisation qui assure que l'on va bien dans le sens recherché. C'est ce que confirme l'analyse de la motivation des bénévoles dans les associations, qui s'engagent sans être toujours efficaces, d'où l'accent porté aujourd'hui sur leur professionnalisation (voir exemple 5.1).

Approfondissement 5.3

Le concept de « flow », une autre approche de la relation entre épanouissement, efficacité et éthique

Alors que peu de chercheurs apportent des éléments convaincants sur la relation entre motivation et efficacité, les travaux du psychologue américain Mihaly Csikszentmihalyi ouvrent une piste intéressante dans ce domaine. Il a étudié ce qui se produisait chez des personnes pleinement épanouies dans ce qu'elles faisaient, dans les affaires mais aussi dans d'autres activités (par exemple des alpinistes, des mères de famille, etc.). Ces personnes disaient éprouver des moments de réelle plénitude dans leur activité et Csikszentmihalyi a proposé le concept de « flow » pour décrire cet état. Ses recherches montrent que l'on retrouve toujours trois conditions et cinq caractéristiques chez les personnes qui sont dans cet état de « flow ».

Trois conditions :

- Les buts de l'activité sont clairs.
- Les effets de ce que l'on fait sont visibles immédiatement.
- Il y a une difficulté à surmonter, mais la personne a la capacité d'y faire face.

Cinq caractéristiques de ces moments de plénitude :

- La concentration devient profonde.
- On est totalement dans l'instant présent.
- On contrôle la situation dans la mesure du possible.
- Le sentiment du temps est altéré ; le temps passe très vite ou, au contraire, très lentement.
- L'ego se dissout.

Selon Csikszentmihalyi, personne n'expérimente cet état en permanence, mais sa fréquence permet de se sentir bien. À son avis, toutes les activités peuvent permettre de le vivre ; cela dépend à la fois des personnes et de la façon dont ces activités sont conçues (d'où le rôle du management dans les organisations).

Toujours selon l'auteur, l'origine de cet état de « flow » et de ses bienfaits est le besoin que nous avons d'aller au bout de nos possibilités. Le plaisir facile n'apporte pas le bonheur. Ce dernier est une conséquence, pas un but ; il advient quand on cherche à se dépasser et/ou quand on sert quelque chose de plus grand que soi.

Cette approche devrait permettre dans les années qui viennent de mieux appréhender le lien entre motivation, satisfaction et performance.

Sources : Csikszentmihalyi M., *Flow: The Psychology of Optimal Experience*, New York, Harper & Row, 1990 ; *Good Business: Leadership, Flow and the Making of Meaning*, London, Hodder & Stoughton, 2003.

Exemple 5.1

La motivation des bénévoles

Dans le monde associatif, un grand intérêt est porté aux motivations des bénévoles dont l'engagement est crucial pour le bon fonctionnement de ces organisations.

En effet, à une époque où on demande aux associations d'être efficaces dans l'utilisation des fonds qu'elles lèvent, les dirigeants associatifs se posent en particulier la question de la fidélisation de leurs bénévoles sur lesquels ils investissent en formation.

Toutefois, les bénévoles donnent « gratuitement » et volontairement de leur temps, et se positionnent donc dans une relation à l'organisation différente de celle des salariés. Difficile d'utiliser les mêmes leviers que dans le contexte d'une relation salariale.

C'est dans ce contexte particulier qu'on peut saisir l'importance de l'épanouissement et du sens du travail. En effet, les motivations des bénévoles sont souvent fortes, mais aussi parfois confuses et en tous cas diverses, comme en témoigne une étude menée en mars 2008 par France Bénévolat et le CERPHI auprès de bénévoles.

À la question « Quelles étaient vos motivations lors de votre premier engagement ? », voilà les réponses des bénévoles :

- la cause défendue : 34 % ;
- le souhait d'être utile à la société et d'agir pour les autres : 71 % ;
- le souhait d'appartenir à une équipe : 35 % ;
- l'acquisition d'une compétence : 19 % ;
- pouvoir mesurer le fruit de vos efforts : 6 % ;
- un épanouissement personnel : 49 % ;
- le désir d'exercer une responsabilité : 22 % ;
- la reconnaissance sociale : 8 %.

(Le total dépasse 100 % car plusieurs réponses à la question étaient possibles.)

À côté du souhait sans doute très spécifique au secteur associatif d'« utilité sociale », on trouve également au fondement de la motivation les besoins d'appartenance, de développement de soi et d'épanouissement.

Il n'est donc pas inutile que les dirigeants associatifs veillent à installer une adéquation entre ce type de besoins et le pilotage des comportements vers une plus grande efficacité.

Source : « La France bénévole », Centre d'étude et de recherche sur la philanthropie, mars 2008, www.francebenevolat.org.

Les interactions entre aspirations et réalisations

On voit bien que l'idée d'adéquation est trop statique pour refléter totalement la complexité du lien entre aspiration et réalité. La notion d'interaction permet de mieux comprendre comment l'histoire de la personne se nourrit du contact permanent entre aspirations et réalisations.

Les succès passés sont importants dans l'élaboration de nouvelles aspirations, plus élevées. Le niveau d'aspiration n'est pas une constante indépendante de ce que vit la personne. Il varie fortement en fonction du taux de succès rencontré. Une personne qui a subi un échec aura tendance à vouloir éviter d'autres échecs et limitera donc fortement son niveau d'aspiration. L'histoire de cette personne permet de comprendre pourquoi elle essaie peu et ne trouve pas de grande satisfaction dans ce qu'elle fait.

Selon Nuttin, ce plaisir de causalité est une source de motivation[9]. Le changement que l'on peut opérer, tant sur le monde que sur soi-même, procure un profond plaisir. Par ricochet, la démotivation survient lorsque ce plaisir a disparu ou n'apparaît pas, ou quand il existe un décalage entre les projets personnels et le travail effectué. Ainsi, l'une des façons de motiver relève de la prise en compte des projets personnels dans le monde du travail. Cette prise en compte peut se faire par l'intégration de ces projets, en demandant aux salariés de participer aux démarches de l'entreprise, de faire preuve d'initiative. Elle peut aussi se faire à côté du travail proprement dit, par la possibilité donnée au personnel de réaliser des projets en parallèle. Ainsi, par exemple, certaines entreprises soutiennent des projets de développement humanitaire élaborés par leurs salariés, d'autres sont favorables au développement de projets personnels et libèrent du temps et parfois des budgets à cet effet (voir l'approfondissement 5.5).

Résumé

- La constitution même de la personnalité et l'histoire de chaque personne (son environnement culturel, familial, son éducation, les situations qu'elle a vécues) expliquent les différences dans les orientations de la motivation.
- Ces différences d'intensité et de persistance de la motivation varient selon l'intériorisation de la place du travail dans une vie, selon l'idéal que l'on se forge, selon la confiance que l'on se donne et les expériences que l'on vit.

2. Motivation et confrontation aux autres

Au sein de l'organisation, le fait d'être inséré dans des groupes et de se confronter à la compétition peut avoir des impacts positifs ou négatifs sur la motivation, sans que ce paramètre soit toujours bien maîtrisé par les dirigeants.

Pour creuser cet aspect, trois points vont être évoqués successivement :

- le rôle de la compétition dans la motivation ;
- la notion d'équité à respecter dans le traitement des individus de l'organisation ;
- l'influence de l'appartenance à un groupe sur la motivation de ses membres.

2.1 L'impact de la compétition sur la motivation

Les analyses de la section précédente peuvent faire penser que l'élaboration du désir est purement personnelle. Chaque individu arriverait dans l'organisation avec ses besoins, ses valeurs et ses désirs qu'il confronterait aux possibilités offertes. Pourtant, la rencontre avec les autres membres de l'organisation complexifie cette conception. Les phénomènes de rivalité, de jalousie laissent vite émerger l'idée que l'on est également attiré par ce qui attire les autres. Par exemple, une personne peu portée *a priori* sur les honneurs finira par y prêter attention après s'être rendu compte qu'ils sont importants pour les autres ; elle se mettra alors à réclamer son passage de grade. C'est sur ce principe que fonctionnent bon nombre de publicités. La voiture vantée devient un objet de désir parce que l'acteur du spot publicitaire affiche des qualités que le spectateur moyen rêve de posséder. Acheter cette voiture, c'est vouloir s'attribuer ces caractéristiques.

Ce fonctionnement est nommé « désir triangulaire » ou encore « désir mimétique » par René Girard[10], qui le met en évidence à travers les grands textes de la littérature française. Reprenant le schéma hégélien de la dialectique du maître et de l'esclave, il montre à quel point le sujet est porté à désirer ce qu'un autre, modèle ou rival, désire. À travers ce nouvel intérêt pour l'objet, ce sont les qualités attribuées au rival que l'on souhaite s'accaparer. Et à son tour le modèle se place en situation triangulaire, comme pour confirmer la valeur de son choix d'objet. Si son voisin convoite la même chose que lui, c'est que cette chose a bien de la valeur et qu'il a raison de l'avoir choisie.

Appliqué à la motivation, ce schéma invite à penser que la motivation pour tel ou tel objet peut tout simplement résulter du fait que d'autres personnes sont attirées par cet objet. D'un point de vue global, un individu aspire à telle ou telle situation sociale parce qu'elle lui semble valorisée par des gens qui, pour lui, font référence. Plus concrètement, un collaborateur aspire à tel poste parce que son concurrent le veut et que, le voulant, il lui donne une couleur très attirante, alors que sa propre trajectoire ne le menait pas forcément à ce poste. C'est ainsi que certains postes sont très valorisés parce que très convoités, et convoités simplement parce que des personnes clés s'y intéressent et qu'ils revêtent alors une importance particulière qui dépasse leur simple contenu.

Pour l'organisation, cela signifie qu'on peut tenter de piloter les motivations de deux façons :

- On peut valoriser socialement certains postes, par exemple en les attribuant systématiquement à de hauts potentiels, suivant en cela la théorie du renforcement positif (voir approfondissement 5.4).
- On peut motiver quelqu'un à travailler plus en créant une compétition acharnée entre pairs pour l'obtention d'un poste ou d'une promotion. En effet, le sentiment de compétition peut amener quelqu'un à se dépasser, comme en témoigne le succès de la métaphore sportive dans le monde des entreprises.

Cependant, ce dernier type de motivation comprend des écueils qui sont inhérents à tout fonctionnement reposant uniquement sur l'univers de l'imaginaire. Sans accès au symbolique, la bataille n'a d'autre fin qu'elle-même et la fin réelle du combat est oubliée. Ainsi, une motivation de « qualité » serait celle qui pousse à se dépasser dans le sens où l'on devient soi-même père, plutôt que de passer son temps à se comparer à ses frères ou à ses pairs, dans un leurre narcissique.

Approfondissement 5.4

La théorie du renforcement positif

La théorie du renforcement est une théorie behavioriste. Elle suppose que, pour obtenir les comportements souhaités, il suffit de les récompenser systématiquement lorsqu'ils apparaissent. Les individus vont alors adopter ces comportements pour obtenir les récompenses. Cette théorie a aussi son versant négatif, qui consiste à punir les comportements non souhaités de façon à les éviter (voir figure 5.3).

La théorie du renforcement relève à première vue du simple bon sens, mais elle a des conséquences très importantes dans l'organisation. Elle permet de piloter la performance au plus près de la culture d'entreprise. Prenons l'exemple d'un cabinet de conseil dont la culture traditionnelle incite à passer le plus de temps possible en mission chez le client pour rapporter du chiffre d'affaires. Si les dirigeants souhaitent que les consultants consacrent aussi du temps à construire la mémoire organisationnelle, de façon à préserver l'avenir de l'entreprise, il suffit d'intégrer cette tâche dans les processus d'évaluation et de donner clairement une augmentation à ceux qui y participent. Cela montrera aux autres que la tâche est valorisée et l'attrait d'une meilleure rémunération les incitera peut-être à changer de comportement.

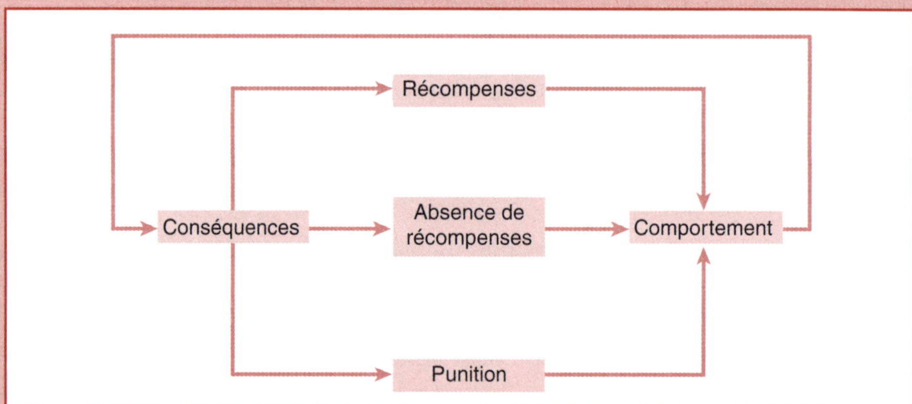

Figure 5.3 • La théorie du renforcement.

Pourtant, alors même que l'on accède par moments au symbolique, on ne peut qu'être taraudé par la crainte de se faire doubler par l'autre qui serait mieux traité que soi. C'est pourquoi le souci de l'équité de traitement est essentiel pour maintenir la motivation.

2.2 Le besoin d'équité

Pour être motivé durablement, l'individu a besoin de se sentir respecté, jugé à sa juste valeur. Or, qu'est-ce exactement que la juste valeur ? Comment estimer qu'une reconnaissance est juste ? Essentiellement en se donnant des repères, comme l'explique la théorie de l'équité de Adams[11] (voir figure 5.4).

Ratio*	Perception de A
$\frac{\text{Rétribution A}}{\text{Contribution A}} < \frac{\text{Rétribution B}}{\text{Contribution B}}$	Inéquitable (sous-payé)
$\frac{\text{Rétribution A}}{\text{Contribution A}} = \frac{\text{Rétribution B}}{\text{Contribution B}}$	Équitable
$\frac{\text{Rétribution A}}{\text{Contribution A}} > \frac{\text{Rétribution B}}{\text{Contribution B}}$	Inéquitable (sur-payé)

* A est l'employé, B son référent

Figure 5.4 • La théorie de l'équité de Adams.

Le premier repère consiste à trouver un équilibre entre ce que l'on donne et ce que l'on reçoit en échange. Instinctivement, en comparant avec des référents internes et externes, le sujet calcule un équilibre contribution/rétribution, entre ce qu'il fournit à l'organisation et ce qu'elle lui donne en échange en termes de rémunération, de reconnaissance, de statut, de promesses d'évolution, etc. Deux repères permettent de calculer cet équilibre : soi-même et les autres.

Par rapport à lui-même, le sujet vérifie que l'organisation le rétribue justement, compte tenu de sa contribution. Ainsi, lorsqu'il estime avoir fait un effort ou avoir obtenu des résultats importants, il attend une reconnaissance de la part de l'organisation. À l'inverse, lorsqu'il estime avoir reçu une récompense indue, il réagit en tentant de donner plus à son tour. Ainsi, le souci d'équité fait qu'une personne est plus motivée à bien faire lorsqu'elle perçoit un déséquilibre à son avantage entre contribution et rétribution. Ce phénomène permet d'expliquer pourquoi certaines entreprises ont une politique salariale qui se situe délibérément au-dessus des prix du marché. Bien payés, les salariés ont à cœur de rétablir leur équilibre et de contribuer davantage. Inversement, il explique aussi que certaines entreprises, qui croient bien faire en accordant une augmentation de salaire une année où la personne n'a pas été très performante sous prétexte que l'année précédente un bon résultat n'avait pas pu être rémunéré, se heurtent à un mur d'incompréhension et à une démotivation entraînée par la perte de sens. Dans de tels cas, il faut toujours penser à expliquer les actions mises en œuvre (voir exemple 5.2).

Le second point de repère est celui que constituent les autres, qu'ils soient, avec un statut comparable, extérieurs à l'organisation ou qu'ils travaillent dans la même organisation. Le sujet regarde les différents équilibres contribution/rétribution et évalue sa position par rapport aux autres. S'il estime être moins bien traité globalement que les autres, il perdra sa motivation pour le travail lui-même, mais la fera porter sur la modification de la situation : en réclamant plus, en travaillant moins ou en quittant la société pour une autre où il pensera trouver un équilibre plus satisfaisant.

Exemple 5.2

La rémunération des ingénieurs en télécommunication

Telplus, grande entreprise de télécommunications, a mis en place en 1998 une politique salariale attractive pour les ingénieurs qu'elle souhaite recruter, voire débaucher chez ses concurrents.

Participant à des enquêtes sectorielles de salaire, Telplus a pour principe de payer 10 % au-dessus des prix du marché, évalués tous les six mois.

Si cette politique lui permet d'attirer les meilleurs, elle ne lui permet pas toujours de les garder. En effet, sur un marché très tendu, l'entreprise a constaté que ses ingénieurs restaient en moyenne dix-huit mois chez elle avant de partir chez les concurrents. Elle en est même arrivée à réembaucher des ingénieurs partis un an plus tôt.

La théorie de l'équité permet d'expliquer ce qui motive les ingénieurs à quitter si rapidement Telplus. En effet, ils s'aperçoivent très vite que les ingénieurs recrutés après eux sont mieux rémunérés, sans motif réel. Au bout d'un moment, leur ratio contribution/rétribution s'avère inférieur à ceux de leurs jeunes collègues, ce qui devient insupportable. Pour résoudre cette difficulté, l'entreprise devrait augmenter régulièrement les salaires de ses ingénieurs, ce qui lui coûterait beaucoup trop cher, à moins de mettre en place une politique de rémunération à visée de fidélisation, qui prendrait en compte l'ancienneté et encouragerait donc le personnel à rester.

Cette théorie peut paraître évidente et simple à mettre en œuvre, mais tel n'est pas toujours le cas. En effet, ce que chacun met dans la rétribution dépend en grande partie de ce qui lui importe : ceux qui attachent une grande importance à la possibilité d'avoir du pouvoir valoriseront davantage une situation que ceux qui se contentent de mesurer l'argent gagné. Ainsi, appliquer la théorie de l'équité est une bonne idée pour veiller à l'équilibre des motivations, mais sa mise en œuvre implique que le manager connaisse bien ce qui importe à chacun des membres de son équipe, voire de son organisation, pour être certain de ne pas se tromper dans le design de leur propre balance contribution/rétribution.

À vrai dire, cette difficulté peut aussi être résolue par une politique d'entreprise claire sur les tâches rétribuées et sur les différentes composantes de la rétribution. Dans cette optique, ceux qui ne sont pas attirés par les rétributions proposées ne restent pas longtemps dans l'entreprise en question, à moins de s'y sentir contraints, par exemple pour des raisons liées au marché du travail.

2.3 L'effet d'entraînement du groupe

Les deux sections précédentes traitaient de l'impact des comparaisons interindividuelles sur la motivation. Celle que nous abordons maintenant s'intéresse à l'impact de l'appartenance à un groupe sur la motivation individuelle.

Il existe un effet d'influence qui va porter un individu *a priori* moyennement motivé à augmenter son niveau de motivation, pris par l'enthousiasme général, ou parfois pour le simple plaisir de participer à une aventure collective entraînante. C'est l'un de ces effets de foule que l'on peut retrouver, à plus petite échelle, dans des situations duelles. Une personne motivée par une tâche peut parvenir à convaincre son équipier de l'intérêt de celle-ci, et contribuer ainsi à hausser son niveau de motivation. Une atmosphère générale d'enthousiasme pour un projet, une bonne entente entre les membres d'une équipe vont inciter chacun à se dépasser ou pour faire plaisir aux autres, ou parce que ceux-ci ont su montrer à quel point le projet est intéressant.

À l'inverse, un individu très motivé par une tâche pourra se démotiver rapidement, s'il a l'impression d'être le seul à se démener pour mener à bien une action dont la réussite dépend aussi des autres. Une ambiance morose dans un service aura un effet démotivant pour tous, jusqu'à ce qu'un événement quelconque renverse la situation. Car la norme de groupe peut faire que chacun se trouve dans l'obligation d'être soit motivé soit démotivé, pour être comme tout le monde. Mais qu'un événement retourne un acteur clé, alors tous ceux qui ne faisaient que suivre le mouvement se révèlent au grand jour.

C'est ce que permet d'expliquer la fourche de Schachter[12] qui distingue deux facteurs dans les groupes, dont l'évolution va permettre de comprendre les variations de productivité. Ces deux facteurs sont la cohésion du groupe et la plus ou moins grande adhésion des individus aux normes de production.

- Lorsque la cohésion est grande et que les membres du groupe accordent un grand respect aux normes de production, les résultats sont excellents.
- Lorsque la cohésion est faible, mais que les membres respectent les normes, la productivité reste bonne.
- Si la cohésion est faible et que les personnes ne respectent pas les normes, la productivité baisse.
- Mais lorsque la cohésion est forte pour refuser les normes de production, tout management de l'équipe devient impossible et il faut gérer la crise.

Autrement dit, il n'est pas toujours dans l'intérêt des managers d'avoir des équipes très cohésives, à moins d'être certains de pouvoir les amener à accepter les règles du jeu de l'organisation.

La motivation à coopérer avec quelqu'un ne dépend pas uniquement de la nature de la tâche à effectuer en commun, elle dépend aussi de l'image que l'on se forge de l'autre, ainsi que de celle que l'on souhaite ou que l'on a l'impression de projeter sur lui. Autrement dit, travailler avec quelqu'un qui nous semble compétent et de bonne composition peut être très motivant, même si la tâche n'est pas passionnante en soi. Pour certaines personnalités, se donner le défi de motiver l'autre lorsqu'il est un peu récalcitrant peut aussi, à l'inverse, être très motivant.

Ce à quoi il faut penser dans tous les cas, c'est que la simple analyse de la motivation individuelle ne suffit pas à prédire la motivation globale d'un groupe et son impact en retour sur les motivations individuelles. En effet, dans tous les cas de coopération, le regard de l'autre est important et peut produire des effets contradictoires. Il faut donc procéder à une analyse fine aussi bien des personnalités prises individuellement que des interactions collectives. C'est en particulier l'une des tâches qui incombent à un chef de projet, tant au moment où il compose son équipe que tout au long du déroulement d'une mission. C'est aussi l'un des éléments recherchés dans certains tests de personnalités qui tentent de cerner comment la personne sera influencée par ses équipiers et les influencera à son tour.

Résumé

- L'émulation peut avoir un fort impact sur la motivation.
- Chacun garde un œil sur son équilibre contribution/rétribution et le compare à celui des autres.
- L'atmosphère dans le groupe a un impact tant sur la motivation que sur la démotivation.

3. L'organisation de la motivation

Après avoir cerné les mécanismes inconscients à l'origine de l'orientation, de l'intensité et de la persistance de la motivation, et vu à quel point le rapport de comparaison et de compétition permanente avec les autres peut être source à la fois de motivation et de démotivation, il reste à examiner maintenant comment, d'un point de vue plus global, l'entreprise peut construire des outils susceptibles de favoriser la bonne motivation et d'éviter la démotivation de ses troupes.

Pour cela, trois aspects vont être traités :

- les différents impacts de l'organisation du travail et de son allocation (sphère des dispositifs organisationnels) ;
- les stratégies d'acteurs liées à la motivation ;
- l'impact de la culture sur la motivation.

3.1 L'organisation et l'allocation de travail pour s'assurer de la motivation intrinsèque de tous

Les dispositifs organisationnels peuvent jouer à la fois sur la motivation intrinsèque, notamment par la définition des postes de travail et leur allocation, et sur la motivation extrinsèque, notamment au travers de tout le système de rétribution mis en place.

3.1.1 *The Right Man at the Right Place*

Cette expression est empruntée à Taylor qui en faisait l'un des principes du management scientifique. « Placer la bonne personne au bon poste » permet, selon lui, de gagner en efficacité. Ce n'est pas un hasard si un grand cabinet de conseil a choisi cette citation comme slogan pour une récente campagne de recrutement en direction des jeunes diplômés. Si les mécanismes de la motivation sont influencés à la fois par les données biographiques et par la participation à différents groupes, il convient de réfléchir au type de travail que l'on confie aux personnes, en fonction de leur motivation propre, ainsi qu'à l'environnement de travail offert, qui peut aussi jouer sur l'évolution de la motivation. Une telle démarche implique donc nécessairement de sortir des principes tayloriens dont la mise en application débouche sur la définition des postes indépendamment des personnes, pour aboutir à des organisations plus centrées sur les périmètres de fonctions qui conviennent à chaque individu, compte tenu de ses compétences, de ses goûts et de ses aspirations à un moment donné.

Ainsi, les théories des contenus (voir précédemment section 1.2) peuvent donner des indications précieuses sur les facteurs à prendre en compte dans l'organisation du travail et dans la nomination de telle ou telle personne à un poste donné. Parmi celles-ci, la pyramide de Maslow, par l'insistance mise sur les besoins sociaux et les besoins de réalisation de soi, donne des pistes sur l'organisation du travail tant en statique qu'en dynamique. Ensuite, la théorie bifactorielle de Herzberg permet de comprendre comment élaborer des organisations de travail qui procurent de bonnes conditions de satisfaction. Selon cet auteur, il s'agit d'élargir et d'enrichir les tâches, c'est-à-dire de déspécialiser au maximum les postes de travail, afin d'éviter l'ennui du geste cent fois répété et de redonner accès à la réflexion sur le travail, au lieu de se contenter de simples tâches de réalisation.

Il s'agit aussi de proposer les bonnes allocations des tâches, de façon à favoriser en permanence l'adéquation entre aspiration à un moment donné et réalisation consécutive. Ce dispositif organisationnel implique non seulement d'avoir de bons processus de recrutement en interne et en externe, mais aussi et surtout de sensibiliser le management à la dimension de l'évolution inévitable de la motivation au fur et à mesure qu'une personne évolue et maîtrise mieux son travail. Il peut aussi signifier la nécessité de laisser une marge de manœuvre aux managers pour réaffecter les personnes au sein de leurs entités sur des postes qui leur sont mieux adaptés à un moment donné.

Ainsi, gérer les carrières à l'intérieur de l'entreprise consiste en un double processus : il s'agit d'une part de prévoir les besoins de l'organisation et, d'autre part, de s'assurer que les individus retrouvent en permanence des éléments de motivation. Pour les uns, il s'agit de grimper dans la hiérarchie régulièrement, pour d'autres d'obtenir des horaires adaptés à leur mode de vie à un moment donné, pour d'autres encore de découvrir de nouvelles problématiques, d'apprendre en permanence… Le simple fait d'accorder de l'importance aux besoins de chacun et de tenter d'y répondre est une marque de reconnaissance qui constitue déjà en lui-même une forte source de motivation. La personne se sent reconnue par le manager qui lui propose un poste correspondant à ses attentes et, plus encore, elle ne se sent plus anonyme dans une organisation qui traiterait chacun de la même façon. Elle en retire un fort sentiment de reconnaissance, qui la pousse à faire plus pour l'organisation.

Mais ce dispositif ne suffit pas à savoir, une fois les positions cadrées pour un temps, comment motiver les personnes pour une activité qui *a priori* leur convient. Pour ce faire, il faut examiner, à l'aide des théories du processus, quels sont les mécanismes qui motiveront une personne à agir dans le sens proposé par le manager. C'est ici qu'interviennent les mécanismes de rétribution qui jouent sur la motivation extrinsèque.

3.1.2 Peser sur la motivation extrinsèque

Les salariés qui disposent à un moment donné d'un poste de travail qui les satisfait pleinement quant au contenu peuvent toutefois se trouver démotivés si les autres conditions de travail ne sont pas satisfaisantes. Outre les aspects ergonomiques et périphériques du travail, tels que, par exemple, le fait de disposer des bons outils, d'avoir accès à un parking, d'avoir des bureaux convenables, où l'on peut à la fois travailler tranquillement, recevoir un client et procéder à des réunions, il est indéniable que les salariés sont très préoccupés à la fois par leur niveau de rémunération et par les mécanismes de rétribution mis en place. Le niveau de rémunération proposé ailleurs est souvent la cause d'un changement d'entreprise, de même que l'impression d'avoir été traité injustement est un facteur puissant de démotivation.

La rémunération est donc un levier important en matière de motivation, sur lequel l'organisation se doit de jouer finement. La question n'est pas tant de payer plus qu'ailleurs, mais de bâtir un système cohérent tant en interne qu'en externe et qui permette d'orienter les comportements dans le sens souhaité. Ici, sont mobilisées au même niveau la théorie de l'équité et celle du renforcement : les salariés comparent en permanence leur rémunération avec celle des autres ; ils sont souvent conduits à mettre l'accent sur ce qui est le plus rémunérateur pour eux. C'est ainsi que l'on peut comprendre les politiques d'incentives mises en place pour les commerciaux : il s'agit de concours de ventes, de véritables défis avec, à la clé, un voyage à gagner. En se prêtant à ces compétitions, les vendeurs prennent plaisir à se mesurer les uns aux autres, et à être mis en avant lorsqu'ils gagnent. Le tout pour le plus grand profit de l'entreprise.

Cet aspect de la motivation ne doit pas être pensé indépendamment de la sphère culturelle. Il existe par exemple des organisations où l'argent est tabou, où il ne faut pas en gagner trop. Dans ce cas, le levier relève plutôt de la reconnaissance. D'ailleurs, il ne s'agit pas uniquement de rémunération, mais plutôt d'une rétribution globale prenant en compte aussi les aspects symboliques. Ainsi, sans même faire la somme totale des avantages obtenus, certains salariés sont extrêmement fiers de posséder quelques actions de leur entreprise, ou d'être associés *via* l'intéressement à sa destinée. De même, les commerciaux comparent souvent entre eux le modèle de voiture de fonction qui leur a été attribué, et ce non pas tant au plan financier qu'à celui de l'image associée à telle ou telle marque.

3.1.3 Intégrer motivations intrinsèques et extrinsèques

Une fois ces dispositifs génériques mis en place, il nous reste à examiner ce qui se passe à l'échelle des équipes de travail, entre un manager et ses subordonnés.

Deux éléments sont à prendre en compte : d'une part, il s'agit de comprendre comment fixer des objectifs motivants en soi ; d'autre part, il faut aussi s'inquiéter des types de récompenses accordées en fonction du niveau d'atteinte des objectifs fixés.

Sur la **fixation des objectifs**, Locke[13] nous enseigne qu'un objectif doit être fixé de manière à être stimulant mais pas trop important, de telle sorte qu'il puisse être atteint par l'individu. Si un opérateur a l'impression qu'il n'a aucune chance d'atteindre des objectifs qu'il ressent comme trop élevés, compte tenu de ses capacités et des moyens qui lui sont alloués, il se démotive rapidement, pensant que leur réalisation est au-dessus de ses forces. Ensuite, il faut qu'un objectif soit assorti d'un délai et d'une échelle de mesure, afin de pouvoir contrôler le degré d'atteinte. Enfin, il faut aussi que la récompense accordée en cas d'atteinte des objectifs soit non seulement calculée de façon à être motivante, mais aussi que les facteurs jouant sur son obtention soient peu nombreux et simples à comprendre. Ici encore, c'est la théorie du renforcement qui s'applique.

La **théorie des attentes de Vroom**[14] complète cet aspect par une réflexion sur la valeur que chacun accorde à telle ou telle récompense. Vroom met en relation les efforts individuels, la performance à laquelle ils aboutissent, la récompense attachée à cette performance, et le lien entre cette récompense et les attentes individuelles.

Selon cette théorie, trois variables sont importantes dans le fonctionnement de la motivation :

- la valence : valeur attribuée par l'individu à la récompense ;
- l'instrumentalité : perception de la probabilité que telle performance permettra d'accéder à la récompense ;
- l'expectation : perception de sa propre capacité à atteindre la performance (suis-je capable de ?).

Une personne n'est motivée que si elle pense pouvoir atteindre un objectif (expectation), qui lui procurera une récompense à coup sûr (instrumentalité), et si cette récompense est d'une quelconque valeur pour elle (valence). Ce modèle semble un peu mécanique par rapport à certains éléments d'analyse vus précédemment, mais il permet de mettre en place des politiques de motivation prenant en compte à la fois les orientations de chacun (le type de récompense qui intéresse l'individu, qu'il s'agisse d'une promotion, d'une prime ou de reconnaissance) et l'analyse de l'activité à confier à chacun.

Cette vision permet de souligner plusieurs points :

- l'importance de la réflexion sur les objectifs à fixer à chacun et sur la façon de les communiquer ;
- l'importance du *feed-back* donné à chacun sur son niveau de progression et sur l'évolution de ses capacités à atteindre tel ou tel objectif, à effectuer telle ou telle tâche ;
- l'importance de la cohérence des politiques d'évaluation et de reconnaissance, qui doivent permettre de clarifier l'instrumentalité de chacun. Si les salariés ne sentent pas quelle performance on attend d'eux et quel niveau d'effort permet de l'atteindre, ils risquent, dans le cas où leur motivation intrinsèque est faible, de se démotiver rapidement, faute d'un sens suffisamment clair dans l'entreprise.

Ce schéma de Vroom a été complété par Porter et Lawler[15] (voir figure 5.5) pour donner une vision plus globale du processus de motivation. L'intérêt de leur schéma réside dans le fait qu'il permet enfin de retracer un lien entre la motivation extrinsèque et la performance, en passant par la prise en compte des compétences et de la structure des postes de travail, ainsi que de la politique de gestion des carrières. À la théorie des attentes, ils ajoutent les résultats de la théorie de l'équité.

Avec ce schéma, l'organisation dispose d'un outil de réflexion susceptible de l'amener à mettre en place une politique cohérente de motivation, qui prenne en compte les motivations propres à chacun, les mécanismes de comparaison, les processus de motivation ou de démotivation liés aux récompenses et à la facilité de les atteindre. Des enquêtes approfondies permettent alors de mesurer l'impact de telle récompense sur tel type de population.

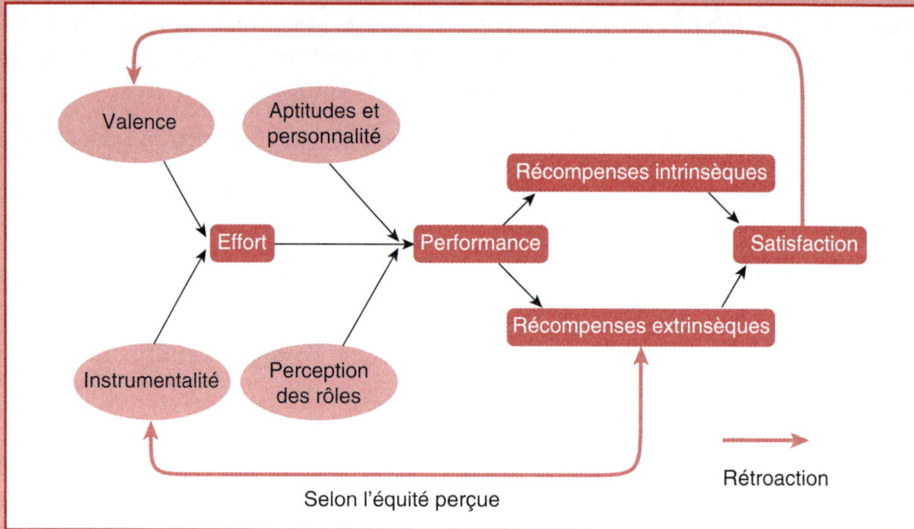

Figure 5.5 • Schéma de Porter et Lawler.

3.2 Les stratégies d'acteurs autour de la motivation

3.2.1 *L'implication comme enjeu d'une négociation permanente*

Au sein de la stratégie d'acteurs, l'implication devient l'enjeu d'une négociation entre groupes différents. En effet, c'est elle qui est garante de l'atteinte d'un bon résultat.

Se pose alors la question de la compatibilité des différents types de motivation avec les objectifs de l'organisation. Il existe une motivation fondamentale dans l'organisation, partagée par tous les acteurs, qui consiste pour chacun à augmenter ses marges de liberté, de façon à pouvoir agir comme il l'entend[16] (voir chapitre 2, section 2.2). Vue sous cet angle, la motivation, au sens du zèle apporté à son travail, peut être une dérivée de la motivation fondamentale de chacun. À l'organisation de construire une carte des zones d'incertitude qui soit compatible avec ses objectifs finaux.

Plus concrètement, au sein des équipes de travail, quelles que soient les politiques mises en place par l'organisation, il arrive que les acteurs se motivent par des moyens qui n'ont pas forcément été prévus par l'organisation. La difficulté réside alors dans le fait de ne pas les démotiver par un manque de souplesse. Ainsi, par exemple, une des sources importantes de la démotivation réside dans la routine. Les salariés sont souvent très effrayés à la perspective de tomber dans un travail répétitif, dans lequel il n'y aura plus aucun enjeu, aucune place pour leur intervention ni leur réflexion. Cette crainte permet d'expliquer de nombreux comportements. Par exemple, dans un entrepôt de pièces détachées automobiles, les organisateurs ont été obligés de désautomatiser un système d'accès aux casiers de rangement des pièces, parce que les opérateurs ressentaient le besoin de trouver eux-mêmes l'emplacement des pièces pour ne pas s'ennuyer. Un système ultramoderne, qui les emmenait directement au bon endroit, avait provoqué un absentéisme important. De même, il arrive que des conducteurs de train ou d'avion prennent des risques en désamorçant les systèmes de pilotage automatique, et ce pour avoir quelque chose à faire et ne pas perdre du même coup l'intérêt et l'habileté de leur travail.

3.2.2 Implications pour les managers de proximité

Face à de tels comportements, le rôle des managers de proximité est essentiel. Soit ils savent apprécier l'intérêt de ces comportements et les autorisent, quitte à négocier en échange des services utiles à l'entreprise. Soit ils appliquent strictement les règles et risquent d'être confrontés à des démotivations importantes, qui ne tardent pas à devenir la source d'une perte de compétences.

D'une façon générale, les managers ont intérêt à dresser un profil motivationnel de leurs équipiers, de façon à savoir comment jouer avec eux, comment les motiver et comment éviter de les démotiver. Il ne s'agit pas de tomber obligatoirement dans un travers instrumental, qui consisterait à manipuler l'autre une fois que l'on aurait compris son fonctionnement – ce qui serait d'ailleurs totalement illusoire. En revanche, disposer d'informations assez précises sur l'histoire, la personnalité et les aspirations d'une personne peut permettre d'adapter le management. Savoir, par exemple, que telle employée a des enfants en bas âge peut être très utile au manager. D'abord, c'est un moyen d'entrer en contact avec cette employée : lui demander comment vont ses enfants est une marque d'attention, voire de reconnaissance à laquelle elle peut être sensible. Ensuite, il est probable que cette employée sera soulagée si on lui laisse une marge de manœuvre quant à ses horaires, de façon à pouvoir s'occuper d'un enfant malade ou à réagir à un problème de garde. Il y a des chances pour que la personne apprécie la latitude qui lui est laissée et soit reconnaissante à son manager de sa compréhension, si bien qu'elle s'impliquera plus volontiers dans son travail.

Repérer que certains travaillent plus efficacement avec un peu de stress alors que d'autres sont immobilisés par la pression est essentiel pour le manager, qui dosera ainsi ses interventions en fonction des personnes.

Comment se donner les moyens d'analyser les ressorts motivationnels sans pour autant jouer aux apprentis sorciers ? Il existe dans la littérature managériale toute une série d'ouvrages qui donnent des conseils sur la question. Il y a aussi, bien évidemment, des batteries de tests, mais il est interdit et inutile de les utiliser lorsqu'on n'est pas habilité à le faire. Nous ne donnerons pas ici de recette magique, ni même de typologie, simplement une idée : la première chose à faire est peut-être d'observer les comportements, en gardant à l'esprit que chacun est différent et que la même recette ne marche pas avec tout le monde. Ensuite, il est possible de dialoguer avec les salariés et de leur demander ce qui leur convient, ce qu'ils souhaitent mettre en avant et de passer avec eux des sortes de contrats moraux. S'engager à envoyer quelqu'un en formation dans le but d'une mobilité, s'il a été bon sur tel dossier, est un moyen de s'assurer de sa motivation.

Le principal est de préserver une part de traitement individuel qui permette à la fois de reconnaître les différences et de répondre aux besoins particuliers. Mais cela ne suffit pas à manager correctement les motivations, puisqu'il faut encore répondre au besoin d'équité et aussi s'assurer que les personnes soient motivées à travailler de concert pour atteindre des objectifs communs. Il faut alors trouver un moyen de coordonner les motivations de chacun, et c'est sans doute là qu'il faut prendre en compte les paramètres de la sphère culturelle.

3.3 L'impact de la culture sur la motivation

Chacun arrive dans l'entreprise avec des motivations différentes. L'enjeu pour l'entreprise consiste donc à trouver comment motiver chacun en gardant une cohérence d'ensemble. Cette cohérence peut être retrouvée au niveau de la sphère culturelle, qui regroupe les éléments portant à la fois sur l'imaginaire partagé et sur le sens poursuivi. Voici quelques éléments relevant de l'impact de la sphère culturelle sur la motivation des acteurs.

3.3.1 Le contenu de la culture

Chaque culture contient des éléments qui, en soi, peuvent favoriser ou non une orientation des motivations dans le sens souhaité. Telle culture mettra en avant le travail, l'assiduité, en faisant porter l'accent sur des mythes de réussite liés à l'acharnement au travail, tandis que telle autre valorisera plutôt la créativité, la performance rapide, etc. Ainsi, les valeurs portées par la culture d'entreprise sont plus ou moins mobilisatrices pour tel ou tel individu. Elles peuvent aider les managers à motiver leurs équipes, notamment lorsqu'elles sont compatibles avec des outils de gestion du type management par objectifs.

À cet égard, la culture nationale a aussi un impact important. Il est difficile, par exemple, de motiver des Latins à travailler collectivement sur des processus d'amélioration en dehors des heures de travail. Cette impossibilité explique le relatif échec des cercles de qualité en France.

Les normes culturelles déterminent le type d'équité qui peut être mis en avant dans l'organisation. Dans une organisation de culture américaine, la rémunération individuelle au mérite sera légitime, tandis que, dans une organisation française, le respect d'une plus stricte égalité est de mise.

Une culture peut constituer un frein à certaines politiques de mobilisation. Si l'harmonie est mise en avant, il s'avère difficile de mettre en place une politique d'incentives qui va à l'encontre des valeurs prônées.

Il convient donc de prendre en compte la culture ambiante lorsqu'on imagine des dispositifs motivationnels.

3.3.2 L'appartenance

Un deuxième point relatif à la sphère culturelle concerne l'impact du sentiment d'appartenance sur les comportements. Dans certaines entreprises, il est possible de remotiver quelqu'un en lui faisant ressortir l'importance de telle ou telle action pour l'image de l'organisation. La simple fierté d'appartenir à telle grande entreprise est une source de satisfaction, de positionnement social agréable. Le fait d'être associé à une grande marque est moteur.

C'est ainsi que l'on peut expliquer l'ampleur des sommes allouées à certains sponsorings ou mécénats. Associer le nom d'une entreprise à un bateau de course ou à une cause humanitaire est un moyen détourné de mobiliser les salariés, de leur donner un imaginaire commun, un sentiment d'appartenance à une communauté, une sensation de fierté. Il ne s'agit pas uniquement de campagnes de communication externe, l'utilisation en interne est aussi très forte. C'est ainsi que les entreprises qui sponsorisent la Route du Rhum mettent des écrans à la disposition des salariés pour qu'ils puissent suivre leur bateau, qu'elles leur permettent de se rendre sur le lieu de départ ou d'arrivée de la course. Ce sont là des éléments importants pour les salariés, comme l'explique l'approfondissement 5.5.

Approfondissement 5.5

Bénévolat d'entreprise, mécénat de compétences ou la recherche d'un supplément de sens

La pratique du mécénat de compétences se développe significativement depuis une dizaine d'années. Il consiste en la mise à disposition par une entreprise de certains de ses salariés pour une durée limitée et pendant leur temps de travail, au profit d'organismes d'intérêt général. Ces derniers peuvent ainsi bénéficier d'une main d'œuvre gratuite et compétente pour les aider dans certaines tâches. Une récente loi encourage cette pratique par des avantages fiscaux. Le bénévolat est également facilité par certaines entreprises, par exemple sous forme d'accords avec des associations humanitaires ; les salariés peuvent alors, durant leur temps de congés, contribuer aux actions de ces associations.

Pourquoi ce développement aujourd'hui ? On peut penser qu'une fraction de la population des employés cherche un sens à sa vie professionnelle que l'investissement dans un emploi classique d'entreprise privée ne suffit plus à donner. Cela se combine avec la préoccupation de certaines entreprises pour leur responsabilité sociale.

Le caractère nouveau de ces développements est en tous cas le signe que le sens du travail et de la vie économique pose question à un nombre croissant d'individus.

Pour plus d'informations : Fondation de France : www.fdf.org ; Admical (Association pour le développement du mécénat industriel et commercial) : http://www.admical.org ; IMS – Entreprendre pour la Cité : www.imsentreprendre.com.

3.3.3 Le sens commun

Enfin, l'élément crucial réside dans l'orchestration des sens proposés aux salariés. Si ce que le collaborateur accomplit a du sens pour lui et pour l'organisation, alors il y a de grandes chances qu'il soit plus motivé que s'il effectue une activité dont il estime qu'elle n'a pour lui aucune portée symbolique et dont il ne voit pas le lien avec les objectifs globaux de l'organisation. Le rôle du dirigeant et de chaque manager est donc de souligner sans cesse le sens de ses décisions, de donner des informations sur le lien entre les décisions et le sens poursuivi.

Pour lier l'ensemble de ses équipiers dans un élan commun, le manager doit se transformer en meneur et montrer la direction vers laquelle il faut tendre. Il doit montrer le sens dans les deux sens du terme : indiquer la direction à suivre et donner un sens à l'action commune (voir exemple 5.3).

Dans une organisation taylorienne, le sens commun tenait en deux mots : intérêt financier. Il était assez simple d'inventer des organisations de travail et des politiques de rémunération combinant l'intérêt financier des salariés et celui de l'entreprise. Dans une organisation plus souple et plus complexe, où règne l'incertitude, la question du sens se complexifie dans la double mesure où les missions poursuivies par l'entreprise sont brouillées par la complexité des demandes des parties prenantes et où les salariés, plus autonomes, apportent leurs interrogations avec leur implication, alors même qu'on a fortement besoin d'eux pour accomplir des missions découvertes au fil de l'eau. Cette complexité ne signifie pas qu'il faut renoncer à montrer un sens qui n'en devient au contraire que plus vital. Il faut donner des repères aux individus de façon à ce qu'ils trouvent un sens à leur travail. Si le sens n'est pas clair, autant le dire et tenter de tracer une cartographie, un paysage exposant aux salariés les possibles de la situation, de façon à ce qu'ils puissent s'approprier aussi ces éléments et faire leur propre analyse. Il ne s'agit pas d'inquiéter les personnes, mais à chaque niveau de donner les tenants et les aboutissants d'une mission, d'un service, en signalant les points de doute.

Ce n'est que par ce travail sur la confiance que les salariés peuvent à leur tour s'engager avec leurs propres doutes dans un processus moins mécanique qu'autrefois.

Il s'agit donc non seulement d'écouter les aspirations de chacun, voire de les aider à s'exprimer, mais aussi de laisser la place à l'appropriation individuelle et collective des incertitudes sur le sens, de façon à ce que chacun puisse se construire sa propre histoire dans l'organisation. Certes, il est rassurant de bénéficier de la vision montrée du doigt par un grand leader, mais plus modestement, il convient sans doute de demander à chaque manager de donner ses éléments de vision et de compréhension de ce qu'il y a à faire, en ne masquant plus ses doutes, sauf quand le niveau d'autonomie du subordonné n'est pas encore suffisant pour supporter l'incertitude.

Exemple 5.3

Un dirigeant qui redonne le sens

Dans un ouvrage à la fois de récit et d'analyse, Bertrand Martin, dirigeant de New Sulzer, raconte comment il a repris cette entreprise qui fabrique des gros moteurs pour bateau et qui se trouvait au bord de la faillite. Son récit, suivi des analyses de deux consultants, Vincent Lenhardt et Bruno Jarrosson, permet de mesurer comment, par la volonté de redonner un sens commun à des salariés complètement désespérés, en tablant sur la confiance qu'ils mettaient en eux, ces trois personnes ont réussi à imaginer un avenir possible pour une entreprise en fin de vie, en changeant de types de marchés, et ont pu redresser New Sulzer grâce à une motivation nourrie par le vent d'une aventure extraordinaire.

Dans cette histoire, le nouveau patron avait une vraie motivation qui consistait à faire quelque chose d'important avant de prendre sa retraite, en utilisant toutes les compétences accumulées dans sa carrière.

Il a alors su insuffler aux autres la croyance qu'ils pouvaient s'en sortir ensemble, contre l'avis de l'actionnaire. La motivation communiquée par ce nouvel entrant qui a écouté les salariés et leur a dit que tout était possible, a permis à la fois de faire preuve d'imagination et de fournir un énorme effort pour atteindre les résultats nécessaires à la réussite d'un pari un peu fou.

Source : Martin B., Lenhardt B., Jarrosson B., *Oser la confiance – Propos sur l'engagement des dirigeants*, INSEP Éditions, 1996.

Pour conclure sur le pilotage des motivations, nous proposons un tableau récapitulatif qui donne à voir comment chaque besoin peut être satisfait par des outils de gestion différents, selon la sphère organisationnelle qu'elles touchent (voir tableau 5.1). La combinaison de ces outils permet alors de s'assurer que tout a été fait pour que l'ensemble des salariés soient motivés.

Tableau 5.1 : Les facteurs de motivation

Ce qu'on peut faire/leviers sur...	Besoins physiologiques et de sécurité	Appartenance	Équité	Réalisation de soi
Dispositifs organisationnels	Rémunérations Contrat de travail indéterminé Conditions de travail	Contrat stable Politique d'intégration	Rémunérations plus information sur les rémunérations (pourquoi ? comment ?)	Design des postes Responsabilisation
Culture	Image de solidité de l'entreprise	Image positive de l'entreprise Symboles forts	Marques de reconnaissance symboliques	Promouvoir la culture de la responsabilité et le droit à l'erreur
Stratégies d'acteurs	Rôle affectif des middle managers	Cultures locales		Design des postes

Résumé

- Les outils de gestion et la culture d'entreprise ont un poids sur la motivation des salariés.
- L'allocation des personnes aux fonctions qui leur conviennent génère une bonne motivation intrinsèque.
- Les hommes ne se motivent que s'ils se sentent capables d'atteindre des objectifs qui peuvent leur assurer qu'ils obtiendront les récompenses qu'ils valorisent (théorie VIE).
- La construction d'un sens commun est essentielle pour garantir la motivation de personnes différenciées.

Conclusion

Ce chapitre a permis de passer en revue les différentes théories de la motivation, et de mesurer leurs apports respectifs.

Il a permis de souligner à quel point chaque individu est porteur de motivations différentes, issues de son histoire propre. Mais il a aussi mis en évidence qu'il existe des mécanismes généraux qui permettent d'expliquer comment obtenir une implication de la part du plus grand nombre.

En bref, à la fin de ce cinquième chapitre, nous pouvons affirmer qu'il est possible, pour un manager, de piloter les motivations en combinant une bonne connaissance de ses salariés avec la maîtrise des politiques de définition et d'allocation de poste, ainsi que des récompenses octroyées.

Bibliographie sélective

Aubert N. *et al.*, *Diriger et motiver*, Éditions d'Organisation, 2005.

Levy-Leboyer C., *La motivation dans l'entreprise*, Éditions d'Organisation, 2000.

Maslow A., *L'accomplissement de soi, de la motivation à la plénitude*, Éditions d'Organisation, 2003.

Michel S., *Peut-on gérer les motivations ?*, PUF, 1989.

Nuttin J., *Théorie de la motivation humaine*, PUF, 1996.

Notes et références

1. Hegel G. F., *Phénoménologie de l'esprit*, Aubier, 1992 (1807, édition originale).
2. Ehrenberg A., *La fatigue d'être soi*, Odile Jacob, 1998.
3. Sainsaulieu R., *L'identité au travail*, PNFSP, 1985.
4. Maslow A., *Motivation and Personality*, New York, Harper and Row, 1954.
5. Alderfer C. P., *Existence, Relatedness and Growth*, New York, Free Press, 1972.
6. Pagès M., Bonetti M., Gaulejac V. et Descendre D., *L'emprise de l'organisation*, PUF, 1993.
7. Mc Clelland D., *The Achieving Society*, New York, Van Nostrand Reynhold, 1961.
8. Howard Gardner, Mihaly Csikszentmihalyi et William Damon, *Good Work: When Excellence and Ethics Meet*, New York, Basic Books, 2002.
9. Nuttin J., *Théorie de la motivation humaine*, PUF, 1985.
10. Girard R., *Mensonge romantique et vérité romanesque*, Seuil, 1961.
11. Adams J. S., « Inequity in Social Exchanges », *in* Berkowitz L. (éd.), *Advances in Experimental Social Psychology*, New York, Academic Press, 1965.
12. Schachter S. *et al.*, « An Experimental Study of Cohesiveness and Productiving », *Human Relations*, août 1951, pp. 229-239.
13. Locke E. A., « Toward a Theory of Task Motivation and Incentives », *Organizational Behavior and Human Performance*, mai 1968, pp. 157-189.
14. Vroom V., *Work and Motivation*, New York, John Wiley and Sons, 1964.
15. Porter L. W., Lawler E. E., *Managerial Attitudes and Performance*, Illinois, Irwin and Dorsey, 1968.
16. Crozier M., Friedberg E., *L'acteur et le système*, Seuil, 1977.

Activités

Exercice 1 : Le turnover inexpliqué

L'entreprise Alpha, leader dans le secteur des jeux vidéo, souffre d'un fort taux de turnover. Ses dirigeants ne comprennent pas pourquoi les informaticiens ne restent pas au-delà de la création d'un jeu. Chaque fois, c'est la même chose : une bonne équipe travaille sur un projet pendant deux ans, produit un énorme succès, puis s'en va.

Pourtant, les salaires sont très élevés comparés à ceux du marché. L'atmosphère de travail est très conviviale. Tout devrait conduire ces jeunes professionnels à avoir envie de rester.

► **Comment peut-on expliquer leur désir de quitter l'entreprise à la fin d'un projet ?**

Exercice 2 : La politique de rémunération

Dans cette entreprise qui vend des matériels ferroviaires à l'international, le travail conjoint des commerciaux, des ingénieurs et des juristes conduit à l'élaboration de propositions commerciales très complexes, dans le cadre d'appels d'offres internationaux. Les ingénieurs élaborent la réponse technique, les juristes blindent le contrat, les commerciaux négocient. Chaque proposition prend environ six mois de travail à un ingénieur, alors qu'elle n'aboutit pas toujours.

► **Quelle politique de rémunération permettrait de motiver convenablement ces trois types d'acteurs, de façon à respecter à la fois les principes de la théorie de l'équité, ceux de la théorie des attentes et ceux du renforcement ?**

Étude de cas : La gestion des compétences chez Excel

L'usine Excel produit de l'acier de très haute qualité et se situe parmi les leaders mondiaux tant en termes de rentabilité que de parts de marché.

L'entreprise dispose d'une politique de gestion des compétences audacieuse, dont le principe est que les compétences validées par le supérieur hiérarchique lors de l'entretien annuel d'évaluation sont à coup sûr rémunérées. Il existe par ailleurs un programme d'intéressement, ainsi qu'une politique d'actionnariat salarié.

Contrairement à ce qui se passe dans de nombreuses entreprises, les cercles de qualité continuent à attirer du monde. Mais à y regarder de plus près, ils sont favorisés par une politique de concours, aux prix très attractifs. Quand une innovation sort de l'un de ces cercles, elle est mise en pratique immédiatement et ses auteurs voient leur nom et leur photo dans le journal interne.

Dans le service de gestion de production, qui pilote l'ensemble des opérations du site, cinq équipes de six opérateurs postés travaillent à tour de rôle : trois matinées, trois après-midi, puis trois nuits, suivies de quatre jours de congés, soit une moyenne de

33 h 33 de travail hebdomadaire pour un salaire sensiblement supérieur à ceux qui travaillent de jour.

Dans chaque équipe, les opérateurs, menés par leur chef de poste, sont formés à occuper au moins deux des quatre postes de travail, si bien qu'ils peuvent se remplacer les uns les autres et gérer eux-mêmes leurs congés.

Une totale liberté est laissée aux chefs de poste pour gérer leur équipe comme ils l'entendent et pour organiser la production au mieux, selon les conditions de la matière première et des équipements.

Dans l'équipe A, inchangée depuis six ans, le chef de poste a fait un planning annuel des occupations de postes et des jours de congé. Les équipiers s'entendent très bien et se sont stabilisés sur les postes de travail, chacun en occupant deux en rotation avec un collègue. La productivité est bonne, mais le taux de rebut parfois un peu élevé.

Dans l'équipe B, qui a vécu un départ à la retraite, un passage aux quatre cinquièmes de temps de travail et l'arrivée d'un nouveau, il y a deux ans, devenu assistant du chef de poste en moins d'un an, les rotations se font de façon plus souple, mais sont plus rares, en fonction des congés. Le chef de poste est un artiste qui sait faire passer des programmes de production dangereux, si bien que la productivité est excellente, mais qu'il y a eu une fois un gros incident sur des boîtes de boisson arrivées trouées chez le client.

Le chef de service est très ambitieux. Sa philosophie du management tient en une phrase : « Il faut se faire plaisir en travaillant ». Il entraîne ses gars le plus loin possible avec lui. Il décide de proposer au chef de poste de l'équipe B de mener à bien un projet informatique révolutionnaire pour le service. À cet effet, il lui demande de passer à la journée pour six mois, c'est-à-dire de quitter le rythme des postés pour venir travailler tous les jours de 8 h à 17 h sur ce nouveau projet qui l'amènera à rencontrer beaucoup d'interlocuteurs dans la maison et à l'extérieur. Le chef de poste se montre perplexe pour plusieurs raisons.

1. **Expliquez pourquoi ce chef de poste hésite à accepter la proposition de son chef de service. Quels en sont les avantages et les inconvénients ? Quels sont les risques pour lui et pour son équipe ?**
2. **Quelle est l'intention du chef de service ?**
3. **Sait-il motiver ses troupes ?**
4. **Sur quoi repose son mode de management ?**

Chapitre 6

La coopération et le conflit

Objectifs du chapitre

À l'issue de ce chapitre, vous devriez être capable de :

- **comprendre les ressorts de la coopération et du conflit, à la fois au plan des individus, du groupe et de l'organisation ;**
- **citer les différentes théories qui rendent compte de la coopération et du conflit ;**
- **discerner dans une situation de management les facteurs qui poussent à la coopération et ceux qui poussent au conflit ;**
- **comprendre comment améliorer des situations conflictuelles ou favoriser la coopération, voire la négociation, dans une organisation.**

Une organisation ne fonctionne que si ses membres acceptent de coopérer avec la direction et entre eux. La division du travail, fondement de toute organisation, suppose une coordination du travail de chacun, mais cela ne suffit pas. Celle-ci est obtenue au travers de consignes et de règles données par la direction et la hiérarchie, mais leur respect n'est jamais garanti (voir chapitre 2, section 2.2.3) et il n'est pas non plus toujours suffisant pour assurer une bonne performance de l'organisation. En effet, consignes et règles ne peuvent tout prévoir dans le détail. La bonne volonté des membres est également nécessaire pour faire face à toutes les situations de façon pertinente ; ils doivent coopérer, au-delà de ce qui leur est prescrit, c'est-à-dire avoir le souci de l'intérêt collectif et/ou des autres collègues en même temps que du leur. Pour autant, les occasions de divergences ne manquent pas à l'intérieur d'une organisation, car, en partie au moins, ses membres poursuivent leurs propres intérêts. La coopération entre les membres de l'organisation est donc à la fois indispensable et délicate à obtenir. À l'inverse, le conflit survient assez facilement dans une organisation. Toute la question est alors qu'il serve l'organisation plutôt qu'il ne lui nuise, ce qui dépend de la façon dont il est traité et des régulations au sein de l'organisation aptes à le contenir dans certaines limites.

Une organisation qui fonctionne bien d'un point de vue humain est donc celle où sont mariés harmonieusement ces deux pôles de la relation entre personnes, que sont la coopération et le conflit.

Dans ce chapitre, nous aborderons donc successivement :

- les mécanismes de base du conflit et de la coopération entre individus ;
- l'influence des groupes sur ces mécanismes ;
- le conflit et la coopération au sein des organisations. Nous approfondirons plus spécialement les relations

transversales entre collaborateurs, les relations entre collaborateurs et direction étant abordées plus largement aux chapitres 7 et 8 ;

– les enseignements utiles pour le manager.

Concepts clés

DÉFINITIONS

Nous nommerons **conflit** la nature de la relation entre plusieurs individus ou groupes, quand ceux-ci se comportent sans aucune considération pour les intérêts ou la satisfaction des autres ou même en cherchant à leur nuire.

Un conflit peut être ouvert, exprimé comme tel par les protagonistes, ou bien il peut être latent, voire non conscient. Il peut s'accompagner d'altercations, de violences physiques ou verbales, ou bien rester très feutré.

La **compétition** en vue d'obtenir des ressources limitées, est une forme de conflit, tel que nous venons de le définir : en effet, chaque protagoniste cherche à s'approprier les ressources concernées au détriment des autres.

Un **antagonisme** est une situation où des individus ont la perception que leurs intérêts, leurs valeurs ou leurs opinions ne concordent pas. Un antagonisme peut donc facilement déboucher sur un conflit mais ce n'est pas obligatoire. Les protagonistes peuvent malgré tout rechercher une solution acceptable pour chacun.

Les **protagonistes** sont les individus impliqués dans une relation qui peut être coopérative ou conflictuelle.

La **coordination** des tâches, fondement de toute organisation, est nécessaire pour que la coopération existe, mais elle n'est pas suffisante. Elle est l'attribution aux divers acteurs de tâches complémentaires, avec des règles ou des consignes ponctuelles régissant les modalités de l'interface entre ces tâches.

Nous appellerons **coopération** la nature de la relation entre diverses parties quand ces dernières agissent en cherchant à concilier les intérêts et la satisfaction de toutes les parties. On pourrait dire que la coopération, c'est la coordination plus la bonne volonté des parties pour faire en sorte que l'action commune soit satisfaisante pour tous.

On parlera de **négociation** lorsque deux protagonistes tentent soit de résoudre un conflit, soit de mener à bien une transaction. Il s'agira le plus souvent d'une discussion entre parties impliquées dans un conflit, une controverse ou un différend, dont l'objectif est de trouver une solution, un accord acceptables pour chacune d'elles.

Il existe plusieurs descriptions, dans la littérature, des diverses formes de relations entre individus ou groupes. On y retrouve le plus souvent cette distinction entre des comportements de « chacun pour soi », définis ici comme conflictuels, et d'autres, plus coopératifs. Le travail fondateur en la matière est celui de Mary Parker Follett[1]. Celle-ci distingue trois attitudes possibles dans une situation d'antagonisme : la **domination**, le **compromis** et l'**intégration**. Dans la domination ou dans le compromis, chaque partie poursuit ses propres buts par le moyen qui lui paraît le plus adapté, selon les rapports de force en présence. Dans l'intégration, chaque partie cherche sincèrement une solution qui satisfera chacun des protagonistes. Selon Mary Parker Follett, seule l'intégration met réellement fin à un conflit. La domination ou le compromis ne font que le suspendre, jusqu'à ce que le rapport de force change.

Un double ressort : logique des intérêts et logique des sentiments

Georg Simmel[2] propose de distinguer deux sortes de conflits qu'il dénomme « réaliste » et « irréaliste ». Le conflit « réaliste » constitue pour ses protagonistes un moyen de parvenir à une fin (exemple : les Grecs étaient venus reprendre aux Troyens la belle Hélène). Il se termine quand la fin est obtenue (dans notre exemple, Hélène) ou quand les protagonistes décident de rechercher la fin par d'autres moyens (dans notre exemple, si les Grecs et les Troyens étaient convenus d'une transaction acceptable par les deux parties). Le conflit « irréaliste » est celui qui est une fin en soi (par exemple, quand des jeunes d'une cité lancent un pavé contre le bus qui passe). Sauf à changer les dispositions des protagonistes, ce conflit ne peut être évité qu'en changeant d'objet ; ce dernier, en effet, n'est pas central (dans notre exemple, les jeunes peuvent tout aussi bien s'en prendre à la voiture des pompiers, si elle passe à côté de l'autobus).

Dans le premier cas, ce sont les intérêts des uns ou des autres qui sont en jeu, même si des sentiments peuvent s'y greffer. Dans le second, ce sont des sentiments qui sont le moteur principal. Intérêts et sentiments sont à la racine de deux logiques qui permettent de comprendre, chacune en partie, la coopération et le conflit. En vertu de la logique des intérêts, les causes de la coopération et du conflit sont :

- les antagonismes ou les convergences d'intérêts entre les individus en présence ;
- leurs appréciations de la stratégie à adopter en fonction de l'analyse qu'ils font de la situation, des rapports de force et de l'attitude des autres parties.

En vertu de la logique des sentiments, les causes de la coopération et du conflit sont :

- la propension à l'agressivité des protagonistes ou leur bienveillance vis-à-vis d'autrui ;
- leur capacité à susciter chez les autres parties de l'hostilité ou de l'amitié.

Il existe des liens entre ces deux logiques. L'antagonisme d'intérêts facilite les sentiments d'hostilité et l'hostilité peut renforcer la perception d'un antagonisme. De ce fait, les deux facteurs sont souvent présents, à des doses variables, dans les conflits. À l'inverse, la convergence d'intérêts facilite l'amitié et l'amitié permet de mieux discerner les convergences d'intérêts.

Mais les deux logiques ne se confondent pas. L'hostilité peut naître sans antagonisme d'intérêts, l'amitié peut résister à de tels antagonismes.

Par ailleurs, comme le souligne également Georg Simmel, l'impossibilité de traiter un conflit « réaliste » peut conduire à des conflits « irréalistes » qui constituent des exutoires pour la frustration accumulée. Cela serait d'ailleurs une façon de comprendre l'exemple précédent des jeunes s'attaquant à un bus.

On peut considérer qu'il existe une troisième grande logique des actions humaines, celle qui est gouvernée par des valeurs (voir à ce sujet chapitre 7, Concepts clés). Dans notre contexte, cette logique est le plus souvent très imbriquée dans la logique des sentiments. Un conflit sur des valeurs reste rarement froid, notamment dans le monde des organisations, et prend vite une part d'irréalisme. Par simplification et pour ce chapitre, nous nous contenterons d'analyser la tension entre la logique d'intérêt et la logique de sentiments.

Conflit ou coopération : un processus construit progressivement par les protagonistes

Il ne suffit pas de connaître les dispositions d'esprit de chacune des parties et les logiques qui les animent pour prévoir avec certitude quelle sera la nature de leur relation. En effet, une coopération ou un conflit ne constituent pas des états stables, mais des histoires à chaque fois singulières, et le moment présent est toujours fortement influencé par les moments qui ont précédé. Ces relations sont également influencées, à certaines étapes de leur histoire du moins, par des circonstances extérieures, que ne maîtrisent pas les protagonistes. Coopération et conflits doivent donc être compris comme des processus que les protagonistes bâtissent au fur et à mesure, sans pouvoir nécessairement prédire leur devenir (voir approfondissement 6.1).

Ces processus se construisent en outre sur plusieurs plans : celui des représentations que les protagonistes se font de la relation, celui de leurs actes concrets et celui des sentiments qu'ils éprouvent.

Approfondissement 6.1

Un conflit qui se transforme progressivement en coopération

Des agriculteurs et une entreprise exploitant une source d'eau minérale sont entrés en conflit quand l'entreprise s'est mise à s'inquiéter de la pollution de la nappe phréatique par les agriculteurs. Les premiers contacts n'ont pas permis aux divers protagonistes de sortir d'une pure logique d'intérêts individuels. La coopération a commencé quand ils ont pu s'accorder sur une représentation des enjeux de la situation, à savoir la protection de la nappe phréatique dans l'intérêt de la vie locale (et non plus la simple lutte contre une pollution). À partir de là sont nés des actions et des dispositifs de travail (interventions de chercheurs, adoption par les agriculteurs de méthodes alternatives en fertilisation, création d'une structure d'assistance, etc.), ainsi que des liens relationnels entre les individus. On voit que les représentations ont dû précéder les actes, lesquels ont contribué en retour à modifier les représentations ; les relations entre les parties ne sont devenues affectivement bonnes que progressivement.

Source : Raulet-Croset N., « Processus de structuration et émergence de la coopération », *in* T. Froehlicher, S. Vendemini (eds), *Connivences d'acteurs, contrats, coopération inter-entreprises et métamorphose des organisations*, Nancy, Presses universitaires de Nancy, 1999.

Plus généralement, les études sur le processus de coopération montrent que cette dernière se matérialise par des échanges d'actions bienveillantes manifestant la bonne volonté réciproque, de dons entre les protagonistes (voir section suivante). Au fur et à mesure de ces échanges, la confiance entre les parties augmente, rendant plus solide leur coopération. À l'inverse, on parle souvent de l'engrenage d'un conflit. Des « échanges » d'actes manifestant l'hostilité ou l'adversité réciproque renforcent petit à petit la représentation chez les protagonistes que leur relation est conflictuelle. Ces actes favorisent l'escalade, ainsi que l'apparition de sentiments négatifs qui amplifient le conflit en le rendant « irréaliste ».

Dans les deux cas, les retours en arrière sont de plus en plus difficiles au fur et à mesure que le processus se déroule ; ils sont néanmoins toujours possibles. Cette notion de processus construit indique simplement que la relation est plus imprévisible à son début et que son imprévisibilité décroît avec le temps, mais sans jamais disparaître.

Il existe également, pour une même relation, une dialectique qui conduit dans le temps à une alternance ou à une variation du dosage entre conflit et coopération. On ne peut en effet concevoir une relation qui ne serait que coopérative ou, du moins, il serait illusoire d'imaginer que de telles relations pourraient être fréquentes. Les individus se trouvent nécessairement de temps en temps en position antagoniste et ils sont porteurs d'ambiguïté dans leur relation aux autres, comme nous le verrons. Il est donc quasiment inévitable qu'ils agissent de temps à autre de manière conflictuelle, c'est-à-dire en suivant leurs propres intérêts concrets ou symboliques, ou bien en entrant dans des conflits « irréalistes », et ce même au sein d'une relation qui se veut coopérative et/ou amicale. Une relation harmonieuse n'est pas une relation où n'apparaît pas le conflit mais une relation dont les protagonistes savent admettre leurs propres ambiguïtés, où ils reconnaissent, le cas échéant, que le conflit est apparu et parviennent à un moment donné à inverser la tendance, une relation enfin où ces protagonistes traitent ouvertement le désaccord en cherchant une sortie satisfaisante pour chacun (voir approfondissement 6.2). Qui plus est, sortir d'un conflit de cette façon renforce la confiance et l'estime entre les partenaires, rendant plus forte ensuite la possibilité de coopérer.

Approfondissement 6.2

La résolution des conflits

Lorsque deux parties adverses souhaitent surmonter pacifiquement leurs divergences, c'est à la négociation directe qu'ils ont le plus souvent recours. La discussion en face à face permet, en effet, de rechercher une solution acceptable pour tous dans la plupart des situations conflictuelles, qu'elles portent sur des différends concernant le travail, des litiges commerciaux, familiaux ou autres.

S'il arrive cependant que les négociations directes conduisent à l'impasse, les protagonistes disposent de modes alternatifs pour résoudre leurs conflits. Ils peuvent par exemple se tourner vers des tiers aux attributions spécifiques, dénommés selon les cas : médiateur, arbitre, conciliateur ou consultant. Chacun interviendra dans le cadre de ses prérogatives pour débloquer la situation et tenter de trouver une issue favorable au rapport de force non résolu. Voici les définitions de ces quatre types d'acteurs empruntées à S. Robbins et T. Judge.

Le médiateur. « Tiers neutre favorisant la conclusion d'un accord négocié par le biais du raisonnement, de la persuasion, et d'une procédure alternative. »

L'arbitre. « Tiers négociateur investi d'une autorité qui lui permet de dicter une solution. »

Le conciliateur. « Tiers de confiance chargé d'établir une communication informelle entre le négociateur et son adversaire. »

Le consultant. « Tiers impartial et doté d'une solide expertise en gestion des conflits qui s'emploie à favoriser la résolution du problème par la communication et l'analyse. »

Sources : Robbins S., Judge T., Gabilliet P., *Comportements organisationnels*, Pearson Education, 12e édition, 2006, p. 538 ; Garby T., *La gestion des conflits*, Economica, 2004, chap. 2, 3, 7.

En d'autres termes, il n'y a pas de coopération sans capacité à accepter et à traiter le conflit, il n'y a pas de coopération sans un peu de conflit. À l'inverse, d'ailleurs, il n'y a pas de conflit durable qui ne demande un peu de coopération, ne serait-ce que pour le faire durer ou lui donner des règles et des limites.

1. La coopération, le conflit et les individus

La dynamique de la coopération et du conflit entre individus peut se comprendre au travers d'une combinaison des deux logiques que nous avons décrites précédemment, celle des intérêts et celle des sentiments. Certaines disciplines, certains courants de pensée ont exploré principalement l'une ou l'autre de ces deux logiques.

L'intérêt de leur apport est qu'ils décomposent pour mieux les comprendre divers éléments qui, dans la vie courante, sont très imbriqués.

Nous aborderons tour à tour la manière dont ces disciplines et courants de pensée rendent compte de la coopération et du conflit entre individus, en examinant :

- dans la première section, ceux qui ont disséqué ces relations d'après la logique des intérêts ;
- dans la deuxième section, ceux qui l'ont fait d'après la logique des sentiments.

1.1 Selon la logique des intérêts : conflit fondamental et coopération occasionnelle

Dans cette optique, l'individu est mû par la poursuite de ses propres intérêts, qu'ils soient matériels (argent, confort, plaisir, etc.) ou symboliques (statut social, prestige, etc.). Il se caractérise donc *a priori* par une intention non coopérative. Il pourra parfois s'engager dans une relation de coopération, mais uniquement quand il aura calculé qu'elle peut être « payante ». La coopération est alors la poursuite des intérêts individuels par d'autres moyens.

Dans ce contexte de calcul sec, ce sont les mathématiques et plus particulièrement la **théorie des jeux** qui éclairent les comportements. Celle-ci s'attache à rendre compte de la structure logique des comportements dans des situations antagonistes où plusieurs « joueurs » peuvent prendre des décisions qui interagissent entre elles.

Un exemple classique est le dilemme dit du prisonnier (voir approfondissement 6.3).

Dans la réalité, cependant, il est à noter que le caractère rationnel de l'analyse des comportements ne rend pas nécessairement ces derniers prévisibles pour autant. Tous les protagonistes ne raisonnent pas de la même façon et certains répugneront plus que d'autres à prendre des risques. En outre, dans la vie réelle, les règles du jeu ne sont pas toujours claires ni stables, et les informations nécessaires pour prendre des décisions font parfois défaut. De ce fait, les stratégies adoptées par chaque protagoniste, dans une situation donnée, peuvent varier, même si ces derniers poursuivent logiquement des intérêts bien identifiés.

Approfondissement 6.3

Le dilemme du prisonnier (un exemple d'application de la théorie des jeux)

Deux complices, soupçonnés d'un crime, sont faits prisonniers ; ils sont interrogés séparément, sans possibilité de communiquer entre eux. Le juge les a prévenus : si l'un des deux avoue mais pas l'autre, celui qui avoue est libre et celui qui n'avoue pas restera en prison pendant cinq ans. Si aucun des deux n'avoue, ils resteront tous les deux en prison pendant deux ans. Si tous les deux avouent, ils resteront en prison durant quatre ans.

Comment deux raisonnements logiques peuvent-ils aboutir à des résultats contradictoires ? Telle est la démonstration de ce « dilemme du prisonnier ».

La situation est résumée au tableau 6.1.

Tableau 6.1 : Synthèse des options des prévenus

		Le second complice	
		Avoue	N'avoue pas
Le premier complice	Avoue	**– 4**, – 4	**0**, – 5
	N'avoue pas	**– 5**, 0	– **2**, – 2

Le premier chiffre, en gras, représente le « résultat » pour le premier complice ; le second chiffre s'applique à son comparse. Cinq ans de prison sont plus graves que deux ans ; les années d'emprisonnement sont donc considérées comme des « résultats » négatifs (précédés du signe moins). Ici, le meilleur résultat envisageable est la liberté, soit aucune (zéro) année de prison, ce qui arrive si l'un des deux avoue et l'autre non…

Imaginons-nous dans le rôle de l'un des comparses et essayons de raisonner de son point de vue d'une façon logique.

S'il avoue, deux éventualités s'offrent à moi : si j'avoue aussi, j'en prends pour 4 ans ; si je n'avoue pas, j'en prends pour 5 ans. Donc, s'il avoue, il vaut mieux que je fasse de même.

Si par contre il n'avoue pas, j'ai à nouveau deux possibilités : si j'avoue, je suis libre ; si je n'avoue pas, je suis condamné à 2 ans. Il vaut donc mieux que j'avoue.

Que mon complice passe ou non aux aveux, je m'en tire mieux en avouant. La logique me dicte donc d'avouer.

La logique dicte le même comportement au second prisonnier. On peut donc s'attendre à ce que les deux avouent, et qu'ainsi les deux prisonniers ne minimisent pas leur peine autant qu'ils le pourraient en principe. En avouant, tous deux vont en prendre pour 4 ans, alors qu'en n'avouant ni l'un ni l'autre, ils s'en seraient mieux sortis, avec seulement 2 ans de prison… En conséquence, on peut se demander si cette logique comporte une faille ou si c'est précisément par sa faute que les deux comparses sont contraints à cette issue.

…

Approfondissement 6.3

...

Autrement dit, cette logique exclut-elle toute coopération rationnelle entre les deux prisonniers ? Effectivement. C'est une forme de coopération entre eux qui aurait été la plus payante, mais elle aurait été illogique, donc trop risquée, et ce d'autant plus que les deux complices ne pouvaient se concerter.

Toutefois, comme l'a montré Myerson, un jeu non coopératif comme celui-là peut le devenir à trois conditions :

- Le jeu doit se rejouer un nombre indéfini de fois, ce qui signifie que les participants ne savent pas quand la succession de jeux s'arrêtera.
- Les participants peuvent communiquer et conclure un accord.
- Chacun peut penser que l'accord sera respecté par l'autre ou les autres parties.

Source : Myerson R., *Game Theory*, Cambridge, Mass., Harvard University Press, 1991.

La coopération peut donc, dans certains contextes, procéder d'un égoïsme intelligent : égoïsme parce que chacun suit seulement son intérêt individuel et que la coopération n'est pas une fin en soi, mais intelligent parce que chacun sait reconnaître les avantages d'une coopération raisonnée (voir approfondissement 6.4). Cependant, on voit bien que la coopération reste une parenthèse fragile dans une relation qui est fondamentalement conflictuelle. Dans tous les cas, elle a besoin, pour s'établir, de relations de long terme, de communication entre les parties et d'un minimum de confiance.

Approfondissement 6.4

Comment réussir dans un monde d'égoïstes ?

Tel est le titre de la traduction française du livre de R. Axelrod où l'auteur relate le concours qu'il avait organisé entre des concepteurs de programmes informatiques, visant à optimiser les gains d'un joueur dans une suite de parties ayant pour règles celles du dilemme du prisonnier. Le concours a eu lieu sous la forme d'un tournoi où chaque participant jouait tour à tour avec chacun des autres. Il a constaté avec surprise qu'un programme simple l'emportait régulièrement sur les autres : la règle de décision de ce programme consistait à choisir la coopération la première fois, puis, dans toutes les autres parties successives, à calquer son attitude sur celle que l'autre joueur avait adoptée la fois précédente (partie n – 1). En d'autres termes, ce programme partait d'une attitude *a priori* coopérative mais ne la maintenait par la suite que si l'autre joueur agissait lui aussi de façon coopérative. Cette expérience montre que, d'un simple point de vue intéressé, le plus payant n'est pas la coopération inconditionnelle mais pas non plus le conflit systématique.

Source : Axelrod R., *Comment réussir dans un monde d'égoïstes*, Odile Jacob, 1996.

Au demeurant, dans cet univers froid des intérêts, la guerre ouverte sera également occasionnelle. Le conflit total n'est payant que dans certaines conditions favorables de rapport de force. Dans un monde complexe, avec de nombreux acteurs disposant chacun d'atouts, les relations sont souvent moins tranchées. On assistera plus fréquemment à des retraits, des conflits larvés et des négociations (voir approfondissement 6.5).

Approfondissement 6.5

De la théorie des jeux à la négociation

Le dilemme du prisonnier sert de base en matière de négociation. En effet, les psychologues sociaux se sont progressivement émancipés de la théorie des jeux avec l'étude scientifique de la négociation. Une négociation réussie implique un processus par lequel deux parties aux vues opposées aboutissent à un accord et à une décision commune.

Les négociateurs sont impliqués dans un conflit de rôles intrapersonnels (ou un dilemme entre buts individuels et but collectif), car ils sont face à deux buts qui impliquent des comportements contradictoires :

- faire triompher les positions de leur camp, ce qui implique d'être ferme et rigide ;
- atteindre l'objectif collectif, c'est-à-dire trouver un accord acceptable par tous, ce qui implique d'être flexible.

Contrairement à la théorie des jeux, comme théorie formelle de la décision qui repose sur la norme de rationalité du comportement humain pour définir la solution optimale, les travaux sur la négociation se basent sur le comportement réel. Ils prennent en compte les représentations individuelles et sociales, les stéréotypes, les comportements cognitifs, affectifs et émotionnels des négociateurs dans des situations de conflits. On s'intéresse de nos jours, par exemple, aux attitudes à l'égard des négociateurs adverses, à la perception de leurs comportements, des difficultés rencontrées, ou au degré d'adhésion personnelle du négociateur à l'égard des positions qu'il défend.

La question qui se pose est alors de savoir quels sont les facteurs qui peuvent permettre à des négociateurs de parvenir à une solution meilleure que le simple compromis.

En matière de négociation, on parle de deux grandes stratégies :

- La négociation **distributive** est une négociation à somme nulle, dans laquelle tout gain enregistré par l'une des parties se traduit par une perte chez l'autre. Elle avantage donc l'une des deux parties tout en pénalisant l'autre.
- La négociation **intégrative**, au contraire, implique qu'il existe au moins une possibilité d'accord qui ne mécontente aucune des deux parties. Elle permet donc d'envisager une solution mutuellement avantageuse. La négociation intégrative est la plus efficace dans la mesure où chacun y trouve son compte et où elle permet d'instaurer des relations positives sur le long terme, donc de faciliter les contacts professionnels ultérieurs. En effet, elle crée un lien entre les négociateurs et donne à chacun le sentiment d'avoir remporté une victoire.

Pruitt fait l'inventaire des stratégies qui peuvent conduire à des solutions intégratives.

Dans la pratique, il s'agit de développer ses compétences en matière de négociation ; le premier principe à retenir est qu'une négociation intégrative se prépare. Elle passe par certaines étapes importantes.

…

Approfondissement 6.5

Ainsi, il vaut mieux commencer par se renseigner sur l'individu et/ou la culture de l'organisation avec lequel/laquelle on va négocier.

Il s'agit d'instaurer un climat de confiance visant à permettre de déboucher sur un accord gagnant-gagnant.

La logique implique de privilégier les solutions mutuellement avantageuses.

L'idéal est de ne pas accorder trop d'importance aux offres initiales, en sachant qu'elles ne sont qu'un point de départ.

Il faut se concentrer sur l'objet de la négociation et éviter de cibler les caractéristiques personnelles de l'autre partie.

Il s'agit de toujours tenter des concessions et de proposer des ouvertures positives ; il ne faut pas hésiter à reconnaître les concessions de la partie adverse.

Enfin, si la négociation semble bloquée, ne pas hésiter à faire appel à un médiateur…

Source : Touzard H., « De la théorie des jeux à la négociation », *in* C. Roland-Lévy et Adair P., *Psychologie économique : théories et applications*, Economica, 1998, pp. 231-243 ; Pruitt, D. G., *Negotiation Behavior.* New York: Academic Press, 1981.

1.2 Selon la logique des sentiments : l'omniprésence potentielle du conflit comme de la coopération

Dans cette optique, l'individu se détermine dans son rapport aux autres en vertu des sentiments qu'il éprouve. Ceux-ci peuvent être liés à d'autres personnes (hostilité, amitié, etc.), mais nous inclurons également ici l'attachement à des valeurs (par exemple, conscience professionnelle, dévouement à une cause, etc.), pour autant que cet attachement ne procède pas d'un simple calcul d'intérêt.

Contrairement à ce qu'il en est quand on se place du point de vue de la logique des intérêts, il n'existe pas d'intention initiale des protagonistes unique et invariante dans leur relation à autrui. Ces derniers peuvent être portés vers des conflits plus ou moins ouverts ou vers la coopération.

1.2.1 L'omniprésence du conflit

C'est vers la théorie psychanalytique que nous nous tournerons ici pour explorer le conflit. Elle donne en effet à ce dernier une place centrale. Selon Freud[3], il existe chez l'homme une pulsion de mort qui est un élément constitutif du psychisme humain. Une pulsion n'est pas liée à un objet déterminé ; elle peut en changer au gré des circonstances. Elle constitue donc un réservoir de haine, pourrait-on dire, qui peut à lui seul expliquer que l'être humain sera conduit à rechercher des situations d'antagonisme ou à amplifier celles qui se forment sur le plan matériel, en vue de les faire évoluer vers le conflit.

Mais le sujet n'en est pas épuisé pour autant. Cette pulsion de mort est conçue comme le pôle d'une opposition dialectique avec la pulsion de vie. Mélanie Klein et l'école qu'elle a inspirée ont particulièrement insisté sur cette dualité fondamentale, en la plaçant sur le mode amour-haine[4]. Selon elle, ces deux sentiments opposés sont décrits comme présents dès les premiers mois du nourrisson, dans les relations avec sa mère et l'environnement proche, déterminant ainsi l'ambivalence intrinsèque du psychisme humain.

Cette ambivalence est l'une des caractéristiques de la psyché humaine. Celle-ci est donc traversée de conflits, et c'est là que réside la seconde et puissante raison expliquant la conflictualité des relations humaines. En effet, ces conflits intrapsychiques étant désagréables ou insupportables, ils sont, pour une large part, refoulés dans l'inconscient. Des mécanismes de défense permettent la permanence de ce refoulement : l'un d'eux est l'externalisation de ces conflits dans le monde social, par des phénomènes de projection ou de déplacement sur des personnes extérieures.

Ajoutons qu'au conflit des pulsions s'ajoutera fréquemment un autre conflit intrapsychique, tout aussi fort, que Freud a décrit comme conflit entre les instances de la psyché. On peut citer, entre autres, dans l'œuvre freudienne, le conflit entre principe de plaisir et principe de réalité, le conflit entre le ça, le moi et le surmoi, qui résume bien la tension existant entre les désirs inacceptables et inavouables, même à soi-même, et les exigences de la vie sociale telles qu'elles sont interprétées par le sujet. Ce conflit, outre qu'il est à la source de toutes les névroses, est également de nature à nourrir des projections, dissimulant le conflit interne en le reportant sur des objets extérieurs, sous la forme de conflits « irréalistes ».

Enfin, il convient de souligner que les conflits ne sont pas à envisager systématiquement comme le fruit de mécanismes de défense psychique. Le rôle de l'adversaire et des pulsions agressives participe à la construction d'une maturité psychique, chez l'enfant puis chez l'adulte. Le principe de réalité prend souvent les traits de l'autre, à commencer par ceux des parents, qui se trouvent eux aussi, dans certaines circonstances, en position d'adversaires du sujet. De plus, la lutte contre des adversaires, dans la mesure où elle s'inscrit dans un cadre socialisé et non culpabilisant, permet aux pulsions agressives de trouver un but ainsi que d'éprouver les limites entre soi et le monde extérieur. Mais le caractère constructif de ces pulsions agressives est conditionné par l'équilibre que l'individu établit entre elles et celles qui le poussent à établir des liens sociaux. L'obtention de cet équilibre suppose, au fur et à mesure de la vie, d'accepter l'existence d'aspects peu désirables ou gratifiants de soi-même, ainsi que les tensions qu'ils engendrent. Ainsi, si l'on suit l'approche psychanalytique, les conflits, et en particulier les conflits « irréalistes », ne constituent pas des anomalies. Ils forment une composante nécessaire de la vie sociale. Qui plus est, les conflits poursuivis en vertu de la seule logique affective peuvent être les plus violents. En effet, si l'individu n'est mû que par son intérêt pratique – nous l'avons vu précédemment –, il peut volontiers contenir les conflits de manière à éviter qu'ils ne coûtent trop cher, à tous points de vue. Si, en revanche, la logique des sentiments prend le dessus, cette prudence s'estompe.

1.2.2 L'omniprésence de la coopération

Cependant, la coopération, voire le dévouement à autrui, est tout aussi nécessaire et potentiellement omniprésente si l'on se place du point de vue de la logique des sentiments. Deux explications au moins sont possibles.

La première rappelle qu'il existe **un penchant altruiste chez l'être humain**, faisant partie de sa nature. Ce penchant, qui s'oppose à l'égoïsme, a été reconnu et encouragé par les religions, mais aussi par certains philosophes. Sous des formes diverses, on le trouve dans la philosophie grecque, chez Jean-Jacques Rousseau, chez Kant, chez

Auguste Comte. La psychanalyse a pu, de son côté, proposer des interprétations de cet altruisme. Entre individus, on peut parler de la pulsion érotique à l'œuvre dans un cadre socialement acceptable, voire de la sublimation de celle-ci dans le service altruiste. Mais la psychanalyse peut également être amenée à démystifier l'altruisme, quand l'individu est pris dans les jeux défensifs de son inconscient : le dévouement à autrui, dans ses excès au moins, peut aussi signifier la recherche d'une relation parentale protectrice et l'évitement de l'anxiété (voir chapitre 7, section 1.1.2).

Une seconde thèse explique **la propension à coopérer** par le fait que la coopération est à la base du lien social et que l'homme est fondamentalement un être de société. Ce besoin de vivre avec ses semblables a été souligné dès les débuts de la sociologie (Durkheim) et de l'anthropologie (Mauss), puis souvent repris par leurs successeurs. Peut-on parler de comportement désintéressé dans ce cas ? Oui et non. Oui, parce que les comportements visés ne sont pas régis par des calculs d'intérêts ; non, parce que l'individu va trouver dans la coopération de quoi se nourrir sur le plan affectif (échange d'amour, reconnaissance et sentiment d'exister), ce dont il a un besoin vital. Mauss[5] avait mis en évidence la logique du lien social fondé sur l'échange de dons entre tribus. Un courant de pensée a élaboré, en partant de ses travaux, une description du lien social fondé sur l'échange entre individus ou entre groupes d'individus[6]. Le mécanisme de cet échange est le suivant : l'un fait don de quelque chose à l'autre ; ce dernier se considère alors comme redevable ; cependant, à l'inverse de ce qui se produit dans l'échange économique, il ne s'acquittera pas de sa dette par de l'argent mais en faisant lui aussi un nouveau don, un jour ou l'autre. Cet autre don ne sera pas nécessairement identique au premier mais il manifestera la bienveillance de la seconde personne envers la première. Il n'annulera pas la première dette, mais créera une dette réciproque entre les deux personnes, qui sera entretenue par d'autres séries de dons et de contre-dons. La nature de ces dons peut être très variée : aide ou cadeau matériels, services rendus, informations précieuses, introductions, confidences, soutien moral dans les moments difficiles, etc. Ainsi naît le lien social, ainsi naît l'amitié… ainsi naît aussi la coopération. Celle-ci, en effet, a pu fonctionner sur le mode du don[7]. Conformément à la description que nous en avons faite précédemment, l'état d'esprit ne suffit pas ; la coopération se construit au travers d'actes, renforçant progressivement cette bonne volonté qui fait passer une relation d'une simple coordination ou d'une simple transaction à une véritable coopération. De tels actes, dans les situations de travail, peuvent être très divers (voir exemple 6.1) : leur point commun est que la personne n'est pas tenue par les règles de l'organisation de les accomplir : ils dépendent de sa bonne volonté. Parfois même, ces actes nécessiteront que leur auteur enfreigne une règle et/ou aille à l'encontre de ses intérêts immédiats.

Exemple 6.1

L'échange de dons dans la vie quotidienne de travail : un collègue « sympa »

Les actes qui procèdent d'un échange don/contre-don dans une relation de coopération entre collègues sont de nature très variée. En voici quelques exemples. Ils permettront à une personne d'être reconnue comme « sympa », digne de confiance, méritant d'être aidée le jour où elle en aura besoin. Bien évidemment, ces actes cités en exemple ci-après ne sont pas applicables à toutes les situations ; ils pourront être interprétés de façon plus ou moins positive suivant les normes culturelles en vigueur dans une organisation.

…

Exemple 6.1

...

- Accepter d'échanger des horaires de travail ou des jours de repos avec un collègue.
- Donner des informations issues de son expérience, sur tel ou tel aspect du travail, que l'on n'est pas tenu de donner (comment un client se comporte, comment on manipule une machine récalcitrante, etc.).
- Prêter un outil, un collaborateur (sans y être obligé).
- Venir prêter main forte à un collègue en difficulté sur une opération (alors qu'on n'y est pas tenu).
- Accepter de rendre un travail en avance pour faciliter le travail du collègue qui l'attend.
- Éviter de dénoncer une erreur faite par un collègue, au risque d'en être accusé.
- Passer cinq minutes avec un collègue en difficulté dans sa vie privée, pour l'écouter.
- Accepter que le travail livré par un collègue soit de temps à autre défectueux et en supporter les inconvénients (alors que les rapports de force lui permettraient de protester).

Cependant, ce qui rend ce collègue « sympa », c'est certes qu'il puisse être capable de ce genre d'actes, mais aussi qu'il ne les monnaye pas trop ostensiblement, qu'il n'en réclame pas une contrepartie automatique aux bénéficiaires. Auquel cas, son altruisme serait mis en doute, ses dons seraient assimilés à du marchandage... La frontière entre ces deux attitudes n'est d'ailleurs pas évidente dans toutes les situations et peut parfois donner lieu à des interprétations différentes.

1.2.3 L'ambivalence du conflit et de la coopération

Bien entendu, l'omniprésence potentielle du conflit et celle de la coopération ne sont pas antinomiques. Elles permettent d'expliquer la complexité et l'ambiguïté des relations interindividuelles. Cette ambiguïté réside déjà au sein même de chacune des deux logiques que nous venons de décrire, logique des intérêts et logique des sentiments. Elle provient également de ce que ces deux logiques sont à l'œuvre dans toutes situations et que, comme nous l'avons vu précédemment, la sphère des intérêts peut influencer celle des sentiments, et *vice versa*. Au même instant, donc, une relation sera guidée par un mélange de coopération et de conflit, suivant un dosage que chacun des protagonistes ne peut appréhender totalement, et en vertu de mobiles, utilitaires ou affectifs, qu'il ne peut cerner non plus en totalité, y compris chez lui-même (voir exemple 6.2).

Le tableau 6.2 résume les logiques entremêlées qui produisent conflit et coopération.

Tableau 6.2 : Les racines du conflit et de la coopération dans les relations entre individus

Moteur des conduites humaines	Coopération	Conflit
Intérêts	Fragile, soumise à conditions (relations de long terme, communication entre les parties, minimum de confiance)	Omniprésent sous forme de conflits « réalistes »
Sentiments (éventuellement mêlés à des valeurs)	Potentiellement omniprésente	Potentiellement omniprésent sous forme de conflits « irréalistes »

Exemple 6.2

Quand coopération et conflit s'entremêlent

Le métier de taxi parisien est par essence solitaire. Toutefois, il est problématique de rester seul. Chasser le client dans les rues, les stations-taxis, les gares et les aéroports peut suffire à certaines heures ou à certaines périodes, mais pas toujours et cela ne donne pas forcément lieu à des courses intéressantes. Pour y remédier, certains s'affilient à des organismes qui répercutent les demandes de courses par radio. Cela constitue au fond une première forme de coopération entre concurrents. Mais ce groupe d'une dizaine de taxis va plus loin. Ils ont petit à petit créé un réseau informel qui a plusieurs fonctions. Tout d'abord, lorsque l'un d'eux est contacté pour une course et qu'il ne peut l'assurer, il la rebascule sur un collègue du réseau, sans même prendre de commission. Cela permet de pouvoir répondre à des clients 24h/24 et 7j/7, et ainsi de les fidéliser, tout en prenant quand même du repos. Ce genre de clients, souvent des entreprises ou des administrations, est particulièrement précieux, car il assure un fonds de clientèle. L'un d'entre eux est nouveau dans le métier ; il a été très heureux de pouvoir faire des courses transmises par les collègues et qui l'ont aidé à démarrer. Il y a en effet dans ce réseau des anciens et quelques jeunes. Ensuite, les membres de ce réseau se téléphonent pour se renseigner sur un itinéraire, sur les encombrements ou les incidents dans tel ou tel secteur. Même les aînés, bien plus expérimentés, posent aussi des questions aux collègues. Enfin, il y a une fonction plus amicale. N'entre pas qui veut dans ce réseau ; tout se fait par relation. Dans le cas du jeune nouveau, c'est un ami de son oncle qui en fait partie et l'a parrainé. Ses membres déjeunent ensemble une fois par mois. On y parle métier, mais aussi des amis, des familles. Quatre ingrédients soudent le réseau, au travers de ces rencontres et de ces multiples échanges de services. Tout d'abord, il y a des règles à respecter : ne pas chercher à annexer le client d'un collègue quand on a pris une course pour ce dernier, traiter correctement ses clients (être poli, avoir une voiture propre, être à l'heure…) ; cela permet qu'une confiance s'établisse. Il est également bon de savoir faire preuve d'altruisme pour dépanner un collègue, par exemple, en prenant une course pour lui, même si on n'en a pas urgemment besoin. Il y a ensuite une sympathie mutuelle ; aucun des membres n'a pris soin de la définir, mais le parrainage ne suffit pas : il faut qu'une amitié, ou au moins une camaraderie s'établisse. C'est pourquoi le réseau reste de petite taille ; ses membres doivent se connaître. Enfin, il y a chez les aînés la satisfaction de mettre le pied à l'étrier à des jeunes, de transmettre leur savoir professionnel.

Ici aussi, on retrouve la logique des intérêts. Bien que concurrents sur un marché, et préservant leurs propres intérêts, ces acteurs ont établi une coopération « intéressée », qui procure des avantages à chacun sur le long terme, pour peu que certaines règles soient respectées. Mais la logique des sentiments est également présente. Dans ce métier de solitaires, une solidarité humaine se recrée, entre individus et entre générations. Ce réseau informel est le fruit de ces deux logiques.

Ces phénomènes peuvent se retrouver même dans des situations où la concurrence entre acteurs peut paraître plus intense, parce que moins diffuse.

…

Exemple 6.2

...

Il y a en tout dix pharmaciens dans cette petite ville de province. Pour une part, ils sont tous en concurrence. Ils ne ferment pas leur officine durant l'année. S'ils partent en vacances, ils se font remplacer. Leur but est d'éviter que leurs clients réguliers ne prennent l'habitude d'aller chez le concurrent. Sur certains produits non remboursés mais lucratifs, la guerre des prix existe. Chacun surveille les autres. Deux de ces pharmaciens sont mal vus, car ils sont très individualistes, antipathiques et cherchent à se démarquer par des prix bas, sans jamais coopérer avec les autres.

En revanche, tout en demeurant dans ce contexte général de concurrence, il existe des pratiques de coopération. Certains font des commandes ensemble sur certains produits, afin d'obtenir des conditions plus avantageuses du fournisseur. Trois d'entre eux vont plus loin : ils déjeunent toutes les semaines ensemble ; il n'est pas rare qu'ils se rendent de menus services (se dépanner d'un médicament qui manque, par exemple) ; ils échangent des informations sur les prescripteurs, les fournisseurs. Par delà ces pratiques formelles, ils ont plaisir à se retrouver, à échanger autour des satisfactions et des difficultés de leur métier. Alors que leur position est d'ordinaire solitaire, durant ces déjeuners, ils ne sont plus tout à fait seuls... Comme le dit l'un d'eux, le plus récemment installé : « Traditionnellement, le pharmacien, c'était le notable qui n'acceptait pas de compromis avec ses concurrents ; on s'aperçoit qu'il est mieux de pouvoir échanger ou s'entraider avec des confrères "sympas", ce qui évite de se scléroser dans son coin ».

Ainsi se combinent logique des intérêts et logique des sentiments. La première conduit à une « coopétition » entre acteurs qui ont leur propre intérêt, mais qui peuvent aussi trouver des avantages à coopérer ponctuellement entre eux. La seconde permet de passer au-delà de certains antagonismes, ou au contraire de les renforcer ; elle prend sa source dans l'univers affectif des acteurs.

Résumé

- Du point de vue de la logique des intérêts, les individus sont conduits à une attitude fondamentalement conflictuelle. Les conflits demeurent « réalistes ». La coopération est possible, mais elle est fragile, soumise à conditions.
- Du point de vue de la logique des sentiments, la coopération comme les conflits sont potentiellement omniprésents dans les relations. Les conflits sont alors « irréalistes ».
- Dans toute situation, les deux logiques sont à l'œuvre de façon imbriquée et plus ou moins ambiguë.

2. Le rôle des groupes

Si l'on considère l'individu dans son appartenance à des groupes, l'analyse des mécanismes de la coopération et du conflit s'enrichit. Sur ceux qui viennent d'être décrits et qui visent le plan des individus et des relations interindividuelles, se greffent des mécanismes spécifiques dus à l'existence de groupes sociaux. Ils touchent essentiellement la sphère affective.

Il convient tout d'abord de garder à l'esprit que la culture d'un groupe social façonne les attitudes de ses membres vis-à-vis de la coopération et du conflit. Certaines cultures sont plus collectives que d'autres ; elles privilégient la bonne entente dans le groupe et auront tendance à donner au conflit et à la compétition entre les membres une image négative. La recherche de consensus y sera d'avantage prisée. On sait également que dans bon nombre de cultures, notamment asiatiques, il est important de ne pas « perdre la face », et par conséquent de ne pas la faire perdre à l'autre. Cela n'exclut pas qu'il y ait des conflits, mais ils ont une forme moins ouverte que dans des cultures plus individualistes, où le conflit et la compétition entre les membres sont mieux admis. Toutefois, cette influence culturelle agit principalement sur les relations à l'intérieur du groupe social. Par delà les nuances introduites par la culture, les groupes sociaux ont une caractéristique fondamentale : la dynamique de la coopération et du conflit n'y est pas la même à l'intérieur, entre les membres, qu'avec l'extérieur.

Nous envisagerons maintenant deux approches de ce qui fonde le groupe social et, en conséquence, des phénomènes de coopération et de conflit à la fois au sein du groupe et entre le groupe et son environnement. Ces deux approches ont déjà été envisagées précédemment, à propos du niveau individuel et interindividuel, mais elles comportent toutes les deux un volet donnant un rôle important au groupe social. Il s'agit de :

- l'approche psychanalytique ;
- l'approche sociologique par l'échange de dons.

2.1 L'approche psychanalytique

D'un point de vue psychanalytique, les groupes peuvent fournir une forte motivation à leurs membres pour coopérer en leur sein. Nous ferons ici référence aux travaux d'Anzieu[8] et de Kaes[9] sur la « groupalité psychique », pour reprendre une expression de ce dernier. Il est possible de résumer leurs thèses en énonçant que le groupe est un lieu d'accomplissement imaginaire de désirs et de protection contre des menaces. Les bénéfices que l'individu retire de sa participation à la vie d'un groupe peuvent bien entendu varier dans le détail : repères identificatoires, sentiment d'appartenance et de sécurité, soutien narcissique, protection contre ses propres pulsions ou ses propres conflits internes, construction d'un surmoi par procuration. Dans cette optique, le groupe tient parce qu'il procure ces avantages à chacun des individus qui le compose. La coopération et le dévouement au sein du groupe deviennent alors des moyens indispensables pour assurer la cohésion du groupe et, en fait, pour permettre à ses membres de parvenir à leurs fins individuelles inconscientes.

Ces mécanismes ne sont pas inéluctables ; ils sont cependant fréquents, du fait de la puissante vertu sécurisante du groupe. Pour autant, cette propension des groupes à former des ensembles protecteurs ne leur garantit pas l'absence de conflits internes. Ceux-ci peuvent être motivés par des divergences d'intérêt entre membres, comme par des animosités affectives. Quand un groupe ne cherche pas à travailler ouvertement sur ses conflits internes, ses membres pourront avoir tendance à les occulter, pour éviter que le groupe cesse de dispenser les avantages psychiques décrits précédemment. Une façon de pratiquer cette occultation consiste à exporter le conflit à l'extérieur. C'est ainsi que peut se construire, par exemple, une coopération au sein d'un groupe, qui s'étaye sur le conflit vis-à-vis de groupes adverses. Cette solution n'est pas toujours possible ou suffisante. On assiste alors au développement de conflits internes, parfois déniés, souvent latents. Le phénomène se manifeste alors par des crises, par la création de sous-groupes et l'alternance de conflits et de coopérations entre les mêmes individus ou sous-groupes, par l'instauration de boucs émissaires, reproduisant à l'intérieur du groupe le clivage qui n'a pu suffisamment s'opérer à l'extérieur, entre « bons » et « mauvais » objets, entre amis et ennemis.

Pour éviter l'une ou l'autre de ces voies, une solution consiste à reconnaître et assumer, au sein du groupe, les conflits d'ordre utilitaire et affectif qui peuvent y naître. Cela suppose de les traiter ouvertement, d'admettre l'ambivalence de chacun et de rompre ainsi, au moins partiellement, avec les fonctions d'illusion psychique du groupe (voir exemple 6.3). Par exemple, les membres d'une même équipe de travail accumulent, au cours de la journée ou de la semaine, des griefs les uns contre les autres, pour un travail considéré comme mal fait, une parole jugée déplacée. L'équipe peut tenir des réunions régulières de débriefing, où ces griefs sont exposés à froid et où des remèdes aux dysfonctionnements sont recherchés ouvertement. Cela suppose que chacun puisse s'exprimer sans trop d'agressivité, mais avec franchise, et sache aussi accepter d'être mis en cause dans sa pratique. Bien souvent, les équipes de travail n'ont pas d'occasion de ce type ou bien les individus n'osent pas s'y exprimer. Les « non-dits » s'accumulent alors, favorisant l'explosion sporadique de conflits non contrôlés et peu productifs.

2.2 L'approche sociologique par l'échange de dons

Non seulement le lien social en général, mais aussi un groupe social, peut se définir par l'existence d'échanges de dons. Un groupe qui fonctionne bien est un groupe dont les membres coopèrent entre eux. Le membre d'un groupe va avoir avec un autre membre, au moins dans certains domaines, une attitude *a priori* coopérative, alors qu'il n'aura pas cet *a priori* avec quelqu'un qui n'appartient pas au même groupe que lui. En effet, la fonction même du groupe est de garantir à chacun de ses membres que les autres membres sauront entrer dans une dynamique d'échanges de dons, elle est de se porter garant que la confiance accordée sera payée de retour. Le premier geste de bonne volonté envers quelqu'un qu'on ne connaît pas peut en effet ne pas aller de soi, il peut être risqué. On peut prendre un risque plus facilement si l'on connaît cette personne ou bien, à défaut, si l'on sait que cette personne est membre d'un même groupe, lequel groupe s'est donné comme norme un certain niveau d'échanges. Il est donc possible également de dire qu'un groupe se définit par le fait que ses membres ont développé entre eux des échanges de dons.

Exemple 6.3

La régulation des conflits dans un cabinet de consultants

Le cabinet Manora a été fondé par quatre consultants, transfuges d'une grosse structure. Leur domaine d'activité est le management et les ressources humaines. En dix ans, il s'est agrandi jusqu'à compter une dizaine d'associés. À l'inverse des grands cabinets, il n'est pas entré dans une logique de strates hiérarchiques avec de nombreux juniors.

Les sources de conflits n'ont pas manqué tout au long de cette période. D'une part, la question de la répartition des recettes et des dépenses entre partenaires a toujours été posée, sans jamais trouver de réponse définitive. Doit-on laisser à chaque consultant le maximum de ses recettes et de ses risques, en conservant des activités communes réduites, ou bien doit-on développer ces activités (secrétariat, documentation, prospection commune, relations publiques, investissement en nouvelles méthodes) et donc demander à chaque consultant un prélèvement plus important sur ses recettes ? Comment partager le chiffre d'affaires entre celui ou celle qui a vendu le contrat et ceux qui le produisent ? Ces questions sont éternelles dans ce genre de structure, mais elles sont particulièrement fortes dans un cabinet neuf et de petite taille, où chaque partenaire prend de gros risques personnels et où aucune tradition ni expérience ne peuvent faire référence. D'autre part, dans cet univers de personnes censées briller en clientèle, il existe des ego forts, des rivalités, des luttes de prestige. Par ailleurs, ces consultants avaient fui une grosse structure pour vivre avec le moins possible de contraintes institutionnelles. Comment le groupe a-t-il pu survivre ?

Il a toujours tenu des réunions régulières dont, tous les six mois ou tous les ans, un séminaire de deux jours. Dans ces rencontres, et particulièrement dans les séminaires, chacun exposait ses griefs et ses attentes. Il y eut de nombreux moments durs, beaucoup d'interpellations mutuelles et de remises en cause. Un bon nombre de fois, les participants ont pu penser, dans ces réunions, que le groupe était au bord de l'éclatement. Il en ressortait finalement indemne, voire plus fort. Parce que les discussions étaient franches, chacun avait le sentiment qu'il pouvait avoir confiance en ce qui était dit, et donc, finalement, qu'il était possible de faire des concessions dans l'intérêt du groupe. Chacun avait également conscience qu'il avait besoin des autres. Durant les premières années, la personnalité forte du fondateur aidait également à fédérer les énergies. Ce dernier étant décédé, le groupe fit avec un consultant extérieur un travail de *team-building*, pour apprendre à mieux dialoguer et à mieux se comprendre mutuellement. Durant toute cette période, le groupe a changé plusieurs fois de mode de gestion et de rémunération des partenaires. Ces changements ont parfois été le résultat de crises ou d'explications houleuses, mais ils ont permis au groupe de se maintenir sur un marché qui a connu des hauts et des bas.

Puis le cabinet s'est dilué. Une partie des associés s'est refondue dans une autre structure, en faisant alliance avec un autre cabinet. Les associés restants ont pris d'autres directions. Par-delà les opportunités stratégiques, le groupe s'est aussi délité parce qu'il a cessé de pratiquer les exercices parfois pénibles mais toujours salutaires que constituent les réunions et les séminaires de partage ouvert des problèmes. La coopération est toujours à recommencer…

Ces échanges peuvent ne pas être réciproques entre individus mais fonctionner de façon mutualisée au sein du groupe. A rend service à B. Il sait que si un jour il a besoin d'aide, il la recevra d'un membre du groupe, qui ne sera peut-être pas B mais celui qui sera le mieux placé pour le faire. Le groupe se construit alors sur la réputation qu'acquièrent les individus membres de s'insérer dans ces échanges ; s'en exclut celui qui ne sait pas s'y intégrer, qui prend sans jamais donner. Il s'agit, bien entendu, d'un périmètre informel du groupe, qui peut ne pas coïncider avec son périmètre formel. Par exemple, dans un atelier de dix personnes, cinq ou six d'entre elles peuvent former un noyau solide, à l'intérieur duquel elles se serrent les coudes et mettent petit à petit en vigueur, souvent implicitement, des normes communes de comportement mutuel impliquant de fréquents échanges de « dons » (voir précédemment exemple 6.1). Deux ou trois autres peuvent se situer à la frange de ce noyau, en participant à certains de ces échanges mais pas à d'autres (par exemple, se montrer solidaires dans le travail concret mais ne pas partager autant de discussions et de confidences intimes que ceux appartenant au noyau). Un ou deux enfin peuvent être exclus du groupe, car considérés par les autres comme des « étrangers », avec lesquels il n'existe pas de véritable coopération, mais une simple coordination.

Le phénomène vaut dans un village, une famille mais aussi dans tous les groupes de travail, à partir du moment où ils constituent des groupes sociaux et non seulement des juxtapositions d'individus. Le ou les héros de ces groupes, quand ils sont reconnus comme tels par les autres, sont ceux qui ont su donner d'eux-mêmes pour le bien de l'ensemble du groupe, constituant ainsi le modèle du comportement d'échange qui donne au groupe le moyen de survivre, de réussir dans ses entreprises ou de prospérer.

Symétriquement, un individu sera prioritairement en conflit avec un tiers qui n'appartient pas au même groupe que lui. Suivant la définition donnée au début de ce chapitre, cela signifie que cet individu considérera comme normal d'agir suivant ses propres intérêts ou ceux de son groupe, face à ce tiers. Ainsi, le collaborateur d'une petite entreprise pourra considérer qu'il n'a pas de « cadeau à faire », par exemple à un fournisseur ou à un client. Certes, des relations de coopération pourront aussi se former avec un fournisseur ou un client, mais elles ne seront pas automatiques, elles devront se construire lentement, cependant qu'entre membres d'une petite entreprise la coopération est supposée aller de soi. Autrement dit, le conflit est le mode initial de base hors du groupe, et la coopération le mode initial de base dans le groupe. Ce principe, toutefois, ne vaut que dans le registre concerné par le groupe en question. Dans notre exemple, l'employé de la petite entreprise pourra se sentir très proche du fournisseur en raison du fait que, en dehors du travail, ils jouent dans la même équipe de football…

3. Dans l'organisation

Dans une organisation, les phénomènes qui viennent d'être décrits sont bien entendu présents, mais ils sont complétés par d'autres. Le fait que les individus participent à une action collective apporte en effet des éléments de contexte particuliers.

La question de la coopération entre les membres d'une organisation est particulièrement actuelle ; elle n'aurait probablement pas reçu autant d'attention il y a vingt-cinq ans. Dans les années 1980, Toyota a étonné ses concurrents occidentaux en étant capable de sortir un nouveau modèle de voiture en deux fois moins de temps qu'eux. Il pouvait, en effet, s'écouler plus de cinq ans entre le début de la conception d'un nouveau véhicule et la sortie du premier exemplaire. La solution : faire travailler ensemble dès le départ tous les acteurs concernés (méthodes, achats, production, marketing, etc.), plutôt que de faire circuler le dossier de l'un à l'autre avec de nombreux allers-retours. Une telle stratégie ne va pas sans tensions, car les différents métiers ne défendent pas les mêmes logiques et doivent pourtant coopérer, mais elle s'avère plus efficace quand elle fonctionne. Dans de nombreuses activités, le service global rendu au client exige de plus en plus des compétences variées, provenant de divers secteurs de l'organisation et travaillant ensemble, tant pour vendre l'offre que pour la réaliser. Jack Welch, patron mythique de General Electric dans les années 1980-1990, disait qu'il entendait faire de son entreprise une *boundaryless company,* une entreprise sans frontières ni cloisons, précisément parce que les frontières internes entre services constituaient à ses yeux un frein à la performance globale.Pour comprendre la dynamique de la coopération et du conflit au sein des organisations, nous aborderons successivement dans cette section :

- les antagonismes, nombreux, qui sont inhérents au contexte organisationnel ;
- l'ambiguïté de ces antagonismes ;
- la façon dont les trois sphères de l'organisation favorisent le développement du conflit ou celui de la coopération.

3.1 L'organisation comme lieu d'antagonismes

Les membres de l'organisation se trouvent fréquemment placés en position potentiellement conflictuelle. Nous l'avons dit précédemment, les antagonismes ne débouchent pas nécessairement sur le conflit. Cependant, ils en accroissent la probabilité. Ces antagonismes sont de plusieurs ordres.

3.1.1 Les antagonismes d'intérêts personnels ou catégoriels

L'antagonisme entre patronat et salariés est l'exemple le plus classique de ce type d'antagonisme, c'est-à-dire celui qui oppose des acteurs dans leurs intérêts, matériels et symboliques (voir approfondissement 6.6). Mais les antagonismes se produisent également entre employés ou catégories d'employés, car ces derniers se partagent des ressources qu'ils perçoivent souvent comme finies. Les ressources convoitées ne sont pas nécessairement pécuniaires ; elles peuvent concerner des places privilégiées (la concurrence pour l'avancement), des lieux de travail, des symboles de prestige et de reconnaissance. C'est d'ailleurs parce que tous les employés ne jugent pas qu'ils ont les mêmes intérêts que leur solidarité est parfois réduite face à l'actionnaire.

3.1.2 Les antagonismes de missions

Toute action comporte des dilemmes, des tensions entre plusieurs logiques, même quand on agit seul. L'organisation, en tant qu'action menée en commun, renforce ces dilemmes et ces tensions, là aussi pour les individus comme pour l'organisation et ses dirigeants. Agir, c'est bien souvent devoir arbitrer entre : la prise de risque et la sécurité, le changement et la stabilité, le court terme et le long terme.

Approfondissement 6.6

Les conflits sociaux dans les organisations

Dans le contexte organisationnel, on dénomme généralement conflit social celui qui oppose la direction d'une organisation et ses employés. Une des formes les plus connues que peut revêtir un conflit social est la grève, surtout dans les organisations de taille moyenne et grande. En 2006 en France, 1 415 000 journées de grève ont été enregistrées, soit 116 jours pour 1 000 salariés (source : ministère du Travail). Ce chiffre a eu tendance à baisser durant les trente dernières années ; toutefois, cela ne signifie pas nécessairement que la conflictualité sociale en général baisse. Celle-ci, en effet, ne se limite pas aux grèves ; elle peut revêtir également d'autres formes : grèves du zèle, débrayages courts, manifestations, pétitions, refus des heures supplémentaires, actions en justice…

Une particularité des conflits sociaux est qu'ils sont de nos jours prévus et encadrés par la loi, alors que les autres conflits dont il est question dans ce chapitre se déroulent souvent de façon plus informelle. D'une part, des organismes légaux de représentation des employés existent : ce sont les syndicats. D'autre part, les instances où se déroule le dialogue social, les formes que peuvent revêtir les conflits éventuels entre personnel et direction sont définies par la loi. Les droits et les devoirs de chaque partie en cas de grève, notamment, sont établis. Toutefois, ce caractère formel n'a pas été présent de tous temps et en tous lieux. En Occident, l'existence des syndicats et le droit de grève n'ont été concédés qu'à la suite de conflits parfois violents, au XIXe et au XXe siècle. De nos jours, il arrive que des actions débordent du cadre formel. Dans certains univers professionnels par exemple, on voit parfois des « coordinations » informelles et temporaires se former spontanément autour d'une action et d'une revendication. Dans d'autres pays aujourd'hui, le droit de se syndiquer n'existe pas ou est mal respecté.

Une autre particularité de ce type de conflits est qu'ils sont par essence collectifs, ce qui introduit un acteur spécifique entre la direction et les employés : le ou les syndicats représentant les employés. Ces derniers ont leurs propres stratégies qui peuvent parfois conduire à amplifier ou à réduire le conflit. Ils doivent en effet asseoir leur légitimité et leur capacité de mobilisation dans la durée, en concurrence avec d'autres.

Hormis ces particularités, les conflits sociaux suivent les mêmes logiques que les autres types de conflits. La logique des intérêts y est essentielle. Ces conflits sont généralement enracinés dans des antagonismes d'intérêts entre la direction et les employés. Ces derniers portent fréquemment sur les rémunérations et, plus généralement, le partage des fruits du travail en commun (voir section 3.1.1 dans ce chapitre). D'autres enjeux concrets peuvent également causer de tels conflits : conditions de travail, suppressions d'emplois… Toutefois, la logique des sentiments n'est pas absente. Des revendications matérielles peuvent parfois être stimulées par la frustration ressentie par les employés s'ils ne se sentent pas respectés. Très souvent, la dureté d'un conflit est liée à un mauvais climat préalable dans les relations humaines au sein de l'organisation.

…

Approfondissement 6.6

…

Il existe deux façons pour une direction, d'envisager les relations avec les syndicats. L'une est de considérer *a priori* que les syndicats sont indésirables, ou qu'ils sont un mal à supporter, puisque légalement établi (sauf dans les petites organisations) ; on tâche alors de limiter l'existence et le rôle des syndicats autant que faire se peut. L'autre est de considérer les syndicats comme des partenaires nécessaires afin de discuter avec les employés des questions des salaires, d'emploi et de conditions de travail. En d'autres termes, la relation est avant tout pensée en termes de conflit dans le premier cas ; dans le second, il y a recherche de coopération, même si le conflit ne disparaît pas.

Symétriquement, il existe deux grands types d'attitudes chez les syndicats : certains pensent leur relation avec la direction essentiellement en termes de conflit ; d'autres peuvent envisager plus facilement de collaborer avec elle.

Bien entendu, les directions ont en partie les syndicats qu'elles suscitent par leur propre attitude et *vice versa*. La culture des pays concernés joue également un rôle dans le tour que prennent ces relations. Dans les pays scandinaves ou en Allemagne, les syndicats sont reconnus comme des partenaires essentiels et légitimes. Cela ne supprime pas les conflits, mais rend la relation plus coopérative. Dans les pays latins, comme en France, la relation entre directions et syndicats prend facilement un tour plus conflictuel.

Il peut arriver que l'organisation exacerbe ces dilemmes. En effet, ses membres voudront peut-être orienter l'action commune vers l'un ou l'autre des pôles de ces dilemmes, soit que leurs inclinations personnelles les y poussent, soit, surtout, du fait que divers membres sont souvent chargés de défendre les différents points de vue. Par exemple, les responsables de la production industrielle ont besoin d'une certaine stabilité dans les produits à fabriquer de façon à réduire leurs coûts de production ; les commerciaux, en revanche, peuvent avoir tendance à réclamer aussi souvent que possible de nouveaux produits ou des variantes des produits existants. Dans ce type de cas, chacun a tout intérêt à faire prévaloir le point de vue qu'il représente, ne serait-ce que pour être bien apprécié de ses supérieurs ou pour disposer de moyens supplémentaires dans son poste de travail.

De plus, une organisation doit servir les intérêts ou du moins respecter les contraintes des diverses parties prenantes : l'actionnaire ou le bailleur de fonds, le client ou le bénéficiaire, les collaborateurs, pour ne citer que les plus courantes. Ces intérêts sont loin d'être identiques. D'où la théorie de Chester Barnard[10] sur la fonction du manager, qui est de concilier les exigences diverses des différentes parties prenantes. C'est bien parce que cette fonction pose problème qu'il existe des managers.

Il arrive fréquemment dans l'organisation que certains soient plus particulièrement chargés de veiller sur les intérêts de l'une ou de l'autre partie. Par exemple, la direction financière défendra souvent le point de vue de l'actionnaire, la direction commerciale celui des clients. La première aura donc tendance à se montrer plus réticente à la prise de risques que la seconde. Et les avis divergeront facilement quand, par exemple, il sera question de la politique de crédit client.

Il en résulte d'inévitables conflits de logiques, inhérents à toute action, mais renforcés par la multiplicité des acteurs internes. Certes, il existe des situations où plusieurs de ces missions peuvent apparaître comme compatibles, voire très complémentaires, ce qui simplifie naturellement le problème posé, mais il serait illusoire de prendre de tels cas pour la règle générale. L'exemple 6.4 présente des exemples qui découlent en bonne partie de ces antagonismes de mission. Les difficultés de coopération se traduisent par des conflits que l'on peut considérer comme des conflits de rôle, parce que les individus en sont les protagonistes du fait des rôles qu'ils occupent et des missions qui y sont attachées.

Exemple 6.4

Quelques difficultés classiques de coopération transversale au sein des organisations

(N.B. : Ces difficultés sont fréquentes, mais il existe bien entendu des organisations où elles sont résolues.)

Les constructions ou les achats

Quand une entreprise construit une nouvelle usine, elle recourt souvent aux services d'un département interne d'ingénierie, chargé de piloter la construction. Ce dernier remet ensuite les clés de l'usine à un département de production qui sera chargé de l'exploiter. Le travail de l'ingénierie est de livrer l'ouvrage en respectant un cahier des charges, un budget et un délai. En cas de difficulté pour tenir ses engagements en raison des aléas du chantier (qui sont fréquents), l'ingénierie peut limiter la qualité des installations livrées, ce qui a pour effet de donner plus tard à l'exploitant plus de frais d'entretien ou de fonctionnement. À l'inverse, l'exploitant doit prendre en considération les contraintes de l'ingénierie, lui communiquer clairement et en temps utile ses besoins.

Il en va de même quand un service achat s'occupe de l'approvisionnement, par exemple en machines, pour des utilisateurs. Si le service achat ne s'occupe que de minimiser ses coûts, il peut être amené à acheter des machines qui ne faciliteront pas la vie des utilisateurs. Mais ces derniers doivent également l'informer au mieux et en temps utile sur leurs besoins et leurs contraintes.

La conduite d'un process de production industrielle

Un process de production industrielle requiert le concours de plusieurs groupes d'opérateurs, voire de plusieurs métiers, chacun étant en charge d'une portion de ce process. Dans de nombreux cas, malgré une automatisation croissante, une bonne part des aléas survenant dans l'exploitation ne peuvent être traités efficacement que si chacun des groupes est conscient des problèmes que peuvent rencontrer les autres groupes et en tient compte dans son propre travail. Or cela suppose que chacun des groupes accepte parfois de compliquer ou d'alourdir son propre travail pour aider le groupe voisin. Un autre point important en

…

Exemple 6.4

…

milieu industriel est l'entente entre la maintenance et la production : faute d'accord mutuel, les producteurs accuseront la maintenance de ne pas les aider efficacement, et la maintenance déplorera que les producteurs utilisent le matériel sans précautions. Ces deux groupes peuvent en effet suivre des logiques antagonistes, le producteur devant assurer la production au quotidien, la maintenance étant chargée d'un souci de disponibilité du matériel pouvant l'amener à orienter sa réflexion davantage vers le moyen terme.

Les opérationnels et les fonctionnels

Les opérationnels sont les services qui assurent la production et la vente. Les fonctionnels sont les services chargés d'apporter des aides en moyens ou en expertise aux opérationnels et/ou de faire que ces derniers respectent certaines règles dans leur domaine. Des exemples de services fonctionnels sont ceux qui ont en charge les ressources humaines, la comptabilité et le contrôle de gestion, la communication externe, le domaine juridique. Cette double fonction des services fonctionnels, soutien et contrôle des opérationnels, est source de désaccords. Les opérationnels ont tendance à attendre surtout le soutien et à se plaindre du fait que le contrôle, les règles qui leur sont imposées gênent leur action. Les logiques défendues par les uns et les autres ne sont pas les mêmes. Les opérationnels sont la plupart du temps jugés sur des résultats concrets et de court terme ; l'action des fonctionnels est souvent plus qualitative et vise fréquemment à donner une cohérence à moyen terme dans leur domaine.

On peut citer également :

- l'ajustement de la production et de la vente (voir le cas présenté au chapitre 3) ;
- le niveau des stocks (voir l'étude de cas en fin de chapitre) ;
- la gestion des carrières (voir plus loin exemple 6.6).
- les relations entre générations (voir plus loin l'approfondissement 6.8).

3.1.3 Les antagonismes d'opinions

Les désaccords peuvent se faire jour également entre membres d'une organisation, parce qu'ils évaluent différemment la probabilité d'événements à venir, décodent de façon divergente une situation délicate, sont enclins à plus ou moins de prudence face à elle. Ce sont alors des antagonismes d'opinions qui apparaissent. Ceux-ci peuvent bien sûr refléter des antagonismes de l'un ou l'autre des deux types précédents, mais ils peuvent également se rencontrer parmi les défenseurs d'une même mission même s'ils se reconnaissent une forte convergence d'intérêts. Ces antagonismes peuvent alors être le fait de différences dans les mécanismes cognitifs et les tempéraments des individus ou bien encore servir de support à un conflit « irréaliste » au sein de leur groupe.

3.1.4 Les antagonismes de valeurs

Les antagonismes d'opinions, les divergences cognitives, peuvent être les conséquences de désaccords quant aux valeurs qui guident l'action commune. Ici encore, des groupes chargés de missions différentes peuvent ne pas entretenir les mêmes valeurs (par exemple, une direction financière et une direction commerciale). Mais ces désaccords peuvent aussi intervenir au sein de mêmes groupes ou indépendamment des antagonismes de missions. Ils peuvent porter sur des positions à adopter quant aux éternels dilemmes liés à l'action : tolérance vis-à-vis de l'erreur, acceptation de l'à-peu-près ou au contraire recherche de la perfection, ou bien encore atteinte de résultats ou respect de principes éthiques. Ils peuvent également être liés à la raison d'être de l'organisation, aux grands principes qui régissent la vie en commun. Comme nous l'avons vu au chapitre 2, section 2.2, il existe une culture de l'organisation, c'est-à-dire que ses membres admettent sur ces grands principes des réponses communes. Mais l'accord est rarement complet et il est particulièrement menacé en cas de grandes mutations au sein de l'organisation (sur cette question, voir aussi chapitre 9). Les fusions ou acquisitions présentent fréquemment cette difficulté.

3.2 L'ambiguïté des antagonismes dans l'organisation

L'ambiguïté de la nature conflictuelle ou coopérative des relations entre individus ou au sein d'un groupe social a été décrite précédemment. Le contexte organisationnel exacerbe ou, du moins, illustre cette ambiguïté de deux manières.

D'une part, les divers types d'antagonismes décrits précédemment se mêlent, ce qui les rend moins facilement identifiables. Tel est le cas des personnes qui, au sein d'une organisation, sont chargées de défendre certaines missions, le plus souvent une seule. Dans la recherche du succès de leur mission, peuvent être à l'œuvre conscience professionnelle, mais aussi intérêt personnel, concret ou symbolique. Les antagonismes de missions et d'intérêts personnels sont donc étroitement mêlés. Bien entendu, ils peuvent également servir de support à des conflits « irréalistes ».

D'autre part, il arrive fréquemment que les antagonismes ou les convergences d'intérêts personnels et d'intérêts de missions ne soient que partiels. Les actionnaires et les employés, par exemple, ont le plus souvent en commun l'intérêt que l'organisation continue à vivre. C'est ce qui donne un support logique à l'idée d'une communauté d'intérêts entre acteurs. La divergence d'intérêts existe néanmoins. Il n'est pas rare que certains acteurs rencontrent, au sein des organisations, des situations que l'on peut illustrer par la métaphore du coureur cycliste (voir exemple 6.5).

Exemple 6.5

Le dilemme du coureur cycliste

Soit un coureur, échappé du peloton avec un adversaire. Tous deux ont intérêt à pédaler ensemble pour assurer le succès de leur échappée : s'ils arrivent détachés devant le peloton, ils auront chacun une chance de gagner la course et même celui qui terminera second retirera plus de primes et de renom que s'il était resté dans le peloton. Mais celui qui terminera premier retirera beaucoup plus de primes et de renom que le second. Notre coureur se trouve donc placé devant un dilemme, dû au fait que le fruit de cette coopération ne peut être partagé à parts égales : il doit pédaler pour assurer le succès de l'échappée, mais ne pas trop en faire non plus, pas plus en tout cas que son compagnon d'échappée, car ce dernier pourra alors facilement le devancer en fin de course…

Cette coexistence entre convergences et divergences d'intérêts donne lieu à une grande diversité d'opinions et de discours sur l'organisation, les raisons de coopérer en son sein pouvant faire oublier les antagonismes, et *vice versa*.

3.3 Le rôle des trois sphères de l'organisation

La coopération et le conflit naissent du contenu des trois sphères de l'organisation décrites au chapitre 2 (section 2.2) : dispositifs organisationnels, culture et stratégies des acteurs.

Les dispositifs organisationnels créent, pour une bonne part, le périmètre des antagonismes ou des convergences entre membres. Certaines formes juridiques, celles des coopératives (voir approfondissement 6.7) visent à fonder l'organisation sur une coopération de fond entre les membres. Plus généralement et dans toute organisation, les objectifs et les critères de performance assignés à des individus ou à des groupes influent sur la coopération au quotidien entre acteurs. Les modes de sanction et de récompense de ces performances accentuent le phénomène en augmentant l'intérêt personnel de chacun à réussir, éventuellement au détriment des autres. Tel peut être le cas si le mode de responsabilisation des collaborateurs est individuel plus que collectif. Plus généralement, le mode d'attribution de ressources convoitées mais limitées (moyens de travail, postes attrayants) organise une compétition plus ou moins ouverte entre les membres. Cette situation peut même être renforcée par le biais de challenges où les plus performants sont récompensés (par exemple, une prime supplémentaire au meilleur vendeur du mois). À l'inverse, ces dispositifs peuvent viser à atténuer la compétition et les antagonismes, par exemple en réduisant les récompenses individuelles. Tel est le cas dans les entreprises où les promotions se font à l'ancienneté, ou encore dans celles où les performances collectives sont plus suivies que les performances individuelles. Les objets et installations techniques peuvent également favoriser ou freiner la coopération dans les équipes de travail (disposition des lieux, possibilité ou impossibilité, nécessité ou inutilité de communiquer à distance, de se voir ou de s'entendre).

La culture, ou les cultures de divers sous-groupes, vont conditionner la propension des membres à privilégier plutôt la coopération ou plutôt le conflit. Les valeurs qu'elles véhiculent peuvent en effet encourager ou dissuader un individu de jouer exclusivement son propre intérêt, même en cas d'antagonisme. Certaines organisations sont fondées sur des responsabilités individuelles assignées à chacun des membres. D'autres, à l'inverse, reposent sur un fort sentiment d'appartenance des membres, sur une allégeance de ces derniers qui peut les conduire à plus de dévouement, à moins de calculs dans leur implication. Enfin, les divergences de culture entre sous-groupes, sont à la base des antagonismes d'opinions et de valeurs. Si de telles divergences existent, elles sont de nature à encourager les conflits. On rencontre également souvent ce phénomène dans les fusions et acquisitions, les cultures des deux organisations concernées étant rarement parfaitement compatibles.

Les stratégies des acteurs sont la résultante de ce qui précède, c'est-à-dire à la fois des contraintes que fait peser sur eux l'organisation et des conséquences qu'ils en tirent. Ils se traduisent par un entrelacs de luttes et d'alliances entre les diverses parties prenantes. Les modalités de ces luttes internes, mais aussi de ces coopérations, sont rarement prévues par les dispositifs organisationnels. Ces relations sont faites d'actes au quotidien qui passent

Les sociétés coopératives

Approfondissement 6.7

La coopération entre acteurs économiques est parfois institutionnalisée sous la forme de sociétés coopératives. Juridiquement, elles regroupent soit des personnes qui travaillent (agriculteurs, ouvriers), soit des consommateurs. Dans le premier cas, ces personnes forment ensemble une société industrielle ou commerciale ; les collaborateurs de cette société détiennent conjointement le capital, le pouvoir et élisent les dirigeants, en principe suivant la règle « un homme, une voix ». En France, le statut correspondant est celui de SCOP (société coopérative ouvrière de consommation). Dans le second cas, ce sont des clients ou consommateurs qui se regroupent pour acheter des biens ou des services. On parle alors de coopératives de consommation ou bien, dans le cas de la banque ou de l'assurance, de mutuelles ou de sociétés mutualistes.

Le mouvement coopératif est né au XIXe siècle, avec l'ère industrielle, d'une double logique. D'une part, il permettait à des individus des classes populaires d'accéder à des biens, des opportunités économiques ou une sécurité financière qu'ils ne pouvaient trouver seuls ou dans la relation d'employé classique. D'autre part, il était l'expression d'une quête chez certains d'un monde du travail qu'ils voulaient plus juste et plus solidaire. Cet idéal anime toujours bon nombre de sociétés coopératives, même si le statut coopératif ne suffit pas, à lui seul, à garantir la vitalité des valeurs fondatrices. En outre, le fait qu'une société soit de statut coopératif ne supprime pas les phénomènes de coopération et de conflit dans la vie quotidienne de travail tels qu'ils sont décrits dans ce chapitre.

La figure la plus emblématique du mouvement coopératif est Mondragon Corporacion Cooperativa (www.mcc.es). Fondée au pays basque espagnol dans les années 1950, elle a eu pour but au départ de donner du travail aux ouvriers d'une vallée du pays basque. Elle a depuis essaimé en un groupe de sociétés coopératives intervenant dans divers secteurs de l'économie et s'entraidant mutuellement. Au total, ce groupe emploie 80 000 personnes et s'attache à conserver l'idéal démocratique de ses débuts.

souvent inaperçus des directions. Par exemple, la coopération entre la maintenance et un service de production dans une usine passe certes par des règles, mais aussi par des contacts informels et amicaux entre les personnes, par des échanges de petits services ou d'informations (don/contre-don) qui sortent du cadre des procédures. À l'inverse, quand ces relations se passent mal, les règles prévues ne sont pas toujours respectées et chacun fait usage des moyens de rétorsion dont il dispose à l'encontre de l'autre.

On comprend donc pourquoi la coopération au sein de l'organisation est une question épineuse pour ceux qui la dirigent. Elle est pourtant de plus en plus nécessaire, mais pas toujours réussie (voir exemple 6.6).

Résumé

- L'organisation, parce qu'elle est structurée par l'action collective, produit de nombreux antagonismes de plusieurs sortes entre les collaborateurs.

Exemple 6.6

Des collègues peu coopératifs…

Dans cette grande entreprise industrielle, comme dans beaucoup d'autres, les jeunes collaborateurs à fort potentiel suivent un parcours professionnel varié, grâce auquel ils accumulent une grande richesse d'expériences. De telles personnes ne doivent donc pas rester trop longtemps au même poste. Or, l'unité où l'une d'elles fera ses premières armes va consacrer des ressources et du temps à la former, sans pouvoir bénéficier longtemps de ses services. Cela n'est pas toujours bien vu par les chefs d'unité, et certains sont en conflit latent avec leur DRH car ils essaient de retenir le plus longtemps possible leur recrue. L'un d'entre eux, cependant, joue le jeu. Il est directeur d'une unité de la division ingénierie (celle qui conçoit et construit les usines). Qui plus est, il n'hésite pas à laisser partir certains de ses jeunes cadres dans la division de la production, qui entretient des rapports assez tendus avec celle dont il dépend. Il estimait que ce brassage de populations favoriserait justement une meilleure entente entre l'ingénierie et la production. Puis, lors d'une réunion, il se rendit compte que certains cadres de cette autre division le soupçonnaient « d'infiltrer la production »…

Dans cette organisation de grande taille, structurée en directions régionales d'activité comparable, l'un des cadres d'une des régions apprit qu'une autre direction régionale avait pris des mesures intéressantes en matière de politique qualité. Il voulut s'en enquérir auprès de son homologue de cette autre région. Réponse : les régions sont comparées entre elles en termes de performance, nous ne divulguons donc pas nos méthodes.

Ces deux exemples sont récents. Ils ne sont pas exceptionnels. Le point commun en est que les directions générales ne se montrent pas capables de contrebalancer les antagonismes entre leurs cadres. Chacun d'eux déroule sa propre logique, en particulier en matière de carrière. Dans d'autres entreprises, au contraire, de tels exemples ne seraient pas pensables. La différence réside à la fois dans les qualités de leadership des dirigeants (voir chapitre 7), dans l'exemple qu'ils donnent eux-mêmes, et dans ce qu'ils privilégient. Si seuls les résultats opérationnels sont considérés, ce genre de dérive est prévisible.

- Elle produit aussi des opportunités d'alliances et de coopération entre eux. Les relations entre membres de l'organisation sont un mélange souvent ambigu de coopération et de conflit.
- Les dispositifs organisationnels déterminent, pour une large part, le contour des antagonismes et des convergences d'intérêts entre membres.
- La culture ou les sous-cultures de l'organisation sont un autre déterminant fort des comportements ; certaines favorisent plus que d'autres le conflit ou la coopération.
- Les stratégies inventées par les acteurs permettent la mise en œuvre concrète des conflits et des actes de coopération internes. Elles se situent souvent hors des prescriptions, voire de la conscience de la direction.

4. Le défi du management : optimiser coopération et conflit

Dans cet univers d'antagonismes, l'art du manager sera de susciter malgré tout une coopération suffisante entre les membres. Cette démarche est d'autant plus délicate que la coopération suppose une bonne volonté qui ne peut être prescrite, et que les comportements de conflit ne peuvent être contrôlés que très imparfaitement. Il serait illusoire d'espérer éliminer les antagonismes et les conflits. Au contraire, comme nous l'avons dit précédemment, il n'y a pas de coopération sans capacité à accepter et à traiter ouvertement le conflit.

Il s'agira donc à la fois de faire un bon usage des conflits et de favoriser le développement de la coopération. Nous envisagerons maintenant plus en détail ces actions possibles, en examinant les vertus éventuelles du conflit et les moyens de favoriser la coopération.

4.1 Du bon usage du conflit

Les vertus du conflit pour une organisation peuvent être appréciées de diverses manières, en fonction des valeurs directrices qu'elle se donne.

Sous la forme de compétition entre les membres, le conflit peut stimuler l'implication de ces derniers. La compétition peut être liée à l'obtention de moyens, à l'accès à des postes dans la hiérarchie, au prestige. Elle existe de fait dans presque toutes les organisations, car les diverses ressources dont ces dernières disposent sont en général plus rares que la somme des appétits de leurs membres. Toutefois, certaines organisations ne jouent que modérément sur ce levier, par exemple en réglementant fortement la possibilité de gravir les échelons hiérarchiques, alors que d'autres laissent la compétition plus ouverte, voire la mettent en exergue. À l'extrême, on trouve des organisations qui s'apparentent à des jungles où les rivalités sont encouragées. Cultiver le conflit va de pair avec le vieux principe du « diviser pour régner » qui constitue un mode de management et une stratégie de pouvoir pour certains dirigeants. Bien entendu, plus on mise sur la compétition, moins il faut s'attendre à une coopération facile entre les compétiteurs.

Les conflits issus d'antagonismes de missions, s'ils sont souvent mêlés aux compétitions que nous venons d'évoquer, dépassent cependant ce cadre. Ils peuvent également résulter du fait que les membres de l'organisation prennent leur travail à cœur. La réussite de l'organisation est souvent liée à un bon équilibre entre les diverses logiques qui la régissent, par exemple entre la satisfaction des actionnaires, celle de ses clients et celle de ses collaborateurs. Un tel équilibre est délicat à trouver et le débat, l'expression des antagonismes, même au prix d'une certaine conflictualité, peut être un garde-fou, qui permet d'éviter que les mêmes points de vue prévalent systématiquement. Dans cette optique, le bon usage du conflit passe par l'existence de lieux de débat et d'arbitrage, par la qualité des échanges qui y sont organisés entre protagonistes. Pour les interlocuteurs, cette qualité passe à la fois par la possibilité de s'exprimer et par le sentiment d'équité qu'ils retireront de la façon dont les débats auront été tranchés. Le principe du comité de direction, par exemple, réunissant autour du directeur ses principaux adjoints, est souvent censé jouer ce rôle de confrontation des grandes logiques de l'organisation *via* ceux qui les portent. Dans la pratique, cette fonction de débat y est plus ou moins bien servie.

4.2 Quelques moyens de favoriser la coopération

Comme cela a été dit plus haut dans ce chapitre, il ne suffit pas que la direction d'une organisation assure la coordination du travail de chacun de ses membres pour que ces derniers coopèrent avec elle et entre eux. Il existe au sein des organisations des mécanismes de coordination (voir chapitre 2, section 2.2.1) sur lesquels les managers peuvent jouer. Cela peut certes favoriser la coopération, mais ne sera généralement pas suffisant.

Un premier moyen de favoriser la coopération, nous l'avons dit précédemment, est de savoir reconnaître et surmonter les conflits. Mais il existe, plus spécifiquement, des moyens de stimuler la coopération entre les membres d'une organisation.

4.2.1 S'appuyer sur la logique des intérêts des protagonistes

Pour reprendre les termes de la théorie des jeux, adaptée au contexte où les individus sont supposés ne suivre que leur intérêt, on obtient la coopération des joueurs en rendant le jeu coopératif, c'est-à-dire à somme non nulle : le gain de l'un peut aller de pair avec le gain de l'autre. Il existe deux outils dans ce registre : le bâton et la carotte. On touche là, bien sûr, à la sphère des dispositifs organisationnels.

Le bâton

Tout d'abord, les organisations parviennent à une coordination du travail en définissant un partage des tâches et des modalités d'interface entre les divers postes ou entre les divers départements et sous-ensembles de l'organisation. Beaucoup de choses se jouent déjà là en matière de coopération. Ces modalités d'interface comprennent l'arrangement des locaux et des postes de travail, le système d'information, l'existence, au sein des départements, de tâches spécifiques de communication et de coordination avec les autres départements (par exemple, la nomination d'interlocuteurs désignés). Toutefois, ces dispositifs organisationnels ne garantissent jamais à eux seuls la coopération, ils ne font que lui procurer des conditions favorables ; à l'inverse, s'ils sont mal conçus, ils peuvent la décourager. Encore faut-il, ensuite, que les membres de l'organisation fassent ce que l'on attend d'eux. Le plus souvent, ce résultat est recherché au moyen de règles auxquelles ils sont censés se soumettre. Il existe généralement un système de sanctions et de récompenses destiné à inciter les membres de l'organisation à respecter ces règles, système fondé sur la logique des intérêts de chacun et principalement sur l'aversion de tous pour les sanctions (bâton). Mais ce levier a des effets limités. Il est toujours incomplet et imparfait, les règles ne pouvant pas tout spécifier dans le détail, ni prévoir tous les cas de figure. Le système de sanctions est inégalement performant en fonction des individus et des règles qu'il est supposé appuyer.

La carotte

Une seconde façon de coordonner les actions des membres consiste à leur donner des objectifs à remplir, ici encore avec un système de récompenses (carotte) si les objectifs sont atteints. Suivant le contenu de ces objectifs, on peut créer des antagonismes de missions ou, au contraire, des incitations à coopérer. Il existe donc dans ce domaine un vaste champ de réflexion pour les dirigeants d'une organisation. Par exemple, supposons qu'un problème se pose dans une PME : son commercial rapporte des affaires que l'usine ne peut pas systématiquement traiter, car les commandes occasionnées ne sont pas toujours compatibles avec son plan de charge, d'où des mécontentements des clients, des incidents entre le commercial et le chef d'usine. Le problème pourrait être résolu si le commercial n'était plus intéressé à son chiffre d'affaires brut, mais au taux de remplissage du plan de charge de l'usine. La coopération entre commercial et producteur deviendrait alors beaucoup plus logique pour chacun des deux acteurs. Le problème est que de telles solutions ne sont pas toujours possibles ou que, quand elles existent, elles présentent aussi des inconvénients. Chaque acteur dans l'organisation peut être responsabilisé sur un ou quelques-uns des facteurs qui concourent à la stratégie globale de l'organisation, mais il est rare que la juxtaposition des objectifs de chacun soit totalement compatible. Pour éviter ce type de dysfonctionnement, il faudrait donner des objectifs communs plus globaux, mais avec l'inconvénient de perdre la responsabilisation individuelle (par exemple, dans le cas précédent, la responsabilité des deux collaborateurs deviendrait moins isolable). Le plus souvent, les organisations se contentent d'objectifs individuels en tablant sur la bonne volonté de chacun pour ne pas aller au bout de sa logique individuelle et pour s'accorder quand même avec ses collègues. D'autres organisations panachent objectifs individuels et objectifs collectifs, par exemple en fondant une part de l'intéressement sur un résultat collectif. Dans tous les cas, la seule logique froide des intérêts ne suffit pas ; les systèmes d'objectifs, quels qu'ils soient, ont besoin de la bonne volonté coopérative des acteurs.

On pourrait penser que des équipes de collaborateurs effectuant ensemble la même tâche peuvent plus facilement se voir assigner un objectif commun. En effet, dans ce cas, il n'existe pas d'antagonismes de missions. Cela est vrai, d'autant que, dans un tel cas de figure, la responsabilité de chacun dans le travail collectif est souvent peu identifiable. Il n'empêche que la bonne volonté des membres de l'équipe pour coopérer est également requise. Si, en effet, chacun ne suit que la seule logique de son intérêt, il peut être tenté de profiter du travail des autres (voir le dilemme du coureur cycliste, voir exemple 6.5).

4.2.2 S'appuyer sur la logique des sentiments des protagonistes

Les actions pour influer sur la logique des sentiments en vue de développer la coopération interne sont de plusieurs natures. Elles touchent toutes à la sphère de la culture de l'organisation.

Actions sur les valeurs dominantes de l'organisation

La culture de l'organisation est un déterminant clé de la façon dont ses membres coopèrent, comme, d'ailleurs, de la façon dont sont traités les conflits. On peut même dire que c'est un des contenus importants et le plus souvent présents d'une culture d'organisation. L'action directe sur cette culture, cependant, n'est pas aisée pour un dirigeant, car il ne peut pas la modifier comme il le ferait d'une règle de fonctionnement pratique. Il dispose malgré tout d'un pouvoir d'influence indirecte et non immédiate.

Le premier levier qu'il peut mobiliser est l'exemple qu'il donne lui-même. Certes, le dirigeant peut, dans son discours, encourager la coopération interne. Mais, en soi, cela portera peu de fruits. Si les collaborateurs comprennent, au travers de ses actes et de ses décisions, que leur dirigeant joue le « diviser pour régner » ou bien qu'il privilégie exclusivement la responsabilisation individuelle, ses appels à la coopération resteront lettre morte. S'il recherche au contraire une certaine équité dans ses arbitrages, il aura plus de chances que les conflits entre ses collaborateurs ne prennent pas de proportions démesurées et que ceux-ci prennent plus souvent le risque d'un traitement ouvert de leurs désaccords. Nous l'avons vu dans l'exemple précédent, le climat de confiance et les bonnes relations entre individus sont nécessaires pour que la coopération puisse se développer. La qualité de ces relations relève en grande partie de la responsabilité du dirigeant – tout du moins celles qu'il noue avec ses proches collaborateurs –, mais elle tient aussi, plus largement, à la diffusion d'une norme culturelle au sein des membres qui valorise la confiance et la qualité des relations interindividuelles.

Un deuxième levier est la capacité du manager à donner un sens à l'action de tous, cohérent avec ses propres actes et ses propres décisions, et admis par tous. Si les collaborateurs ont conscience d'œuvrer dans un but commun, ils seront plus enclins à prêter attention à ce que font leurs collègues autour d'eux. Cela est certes une tâche difficile et sans fin, et les voies pour y parvenir peuvent varier en fonction de la culture de l'organisation, comme nous allons le voir plus bas. Un facteur invariant est cependant l'information donnée aux collaborateurs sur les données d'ensemble de l'organisation, ses résultats, ses stratégies. Si ce facteur n'est pas suffisant, il constitue néanmoins un pré-requis.

Un troisième levier réside dans le recrutement des nouveaux collaborateurs ou dans les critères de choix des promotions. Dans la mesure du possible, quand la coopération interne est souhaitable, il faut privilégier les profils psychologiques les plus aptes à la coopération. Cette recommandation n'est pas toujours facile à mettre en œuvre pour tout le personnel, mais on peut lui prêter une attention plus particulière quand il s'agit de pourvoir les postes à responsabilité.

Améliorer les qualités de leadership de l'encadrement

Les qualités de leadership (voir chapitre 7) de l'encadrement permettent d'instaurer un climat positif à l'intérieur de différents départements de l'organisation. Ces qualités ne constituent pas toujours le critère premier d'accès aux postes d'encadrement. Les formations, le coaching, peuvent compléter les dispositifs de nomination et de recrutement. C'est en particulier aux managers que revient le rôle de faire dialoguer et coopérer des populations de caractéristiques et de cultures différentes (voir par exemple approfondissement 6.8)

La facilitation des contacts informels entre collaborateurs

Un des ressorts de la logique des sentiments est que les personnes qui se connaissent ont beaucoup plus de chances de développer des relations coopératives. Cela revêt surtout de l'importance dans les relations entre des services qui ne se côtoient pas physiquement. Certaines organisations s'efforcent de multiplier les occasions de rencontres entre les collaborateurs ; elles agissent sur la disposition des locaux et des espaces de pause, facilitent les activités extraprofessionnelles communes, créent des occasions d'échanges entre services (formations, événements internes). Elles organisent également des contacts entre services physiquement éloignés : par exemple, des visites croisées entre les opérateurs de deux usines dont l'une approvisionne l'autre, de façon à ce que, lors des contacts par téléphone ou par mail qui suivront, les interlocuteurs aient le sentiment de parler à une vraie personne. Ou encore, dans certaines usines, on peut trouver sur le pupitre des opérateurs une fiche avec le nom et le téléphone de ses divers interlocuteurs dans l'organisation, accompagnés des photos de ces

Approfondissement 6.8

Coopération et conflits intergénérationnels

Il existe aujourd'hui une problématique importante concernant la coopération entre les différentes générations au travail. À l'heure où la génération des baby-boomers part massivement à la retraite, les entreprises sont confrontées à la nécessité de les remplacer, notamment dans les postes à responsabilité ou à forte expertise. Or, du fait de la taille des cohortes dans de nombreuses entreprises, les générations intermédiaires ne sont pas assez nombreuses et n'ont pas toujours été préparées à prendre la suite. Si bien que ce sont les jeunes qui doivent monter rapidement en compétence pour faire face. Pour que cela soit possible, il faut absolument instaurer une forte coopération entre les âges.

Cependant, de nombreux points les différencient, qui peuvent facilement conduire au conflit entre ces deux groupes s'ils ne sont pas poussés à coopérer. Les jeunes arrivent en emploi avec un niveau d'études bien supérieur à celui de leurs aînés ; ils peuvent rapidement opposer la connaissance à l'expérience. Chaque groupe peut se sentir mis en danger par l'autre. Des politiques peu adaptées peuvent accentuer ces éléments de confrontation : qu'un jeune grimpe plus vite sur la grille de compétence et il se verra mieux payé qu'un ancien très expérimenté.

Pourtant, interrogés au cours d'une recherche, les jeunes avouent ne pas se sentir armés pour faire face à un incident grave, faute d'expérience. Les plus âgés reconnaissent que les jeunes peuvent les aider en informatique… Ainsi, ce sont les politiques de GRH qui peuvent favoriser ou non une coopération nécessaire, mais fragilisée par des différences objectives de situation.

Source : Delay B. et Alexandre-Bailly F., « La place et le sens du travail ? Une approche comparative entre jeunes et âgés », congrès de l'AISLF, juillet 2008.

personnes. Ces efforts valent bien sûr pour de grandes organisations. Les plus petites, où les gens se connaissent, n'ont pas ce handicap, ce qui rend chez elles la coopération un peu plus facile. Bien entendu, toutes les options qui viennent d'être évoquées ne sont qu'un ensemble de gadgets si l'attitude de la direction n'incite pas à la coopération.

Le brassage des collaborateurs et la polyvalence

Un autre facteur qui aide les personnes à coopérer est le fait qu'elles connaissent le travail de l'autre et sont ainsi à même de comprendre ses problèmes. Il y a plusieurs façons de favoriser ce facteur. L'une d'elles est liée aux parcours professionnels des collaborateurs. Certaines organisations s'attachent à faire tourner plus ou moins rapidement les opérateurs sur plusieurs postes. Cette rotation permet une meilleure compréhension mutuelle entre les divers ateliers ou services. Dans des organisations où les individus font carrière, des parcours diversifiés sont aménagés pour les cadres, qui passent de responsabilités fonctionnelles à des responsabilités opérationnelles, et *vice versa*. Cette mobilité ne suffit certes pas à supprimer les fréquentes divergences entre fonctionnels et opérationnels, car chacun est pris par les enjeux de son poste présent, mais elle peut contribuer à les atténuer. D'autant que ces mouvements sont créateurs de liens personnels, de réseaux, qui concourent à une meilleure connaissance mutuelle.

Résumé

- Le manager doit s'efforcer de canaliser les conflits, de limiter les effets de la compétition entre les collaborateurs. L'accent qu'il peut mettre sur la qualité des relations et l'équité de ses arbitrages sont à cet égard déterminants.
- Il peut stimuler la coopération interne en jouant sur la logique des intérêts des collaborateurs : objectifs adéquatement fixés, sanctions-récompenses. Ces dispositifs peuvent s'avérer nécessaire, mais ils ne suffisent pas. La bonne volonté des collaborateurs en la matière dépend aussi de la logique des sentiments. Les valeurs qui imprègnent la culture de l'organisation et l'exemple qui est donné par le manager sont déterminants. Les mesures favorisant les rencontres entre les collaborateurs de tous départements ou métiers, les parcours transversaux des individus facilitent également cette coopération.

Conclusion

Nous avons vu, au cours de ce chapitre, que le conflit et la coopération entre les individus s'expliquent par deux logiques qui guident les comportements humains : celle des intérêts et celle des sentiments, pure ou étroitement imbriquée avec la logique des valeurs. Selon la logique des intérêts, les conflits sont dominants, mais centrés sur un objet (conflits « réalistes ») ; la coopération peut advenir, mais elle est fragile et nécessite des conditions qui ne sont pas toujours faciles à réunir. Selon la logique des sentiments, la coopération comme les conflits peuvent se rencontrer ; les conflits sont alors « irréalistes », chargés d'affects et potentiellement plus violents. Les situations réelles sont le plus souvent à comprendre comme une combinaison de ces deux logiques.

En matière de négociation, l'idéal est de viser une négociation intégrative qui implique une logique de convergence d'intérêts pour chacune des deux parties.

Les groupes ont tendance à renforcer la coopération entre leurs membres, souvent au prix d'une plus grande conflictualité avec l'extérieur.

Les organisations, du fait qu'elles se fondent autour d'une action collective, sont la source de nombreux antagonismes. Ces antagonismes sont essentiellement créés dans la sphère des dispositifs organisationnels, ces derniers prédisposant les collaborateurs à des stratégies de coopération ou de conflits internes. Le manager d'une organisation peut jouer sur ces dispositifs pour limiter les antagonismes, mais il ne peut espérer les éliminer. La culture de l'organisation est un autre déterminant fort des comportements coopératifs ou conflictuels.

Le manager d'une organisation dispose donc de quelques leviers pour à la fois canaliser les conflits et stimuler la coopération interne. Ils sont résumés dans le tableau 6.3.

Tableau 6.3 : Les leviers du manager pour réguler les conflits et stimuler la coopération dans l'organisation

	Logique des intérêts	Logique des sentiments (éventuellement associée à celle des valeurs)
Dispositifs organisationnels	Objectifs adéquats, système de sanction-récompense (primes, promotions). Pondération des performances individuelles par les performances collectives dans les systèmes d'appréciation ; inclusion de paramètres comportementaux.	Gestion des ressources humaines facilitant la mobilité interne du personnel, la polyvalence. Circulation de l'information décloisonnée. Recrutement de profils aptes à la coopération aux postes clés. Dispositifs d'arbitrage des conflits reconnus par les collaborateurs.
Culture		Valorisation du collectif, du projet global de l'entreprise. Encouragement du traitement ouvert des conflits. Amélioration des qualités de leadership de l'encadrement. Exemplarité de la direction générale (cohérence actes/discours).
Stratégies des acteurs	*Idem* dispositifs organisationnels.	Facilitation des rencontres et de la constitution de réseaux informels.

Bibliographie sélective

Axelrod R., *Comment réussir dans un monde d'égoïstes*, Odile Jacob, 1996.

Ferrier O., « Altruisme, soumission et négociation intrafamiliale », *in* C. Roland-Lévy et P. Adair, *Psychologie économique : théories et applications*, Economica, 1998, pp. 215-230.

Godbout J., Caillé A., *L'esprit du don*, La Découverte, 1992.

Kaes R., *Le groupe et le sujet du groupe*, Dunod, 1993.

Mérö L., *Les aléas de la raison : de la théorie des jeux à la psychologie*, Seuil, 2000.

Touzard H., « De la théorie des jeux à la négociation », *in* C. Roland-Lévy et P. Adair, *Psychologie économique : théories et applications*, Economica, 1998, pp. 231-243.

Notes et références

1. Follett M. P., « Constructive Conflict », *in* P. Graham (ed), *Prophet of Management*, Boston, Harvard Business School Press, 1995 (1925, édition originale).
2. Simmel G., *Le conflit*, Paris, Circé, 1999 (1908, édition originale).
3. Freud S., « Pulsions et destins des pulsions », *Métapsychologie*, Gallimard, 1968 (1915, édition originale) ; Freud S., « Au-delà du principe de plaisir », *Essais de psychanalyse*, Petite Bibliothèque Payot, 1982 (1920, édition originale).
4. Klein M. et Riviere J., *L'amour et la haine*, Payot, 1968.
5. Mauss M., « Essai sur le don », *in Sociologie et anthropologie*, PUF, 1950.
6. Voir notamment Godbout J. et Caillé A., *L'esprit du don*, La Découverte, 1992.
7. Dumond J.-P., « Oblativité et rationalité instrumentale dans le travail de coopération », *Revue française de psychosociologie*, n° 7, 1997.
8. Anzieu D., *Le groupe et l'inconscient*, Dunod, 1972.
9. Kaes R., *Le groupe et le sujet du groupe*, Dunod, 1993.
10. Barnard C., *The Functions of the Executive*, Cambridge, Mass. Harvard University Press, 1938.

Activités

Exercice 1 : La coopération dans la vie quotidienne

Trouvez, dans la vie quotidienne, des situations où deux protagonistes (ou plus) ont intérêt à coopérer. Existe-t-il parmi elles des cas où les trois conditions énoncées à la section 1.1 ne sont pas réunies (relation suivie, communication entre les parties, confiance réciproque) ? Dans de tels cas, ces acteurs demeurent-ils dans une simple logique d'intérêt ?

Exercice 2 : Une application du dilemme du prisonnier

Constituez deux équipes se concertant dans des pièces séparées. Chaque équipe dispose de deux cartes, l'une de couleur verte et l'autre de couleur jaune. Une partie consiste pour les équipes à présenter en même temps à l'arbitre, *via* l'un de leurs représentants, l'une des deux cartes. Suivant ce qui est présenté, elles gagnent ou perdent de l'argent. Il y a six parties, l'objectif de chaque équipe étant de maximiser ses gains. Le barème, communiqué à l'avance aux joueurs, est le suivant :

Lors des parties n° 1 et 2 :

- Si deux cartes jaunes sont présentées, chaque équipe gagne 600 euros.
- Si une carte jaune et une carte verte sont présentées, l'équipe qui a présenté la carte verte gagne 1 000 euros et celle qui a présenté la carte jaune perd 1 000 euros.
- Si deux cartes vertes sont présentées, chaque équipe perd 300 euros.

Lors des parties n° 3 à 5, les gains ou les pertes sont doublés. Lors de la dernière partie, les gains ou les pertes sont quadruplés.

Observez les stratégies des deux équipes. On peut jouer la série de parties selon deux variantes :

- Variante 1 : pas de communication entre les équipes, si ce n'est que chacune sait ce que l'autre a joué lors de la partie précédente.
- Variante 2 : communication autorisée entre un ambassadeur de chaque équipe, à l'issue de la partie n° 1 et à l'issue de la partie n° 5. Après chaque partie, chaque équipe sait ce que l'autre a joué dans la partie précédente (*idem* variante 1).

► **Quelles conclusions tirez-vous de ce jeu ? À la fin de la partie, analysez les raisonnements de chaque équipe et faites des propositions d'amélioration du rendement.**

Étude de cas : Des stocks qui en disent long

Le cas suivant se situe dans une entreprise moyenne. Il analyse le dysfonctionnement dans son processus de gestion, dû à un défaut de coopération entre divers acteurs.

L'entreprise ZYX Diffusion compte environ 200 employés. Elle exerce, entre autres, une activité d'import-export pour des biens de consommation courante de faible technicité. Elle fait fabriquer ces produits en Asie, pour des raisons de coût, et les revend essentiellement en grande distribution en France. Un des problèmes récurrents lié à cette activité est le niveau des stocks, toujours trop élevé. Ce problème préoccupe le PDG. En analysant la composition de ce stock, on constate que l'excédent a deux causes principales : une coordination souvent imparfaite entre les approvisionnements et les livraisons, et le poids des fins de séries. Un premier examen a permis de saisir quelques causes factuelles de ces phénomènes.

Une réunion semestrielle se tient entre le responsable commercial et le responsable logistique, accompagnés chacun de quelques collaborateurs. On y cale un calendrier d'activité, en fonction en particulier des demandes prévues des gros clients. De ce fait, le service logistique, qui est en charge également du pilotage de la sous-traitance, peut prévoir le calendrier de la production, compte tenu du fait que cette dernière arrive d'Asie en containers, par bateau. En règle générale, ce système permet à l'entreprise d'être au rendez-vous pour des événements commerciaux classiques et prévisibles (par exemple Noël), mais ne lui permet pas de s'adapter aux imprévus (forte hausse ou baisse de la demande, globalement ou sur certains articles, déplacements dans le temps de certaines campagnes promotionnelles), d'autant que les deux services se parlent peu : peu de contacts informels entre eux, et locaux situés chacun à l'une des extrémités des bâtiments. Certes, le service commercial est censé avertir au jour le jour la logistique des changements par rapport au calendrier prévu, mais cette procédure n'est pas très bien suivie, et le service logistique n'a pas non plus le réflexe d'aller chercher l'information. Quant aux fins de série, elles sont souvent négligées : les commerciaux ont tendance à privilégier systématiquement les nouveautés, et font la sourde oreille en ce qui concerne les consignes leur demandant de faciliter l'écoulement des stocks anciens. Ce problème a été évoqué lors des dernières réunions semestrielles, mais les retombées ont été minces. Certes, la situation ne va pas sans soulever de récriminations. Le PDG interpelle de temps à autre le responsable logistique sur le niveau de stock. Ce dernier se plaint alors de ce que les commerciaux ne se soucient pas du problème, qu'ils ne cherchent qu'à toucher leurs primes (calculées sur le chiffre d'affaires), sans se préoccuper des problèmes occasionnés en amont. Ce à quoi le responsable commercial rétorque généralement, d'une part, que le service logistique s'y prend mal, d'autre part, que les temps sont difficiles, que les clients deviennent de plus en plus exigeants et que la tâche des commerciaux est de plus en plus délicate. Quand ce genre d'échange a eu lieu en comité de direction, il s'est terminé par une injonction du PDG à ses deux cadres de mieux collaborer et les choses en sont restées là, jusqu'à la fois suivante.

Un examen plus approfondi de la situation permet de mieux comprendre ce qui rend possibles ces comportements. Le PDG de l'entreprise en est le fondateur et l'actionnaire majoritaire. Il est entouré d'un comité de direction, composé d'un directeur commercial, d'un directeur marketing, d'un directeur logistique et d'un directeur administratif et financier. Ce dernier n'est pas quelqu'un de métier ; il est l'ancien responsable informatique à qui ont été confiées progressivement des responsabilités plus élargies. Il a peu de poids dans les discussions et ne peut y faire valoir la logique de la gestion (contrôle de gestion, trésorerie). Cette faible influence peut être attribuée à l'esprit général de la maison et de son PDG, orientés vers la vente ; peut-être également un collaborateur plus qualifié pourrait-il gêner le PDG qui souhaite ne pas divulguer au sein de l'entreprise les données liées au haut de bilan ni partager ses prérogatives dans ce domaine. Le style de management du PDG, qui est aussi celui en vigueur un peu partout dans la maison, peut être qualifié de paternaliste. Il n'y a pas si longtemps, l'entreprise était plus petite et l'ambiance y était familiale. Le PDG connaissait tout le monde et était au courant de tout ce qui se passait ; les consignes, les éventuelles mises au point étaient faites de façon informelle, les sanctions en cas d'insuffisance peu sévères. Avec l'augmentation de la taille de l'entreprise, le PDG a cherché à passer à un système plus formel de management par objectifs mais il n'est pas allé jusqu'au bout de cette idée. Les objectifs existent sur le papier mais leur suivi n'est pas systématique, les conséquences en cas de non-respect sont faibles, bien que parfois spectaculaires (« coups de gueule » du PDG, sans suite). Ces objectifs ne confèrent pas aux collaborateurs du PDG de véritables responsabilités, et le devenir dans l'entreprise de chacun d'eux reste avant tout lié à « sa cote », à la relation affective qu'il entretient avec lui. Ce même mode de management est fréquent dans les échelons inférieurs de la hiérarchie. Il est plus infantilisant que responsabilisant. Non que cet état de fait soit voulu consciemment par le PDG puisque celui-ci déplore le manque d'esprit de responsabilité de ses collaborateurs, mais son style de management reflète sans doute ses propres réticences à se remettre en cause, ses défenses psychiques personnelles et facilite le développement de mécanismes identiques chez ses collaborateurs.

De ce fait, chacun s'efforce de faire son travail, sans se sentir appelé à prendre en charge une problématique plus globale, puisque c'est le rôle du chef ou du PDG. Par ailleurs, chaque chef a reconstitué autour de lui une petite famille et l'intérêt pour ce qui se passe au sein des autres équipes est limité. L'entreprise a toujours fonctionné de cette façon, sauf peut-être au tout début, ce qui n'a d'ailleurs pas donné de mauvais résultats. Pour les assistantes chargées des relations au jour le jour avec les sous-traitants asiatiques, par exemple, bien travailler c'est bien faire arriver le nombre prévu de containers dans le port de Marseille, puis dans l'entrepôt, en temps voulu et avec le contenu planifié, ce n'est pas d'ajuster des flux à une demande ; elles ont donc plus urgent à faire que d'aller de temps en temps voir le service commercial. Il faut dire aussi qu'elles n'aiment pas trop s'y rendre, car elles estiment qu'elles n'y sont pas toujours bien reçues. Les commerciaux, quant à eux, ont le sentiment d'être l'élite de l'entreprise, ceux qui la font vivre. Le PDG lui-même, racontent-ils, a commencé tout seul en allant vendre des produits, et son entreprise est tournée vers la vente comme son nom même l'indique. Les autres services entretiennent un complexe d'infériorité, voire, disent les commerciaux, une jalousie vis-à-vis d'eux. Lorsqu'on est chef des ventes et qu'on a donc sur les épaules la lourde responsabilité de faire vivre l'entreprise, il est parfois excusable d'oublier de faire passer une information au service logistique ; il y a plus urgent, ce n'est pas là que réside de toutes les façons, la noblesse du métier. Et puis, ces assistantes logistiques, elles posent parfois des questions qui ne les regardent pas… Quant aux deux chefs de service, ils entretiennent des rapports polis mais distants. Au niveau du comité de direction, personne n'ignore que les collaborateurs du PDG se parlent peu. En outre, chacun d'eux sait bien que c'est surtout le responsable commercial qui a l'oreille du PDG.

Cela peut conduire à une analyse complémentaire mais un peu plus cynique de ces comportements. Le directeur commercial bénéficie de cette position d'influence sans doute parce que le PDG est très sensible au commercial et qu'il se donc sent en affinité avec lui. Mais on peut aussi considérer qu'il est à ce poste parce qu'il a su jusqu'à présent très bien négocier avec les gros clients (certaines centrales d'achat de la grande distribution), ce qui lui a valu de l'avancement, un salaire confortable, et cette position d'influence dans la maison. Son départ, dans l'esprit du PDG, aurait un impact direct et important sur le chiffre d'affaires de la société ou, du moins, il y aurait un risque qu'il y en ait un. Comme le responsable commercial est un technicien de la vente avant d'être un manager, et comme les temps sont difficiles, il n'est pas très armé pour demander à ses commerciaux de soigner les fins de série, de collaborer avec la logistique, car son principal outil de management est l'intéressement au chiffre d'affaires. Lui-même, dans ses rapports avec ses gros clients qui deviennent plus délicats, ne va pas trop se soucier des stocks, alors que ce qui fait sa position dans l'entreprise devient difficile à préserver. Enfin, partager l'information en temps réel avec le service logistique pose un autre problème : cela nécessiterait de disposer de prévisions bien à jour, d'une bonne remontée d'informations des commerciaux. Or, tel n'est pas le cas, bien que le PDG et les autres services le croient. Les commerciaux sont en effet focalisés sur la vente et le chef des ventes comme le responsable commercial ne sont pas très systématiques ni incisifs dans leurs relances sur ces questions. D'une manière générale d'ailleurs, si un commercial fait de bons chiffres, il est difficile de le contraindre à faire beaucoup de « paperasse », pour reprendre le mot des intéressés.

De son côté, le service logistique doit surmonter plusieurs handicaps. D'une part, son responsable sait qu'il a moins d'influence sur le PDG que le responsable commercial. D'autre part, le service n'a pas toujours été sans faille dans son fonctionnement. Le responsable logistique a recruté, il y a un an, un nouveau chef d'entrepôt qui y remet petit à petit de l'ordre. Les données réelles sur les stocks commencent à devenir plus fiables. Par ailleurs, un échange d'informations en temps réel avec le service commercial pour ajuster les flux rendrait le travail du service logistique plus délicat, et les risques de se faire rappeler à l'ordre par le PDG augmenteraient. En effet, de toute façon il est difficile d'organiser un flux de marchandises flexibles, avec un système de production par lots containérisés et acheminés par bateau. Le risque serait alors le relèvement des coûts d'approvisionnement, paramètre clé suivi par le PDG. Il n'est pas certain que ses efforts éventuels pour rendre plus flexibles les flux de marchandises lui vaudraient de la reconnaissance, s'ils devaient occasionner un dérapage des coûts. En outre, la réorganisation des stocks entraînerait celle d'une partie de son service, avec le risque que de nouveaux cafouillages apparaissent dans le fonctionnement de ce même service.

1. **Comment se caractérisent les stratégies des deux chefs de département ? Que cherchent-ils à gagner ou à éviter ? Par quels moyens ?**

2. **Quels dispositifs organisationnels les poussent à ne pas coopérer l'un avec l'autre ?**

3. **Quels éléments de la culture maison les poussent à n'entretenir aucune coopération ?**

4. **Comment les comportements des membres des deux départements sont-ils influencés par leur groupe d'appartenance ?**

5. **Quel est le rôle du PDG dans cette situation ?**

6. **Que conseilleriez-vous au PDG pour améliorer le niveau des stocks ?**

Chapitre 7

Le pouvoir et le leadership

Objectifs du chapitre

À l'issue de ce chapitre, vous devriez être capable de :

- **distinguer les différentes voies permettant à quelqu'un de modifier le comportement d'autrui : pouvoir, autorité légitime, autorité personnelle, charisme ;**
- **comprendre le rôle, dans ces différentes voies, des caractéristiques des individus concernés et des phénomènes de groupe ;**
- **situer comment ces voies interviennent dans les organisations et comment les caractéristiques des organisations les façonnent ;**
- **en tirer les conséquences sur la façon d'exercer des fonctions de direction.**

Il est très tentant pour la plupart d'entre nous de vouloir peser sur le comportement d'autrui. Nous avons en effet besoin des autres, ne serait-ce que d'un point de vue pratique, pour satisfaire bon nombre de nos envies, atteindre une grande proportion de nos buts. Or, ces autres-là ont leurs propres priorités, qui n'ont souvent rien à voir avec les nôtres… D'où des problèmes probablement aussi vieux que l'humanité : comment faire en sorte que les autres agissent selon notre propre souhait s'ils ne le font pas spontanément ? Que peut-on se permettre en la matière, d'un point de vue éthique ? Ces problèmes sont bien présents dans le contexte d'une organisation. Son dirigeant souhaite que ses collaborateurs agissent dans le sens qu'il juge pertinent. Il le souhaite d'autant plus que les enjeux sont souvent forts, que les conséquences, en particulier en cas d'échec, peuvent être lourdes, pour le dirigeant comme pour ses collaborateurs. Les collaborateurs sont parfois tentés de résister à ces pressions restreignant leur liberté parce qu'ils jugent inadapté ce qu'on leur demande de faire ou injuste ce qu'on leur demande d'accepter. Ils souhaitent donc parfois, eux aussi, modifier le comportement des autres, et en particulier celui de leurs dirigeants.

L'organisation est le lieu par excellence où chacun, qu'il le veuille ou non, se trouve pris dans des jeux où il exerce et subit des pressions visant à modifier le comportement des autres. On ne peut pas comprendre ce qui s'y passe si l'on néglige cette dimension. Cette compréhension est d'un intérêt particulier pour ceux qui exercent des fonctions de direction ou se destinent à le faire.

Le but de ce chapitre est d'aider à comprendre comment les divers acteurs d'une organisation agissent pour modifier le comportement d'autrui, et comment cela influe sur le fonctionnement de l'organisation, en particulier dans ses aspects informels. Il s'agit également d'en tirer des conséquences pour l'exercice des fonctions de management.

Dans ce chapitre, nous aborderons successivement :

– Comment les caractéristiques des individus (dirigeants et dirigés) influent sur les mécanismes de pouvoir et de leadership.

– Comment les phénomènes de groupe influent sur ces mécanismes.

– Comment les différentes façons de peser sur le comportement d'autrui interviennent dans l'organisation et ce qui rend possible la modification dans ce contexte.

– Quelles sont les conséquences pour le dirigeant des divers styles de direction possibles ou souhaitables.

Concepts clés

Les éléments de base

Comment modifier le comportement d'autrui ?

En nous inspirant de Weber[1], nous considérerons trois grandes logiques pouvant guider les actions des individus. Elles sont le plus souvent mêlées dans une situation donnée :

- **La logique instrumentale** (rationnelle en finalité). L'individu agit en fonction des intérêts qu'il s'est donnés.
- **La logique des valeurs** (rationnelle en valeur). Il agit en fonction de ce qu'il croit être légitime ou de son devoir.
- **La logique des sentiments** (affectuelle). Il agit en fonction de ce que lui dictent ses affects.

Ces différentes logiques se retrouvent dans les façons de modifier le comportement d'autrui. Les mots « pouvoir », « autorité », « leadership » prennent des significations différentes suivant le contexte d'utilisation – langage courant ou travaux scientifiques. Nous donnerons ici des définitions qui ne prétendent pas réconcilier tous ces usages ; elles visent avant tout à distinguer ces diverses façons et ces diverses logiques, parce que cette distinction permettra ensuite de se repérer utilement dans les organisations.

Prenons l'exemple du dirigeant d'une entreprise. Du point de vue de la **logique instrumentale**, il dispose de quelques leviers concrets vis-à-vis de chacun de ses collaborateurs : il peut augmenter leur rémunération, les promouvoir à des postes plus élevés, leur donner des moyens pour faire un travail plus intéressant ou, au contraire, il peut aller jusqu'à les licencier, dans le cadre de la loi ; la situation lui est en principe favorable. Ce n'est pas toujours le cas : un employé possédant une compétence très pointue et rare peut, dans une certaine mesure, dicter sa loi ; les employés regroupés peuvent faire grève, etc. Un premier aspect à envisager est donc celui des rapports de force. Dans une organisation, la force physique n'est pas le principal atout ; ce dernier réside plutôt dans les ressources que l'on contrôle et qui sont recherchées par d'autres. Nous appellerons **pouvoir** cette position favorable dans des rapports de force.

Mais le rapport de force ne suffit pas et la logique instrumentale n'explique pas tout. La **logique des valeurs** est aussi à l'œuvre. Les individus obéissent également parce qu'ils estiment que cela est dans l'ordre des choses, en fonction de la culture dans laquelle ils baignent. Celle-ci façonne en bonne partie leur système de valeurs, qui leur permet de juger de ce qui est juste, bon, légitime. Dans notre exemple, la légitimité du dirigeant tiendra au fait que c'est lui qui risque son argent dans l'entreprise et que, en vertu du système économique en vigueur, cela lui donne le droit de commander, ou bien encore qu'il a été nommé pour le représenter par celui qui risque son argent. Il sera donc légitime, sauf aux yeux de ceux qui refusent le système capitaliste en vigueur. À cela peut s'ajouter, dans certaines entreprises, une culture valorisant l'ordre et la hiérarchie ; il est alors normal et louable de faire preuve d'esprit de discipline. Bien sûr, les sources de légitimité peuvent varier, comme nous le verrons, mais il en existe toujours dans une organisation. Nous appellerons **autorité légitime** la capacité à se faire obéir par autrui – en raison d'une position sociale qu'on détient et qui est jugée légitime par les intéressés. Nous appellerons **influence morale** le fait d'orienter les opinions et le comportement d'autrui, sans lui donner d'ordre direct, en se fondant sur les valeurs auxquelles il adhère.

Il existe enfin une troisième voie pour notre dirigeant, de même qu'il existe une troisième logique, celle **des sentiments** ; ses collaborateurs peuvent avoir envie de le suivre, parce que c'est lui, avec sa personnalité. Cette attirance peut comporter plusieurs facettes. Il peut disposer d'une sorte d'ascendant psychologique sur les autres : on dit parfois de quelqu'un qu'il « en impose », c'est-à-dire qu'il inspire le respect ou une certaine crainte sans qu'un rapport de force soit à l'origine de ces effets. Nous appellerons **autorité personnelle** cette capacité à se faire obéir spontanément par les autres. Ce dirigeant peut également être aimé par ses collaborateurs, en raison de son charme personnel ou de ses qualités humaines, ou encore parce qu'il sait rendre le travail intéressant, lui donner un sens. Nous nommerons **charisme** la capacité à se faire aimer et à mobiliser les énergies des collaborateurs. Autorité personnelle et charisme vont souvent de pair ; la notion de charisme, toutefois, introduit l'idée que quelqu'un est suivi parce qu'on l'aime, ce que n'implique pas nécessairement celle d'autorité personnelle. Nous appellerons **influence affective** le fait d'orienter les opinions et le comportement d'autrui, sans lui donner d'ordre direct, en jouant sur ses sentiments.

Bien entendu, les trois aspects sont généralement à l'œuvre de manière très imbriquée (voir exemple 7.1) dans toute situation sans que les personnes impliquées en soient toujours conscientes (voir tableau 7.1). C'est même souvent l'un des ressorts du pouvoir et de l'influence que d'agir masqué.

Tableau 7.1 : Les moyens de modifier le comportement d'autrui

	Logique d'action chez les individus visés	Stratégie et moyens pour modifier leur comportement
Pouvoir	Instrumentale (intérêts)	Contrôle de ressources clés, recherche de rapports de force favorables
Autorité légitime	Valeurs	Se rendre légitime, influence morale
Autorité personnelle, charisme	Sentiments	Donner envie d'être suivi, influence affective

Exemple 7.1

Un projet de loi

Lorsque le gouvernement souhaite introduire une nouvelle loi ou la modification d'un texte, un nouveau décret par exemple, il peut choisir d'agir de deux façons opposées : soit il impose, soit il négocie. Certains ministres ne savent pas bien négocier et ont essayé d'imposer, mais leurs textes ont souvent été ajournés en raison d'un rapport de force qui s'est établi avec « la rue ». D'autres ministres sont très doués pour négocier et donner l'impression aux syndicats qu'ils ont pu jouer leur rôle et éviter le pire…

Prenons par exemple la ministre de l'Enseignement supérieur et de la Recherche, Valérie Pécresse. Selon sa politique, pas un décret, pas un arrêté ne sera publié sans une consultation préalable des divers partenaires, syndicats en particulier, touchés par l'arrêté ou le décret, voire par la loi. Si la ministre y arrive mieux que d'autres – ce qui est souvent le cas –, c'est que son projet est extrêmement bien préparé, qu'elle en connaît toutes les ficelles. À la fin, le projet passera le plus souvent, certes avec des aménagements, et c'est tout l'art de la **négociation**. Elle a su (s')imposer en cédant sur certains aspects ; elle a su fixer un **rapport de force** et jouer « en douceur » de son pouvoir. Pour réaliser cet « exploit », elle a utilisé son **charisme**, sa capacité à convaincre, son **autorité personnelle**, tout en disposant bien entendu des **leviers de la logique instrumentale** liés à sa position de **pouvoir** *a priori* favorable, surtout si l'on tient compte de son **autorité légitime** en raison de sa condition de ministre, condition qui lui attribue une **position sociale spécifique** de **leader.** Pour réussir là où beaucoup d'autres échouent, elle utilise simultanément les **trois grandes logiques de Weber** ; elle n'hésite pas à utiliser la **logique des valeurs**, ni même celle des **sentiments** ; elle agit surtout en imposant **sa propre logique**, en ne traitant que de ce qui peut débloquer la situation, et en ayant une attitude d'écoute et de compréhension.

Les différents types de dirigeants

L'imbrication de ces éléments de base n'empêche pas que puissent exister des styles très différents de dirigeants, en politique ou dans les organisations. Nous distinguerons ici deux types très contrastés, qui forment les deux pôles d'un continuum, entre lesquels la plupart des dirigeants se situent. Chacun de ces types s'appuie, selon un dosage différent, sur les différents « moyens » (autorité légitime, autorité personnelle et pouvoir) décrits précédemment (voir tableau 7.2).

Le premier de ces types est le Prince, décrit par Machiavel[2] dans l'Italie de la Renaissance. « Soyons réalistes », écrit-il en substance, les hommes sont mus par leurs intérêts (« les honneurs et la richesse ») et par la crainte de plus fort qu'eux. Ils sont le plus souvent faibles et versatiles. Alors, qu'on le veuille ou non, le Prince qui veut se maintenir au pouvoir doit agir de telle manière qu'il se ménage toujours une position de force et des alliés qu'il maîtrise. La guerre, l'extermination d'opposants ne constituent pas un plaisir sadique ; ce sont des outils, des coups que l'on joue dans un froid jeu d'échecs, à bon escient et quand cela est opportun. La force ne suffit pas, cependant ; il ne faut pas choquer les coutumes des populations, ne pas être méprisable à leurs yeux, faute de quoi le Prince risque d'être renversé. Il est même souhaitable d'être aimé de ses sujets, mais, dit Machiavel, ce n'est pas toujours possible. S'il faut choisir, il conseille d'être craint plutôt que d'être aimé, en évitant seulement d'être haï d'eux. Et, pour ne pas être haï, il suffit de ne leur prendre ni leurs biens, ni leur femme, c'est-à-dire, une fois encore, de ne pas attenter trop directement à leurs richesses et à leur honneur.

À l'opposé se situe le leader. Martin Luther King en est un bon exemple. Sans armes ni position sociale au départ, il a réussi à fédérer une bonne partie de la communauté noire américaine, dans les années 1960, dans une lutte non violente pour l'égalité des droits civils entre Noirs et Blancs. Les conquêtes de la communauté noire à cette époque peuvent, en bonne partie au moins, être attribuées à son action. Pour cela, il a essentiellement utilisé son charisme, son exemplarité, influençant ainsi le système de valeurs et les affects de ses compatriotes. Nous nommerons **leader** celui ou celle qui dirige en jouant principalement sur le système de valeurs et les affects d'autrui pour l'entraîner derrière soi. Le **leadership** est la capacité d'être leader. Un leader mobilise ceux qui le suivent en vertu de son autorité personnelle et de son charisme. Son outil principal est l'influence, qu'elle soit morale ou affective. Il convient de ne pas opposer sur le plan éthique le Prince, qui ne s'embarrasse pas de cette dimension, et le leader, qui serait paré de toutes les vertus. L'exemple que nous avons pris (Martin Luther King) est certes une figure positive de l'histoire récente. La qualité de leader peut cependant servir à toutes les fins. Hitler également fut un leader talentueux, même si son pouvoir a joué un rôle croissant au fil de sa carrière. Plus généralement, le leader peut être plus ou moins respectueux de la liberté de pensée d'autrui. Quand il ne l'est pas, l'influence qu'il exerce devient de la manipulation. Nous nommerons **manipulation** le fait d'exercer une influence sans respect de la liberté de pensée d'autrui, la fin (convaincre) justifiant les moyens. La manipulation n'hésite donc pas, en particulier, à recourir à des mensonges.

Le tableau 7.2 résume la façon dont ces deux types privilégient l'une ou l'autre voie pour modifier le comportement d'autrui. Ce qui est décrit comme fondamental est la clé de voûte de chaque position et reflète d'ailleurs très souvent le moyen par lequel les personnes de ces types ont accédé à leur position de dirigeant. Ce tableau permet de rappeler que les trois grandes voies sont très souvent présentes dans un cas donné, et que c'est le dosage qui varie.

Tableau 7.2 : Deux types contrastés de dirigeants

	Le Prince (selon Machiavel)	Le leader
Pouvoir	Fondamental	Utile mais ne vient qu'en appui des deux autres moyens
Autorité légitime, influence morale	Nécessaires	Fondamentales
Autorité personnelle, charisme, influence affective	Utiles mais facultatifs	Fondamentaux

DÉFINITIONS

L'**autorité légitime**, qui est la capacité de modifier le comportement d'autrui du fait d'une position sociale considérée comme légitime par cet autre, se distingue de l'**autorité personnelle**, capacité à se faire obéir par d'autres en vertu d'un ascendant psychologique sur eux. Le **charisme** permet de se faire aimer des autres et de mobiliser leur énergie.

Le **leadership** est la capacité générale à entraîner les autres derrière soi (regroupe l'influence morale et l'influence affective). Un **leader** est un dirigeant qui s'appuie en priorité sur son leadership.

Influence affective : orientation des opinions et du comportement d'autrui en jouant avec ses sentiments.

Influence morale : orientation des opinions et du comportement d'autrui en se fondant sur son système de valeurs.

Manipulation : influence exercée dans un esprit où la fin (convaincre) justifie les moyens ; non-respect de la liberté de pensée d'autrui, mensonges éventuels, etc.

Pouvoir : rapport de force permettant de modifier le comportement d'autrui.

1. Le rôle des caractéristiques individuelles

Quand quelqu'un dirige les autres, plutôt en Prince ou plutôt en leader, des individus sont impliqués, en tant que dirigeant et en tant que dirigés. Dans cette section nous allons étudier les caractéristiques individuelles qui influent sur les mécanismes de pouvoir et de leadership.

En vertu d'une logique des intérêts (ou logique instrumentale), il est assez facile de comprendre pourquoi des individus cherchent à acquérir du pouvoir sur d'autres et pourquoi ils doivent parfois se plier aux volontés de plus forts qu'eux ou de ceux qui possèdent les ressources dont ils ont besoin. Les conduites s'analysent comme celles de stratèges, de joueurs dans des jeux qui sont des métaphores du combat : échecs, poker, jeu de go, etc. Les qualités de celui qui veut exercer un pouvoir sont la finesse d'analyse, la ruse et la stratégie.

En vertu de la logique des valeurs et de celle des sentiments, qui sont souvent très étroitement mêlées, il existe d'autres raisons de chercher à peser sur le comportement d'autrui, et d'autres stratégies pour y parvenir. Nous nous centrerons ici sur les raisons qui peuvent pousser à la recherche de pouvoir, dans le cadre de la logique des valeurs et des sentiments, et qui peuvent expliquer pourquoi et dans quelle mesure le pouvoir et l'autorité peuvent être acceptés. Nous aborderons trois thèmes :

- le regard de la psychanalyse sur ce qui pousse les individus à rechercher une maîtrise des autres ou, au contraire, à se soumettre à eux ;
- la puissance potentielle de l'autorité légitime sur les individus ;
- les qualités individuelles du leader.

1.1 Le besoin d'être chef et le besoin de chef

1.1.1 Le besoin d'être chef

Mc Clelland[3] a proposé la distinction entre trois types de personnalités du fait de trois types de besoins différents : le besoin de réalisation de soi, le besoin d'appartenance et le besoin de pouvoir (voir chapitre 5, section 1.3.2). Quelle serait donc l'origine de ce besoin de pouvoir ? Quels sont les déterminants personnels et inconscients de cette dynamique personnelle axée sur le pouvoir ? Telles sont quelques-unes des questions auxquelles la psychanalyse a proposé des réponses, réponses qui seront évoquées à travers la théorie freudienne des pulsions, complétées par les apports spécifiques d'Adler et de Fromm, sur la volonté de puissance et le besoin de pouvoir comme défense contre le sentiment d'insécurité et d'infériorité. Le pouvoir est, pour ces auteurs, un terme générique pour nommer la maîtrise sur les autres.

- Selon les différentes théories pulsionnelles, on trouve plusieurs moteurs aux motivations du pouvoir. Dans sa première théorie, qui oppose pulsions sexuelles et pulsions du moi, S. Freud considère la recherche de pouvoir comme étant destinée à renforcer le moi. Dans la deuxième théorie, qui oppose pulsions de vie à pulsions de mort, la place du pouvoir est moins clairement attribuée[4]. C'est finalement dans son ouvrage *Malaise dans la civilisation*[5], que Freud apporte une réponse un peu plus explicite aux désirs de pouvoir. L'analyse associe narcissisme (pulsions de vie) et destruction (pulsions de mort) pour aboutir à la prise de pouvoir. Freud écrit que « la pulsion de destruction liée au plaisir narcissique montre au moi l'accomplissement des anciens désirs de toute-puissance ».
- Si l'on se penche sur l'analyse du pouvoir selon certains des disciples de Freud, on trouve des explications plus poussées des moteurs du pouvoir. Ainsi, dans *La compensation psychique de l'état d'infériorité des organes*[6], A. Adler a interprété la volonté de puissance comme une réponse à l'existence d'un sentiment d'infériorité. Ainsi, plus on se sent inférieur, plus on aura tendance à compenser ce sentiment en affirmant sa puissance par un processus de « surcompensation ». La recherche de pouvoir serait une sorte de « formation réactionnelle » visant à compenser des sentiments d'infériorité cachés.
- De son côté, Erich Fromm a cherché à définir ce qui caractérise le « caractère autoritaire ». Parmi les traits communs déterminants, il note la stéréotypie, l'adhésion rigide aux valeurs de la classe dominante, le souci de domination, la peur d'être lésé et le désir de maintenir la dominance et la moralité de son propre groupe. Fromm a insisté dans *La peur de la liberté*[7] sur l'importance des déterminants socioculturels et économiques dans cette recherche de pouvoir.
- Mais finalement, aussi bien Adler que Fromm ou encore Sullivan[8] insistent sur cette idée que le besoin de pouvoir serait une défense contre le sentiment d'insécurité et d'infériorité. Ils insistent aussi sur le fait que la recherche de pouvoir se présenterait comme une défense compulsive contre l'angoisse et la dépréciation de soi. La recherche de pouvoir constituerait donc une réaction à un certain type de frustration.

Dans tous les cas, la psychanalyse ne dit pas que ceux qui exercent un pouvoir sont nécessairement touchés par les mécanismes décrits ci-dessus ; elle explique seulement le besoin psychique de maîtrise sur les autres, voire la dépendance que l'on peut entretenir à cet égard. Il est donc possible d'être chef sans devenir dépendant de ce que cette position procure, mais la psychanalyse avertit de l'exixtence de puissants mécanismes inconscients dans lesquels l'individu peut se trouver piégé quand il occupe cette position.

1.1.2 Le besoin de chef

De même que commander, obéir ne témoigne pas nécessairement d'une vulnérabilité psychique. Cette vulnérabilité se manifeste quand l'individu a besoin d'un chef ou quand il ne parvient pas à conserver son autonomie de décision face à des demandes d'autrui. Deux explications complémentaires sont possibles dans ces cas.

D'une part, le chef peut agir comme un surmoi de substitution. L'individu peut sentir qu'il n'est pas capable de contrôler lui-même ses pulsions ; une autorité extérieure forte peut alors lui permettre de faire régner dans son comportement un ordre qu'il ne se sent pas apte à établir lui-même. L'autorité parentale joue ce rôle pendant la période de l'enfance et de l'adolescence. L'adulte est supposé ne plus en avoir besoin mais la plupart des individus gardent au fond d'eux-mêmes la nostalgie de cette période. D'autant que, d'autre part, cette figure parentale était protectrice ; elle l'était le plus souvent non seulement au sens physique du terme, mais aussi au sens psychique. Elle épargnait d'avoir à se confronter à de nombreuses décisions qui sont nécessaires quand on conduit soi-même sa vie. L'état d'adulte autonome suppose de supporter l'angoisse parfois forte liée à ces décisions. Avoir un chef, c'est, sur certains points au moins, se trouver déchargé de décisions. Avoir besoin psychiquement d'un chef, c'est, entre autres, chercher à se protéger contre l'angoisse de la décision.

Rares sont ceux d'entre nous qui n'ont pas à obéir à un chef, à un moment ou à un autre de leur vie, par nécessité ou pour apprendre un métier. Cela ne signifie pas que notre surmoi est faible ou que nous nous protégeons par là contre les angoisses de l'état d'adulte. La psychanalyse nous avertit simplement de ce qui se joue en nous lorsque naît le besoin psychique d'avoir un chef.

L'important n'est d'ailleurs pas tant, pour le commun des mortels, d'éviter les pièges de l'état de chef ou de subordonné, qui sont ici décrits : on y tombe fatalement de temps à autre. Ce que la psychanalyse lui suggère, c'est au moins de ne pas en être dupe, ce qui permet de ne pas en être prisonnier durablement.

Ce sont ces penchants qui ouvrent la voie aux dérives totalitaires de la relation de pouvoir ou de leadership, tant chez le dirigeant que chez un nombre suffisant de dirigés. Le libre arbitre et la dignité des individus sont alors oubliés. La manipulation devient prépondérante. Le phénomène ne vaut pas qu'en politique ; il peut toucher également les organisations, comme nous le verrons plus loin, même si la violence physique pure y est le plus souvent interdite.

1.2 La puissance potentielle de l'autorité légitime sur l'individu

Au sortir de la Seconde guerre mondiale, beaucoup d'esprits ont été frappés par les déclarations de certains nazis lors du procès de Nuremberg, en 1945. Ils disaient en somme : « Je n'ai fait qu'obéir. » Se pouvait-il que l'Holocauste ait pu être perpétré non pas par des monstres pathologiques mais par des hommes ordinaires, exécutant simplement des ordres ? Si l'on ne pouvait exclure la logique des intérêts et des rapports de force, il semblait, devant l'énormité des faits, que d'autres phénomènes étaient en jeu. Pour mieux les comprendre, Stanley Milgram a mis au point, en 1974, une expérimentation qui est restée célèbre, et qui a été médiatisée par une mise en scène fidèle, en 1980, dans le film *I comme Icare* d'Henri Verneuil (voir approfondissement 7.1). La question est de savoir jusqu'à quel moment précis un individu est susceptible de suivre des instructions le conduisant à torturer des êtres humains qui ne lui ont rien fait ? Pour mesurer la force de l'obéissance, et les conditions qui la font varier, il faut lui opposer un facteur puissant allant dans le sens de la désobéissance. Dans cette expérience, c'est l'aspect moral, l'inacceptabilité de la souffrance d'autrui qui constitue potentiellement cet obstacle.

Approfondissement 7.1

La méthode expérimentale sur la soumission à l'autorité

L'expérience met en jeu un participant « naïf » qui joue le rôle du moniteur, et un compère qui joue le rôle de l'élève. Ces deux participants reçoivent des ordres d'un éminent chercheur. L'expérience s'est déroulée dans un laboratoire de l'université de Yale, ce qui devait pouvoir légitimer l'expérience aux yeux des participants. Le chercheur portait une blouse grise et gardait une expression sévère. Le rôle de l'élève fut tenu par un homme qui avait suivi un entraînement spécifique. La plupart des observateurs se sont accordés à le trouver sympathique. Au début de l'expérience, le chercheur présente l'expérience comme le test d'une méthode d'apprentissage par punition. Un tirage au sort truqué est effectué pour déterminer qui, du participant « naïf » et du compère, jouera quel rôle. Le « naïf » est toujours désigné comme le moniteur. Après le tirage au sort, le chercheur mène le moniteur et l'élève dans une salle contiguë où l'élève est sanglé sur une sorte de chaise électrique et connecté à des électrodes.

Le moniteur lit des couples de mots, puis l'élève doit les reconstituer à partir du premier mot. (C'est la phase d'apprentissage.) Un tableau de commande comporte trente manettes s'échelonnant de 15 volts à 450 volts. Chaque groupe de quatre manettes est annoté « choc léger », « modéré », « fort », « très fort », « intense », « extrêmement intense », « attention choc dangereux », puis « XXX ». Il s'agit d'un simulateur de chocs (qui ne produit pas réellement d'électricité).

Avant de commencer l'expérience, le chercheur procède à un choc témoin, en faisant tester au moniteur l'intensité d'un choc de 45 volts, ceci de façon à rendre plus crédible l'expérience.

Chaque fois que l'élève se trompe, selon les ordres du chercheur, le moniteur doit lui administrer une punition sous la forme d'un choc électrique d'intensité graduelle, c'est-à-dire en augmentant la puissance d'un niveau à chaque erreur commise. Le moniteur doit annoncer à haute voix le voltage du choc (prise de conscience du choc). Lorsque le moniteur a l'air d'hésiter, le chercheur le relance ; pour cela, il dispose de quatre incitations « croissantes » : « Continuez, s'il vous plaît », « L'expérience exige que vous continuiez », « Il est absolument indispensable que vous continuiez », « Vous n'avez pas le choix, vous devez continuer ». Les réactions de la victime sont déterminées à l'avance : en fonction de l'intensité des chocs, les plaintes du sujet deviennent plus insistantes. 15 volts : « Aïe ! » ; 165 volts : « Aïe, laissez-moi partir ! » ; 210 volts : « Aïe, monsieur le moniteur ! Sortez-moi d'ici ! J'en ai assez. Je ne veux plus continuer l'expérience » ; 330 volts : (Cri d'agonie intense et prolongé) « Mon cœur me fait souffrir ! Vous n'avez pas le droit de me garder ici, laissez-moi partir… »

La mesure d'évaluation de l'obéissance d'un sujet est le choc maximum qu'il administre avant de refuser de continuer. À la fin de l'expérience, on procède à un *debriefing* : on apprend aux participants que l'élève n'a subi en fait aucun choc électrique. Le moniteur a une réconciliation amicale avec l'élève suivie d'une discussion avec l'expérimentateur. L'expérimentateur (le chercheur) rassure les participants obéissants en leur disant que d'autres participants éprouvent une tension et un conflit identiques.

Source : Milgram S., *Soumission à l'autorité*, Calmann-Lévy, 1974.

Avant de commencer son étude sur la soumission à l'autorité, Milgram a consulté des psychiatres ; ils lui ont confié que seul 1 individu sur 1 000 serait susceptible d'infliger à un autre, sans aucune raison, un choc électrique de 450 volts. Une enquête auprès d'experts psychiatres a de surcroît montré que, dans la population générale, seuls 1 à 2 % des individus sont des névropathes sadiques capables d'aller au bout de l'expérience, c'est-à-dire d'administrer sans motif personnel des chocs électriques de 450 volts à un individu que cela fait souffrir. Milgram a aussi interrogé des étudiants, en leur demandant de se mettre à la place des participants (qui tiennent le rôle de moniteurs dans l'expérience) ; les étudiants interrogés ont déclaré qu'ils ne dépasseraient en aucun cas l'intensité de 210 volts.

Milgram s'attendait donc à ce que les participants cessent d'obéir et cessent d'administrer des chocs assez vite. Or, les données dévoilent que le niveau moyen de choc administré est de 368 volts et que 65 % des moniteurs sont allés au terme de l'expérience (450 volts). Les résultats de cette expérience sur la soumission à l'autorité ont démontré qu'on peut obéir à une personne en raison de son statut d'autorité : dans le cas des travaux de Milgram, l'obéissance à une autorité fondée sur le statut de scientifique se produit, alors même que les consignes semblent, dans cette expérience, totalement inconcevables. L'ensemble des résultats obtenus pourrait laisser penser que les participants de Milgram étaient des pervers psychopathes. En fait, les enregistrements vidéo et les questionnaires post-expérimentaux ont montré, dans ce contexte, que les sujets se soumettent à l'autorité du chercheur, *pour la science*, mais qu'ils sont extrêmement nerveux, qu'ils transpirent, qu'ils se mordent les lèvres : en d'autres termes, ils souffrent de la situation et de la punition qu'ils administrent, néanmoins ils se soumettent à l'autorité et obéissent.

Cette conclusion est corroborée par des variantes de l'expérience que Milgram a ensuite mises sur pied. En particulier, les participants obéissent nettement moins bien quand quelqu'un d'autre, sans statut particulier, remplace le chercheur chevronné comme donneur d'ordre.

Les sources de prestige et de légitimité varient suivant les cultures et les époques. En ce qui concerne le prestige de la science, l'expérience valait pour l'Amérique du Nord des années 1970 ; toutefois, le mécanisme qu'elle met en évidence dépasse le cadre spatio-temporel dans lequel elle s'est produite. Les individus ont une tendance forte à se conformer aux instructions de ceux qui, dans leur société, représentent une autorité légitime. Selon une vision critique de la société et des organisations (voir section 3.3.2), cette soumission est en bonne partie liée aux vulnérabilités psychiques, au besoin de chef évoqués dans la section précédente.

1.3 Les ressorts individuels du leadership

Les leaders possèdent-ils des caractéristiques propres ? Le repérage de traits personnels qui font un leader a constitué tout un volet de recherches théoriques. R. M. Stogdill[9] a procédé à une revue de la littérature ; il a repéré plus de cent études, rien qu'entre 1904 et 1948, dans lesquelles les auteurs comparent leaders et non-leaders en fonction de leurs caractéristiques physiques, de leurs traits de personnalité (estime de soi, agressivité, sympathie) et de leurs compétences (intelligence, créativité). Stogdill note la constance du stéréotype historique en matière de caractéristiques physiques : le leader efficace serait traditionnellement grand, fort, doté d'un physique « dominateur ». À partir de ces travaux, on pourrait penser qu'il suffit de cumuler certaines caractéristiques physiques pour être un meneur efficace ; or, il est clair qu'il n'en est rien. Ces études, basées sur la recherche de qualités qui seraient communes aux différents leaders, se sont soldées par un échec : en effet, d'une part, les chercheurs n'ont pu s'entendre sur les traits qui distingueraient les leaders et, d'autre part, l'histoire est truffée de contre-exemples (*cf.* Napoléon ou Hitler qui étaient de petite taille). La seule chose qui paraisse certaine, c'est que le leader d'un groupe possède souvent plusieurs traits personnels qui le distinguent de l'ensemble des autres membres du groupe, mais ces traits varient en fonction des types de groupes. Ces traits correspondent le plus souvent aux valeurs, aux attentes et aux objectifs des groupes concernés.

Il n'existe d'ailleurs pas une seule façon d'être un leader. Dans la définition du leadership que nous avons donnée précédemment, trois capacités coexistent : la capacité à se rendre légitime, la capacité à se faire obéir naturellement et la capacité à mobiliser les énergies en suscitant la sympathie. Il est clair que les sources de légitimité, les façons de toucher les individus varient selon les cultures ; il est clair également qu'un leader peut jouer sur certains de ces aspects plus que sur d'autres. Pour prendre l'exemple de grands leaders politiques, Gandhi, De Gaulle, Kennedy ne jouaient pas sur les mêmes registres.

Il est possible malgré tout de proposer quelques constantes, qui semblent s'imposer à tout candidat leader. Sur le plan de la légitimité, le leader a finalement peu de marge de manœuvre. Il doit incarner les valeurs les plus fortes du groupe ou de l'organisation qu'il conduit. Il doit être bien né si la légitimité se situe dans le rang héréditaire, militaire courageux si elle réside dans les armes, saint si elle naît de la religion. Son exemplarité, au moins apparente, est nécessaire. Sur le plan de l'autorité personnelle et du charisme, deux points communs semblent se dégager des recherches :

- La vision. Les leaders attirent et stimulent les autres par une vision passionnante de l'avenir de leur organisation ou de leur groupe social ; elle est passionnante parce qu'ils y croient profondément et que cela se sent.
- La transmission de la vision. Il ne suffit pas d'avoir une vision ; les leaders doivent aussi savoir communiquer leur vision et la faire partager. C'est là sans doute que réside le côté parfois inimitable des grands leaders (voir exemple 7.2).

Résumé

- Il existe des motivations psychiques au besoin d'être chef ou d'avoir un chef. Si elles ne sont pas contrôlées, elles peuvent conduire aux dérives totalitaires des relations de pouvoir et de leadership.
- L'autorité légitime dans une société donnée peut être un levier très puissant pour modifier le comportement d'autrui.
- Il n'y a pas de qualités universelles du leader ; ce dernier est avant tout adapté à des contextes culturels. Toutefois, il se doit d'apparaître exemplaire par rapport aux valeurs qui sont source de légitimité dans une culture donnée. Il doit être également capable de proposer une vision pour l'entité qu'il dirige et surtout de la transmettre à ses membres en suscitant leur adhésion.

Exemple 7.2

« I have a dream... »

Ainsi débute l'un des passages les plus fameux d'un discours de Martin Luther King. Il fut prononcé à Washington, en 1963, devant plusieurs centaines de milliers de personnes, durant une manifestation pour l'égalité des droits entre Noirs et Blancs aux États-Unis. King parlait du rêve qu'il faisait d'une société où tous les hommes vivraient dans la dignité et le respect, où les enfants noirs et les enfants blancs se donneraient la main et pourraient grandir avec les mêmes droits. Les mots « *I have a dream* » furent répétés neuf fois dans le discours, comme un leitmotiv, pour introduire des facettes différentes de cette société souhaitée. Associés à la conviction profonde, à la détermination et à l'émotion contenue de l'orateur, ils ont marqué les esprits au point que ce discours est resté célèbre.

Les chefs d'entreprises utilisent également cette posture, avec un contenu adapté. Jack Welch, légendaire patron de General Electric jusqu'en 2000, avait intitulé l'un de ses messages aux actionnaires et aux employés, dans les années 90 : « *My dream for General Electric* ». Pour être opérant et mobilisateur, le rêve ne doit pas être une chimère ; il doit être un état souhaitable, accessible seulement après qu'on a surmonté des obstacles, un défi.

La plupart des patrons de grandes entreprises s'attachent aujourd'hui à communiquer sur un « *dream* », une vision de leur entreprise à moyen terme, suffisamment attrayante pour que les employés trouvent un sens à leur investissement dans l'entreprise. Cette vision n'est pas seulement financière, elle touche généralement aux valeurs qui régissent les rapports humains, à la noblesse et à l'utilité sociale des métiers et missions exercés. Mais la qualité de leader transparaît seulement quand le dirigeant donne aux collaborateurs le sentiment de vivre profondément ce qu'il propose et qu'il suscite ainsi leur adhésion.

2. Les phénomènes de groupe et d'influence

Reprenons l'expérience de Milgram. Dans une variante de l'expérience princeps, afin de mesurer l'influence du groupe en matière d'obéissance ou de désobéissance, Milgram mit en place trois moniteurs, chargés d'administrer ensemble les décharges électriques. Mais parmi les trois, deux étaient des compères et un seul était réellement en situation d'expérience. Les compères refusaient de continuer à partir d'un certain voltage : l'un des compères arrêtait à 150 volts et le second à 210 volts. L'autre participant refusait alors de continuer dans 36 cas sur 40. Ainsi, l'attitude face à l'autorité change lorsque le participant n'est plus seul : le degré d'obéissance à l'autorité chute. Les groupes introduisent des phénomènes spécifiques qui viennent principalement jouer sur les processus d'influence. Le leadership est donc concerné au premier chef puisque l'influence est son outil principal. Ces phénomènes de groupe privent le leader du monopole de l'influence sur les individus. Il doit donc les comprendre et en tenir compte.

Trois formes principales d'influence se dégagent dans les travaux sur ce thème : la normalisation, le conformisme et l'innovation sociale. Les deux premiers aspects illustrent différentes formes de soumission, alors que le troisième expose des situations dans lesquelles les participants ont la possibilité de refuser cette soumission.

Dans cette section, nous nous intéresserons à ces trois formes d'influence au sein d'un groupe :

- la normalisation ;
- le conformisme ;
- l'innovation sociale.

Réduction de l'incertitude et affirmation de soi constituent les deux fonctions essentielles qui interviennent dans chacun de ces processus d'influence. Si l'on se conforme à l'avis des autres, c'est que l'on ressent que le savoir qu'ils détiennent pourra être utile. Ainsi, l'accord ou le consensus qui s'établissent entre les individus ou les groupes servent à valider les opinions et les jugements individuels, tout en réduisant les incertitudes ; cela satisfait le besoin que les perceptions individuelles et leur compréhension de la réalité correspondent à la réalité acceptée par tous. En outre, l'accord ou le consensus servent à accroître l'estime et donc l'affirmation de soi *via* la reconnaissance de ses jugements par autrui.

2.1 La normalisation

La normalisation exprime la pression qui s'exerce sur les membres d'un groupe en vue d'adopter une position acceptable par tous Elle entraîne la convergence des opinions et l'adhésion à un compromis, qui s'opèrent par un rapprochement des positions, évitant ainsi le conflit (voir approfondissement 7.2). La normalisation peut avoir lieu chaque fois qu'un groupe est confronté à un problème auquel personne ne peut apporter de réponse *a priori* et que les membres du groupe interagissent pour trouver une solution commune. Soulignons aussi que le désir de s'intégrer dans un groupe d'appartenance ou de référence, ou la crainte d'en être exclu peuvent inciter à normaliser le système de valeurs et les conduites.

Approfondissement 7.2

L'effet autocinétique

À la faveur d'une étude sur la perception, M. Sherif a installé un groupe de participants dans une pièce où régnait l'obscurité la plus complète. Sur l'un des murs était projeté un point lumineux de façon intermittente. Après chaque apparition, il demandait aux participants d'apprécier et de mesurer l'importance du déplacement de ce point. En réalité, le point demeurait immobile. Ce que l'auteur mesurait, c'était l'illusion dite autocinétique. Dans un premier temps, les participants répondaient par écrit, individuellement ; cela leur permettait d'établir leurs propres normes de référence. Dans un deuxième temps, ils étaient informés des estimations de l'ensemble des membres du groupe ; cela permettait d'établir la norme du groupe, chaque individu pouvant alors évaluer l'écart entre ses estimations et celles du groupe.

Plus l'expérience avançait, plus les individus se comportaient de façon proche de la norme du groupe, plus la norme du groupe se resserrait. Ainsi, dans une situation d'incertitude, l'absence de conviction fait que la confiance en soi s'affaiblit et que l'on tend à adhérer aux normes du groupe. Collectivement, les membres du groupe interagissent pour trouver une solution commune.

Source : Sherif M., *The Psychology of Social Norms*, New York, Harper and Bros, 1936.

Cette propension d'un groupe à la normalisation peut être utilisée par un de ses membres pour en prendre la tête et s'affirmer comme son leader.

2.2 Le conformisme

À la différence de la normalisation, qui implique la recherche collective d'une norme commune, la conformité suppose une majorité et une minorité, une inégalité de statut, des meneurs et des influençables. La fonction sociale de la conformité est de réduire les déviations, de faire partager les buts et les critères de la conduite proposée par la majorité.

Les expériences de Solomon Asch[10] ont cherché à mesurer l'effet de cette pression à la conformité fondée sur une majorité et une minorité (voir approfondissement 7.3). La majorité est attachée à la règle et toute l'interaction sociale visera à imposer ses vues à la minorité. Par un système de sanctions ou de valorisations, les individus minoritaires sont conduits à accepter les règles de la majorité. Le conformisme a alors pour fonction de réduire le conflit en éliminant la déviance. Ainsi, la conformité n'est pas nécessairement basée sur le pouvoir, mais bien souvent sur l'existence de normes dominantes et sur le fait que les individus acceptent le système de comportement que ces normes privilégient ; en fait, les individus adhèrent aux croyances et aux actions des membres du groupe, car ces normes sont perçues comme correctes, appropriées, valides et socialement désirables, puisqu'elles émanent de la majorité. En ce sens, tout leader aura intérêt à savoir trouver des alliés qui lui facilitent la tâche de rallier l'ensemble d'un groupe à une même position.

Approfondissement 7.3

Expérience sur le conformisme

L'expérience menée par S. Asch en 1956 est la démonstration classique de l'effet d'une majorité sur le jugement des individus. Cette expérience a été conçue pour des groupes de 7 à 9 personnes avec un seul participant « naïf » et de nombreux compères. La tâche consiste à comparer trois lignes à une ligne étalon et à identifier parmi les trois lignes celle qui correspond au modèle proposé.

Lorsque les participants sont seuls, ils ne se trompent presque jamais. Si, en revanche, on les place dans un groupe, dont la majorité fait exprès de se tromper unanimement en indiquant un segment trop long ou trop court – les compères donnant unanimement une réponse inexacte pour 12 essais parmi les 18 –, on note alors un taux de près de 37 % d'erreurs commises par les participants « naïfs ». Ils sont donc influencés par la réponse majoritaire et se rallient à cette réponse, bien qu'elle soit contraire à l'évidence…

2.3 L'innovation sociale : moteur des contre-pouvoirs

L'innovation s'oppose au conformisme, dans la mesure où l'influence est le fait d'une minorité ; l'innovation suppose de la part de cette minorité une volonté, résolue et appuyée sur une certitude, de conduire le groupe vers une position qui est en contradiction avec le modèle proposé par la norme majoritaire. Claude Faucheux et Serge Moscovici[11] se sont intéressés à l'innovation sociale ; celle-ci se manifeste lorsque « l'influence exercée par une minorité oriente le comportement d'une majorité en lui faisant adopter un modèle de réponse qui rende caducs les règles et codes sociaux prédominants ou qui infléchisse dans sa direction la production de ces règles et codes ». Les individus, ou sous-groupes minoritaires, peuvent exercer une influence sur la majorité à condition de disposer d'une solution de rechange et de s'efforcer activement de se faire reconnaître par un comportement consistant, c'est-à-dire en présentant leur point de vue de manière résolue, avec assurance, et en s'engageant avec conviction. Moscovici, Lage et Naffrechoux[12] ont démontré, à l'aide d'une nouvelle série d'expériences, le rôle des « minorités actives » pour expliquer le fait que, dans le devenir historique des sociétés, des idées, des perceptions, des attitudes nouvelles parviennent à se diffuser, voire à devenir dominantes dans l'opinion, sans pour autant être imposées par un pouvoir fort (voir approfondissement 7.4).

Approfondissement 7.4

L'innovation sociale

Dans cette étude, il s'agissait de présenter à des groupes de sujets non informés du but de l'expérience un carré de couleur, situé dans la gamme des « bleus », et de leur demander d'identifier la couleur du carré. En conditions normales, tous les participants identifient sans difficulté la couleur bleue du carré. Cette expérience a été conçue pour des groupes de six personnes ; dans une partie de ces groupes, les expérimentateurs plaçaient deux compères chargés d'affirmer que le carré était « vert ». Dans le cas du groupe contrôle, sans compères, on a noté que les participants estimaient dans 0,25 % des cas que la couleur était « verte ». Dans le cas où les compères étaient inconsistants, les participants étaient encore peu nombreux (1,25 % des cas) à fournir la réponse « vert ». Enfin, dans les situations dans lesquelles les compères avaient une position consistante, les participants donnaient un nombre de réponses « vert » plus important (8,4 % de réponses « vert » dans le cas d'une position consistante des sujets minoritaires). L'influence manifeste de cette « minorité » dissidente et active sur les réponses des autres restait faible mais réelle.

Source : Moscovici S., Lage E., Naffrechoux M., « Influence of Consistant Minority on the Responses of a Majority in a Color Perception Task », *Socio-Communication*, 32, 1969, pp. 365-379.

On peut trouver une illustration de ce phénomène dans une organisation d'un type particulier : le système judiciaire, et en particulier les jurys de cours d'assises. Le film *Douze hommes en colère,* réalisé en 1957 par Sydney Lumet, explique ce phénomène, en mettant en scène un juré, isolé au départ, qui réussit à persuader tous les autres que leur certitude est sans fondement. Pour réaliser cette modification des normes du groupe, cet individu minoritaire adopte une attitude constante au fil du temps, en revendiquant le droit au doute et en faisant progressivement accepter la possibilité de l'existence d'un « doute valable ». Il finit par faire basculer l'opinion de l'ensemble des autres jurés et peut ainsi sauver la vie de l'accusé.

Cette situation de contre-pouvoir peut s'appliquer dans le contexte de l'organisation, lorsque l'on veut réussir à convaincre alors que l'on est *a priori* minoritaire dans une situation donnée. L'essentiel est alors de savoir choisir une stratégie consistante et de s'y tenir.

Les conséquences pour le leader sont claires : de même que le Prince a besoin d'alliés pour asseoir son pouvoir, le leader a besoin d'alliés pour asseoir son influence. En particulier, il a besoin de relais d'influence au sein du groupe ou de l'organisation qu'il dirige. Si ces relais agissent par la normalisation et le conformisme, ils renforcent les positions établies. S'ils stimulent l'innovation sociale, ils peuvent être des auxiliaires du changement (voir exemple 7.3). Dans tous les cas, la qualité d'impact du leader sur chacun des individus qu'il dirige ne suffit pas. Cet impact lui-même est façonné par les jeux d'influence au sein du ou des groupes dans lesquels ces individus s'insèrent.

Exemple 7.3

De l'usage de l'influence dans le groupe par un manager

Dans cette grande entreprise de BTP, le chef d'un bureau d'études se propose d'introduire dans son service un nouveau logiciel. Cinq techniciens sont concernés. Le problème est qu'ils sont réticents, car ce logiciel exige une refonte assez radicale de la façon dont ils travaillent. Le chef de service ne peut imposer frontalement sa volonté. Ces techniciens font dans l'ensemble consciencieusement leur travail et il souhaite éviter le conflit avec eux… « Je vais devoir les persuader de s'en servir. Ils ne sont pas chauds, ça bouscule leurs habitudes, mais ils ne se rendent pas compte que cette nouvelle façon de travailler présente aussi des avantages pour eux. J'y arriverai petit à petit. Je vais commencer par Untel ; je vais l'envoyer en stage, il rencontrera des gars d'autres départements, qui font le même travail que lui. Il va se rendre compte que d'autres professionnels trouvent ça bien. Si lui est convaincu, ensuite, ça ira plus vite ici. Les autres collègues vont voir que ça marche ; petit à petit, il va les convaincre lui-même. Un ou deux autres vont suivre, puis les derniers suivront pour ne pas rester en arrière. »

Résumé

- Les membres d'un groupe peuvent être fortement influencés par les opinions qui s'échangent entre eux.
- Une opinion, valeur, croyance prévaudra d'autant plus qu'elle constitue une norme du groupe ou d'un sous-groupe.
- Le leader ne peut influencer directement chaque individu ; il doit tenir compte des jeux d'influence au sein du ou des groupes qu'il dirige.

3. Dans les organisations

Si l'on se reporte à la représentation de l'organisation comme un système de trois sphères, présenté au chapitre 2 (section 2.2), les diverses formes d'action sur le comportement d'autrui sont liées à des parties différentes de ce système. Le pouvoir se forme à partir des dispositifs organisationnels et s'exprime au travers de la sphère de la stratégie des acteurs (jeux individuels) ; l'ensemble de ce qui concerne le leadership est conditionné par la sphère culturelle.

Dans cette section, nous allons décrire comment ces diverses formes sont mises en œuvre et ce qui les rend possibles dans le contexte d'une organisation. Nous rendrons compte ensuite du débat sur la nature positive ou négative des phénomènes de pouvoir et de leadership dans les organisations. Nous traiterons donc successivement :

- le pouvoir dans l'organisation ;
- le leadership dans l'organisation ;
- le débat autour du pouvoir et du leadership : direction ou domination.

3.1 Le pouvoir dans les organisations

On doit à Michel Crozier[13] et Michel Crozier et Erhard Friedberg[14] une description très fine du pouvoir dans les organisations en tant que position dans des rapports de force. Nous ne sommes plus au temps des princes italiens dont traitait Machiavel. La force physique, les armées ne pèsent plus dans ces rapports de force, mais d'autres moyens les remplacent.

3.1.1 *Le pouvoir, une question de ressources*

Le pouvoir sur quelqu'un est donné par le contrôle d'une ressource dont ce quelqu'un a besoin ou par la maîtrise d'un risque, d'une incertitude qu'il craint. Le pouvoir n'est pas un état en soi, il est le produit d'une situation et des enjeux qu'elle recèle pour les uns et les autres. Tout le monde détient au moins quelques ressources, même si leur répartition n'est pas toujours égale. Les dirigeants en possèdent, mais les employés aussi.

L'expertise est une de ces ressources qui permet de maîtriser un imprévu, voire une incertitude qui compte pour d'autres (voir exemple 7.4). Par exemple, un vendeur d'élite permet dans une entreprise de minimiser l'incertitude clé qu'est le chiffre d'affaires. Il est généralement très bien payé et l'on regardera à deux fois avant de le licencier. La détention d'information est également une ressource, surtout s'il dépend en partie de l'individu de la partager ou non avec d'autres. La capacité d'ouvrir des portes, d'assurer de bonnes relations avec des interfaces importantes pour l'organisation (clients, gouvernement, etc.) en est une autre. La bonne volonté des employés est une ressource précieuse, car elle est indispensable pour faire face aux aléas, à ce qui n'est pas prévu dans le strict contrat de travail. La direction de l'organisation dispose également de ressources, allocation de moyens ou de gratifications, capacité de fixer certaines règles du jeu, de sanctionner. Ainsi se nouent entre les divers acteurs au sein de l'organisation, entre direction et employés, mais aussi entre employés ou catégories d'employés, des rapports de force. Il appartient ensuite à chacun de monnayer ses ressources, d'être plus ou moins fin stratège, pour atteindre ses propres buts : servir au mieux l'organisation et atteindre ses objectifs, ou encore accéder à un revenu ou à une position sociale plus élevés, disposer d'un meilleur confort de travail ou d'horaires commodes, de moyens pour faire un travail intéressant, etc. Qu'on le veuille ou non, nous disent Crozier et Friedberg, chacun est pris dans ces jeux de pouvoir. Même s'il ne cherche pas à maximiser ce pouvoir, il est amené à en jouer pour se défendre des intrusions des autres.

3.1.2 *Le pouvoir, une question d'imprévisibilité*

Pour Crozier et Friedberg, si le détenteur d'une ressource est totalement prévisible, il n'a pas de pouvoir. Prenons l'exemple de M. X, ouvrier. Supposons que, contrairement à ses collègues, il soit toujours prêt à rester tard le soir pour terminer les travaux qui n'ont pu être achevés dans la journée. Il rend ainsi un service important à son contremaître. Ce dernier sait pourquoi : Mme X est au chômage, et le couple est aux abois pour payer les traites de sa maison. M. X est prévisible ; il a besoin de faire des heures supplémentaires, on sait qu'il n'a pas vraiment le choix, il n'a pas de pouvoir sur son contremaître, même s'il lui rend un fier service. Il ne peut donc pas monnayer autant qu'il le souhaiterait cette disponibilité de soirée. Maintenant, supposons que Mme X retrouve un travail stable. M. X n'est alors plus obligé de rester le soir, il peut le faire, mais « s'il le veut bien », « cela va dépendre… » ; il acquiert ainsi un pouvoir certain sur son contremaître. Pour peu que les pressions de la direction sur ce contremaître se fassent plus fortes, ce sera au tour du contremaître d'être prévisible ; il aura des aléas de production dans la journée, il pourra encore moins qu'auparavant se permettre de ne pas tenir les objectifs et il n'aura que M. X pour y remédier, et ce dernier l'aura compris. Pour rééquilibrer le rapport de force, le contremaître devra se rendre plus imprévisible, c'est-à-dire s'ouvrir d'autres choix : réduire les aléas de la journée ou la pression de sa direction, trouver d'autres bonnes volontés potentielles, etc.

Exemple 7.4

Des tensions dans l'usine, surprenantes au départ, mais finalement logiques

Cet exemple devenu classique a permis à Michel Crozier à la fois de mettre au point et d'illustrer sa façon d'analyser les organisations. Dans cette usine, il y a trois catégories d'acteurs. Les ouvriers de production, les chefs d'atelier, supérieurs hiérarchiques des premiers, et les ouvriers de maintenance, qui ne dépendent pas des contremaîtres mais d'une autre direction dans l'usine. On peut s'attendre au premier abord à ce que, si tensions il y a, elles se situent entre les ouvriers de production et leurs supérieurs hiérarchiques. Or, c'est là qu'elles sont les moins fortes. C'est au contraire entre les ouvriers de maintenance et les chefs d'atelier qu'elles sont les plus vives. Elles existent aussi, bien que moins fortes et exprimées moins ouvertement, entre les ouvriers de production et les ouvriers de maintenance. Crozier enquête auprès des uns et des autres ; il propose une explication en reconstituant les versions données par chaque catégorie. Nous sommes dans une entreprise où les possibilités de promotion et d'avancement sont très codifiées et où la sécurité de l'emploi est forte. Les chefs d'atelier ont peu de pouvoir sur les ouvriers de production ; ils ont surtout des responsabilités d'administration de la production. Les relations entre ces deux populations sont donc assez neutres, comme entre deux mondes à part. Par contre, la seule grande incertitude dans cet univers où tout est bien réglé, ce sont les pannes de machine. Elles peuvent coûter du salaire et du stress aux gens de la production. Et cette incertitude, ce sont les ouvriers de maintenance qui en ont la clé ; de leur promptitude d'intervention dépend la remise en route rapide de la production. Ils se sont d'ailleurs employés à faire disparaître certains plans de machines pour éviter que les chefs d'atelier ou les ouvriers de production n'aient l'idée de les suppléer en cas de besoin. Ainsi, ils peuvent imposer leur rythme de travail aux autres secteurs. L'enjeu n'est d'ailleurs pas que pratique ; les ouvriers de maintenance se considèrent comme l'élite de l'usine (ils sont plus qualifiés que les autres

…

Exemple 7.4

…

ouvriers) et c'est parmi eux que se recrutent les leaders syndicaux. Pourquoi l'animosité envers cette « élite » est-elle plus forte chez les chefs d'atelier ? Parce que, répond Crozier, les ouvriers de production ont à vivre au quotidien avec la maintenance ; ils sont bien obligés de ménager des relations correctes avec eux, même si celles-ci sont souvent en leur défaveur. Les chefs d'atelier n'ont pas cette proximité ; en outre, ils voient leur portion déjà restreinte de pouvoir largement annihilée par le pouvoir de fait de la maintenance.

L'histoire ne s'arrête pas là : au-dessus dans la hiérarchie, les rapports de rivalité sont identiques entre le directeur-adjoint chargé de la production et l'ingénieur dirigeant la maintenance. Ce dernier, pour tenir ses hommes, favorise leurs stratégies visant à se poser comme l'élite. Ce faisant, il accroît également son propre pouvoir dans l'équipe de direction comme le chef du service incontournable. Qui plus est, Crozier a visité plusieurs usines de la même entreprise, réparties dans d'autres régions françaises ; il a constaté que la structure des relations au sein de l'équipe dirigeante était assez voisine partout. Les variantes dues aux personnalités des acteurs existent, mais elles sont finalement assez peu nombreuses. Une même configuration de culture et de dispositifs organisationnels tend donc à produire des relations de pouvoir et des stratégies individuelles assez semblables…

Source : Crozier M., *Le phénomène bureaucratique*, Seuil, 1963.

Le corollaire de ce constat est que les acteurs ont intérêt à se préserver des marges de liberté, mais aussi qu'ils ont souvent intérêt à une certaine opacité. Un élément d'une bonne stratégie est souvent de ne pas dévoiler sa stratégie. Ce qui affaiblit M. X, dans la première partie de l'histoire, ce n'est pas qu'il soit aux abois pour payer sa maison, c'est que son contremaître le sache…

C'est une des raisons pour lesquelles, lors d'une enquête au sein d'une organisation, les personnes interrogées ne dévoilent pas spontanément tout ce qui s'y joue.

3.1.3 La règle : un outil de pouvoir

Tout d'abord, il découle de ce qui précède que l'ensemble des règles en vigueur dans une organisation est rarement appliqué à 100 %. D'une part, il existe beaucoup de règles dans une organisation ; leur exécution ne peut pas être contrôlée avec la même intensité pour toutes, faute de moyens, et elles ne revêtent pas toutes la même importance pour un supérieur hiérarchique. Ce dernier sera donc plus exigeant sur le respect de certaines d'entre elles, à la limite en échange d'une certaine tolérance des manquements aux autres. D'autre part, une règle donne du pouvoir à celui qui est chargé de la faire appliquer s'il est imprévisible, c'est-à-dire si les collaborateurs savent que son zèle peut varier. Un supérieur hiérarchique, on l'a vu, a besoin de la bonne volonté de ses collaborateurs. En particulier dans des univers où il a peu de pouvoir de sanction-récompense, il peut susciter cette bonne volonté en étant relativement indulgent quant au respect de certaines règles. Ce donnant-donnant de faveurs plus ou moins « hors contrat » est fréquent dans les relations hiérarchiques, en particulier entre agents de maîtrise et opérateurs.

3.1.4 Le pouvoir : pas nécessairement une question de niveau hiérarchique

Enfin, il résulte aussi de ce qui précède que la position de supérieur hiérarchique ne donne pas nécessairement le pouvoir. Tout d'abord, un même niveau hiérarchique donne accès à des ressources très variables suivant les organisations. Ensuite, il arrive que le niveau hiérarchique donne accès à des ressources fortes : allocation de moyens, décision sur les promotions de collaborateurs, habilitation à fixer des règles. Mais tout dépend alors des ressources que détiennent les subordonnés : maîtrise d'aléas dans le cours du travail, expertise, relations, informations. La position hiérarchique est un élément qui donne du pouvoir, mais elle n'est pas pour autant une garantie de pouvoir. Plus généralement, la sphère des dispositifs organisationnels (les règles et la hiérarchie en étant deux éléments importants) ne détermine pas précisément la répartition du pouvoir. Elle joue le rôle de cartes qui sont distribuées, avantageant certains joueurs par rapport à d'autres, répartissant inégalement les atouts mais jamais unilatéralement. Cette sphère structure le jeu, elle n'en impose pas les péripéties. L'un des pouvoirs du dirigeant est incontestablement de distribuer ces cartes, mais dans la mesure où il a les mains libres pour le faire. Même dans sa façon de distribuer les cartes, il fait l'objet de pressions de la part des joueurs. La sphère des dispositifs organisationnels détermine les stratégies individuelles, mais l'inverse est aussi vrai. Les jeux de pouvoir sont des jeux avec des règles, mais ils sont aussi des jeux où le but est de fixer les règles. Par exemple, décider que l'on va passer d'un système de primes liées à l'ancienneté à un système de primes liées à des résultats peut orienter significativement les comportements au sein d'une organisation. Mais, pour éviter de bloquer l'entreprise avec une grève, la direction peut décider d'un compromis qui n'ira pas aussi loin qu'elle le souhaiterait. Ou encore, l'organigramme de certaines entreprises reflète plus les partages de territoire entre leurs principaux dirigeants qu'une stratégie opérationnelle.

3.1.5 Les stratégies individuelles : une expression des luttes de pouvoir

La sphère des stratégies individuelles est la conséquence et l'expression de ces phénomènes de pouvoir. Ces jeux où chacun poursuit ses propres buts peuvent être plus ou moins développés en fonction de la culture et de la cohésion de l'organisation. Comme nous l'avons vu au chapitre 2 (section 2.2), ils sont néanmoins toujours présents. Selon R. Miles[15], quatre conditions permettent leur développement : la rareté des ressources, le manque de clarté des objectifs à long terme, l'instabilité de l'environnement externe et/ou l'imminence de changements dans l'organisation. S'il est dangereux pour un dirigeant de négliger ces phénomènes, ce l'est aussi pour un observateur, consultant ou chercheur, qui veut comprendre une situation au sein d'une organisation. Il serait cynique de réduire la vie des individus dans l'organisation à ces jeux, mais il serait angélique de les nier.

3.2 Le leadership dans les organisations

Nous avons vu précédemment dans ce chapitre (section 1.3) que le leadership se fonde sur des qualités individuelles, mais que ces dernières sont largement fonction du contexte social dans lequel évolue le leader. L'organisation détermine ainsi en grande partie son type de dirigeant, et en particulier la forme de leadership de ce dernier. C'est dans la sphère culturelle de l'organisation que se situent ces déterminants.

3.2.1 La sphère culturelle : déterminant des formes de leadership

Le leader (voir définition en début de chapitre) joue à la fois sur l'influence morale et sur l'influence affective : l'autorité légitime d'un côté, l'autorité personnelle et le charisme de l'autre.

Nous avons vu (section 1.3) que l'influence affective passe par la capacité à transmettre une vision mobilisatrice pour les collaborateurs. La culture de l'organisation joue ici un rôle fondamental. Cette vision conduit en général à un renouveau de l'organisation, mais elle doit apparaître comme une mise à jour des valeurs fondamentales, et non comme leur reniement. Par exemple, Jack Welch a bouleversé beaucoup d'habitudes chez General Electric, son passage a transformé l'entreprise, mais sa vision était fondée sur des valeurs inattaquables dans une entreprise de ce type : l'efficacité concrète, l'esprit d'entreprise et le profit. La manière de transmettre cette vision et le style de management du leader doivent être cohérents (voir exemple 7.5), mais ils sont opérants dans un contexte culturel donné. Un grand leader dans un contexte donné ne le serait pas nécessairement dans n'importe quelle autre organisation.

La légitimité est l'un des pré-requis du leader. La variété des styles de direction s'explique en bonne partie par la variété des sources de la légitimité de l'autorité. Weber a même montré (voir chapitre 2, section 4.1) comment l'organisation type de l'ère moderne, et ses manières de contraindre les individus, découlaient d'un type de légitimité de l'autorité, dite rationnelle-légale. Depuis Weber, un ensemble de travaux a mis en évidence divers facteurs influençant ces sources de légitimité.

3.2.2 Le poids des cultures nationales ou ethniques

Plusieurs recherches ont été menées, principalement dans les vingt dernières années, pour comprendre l'impact des cultures nationales ou ethniques sur les formes d'organisation (voir chapitre 2, section 2.3.2). Elles ont en particulier révélé des différences en matière de relation à l'autorité et de statut du supérieur hiérarchique. On ne peut en déduire que toutes les organisations d'un même pays seront identiques de ce point de vue – ce qui ne résisterait pas à l'observation de la réalité –, mais que des tendances sont à l'œuvre, rendant plus probables et plus fréquents certaines attitudes et certains comportements. Nous mentionnerons à titre d'illustration le travail de Philippe d'Iribarne, intitulé *La logique de l'honneur*[16]. D'Iribarne a étudié le fonctionnement des relations hiérarchiques au sein d'unités industrielles en France, aux États-Unis et aux Pays-Bas. Il en a conclu que ces relations sont imprégnées de la culture nationale, elle-même fortement marquée par l'histoire. Les Français sont sensibles à la logique de l'honneur, qui est aussi une logique de rang social, survivance de l'Ancien Régime : chaque rang ne doit obéissance qu'au rang plus élevé et il serait humiliant d'obéir à des personnes de rang égal ou inférieur. D'où le prestige et les marques symboliques attachées souvent aux niveaux hiérarchiques ; d'où également la force de l'autorité hiérarchique quand elle est jugée légitime, et sa fragilité quand elle est exercée par quelqu'un de rang jugé illégitime. Dans des unités comparables en taille et en activité, il n'en va pas de même dans les deux autres pays. Aux États-Unis les relations entre niveaux hiérarchiques sont plutôt fondées sur le contrat, aux Pays-Bas sur la recherche de consensus. De ce fait, les marques de prestige associées au niveau hiérarchique seront plus faibles dans ces deux pays, supérieur hiérarchique et collaborateur ayant plus le sentiment d'être égaux, au-delà du rôle qu'ils jouent dans l'organisation. Le débat reste ouvert sur la nature et le degré d'influence de ces particularités nationales ou ethniques. Les travaux sur le sujet s'accordent cependant sur le fait qu'elles existent, notamment en matière de relation à l'autorité.

Exemple 7.5

Deux PDG, deux styles

Cas 1 : cette entreprise industrielle est un acteur mondial dans son métier. Ses résultats sont régulièrement bons. Elle est dirigée par M. Lebrun, un PDG qui y a fait une bonne partie de sa carrière, y ayant débuté comme jeune cadre. Il est réputé pour diriger l'entreprise d'une poigne de fer. Les cadres ont en mémoire la façon dont il peut remettre en place vertement un collaborateur en réunion ou le licencier, quels que soient ses mérites passés, s'il enfreint une règle de base de l'entreprise, notamment en matière de fidélité du reporting. Beaucoup de dossiers passent sur son bureau et il semble connaître son entreprise sur le bout des doigts. Si ce PDG est craint, comme un bon Prince selon Machiavel, il n'est cependant pas haï, comme le recommande le même Machiavel. Au contraire, ses collaborateurs lui reconnaissent une grande connaissance du métier (il a fait ses preuves sur le terrain) et une grande compétence stratégique (les résultats de l'entreprise sont là pour l'attester). M. Lebrun est donc totalement légitime, il inspire le respect et l'admiration. Le professionnalisme dans le métier est une valeur forte. Il s'agit d'un univers très masculin, où l'autorité et les rapports de force sont vécus comme faisant partie de la vie des affaires, voire comme des moyens d'y prouver sa valeur personnelle. La vision que M. Lebrun propose pour l'entreprise est celle d'un acteur de premier rang qui s'affirme sur le plan mondial tout en étant fidèle à ses valeurs de base : efficacité dans le métier, rigueur, esprit d'entreprise. Cette vision ne peut qu'être bien reçue. Notre référence à Machiavel ne doit pas laisser penser que M. Lebrun n'est que Prince ; il est également leader, capable d'entraîner les collaborateurs derrière lui, en se fondant plutôt sur l'autorité légitime et l'autorité personnelle.

Cas 2 : dans cette grande entreprise de loisirs, les collaborateurs parlent du PDG en l'appelant par son prénom, Gérard. Il est très populaire parmi eux ; on peut dire qu'il est aimé plutôt que craint. Certes, il a montré qu'il était capable de se défaire de collaborateurs avec qui il avait un différend, d'imposer des mesures de rigueur quand il le fallait. Mais ce n'est pas cela que les collaborateurs retiennent en priorité. Gérard incarne l'idée qu'on peut travailler en se faisant plaisir, parce qu'on est là pour faire rêver les clients, parce qu'on peut, grâce à ce métier, voyager, découvrir des horizons nouveaux. Gérard est accessible, il est un complice dans cette aventure que chacun vit. La vision qu'il propose, c'est précisément ce mode de vie, cette philosophie de la vie de travail. Qui plus est, il est admiré pour ce qu'il a fait : bâtir sur ces bases une grande entreprise, contre vents et marées. De ce fait, il est certes le complice, mais il est en même temps le patron. Ce PDG est un leader qui s'appuie beaucoup sur son charisme. Il ne faudrait pas croire pour autant qu'il n'use pas de son pouvoir pour diriger l'entreprise, mais ce dernier demeure un auxiliaire de son charisme. La culture de cette entreprise, son métier rendent logique ce profil de PDG, au moins dans les premiers temps de l'entreprise. Les valeurs fortes y sont de l'ordre du ressenti, de la qualité de vie, des relations chaleureuses entre les gens.

3.2.3 Le poids des évolutions sociales contemporaines

Les évolutions macrosociales contemporaines font évoluer les sources de légitimité de l'autorité telles qu'avait pu les définir Weber et telles qu'elles avaient fondé les organisations dominantes du XXe siècle.

Depuis les années 1960-1970, une révolution de l'autorité a eu lieu. L'influence morale de bon nombre d'institutions sociales (église, État, école et famille) a baissé. Ainsi, l'autorité légitime des figures de l'autorité – le représentant de l'État, le prêtre ou l'instituteur, sans oublier le père de famille – s'est totalement transformée. Cette autorité, en perdant de sa légitimité, a laissé place à une plus grande tolérance à de nombreux égards : disparition des tabous sexuels, rapports plus égalitaires entre hommes et femmes, assouplissement des normes sociales, remplacement progressif du sentiment d'appartenance à une classe sociale par celui d'appartenance territoriale, dissolution des croyances et pratiques religieuses. Cette mutation, en touchant l'ensemble de la société, a entraîné une dissolution des repères sociaux : perte des valeurs collectives, remplacement des normes par de nouvelles mœurs, variables selon les groupes et les contextes.

Prenons l'exemple de l'autorité de l'État, qui était parfaitement reconnue en France dans les années 1950-1960. On a assisté depuis la fin des années 1960 à un retrait symbolique et à une perte d'autorité de l'État en général et de ses représentants en particulier. Cette transformation de l'État s'est accompagnée de modifications de l'intervention publique ; on a ainsi vu la mise en place de cellules de médiation, d'actions d'accompagnement diverses, comme l'intégration des « grands frères » pour encadrer la vie des jeunes des banlieues, les agents d'ambiance ou encore les médiateurs de quartiers, amenés à gérer des situations de négociations et de compromis variés. Ainsi, l'autorité de l'État ne passe plus par des manifestations du pouvoir et des démonstrations de sa puissance, mais plutôt par une intervention déléguée et régulatrice de plus en plus affirmée.

Si l'on s'arrête un instant sur la transformation de l'autorité familiale, on notera que les jeunes de mai 68, devenus parents, ont cherché à ne pas utiliser le pouvoir des adultes sur les enfants, à ne pas jouer de leur autorité. Cette attitude a entraîné une crise de l'autorité parentale. Pour le juriste Jean de Munk[17], le concept durkheimien d'autorité fondé sur le conformisme moral ou la vision wébérienne d'une autorité légale rationnelle se sont épuisés dans les années 1960. Nous sommes, selon lui, entrés dans un nouveau modèle dit « rationnel négocié ».

Il en résulte que la figure du chef dans l'organisation d'aujourd'hui n'est plus investie automatiquement de la même autorité qu'autrefois. Son autorité de statut ne lui est plus aussi facilement due ; elle peut intervenir à la condition que son détenteur se soit montré légitime, eu égard aux valeurs directrices du groupe. La mission de l'autorité évolue également. Elle tend non pas à fixer toujours plus de règlements prescriptifs, mais plutôt à fixer des limites tout en indiquant les principes, les objectifs et les références à respecter dans les négociations entre les individus, dans les négociations entre les groupes, que ce soit au sein d'une organisation ou dans la société.

3.3 Direction ou domination : le débat autour du pouvoir et du leadership

Le pouvoir et l'action sur le comportement d'autrui peuvent être vus de façon plus ou moins positive, et éthiquement acceptable, en particulier dans le contexte des organisations. Le but de cette section est de présenter les diverses positions dans ce débat. Celles-ci se différencient par la primauté qu'elles attribuent aux différentes façons de modifier le comportement d'autrui (pouvoir, autorité légitime, autorité personnelle/charisme).

3.3.1 Paradigme réformiste : la direction comme fonction légitime

Une grande partie des opinions et des écrits sur les phénomènes de pouvoir et de leadership peut être plus ou moins critique mais ne remet pas en cause les sources de légitimité de l'autorité dans notre société. Ces opinions et ces écrits peuvent donc se ranger dans un paradigme réformiste (c'est-à-dire visant à la transformation et l'amélioration par des voies légales, voir figure 7.1). On entend ici par paradigme un courant de pensée dont les divers travaux reposent sur une même attitude fondamentale. Dans cette perspective, la littérature se concentrera plutôt sur ce qui fait un bon manager et un bon leader ; elle mettra en valeur ses mérites et l'impact bénéfique de son action sur le développement des collaborateurs. Le projecteur sera mis sur les entreprises où il fait bon travailler, montrant que la fonction de direction est à la fois nécessaire et noble. Les ouvrages faisant l'apologie des grands patrons d'entreprise sont à ranger dans cette catégorie.

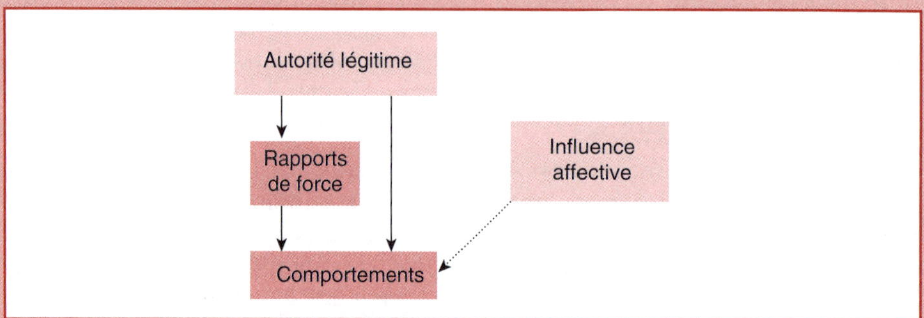

Figure 7.1 • Pouvoir et autorité dans le paradigme réformiste.

S'il existe des dérives perverses ou malhonnêtes, elles sont à considérer dans ce paradigme comme des anomalies regrettables, des imperfections du système. Un premier niveau de critique portera sur ces dérives. Citons par exemple la dénonciation du harcèlement au travail, combinaison pernicieuse de rapports de force et d'influence affective[18].

Un second niveau de critique, plus fondamental, renvoie au fond à la position de Machiavel sur le plan politique, et à celle de Crozier et Friedberg dans les organisations. Les rapports de force gouvernent les comportements. Il existe cependant une sphère culturelle fondant la légitimité et rendant possible l'influence affective, et cette sphère vient tempérer les rapports de force (voir figure 7.2).

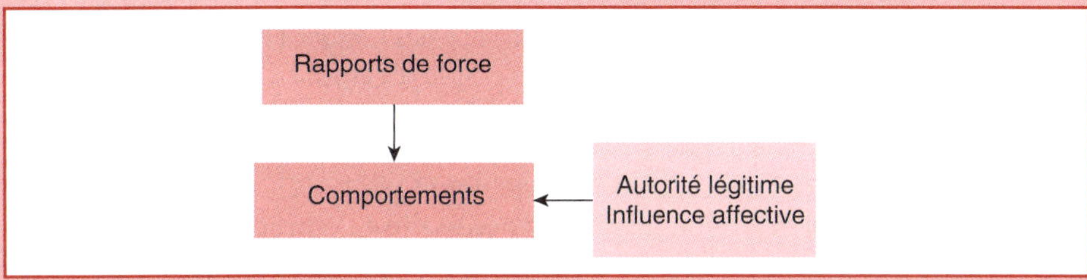

Figure 7.2 • Pouvoir et autorité dans le paradigme réformiste (variante).

Nous sommes toujours dans le paradigme réformiste, car la légitimité de l'autorité reste vue comme un phénomène autonome, non directement déterminé par des rapports de force.

3.3.2 Paradigme critique radical : les organisations comme lieux de domination

La critique devient radicale quand elle s'attaque aux sources mêmes de la légitimité de l'autorité, en déniant qu'elle constitue une sphère indépendante des rapports de force. Il procède d'une vision de la société comme lieu de conflits, alors que le paradigme précédent procède d'une vision de la société comme ensemble ordonné. Ces conflits ont pour résultat, dans ce second paradigme, la domination de catégories sociales sur d'autres. Le phénomène vaut pour la société dans son entier, mais il est agissant, à plus petite échelle, dans les organisations.

Dans sa version la plus simple, les rapports de force gouvernent (voir figure 7.3), et la légitimité de l'autorité n'en est qu'une traduction. Marx et Engels[19], au XIXe siècle, popularisèrent cette façon de voir la société.

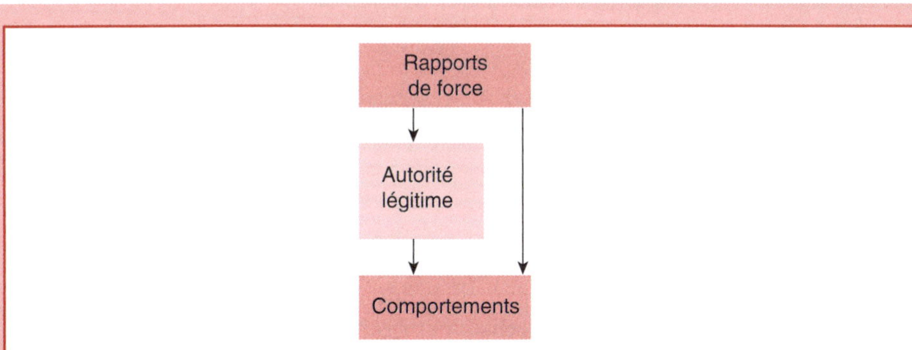

Figure 7.3 • Pouvoir et autorité dans le paradigme critique radical.

Une partie de la littérature sur les organisations contemporaines dépeint ces dernières comme des lieux de domination crue. Des sociologues ont montré comment les nouvelles formes d'organisation affaiblissent les capacités de résistance collective des opérateurs[20], renforcent les contrôles et la contrainte des collaborateurs[21]. Christophe Dejours[22] souligne la souffrance endurée par des employés aujourd'hui, souffrance due à la contrainte et à la peur qu'elle occasionne. Il fait un parallèle avec le système nazi, soulignant que la discipline et la soumission n'ont pu suffire : « Ce qui fait leur force, c'est non pas la discipline seule mais son dépassement par le zèle. » L'auteur analyse cette notion de zèle comme étant un ingrédient nécessaire à l'efficacité d'une organisation du travail. Il insiste en montrant aussi que, sous l'emprise de la peur, la plupart de ceux qui travaillent se révèlent capables de déployer des trésors d'inventivité pour améliorer leur production, tout en faisant tout pour mettre leurs voisins dans une position désavantageuse. Selon Dejours, cette peur était le moteur essentiel du système nazi. Elle demeure aujourd'hui, à ses yeux, un moyen de direction.

Une autre version de ce courant critique reconnaît à la sphère culturelle un fort pouvoir d'influence dans le phénomène de domination. Il y a renforcement mutuel des rapports de force et des mécanismes d'influence (voir figure 7.4), qu'ils touchent à la légitimité de l'autorité ou à la mobilisation des affects *via* le leadership.

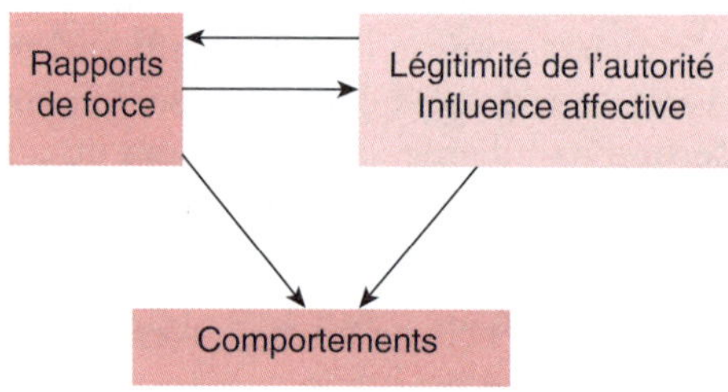

Figure 7.4 • Pouvoir et autorité dans le paradigme critique radical (variante).

Dans cette vision, la culture devient idéologie (voir chapitre 2, approfondissement 2.3.), elle n'a pas de crédibilité en soi, elle est ce qui permet de maintenir légitime un certain état des rapports de force. Le leadership devient un outil d'emprise sur les individus, exploitant les vulnérabilités psychiques que nous avons décrites précédemment (section 1.1). Les travaux utilisant ce regard sur les organisations font également référence aux systèmes totalitaires mais en insistant sur leurs stratégies de manipulation des consciences et d'influence sournoise. Ils pointent la façon dont les directions d'organisations mettent en œuvre des techniques similaires pour modifier le comportement des collaborateurs. Le côté négatif de l'organisation tient à la fois à ce qu'il favorise la domination des groupes sociaux les plus puissants, mais aussi à ce qu'il aliène l'individu. Dans cette perspective donc, le Prince a au moins sur le leader l'avantage d'avancer à découvert… Eugène Enriquez[23] écrit par exemple : « Jamais dans l'histoire… l'individu n'a eu une telle place. Nous assisterions enfin au retour massif de l'individualisme et au dégagement du sujet humain du carcan collectif… Cette étude va développer un argument contraire : jamais l'individu n'a été aussi enserré dans les filets de l'organisation (en particulier des entreprises) et aussi peu libre de son corps, de sa pensée, de sa psyché[24]. »

Résumé

- Les mécanismes du pouvoir dans les organisations sont analysables comme des rapports de force entre des acteurs dont chacun possède des ressources lui donnant du pouvoir sur les autres. Le pouvoir n'est pas un attribut en soi, il est le fruit d'une situation organisationnelle et d'une habileté stratégique. La position hiérarchique peut être une aide mais en aucun cas une garantie de pouvoir.
- Le leadership, par-delà les qualités individuelles des leaders, naît des caractéristiques culturelles de l'organisation, qui définissent à la fois la légitimité du leader et les valeurs auxquelles la vision qu'il propose doit être fidèle.
- Il est possible de regarder les phénomènes de pouvoir et de leadership de manières très diverses, comme des outils d'une fonction légitime de direction ou comme des outils de domination.

4. Les conséquences pour le manager

Le manager, dans sa fonction de direction d'une équipe ou d'un ensemble plus vaste, devra jouer avec les diverses façons de peser sur le comportement d'autrui que nous avons étudiées dans ce chapitre. Prince ou leader par vocation, quels que soient ses choix éthiques, il ne pourra en négliger complètement aucune. La question, déjà ancienne, est de savoir s'il existe une ou des façons de diriger meilleures que d'autres en fonction des buts et des contraintes éthiques que l'on se fixe. De nombreux travaux ont été publiés sur ce qu'on appelle généralement les « styles de leadership », qui seraient mieux nommés ici, compte tenu du vocabulaire employé, styles de direction.

Dans cette section, nous aborderons :

- une expérience fondatrice dans les recherches sur l'impact du style de direction sur un groupe ;
- une revue de travaux portant sur les divers styles de direction et leurs performances dans les organisations.

4.1 Une expérience fondatrice

La recherche initiale de Kurt Lewin, Ronald Lippitt et Ralph White, conduite en 1927, est la première à avoir appréhendé les effets de différents styles de direction. Cette étude fut tout d'abord menée auprès d'enfants de 10-11 ans dans le cadre d'une activité extrascolaire, mais les résultats sont aisément transposables au monde de l'entreprise. Pour cette expérience, les chercheurs ont réparti les enfants en quatre groupes. Quatre leaders (adultes) ont été entraînés à adopter l'un des trois styles caractéristiques : autocrate (ordres nombreux allant souvent à l'encontre des vœux des enfants), démocrate (suggère des façons d'agir, donne des conseils techniques, aide à organiser le groupe afin de le faire devenir « relativement autonome ») ou laisser-faire (aucune participation active du leader). Chaque groupe était encadré par un chef pendant un cycle de six semaines, avec une rotation des styles de chefs à chaque nouveau cycle.

On observe systématiquement un impact précis du type de direction sur le fonctionnement interne du groupe. Le style autocrate permet une productivité maximale, mais aussi une forte dépendance au chef (si le chef part, le travail s'arrête). Tous sont soumis, passifs et parfois agressifs. Le style démocrate permet par contre une grande créativité et une grande originalité dans le travail. Les relations entre les membres de l'équipe sont amicales ; c'est avec ce style que le chef est le plus aimé et apprécié. Le style laisser-faire donne une autonomie totale, mais engendre une faible productivité.

Il est à noter que l'on retrouve ici, dans les deux premiers types, la figure du Prince et la figure du leader définies au début de ce chapitre. Un leader n'est pas nécessairement démocrate, mais le style démocrate est un des styles possibles pour un leader.

4.2 Les styles de direction

À la suite de cette première étude sur les styles de direction, un certain nombre d'autres études ont produit une liste de cent cinquante comportements des chefs, tels que féliciter les employés ou planifier le travail. Les comportements identifiés se rapportent à deux dimensions essentielles : la prise en considération des membres du groupe et la réalisation de la tâche elle-même. Ces deux dimensions sont distinctes mais non exclusives : un dirigeant peut être plus particulièrement centré sur l'une des deux dimensions, mais il peut également relier les deux dimensions.

Plusieurs typologies de dirigeants ont été proposées, parmi lesquelles les cinq types de leadership de Blake et Mouton (voir approfondissement 7.5).

Approfondissement 7.5

Les cinq types de leadership

Autocrate : intérêt élevé pour la production et faible pour les relations humaines. Le leader planifie, contrôle et dirige en tenant compte exclusivement de la production. Il exige une obéissance absolue, contrôle tous les résultats car il considère l'employé comme paresseux. Il a recours aux punitions et appuie son autorité sur les règlements, les normes et les procédures.

Compromis : leader qui cherche à ménager la chèvre et le chou, en fixant des objectifs faciles à atteindre et en tentant de convaincre ses employés plutôt que de leur donner des ordres.

Intégrateur : intérêt élevé pour la production et élevé pour les relations humaines. Le seul leader qui suscite l'engagement véritable du personnel pour réaliser les objectifs en créant un climat de confiance et en encourageant l'initiative. Il implique les employés dans les décisions de planification et de contrôle du travail.

Laisser-faire : intérêt faible pour la production et faible pour les relations humaines. Non-engagement de la part du leader, qui prend peu de décisions ; il retire les bénéfices sans s'impliquer.

Social : intérêt faible pour la production et élevé pour les relations humaines. Le climat et l'ambiance sont prioritaires ; le leader semble se désintéresser de la productivité ; il exerce peu de contrôle et souhaite surtout plaire au groupe.

Source : Blake R., Mouton J., *La troisième dimension du management*, Éditions d'Organisation, 1987.

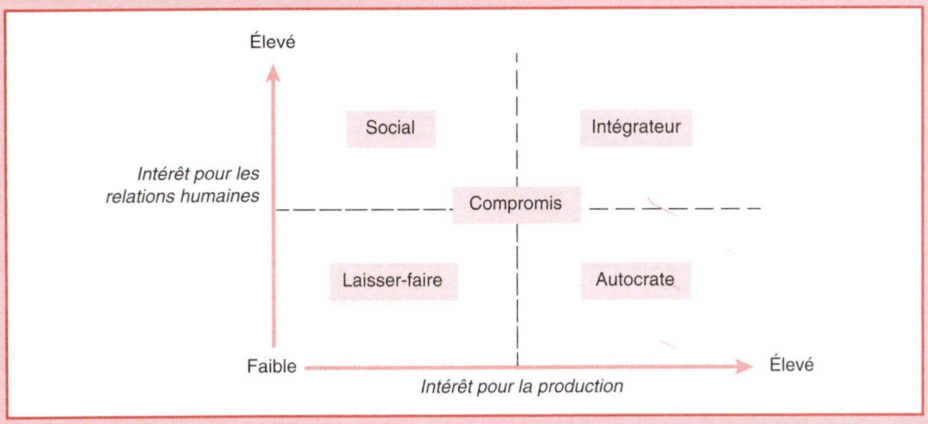

Figure 7.5 • Les cinq types de leadership.

Le débat sur le style de direction qu'il convient d'adopter est fourni. On peut prévoir qu'il n'est pas près de cesser, car il est lié à la vision que l'on a de la nature humaine. Douglas Mc Gregor[25] a bien résumé le problème. On peut faire, écrit-il, différentes hypothèses sur l'attitude des employés et sur l'attitude qu'il convient d'adopter à leur égard. Selon la théorie X, les hommes détestent le travail ; ils font tout pour l'éviter et ne travaillent qu'en réponse à la pression, voire à la menace. L'être humain, selon cette théorie, préfère être dirigé, veut éviter toute responsabilité, montre peu d'ambition et désire la sécurité par-dessus tout. À l'inverse, selon la théorie Y, l'effort physique et mental dans le travail sont aussi naturels que le jeu et le repos. Les hommes ont des capacités de créativité et d'ingéniosité. Les menaces et les contrôles ne sont pas les seuls moyens d'amener les employés à contribuer aux objectifs de l'entreprise. Selon cette théorie, au contraire, dans de bonnes conditions de travail, l'homme recherche les responsabilités.

La théorie adoptée par le dirigeant se révèle à travers son usage de l'autorité. Dans le cadre de la série d'hypothèses X, le manager se comportera en Prince ; il utilisera surtout une autorité formelle, fondée sur la directivité dans l'attribution du travail, le contrôle, le recours à la punition et à la récompense. Par contre, dans le cadre de la série d'hypothèses Y, le manager cherchera à être un leader ; il fera plutôt l'effort d'intégrer les attentes individuelles et les objectifs organisationnels pour faire en sorte que les employés soient convaincus du lien entre les deux. Il encouragera et valorisera l'initiative et la créativité.

Une façon de départager les deux théories est de recourir à la notion de management situationnel. Il y a des situations plus adaptées à tel ou tel style de direction. Tannenbaum et Schmidt[26] ont aussi mis en évidence la notion de « leadership adaptatif ». Pour eux, c'est la combinaison d'une série d'attitudes et de comportements, situés sur un continuum allant de l'autocratie à l'autogestion, qui, en fonction de telle ou telle situation, sera la plus efficace. Ainsi, le manager devra adapter son style de leadership aux groupes et aux situations.

Le modèle proposé par Hersey et Blanchard[27] implique lui aussi que le leader devra savoir modifier son comportement au fur et à mesure de l'évolution de la maturité de ses subordonnés. Ces auteurs insistent sur la nécessité de s'adapter à la réalité et au contexte. Depuis les années 1980, et dans un monde de plus en plus turbulent et imprévisible, la littérature a tendance à recommander ce leadership adaptatif aux managers.

Résumé

- Les styles de direction peuvent avoir un fort impact sur le climat et la production d'un groupe.
- Ils peuvent se classer suivant leur position sur deux dimensions : intérêt pour les relations humaines et intérêt pour la réalisation de la tâche.
- Le débat quant au meilleur style reste ouvert, mais on tend de plus en plus à privilégier un style adaptatif, qui permet mieux d'épouser les différentes situations.

Conclusion

Il existe plusieurs façons de peser sur le comportement d'autrui : pouvoir, autorité légitime (qui peut être un levier très puissant sur le comportement des individus), autorité personnelle/charisme. Leur dosage varie dans chaque façon de diriger caractérisée de deux façons opposées, celle du Prince (selon Machiavel), fondée sur le pouvoir, et celle du leader. Les individus peuvent être mus par un besoin psychique d'être chef ou par un besoin de chef. S'ils ne sont pas contrôlés ces besoins ouvrent éventuellement la voie à des dérives totalitaires du pouvoir et du leadership.

Les qualités des individus expliquent en partie ces relations de pouvoir et de leadership. Toutefois, ces qualités ne prennent leur importance que dans un contexte donné. Les groupes dans lesquels évoluent les individus sont une source non négligeable d'influence. Le dirigeant ne peut influencer seul ses collaborateurs ; il a besoin de relais au sein du ou des groupes qu'il dirige.

Le pouvoir dans l'organisation est conditionné par les ressources que chacun détient. Une ressource donne du pouvoir sur quelqu'un quand elle permet le contrôle d'une incertitude qui importe pour cette autre personne. Les dispositifs organisationnels structurent des jeux de pouvoir, mais le pouvoir n'est pas concentré dans les mains de la direction ou de la hiérarchie. Il est réparti en fonction des incertitudes et des ressources des uns et des autres et de leur habileté.

Les sources du leadership, autorité légitime, autorité personnelle, charisme, sont conditionnées par la culture de l'organisation, et notamment ses valeurs directrices. Elles sont influencées également par la culture nationale ou ethnique de l'organisation et par les évolutions macrosociales.

Un débat de fond existe quant à la nature de l'exercice du pouvoir et du leadership dans les organisations : suivant la vision que l'on a du social, cet exercice peut être considéré comme un outil légitime ou comme un instrument de domination. Un manager doit être conscient des diverses façons de modifier le comportement d'autrui. Il existe des styles variés de direction, valorisant plus l'une ou l'autre de ces façons. Le débat sur le meilleur style est loin d'être clos. La tendance aujourd'hui est de prôner un style adaptatif, sachant s'adapter à des situations variées.

Le Prince (Pouvoir, Autorité légitime)

Le leader (Autorité légitime, Autorité personnelle, charisme)

	Niveau de l'individu (qualités requises chez le manager)	**Niveau du ou des groupes dirigés** (ce que le manager doit faire)	**Niveau de l'organisation** (ce que le manager doit faire)
Pouvoir	Qualités de stratège, habileté dans le jeu	Limiter sa dépendance aux autres (ses incertitudes), se ménager des ressources pour peser sur les autres, se ménager des alliés	Limiter sa dépendance aux autres (ses incertitudes), se ménager des ressources pour peser sur les autres, se ménager des alliés *(Sphères des dispositifs organisationnels et des jeux individuels)*
Autorité légitime	Exemplarité	Trouver des relais d'influence dans le ou les groupes	Comprendre les valeurs fortes qui prévalent dans l'organisation et s'y conformer ; prétendre les amender, les renouveler, non les abolir *(Sphère de la culture)*
Autorité personnelle, charisme	Capacité d'élaborer une vision, de l'incarner et de la transmettre	Trouver des relais d'influence dans le ou les groupes	Comprendre les valeurs fortes et adapter la vision proposée aux collaborateurs, adapter son style de management *(Sphère de la culture)*

Figure 7.6 • Trois voies pour peser sur autrui et trois niveaux d'action.

Bibliographie sélective

Boltanski L., Chiapello E., *Le nouvel esprit du capitalisme*, Gallimard, 1999.

Crozier M., Friedberg E., *L'acteur et le système*, Seuil, 1977.

Machiavel N., *Le Prince*, Gallimard, 1962 (1513, édition originale).

Milgram S., *Soumission à l'autorité*, Calmann-Lévy, 1974.

Pelletier G., « Les formes du leadership : approches américaines », *in* P. Cabin (dir.), *Les organisations. État des savoirs*, Éditions Sciences Humaines, 2005.

Notes et références

1. Weber M., *Économie et société*, Plon, 1995 (1922, édition originale).
2. Machiavel N., *Le Prince*, Gallimard, 1962 (1513, édition originale).
3. Mc Clelland D., *The Achieving Society*, New York, Van Nostrand Reynhold, 1961.
4. Freud S., « Au-delà du principe de plaisir », *Essais de psychanalyse*, Petite Bibliothèque Payot, 1982 (1920, édition originale).
5. Freud S., *Malaise dans la civilisation*, PUF, 1973.
6. Adler A., *La compensation psychique de l'état d'infériorité des organes,* Payot, 1956.
7. Fromm E., *La peur de la liberté*, Buchet-Chastel, 1963.
8. Sullivan H. S., *Conceptions of Modern Psychiatry : The Study of Interpersonal Relations*, Londres, Tavistock, 1955.
9. Stogdill R. M., « Personal Factors Associated with Leadership : A Survey of the Literature », *Journal of Psychology*, 25, 1948, pp. 35-71.
10. Asch S. E., « Forming Impressions of Personality », *Journal of Abnormal and Social Psychology*, 41, 1946, pp. 258-290 ; Asch S. E., « Effects of Group Pressure Upon the Modification and Distortion of Judgments », *in* H. Guetzhow (ed.), *Groups, Leadership, and Men*, Pittsburg, Carnegie, 1951.
11. Faucheux C., Moscovici S., « Le style de comportement d'une minorité et son influence sur les réponses d'une majorité », *Bulletin du CERP*, 16, 1967, pp. 337-360.
12. Moscovici S., Lage E., Naffrechoux M., « Influence of Consistant Minority on the Responses of a Majority in a Color Perception Task », *Socio-Communication*, 32, 1969, pp. 365-379.
13. Crozier M., *Le phénomène bureaucratique*, Seuil, 1963.
14. Crozier M., Friedberg E., *L'acteur et le système*, Seuil, 1977.
15. Miles R., *Macro-Organizational Behavior*, Goodyear, 1980.
16. Iribarne P. (d'), *La logique de l'honneur*, Seuil, 1989.
17. Munk J. (de), *Les métamorphoses de l'autorité*, Autrement, n° 198, 2000.
18. Hirigoyen M.-F., *Le harcèlement moral. La violence perverse au quotidien*, La Découverte et Syros, 1998.
19. Marx K., Engels F., *L'idéologie allemande*, Éditions sociales, Paris, 1982 (1845, édition originale).
20. Borzeix A., Linhart D., « La participation : un clair-obscur », *Sociologie du travail*, 1/88, 1988, pp. 37-54.
21. Courpasson D., *L'action contrainte*, PUF, 2000.
22. Dejours C., *Souffrance en France : la banalisation de l'injustice sociale*, Seuil, 1998.
23. Enriquez E., « L'individu pris au piège de la structure stratégique », *Connexions*, 54-2, 1989.
24. Sur cette emprise psychique de l'organisation, on peut lire également Amado G., « Cohésion organisationnelle et illusion collective », *Revue française de gestion*, n° 69, 1988, pp. 37-43 ; Pagès M., Bonetti M., Gaulejac V. (de), Descendre D., *L'emprise de l'organisation*, PUF, 1979.
25. Mc Gregor D., *La dimension humaine de l'entreprise*, Paris, Gauthier-Villars, 1969.
26. Tannenbaum A. S. *et al.*, *Hierarchy in Organizations*, San Francisco, Jossey-Bass, 1974.
27. Hersey P., Blanchard K. H., *Management of Organizational Behavior; Utilizing Human Resources*, Englewood Cliffs (NJ), Prentice Hall, 1977.

Activités

Exercice 1 : Princes et leaders

Reportez-vous à la figure 7.6. Choisissez, dans l'actualité ou dans l'histoire, deux dirigeants du monde politique ou des affaires qui vous semblent bien incarner le Prince. Expliquez pourquoi. Choisissez-en deux autres qui vous semblent bien incarner le leader. Expliquez également pourquoi. Comparez les deux types de situatios entre elles.

Exercice 2 : Quelques soirées compromises

Mélanie a 28 ans. Elle dirige le service commercial d'une agence régionale de NETECO, entreprise de nettoyage. Nous sommes jeudi à l'heure du déjeuner. Georges, son directeur, vient de l'appeler : une grosse usine du secteur cherche de toute urgence un prestataire pour le nettoyage quotidien de ses locaux. Le prestataire qui assurait le service vient de déposer son bilan. Le client cherche à passer en urgence un contrat de substitution. Georges est très enthousiaste. Pour lui, c'est l'occasion idéale d'entrer chez ce client : « Depuis le temps que je cherchais un moyen d'y arriver ! » Il faut être très réactif. Le client va privilégier la rapidité de la réponse ; Georges se fait fort d'être prêt à assurer le service dès lundi prochain. Mais il faut pour cela remettre une proposition commerciale d'ici vendredi soir. « Le client l'attend », dit-il…

Mélanie a compris que cette proposition devient la priorité du moment, mais elle sait que cela va demander beaucoup de travail pour la mettre sur pied. « Pour tenir un délai aussi court, c'est du travail pour deux au moins, et il ne faudra pas être regardants sur les horaires… » Elle annule déjà les engagements qu'elle avait pris pour ce soir et vendredi soir. Toutefois il va falloir que l'un(e) ou l'autre de son équipe en fasse autant… La voici donc devant une première décision sur ce dossier : à qui va-t-elle demander d'y travailler, avec tous les efforts que cela va impliquer ?

Elle a trois commerciaux dans son équipe ; l'ambiance est plutôt bonne et chacun des trois serait capable de la seconder pour ce travail. Tous sont très chargés en ce moment : il s'agit donc bien de demander un effort à l'un(e) ou à l'autre.

- Céline, 20 ans, est entrée chez NETECO il y a quatre mois. Elle est en CDD d'un an et a été recrutée par Mélanie. Elle est dynamique, toujours avide d'apprendre. Elle apprécie que Mélanie prenne le temps de lui expliquer ce qu'elle ne comprend pas et de lui donner des conseils.

- David, 23 ans, occupe son poste depuis deux ans. Il y réussit bien. Il est très sensible à la bonne ambiance de travail ; il y contribue d'ailleurs souvent par sa bonne humeur. Il apprécie que Mélanie prenne parfois le temps de parler avec lui de choses et d'autres, autour d'une tasse de café, par exemple du dernier film que l'un ou l'autre a vu ou de leurs projets de week-end.

- Jérôme, 28 ans, est le plus ambitieux. Il a clairement l'intention de grimper les échelons, à NETECO ou ailleurs. Il est aussi le plus autonome et il apprécie que Mélanie lui laisse une délégation assez large sur les dossiers qu'il traite. C'est aussi celui qui a le plus besoin d'argent (il vient d'avoir son premier enfant), mais, de ce fait, il est aussi celui qui est le plus pris par sa vie privée.

Voici ci-dessous quelques stratégies possibles, fondées sur les divers leviers passés en revue au cours de ce chapitre.

Pour chacun de ces leviers, répondez aux questions suivantes :

1. **Quelles questions serait-il utile que Mélanie se pose avant d'utiliser ce levier ? En particulier, à quelles conséquences peut-elle s'attendre par la suite ?**
2. **Avec lequel ou laquelle des collaborateurs pourrait-elle le mobiliser ?**
3. **Comment, concrètement, pourrait-elle approcher cette personne, en utilisant ce levier, en vue d'obtenir son implication sur ce dossier urgent ?**

Stratégies fondées sur le pouvoir :

- Mélanie peut jouer le passage en force. Après tout, c'est elle la chef ; elle a son mot à dire quant à la rémunération, les congés, les possibilités d'avancement des collaborateurs. Son pouvoir de sanction et de récompense existe et elle peut s'en servir.
- Elle peut aussi jouer le donnant-donnant : solliciter un effort mais donner quelque chose en échange, aujourd'hui ou plus tard, qui peut intéresser l'un(e) ou l'autre des collaborateurs.

Stratégies fondées sur l'autorité légitime :

- Mélanie peut se poser en représentante des intérêts supérieurs de l'entreprise et insister sur l'enjeu que représente ce nouveau client.
- Elle peut également insister sur les vertus qui font un bon commercial : la réactivité, le dynamisme.

Stratégies fondées sur le charisme :

- Mélanie peut faire valoir qu'elle est bien ennuyée, qu'elle veut sortir ce dossier mais qu'elle n'y arrivera pas toute seule, en comptant sur le fait que l'un(e) ou l'autre, par amitié, va vouloir lui rendre service.
- Elle peut également montrer son enthousiasme pour ce dossier et pour les perspectives qu'il va ouvrir, faire imaginer la joie de la victoire à venir ou évoquer celles des victoires précédentes ; en d'autres termes, elle peut galvaniser ses troupes pour mobiliser un(e) volontaire.
- Elle peut aussi expliquer, à chacun ou à l'ensemble de l'équipe, la situation, comment elle la perçoit (notamment l'importance du dossier, les difficultés à tenir le délai), ce qu'elle ressent (à la fois de l'enthousiasme et de la perplexité), ce qu'elle souhaite de la part de son équipe (un ou une volontaire), en laissant à chacun la possibilité d'exprimer ses réactions et en le plaçant devant ses responsabilités.

Étude de cas : Un chef mythique

Ray Kroc (1902-1984) est l'homme qui a fondé et développé la chaîne de restaurants McDonald's. Un musée retrace sa vie, son œuvre et son style. Il se trouve à l'université d'hamburgerologie de Chicago, destinée à former les futurs cadres de la chaîne. Ce musée présente, entre autres, les témoignages suivants d'employés ayant travaillé dans la chaîne de restaurants.

> *Il est notre source d'inspiration. Il a défini les principes, les objectifs et l'esprit qui nous poussent à être les meilleurs possibles. Il a fondé une entreprise sur une noble ambition, il nous a donné la volonté d'être les meilleurs quoi que nous fassions, il nous influence non seulement dans l'entreprise mais dans notre vie, il nous pousse à nous dépasser.*
>
> *Ray avait le don de vous faire plonger en vous-même et d'y trouver un système de valeurs, une éthique de travail, en un mot des ressources que vous ne soupçonniez même pas.*
>
> *Il m'a appris l'esprit d'entreprise, il m'a appris l'humilité.*
>
> *Il a fait de moi un homme.*
>
> *Ray disait que votre plus grand ennemi, c'est vous, qui vous faites face tous les matins devant la glace. C'est l'accomplissement de son rêve qui a fait sa réussite.*
>
> *L'échec ne lui faisait pas peur, et pour lui c'était un péché capital de ne rien tenter.*
>
> *Il était très fier de ce qu'il avait accompli avec McDonald's.*
>
> *Ce qui m'a le plus frappé chez lui, c'est que c'était un homme simple qui aimait les gens.*
>
> *« Ray, ça fait 24 ans et demi que je travaille pour toi, on a débuté ensemble avec six restos, je revois toutes ces années. Qu'est-ce que tu nous as donc donné pour nous permettre de progresser aujourd'hui encore ? » Il trouvait qu'un hamburger c'est beau, il savait le rendre désirable.*

Voix de Ray Kroc :

> *Rien ne remplacera jamais la persévérance, pas même le génie (tout le monde sait que le génie est souvent méconnu, le talent aussi ; on ne compte plus les gens de talent qui n'ont pas réussi). L'éducation seule non plus : le monde est rempli de gens instruits qui ont échoué. Seules la persévérance et la détermination sont toutes-puissantes.*
>
> *Prenez un homme qui soit fier de ce qu'il accomplit et qui applique ce principe à son travail chez McDonald's, et vous aurez une entreprise dynamique qui s'améliore et va toujours de l'avant.*

Source : Extrait d'un cas de l'IAE de Paris, établi par Emmanuelle Lévy, à partir d'une émission proposée par Canal Plus.

▶ **Parmi les divers leviers utilisables pour entraîner des collaborateurs derrière soi (voir le contenu du chapitre), lesquels ont servi à Ray Kroc en tant que dirigeant de McDonald's ?**

Chapitre 8

Autonomie et délégation

Objectifs du chapitre

À l'issue de ce chapitre, vous devriez être capable de :

- **définir les concepts d'autonomie et de délégation ;**
- **cerner les enjeux et les limites de la délégation et de l'autonomie ;**
- **comprendre pourquoi un salarié souhaite disposer de plus ou moins d'autonomie ;**
- **imaginer comment, dans un contexte précis, mettre en place une délégation vertueuse et une autonomie adaptée.**

Il est rare, dans un manuel de management, de trouver un chapitre portant sur la délégation et l'autonomie, probablement parce que ce sujet est complexe et qu'il ne constituait pas jusqu'à présent une priorité pour les managers. Dans une organisation de tradition taylorienne, il est en effet admis que le contrat de travail implique une subordination qui rend les managers responsables de la bonne exécution du travail de leurs subordonnés. La question de la délégation se limite donc le plus souvent aux niveaux supérieurs de la hiérarchie et ne concerne que des sujets très restreints, en particulier les montants de dépenses autorisés.

Aujourd'hui, dans certains secteurs d'activité, savoir gérer des personnes autonomes est une compétence clé. En effet, l'intensification de la concurrence, l'élargissement des contraintes de production autour d'exigences simultanées de coûts, de délais, de qualité, de variété et de service, le tout avec des machines plus sophistiquées et plus fragiles qu'auparavant, semblent requérir une plus grande réactivité de la part de tous les acteurs de l'entreprise[1]. La nécessité de susciter l'autonomie de tous pour effectuer le travail nécessaire et rester compétitif est plus grande. Savoir gérer la délégation et manager l'autonomie de ses équipiers est devenu une compétence managériale importante.

Mais les mêmes conditions font aussi que les dirigeants ont du mal à laisser de la liberté aux salariés dont dépend la réussite de l'entreprise. Les nombreux cas de centralisation croissante d'entreprises le montrent. Il existe un élan contradictoire vers une utilisation économique de l'autonomie, accompagnée d'un fort contrôle et d'une pression à l'efficacité, sans beaucoup de liberté réelle pour y parvenir. On tombe alors dans des situations d'injonction paradoxale, qui sont plus pénibles à vivre que de simples situations de prescription.

Cela complique grandement le travail des managers, qui doivent doser délégation et contrôle, favoriser l'atteinte de la performance, sans pour autant brider l'autonomie des individus, dont on attend créativité et implication. Il devient donc nécessaire de savoir quoi et comment déléguer, ce qui suppose de comprendre l'impact de l'autonomisation sur les attitudes et les comportements des personnes.

En effet, face à cette demande pressante des dirigeants, qui ont compris que l'on obtient plus de quelqu'un qui se met la pression lui-même, le salarié est à son tour pris dans une double contrainte : une aspiration à la réalisation de soi dans le travail et une prise de conscience du fardeau de l'autonomie sur ses épaules, sans réelles contreparties financières.

Par ailleurs, lorsque des dirigeants sont mis en examen, la qualité et la réalité de la délégation se trouvent interrogées. Ce n'est que face au juge que se démêle la question de la responsabilité. Est-on responsable uniquement parce que son manager a signé une délégation ? Quelles sont les conditions réelles d'une bonne délégation ?

En bref, la délégation comporte un aspect très positif, qui va dans le sens d'un plus grand respect de la personne, à qui l'on confie des missions intéressantes, mais elle peut aussi se révéler source de manipulation, quand il s'agit de faire porter aux autres le poids de ses responsabilités.

Nous allons examiner ici les enjeux de la délégation pour l'organisation contemporaine, puis nous verrons quels sont les avantages et les risques liés à la prise d'autonomie pour un individu, avant de regarder comment on peut piloter la délégation.

1. L'autonomie dans les organisations : définition, enjeux et limites

L'autonomie dans les organisations relève d'enjeux liés aux aspirations des salariés mais surtout de la nécessité de faire preuve d'une extrême réactivité. Nous commencerons par définir l'autonomie et la délégation avant de passer en revue quelques éléments concernant la délégation dans l'organisation.

1.1 Définitions

A priori, l'organisation n'est pas un lieu où s'épanouirait l'autonomie des salariés : le contrat de travail suppose une subordination afin de faire face aux risques d'absence de coordination que ferait courir une trop grande liberté de chacun. Dans les organisations tayloriennes, le travail est prescrit de façon à ce que, si chacun joue sa partition, l'ensemble donne un concert harmonieux.

Et pourtant, la littérature sociologique a montré à quel point les ouvriers opérant dans les cadres de prescription les plus stricts ont toujours, et malgré tout, fait preuve d'autonomie. Certains observent même que c'est cette autonomie qui est à la source de l'efficacité dans le travail : c'est parce que les acteurs y mettent du leur et agissent à leur façon que le travail est bien fait[2]. Pourtant, cette autonomie est rarement reconnue ou valorisée. Elle est le plus souvent conquise par les acteurs sous le regard complice de leur encadrement direct, dans une lutte contre l'imposition de normes et de cadences qui ne leur semblent pas supportables. En démontrant à leur contremaître qu'ils savent faire mieux que les ingénieurs, ils atteignent les objectifs de production et y gagnent une reconnaissance de leurs capacités professionnelles, source d'estime de soi.

Dans d'autres contextes, les managers peuvent demander à leurs subordonnés de faire preuve d'autonomie. Encore faut-il préciser ce que l'on entend par autonomie dans les organisations.

DÉFINITIONS

L'autonomie, du grec *autos* (soi-même) et *nomos* (la loi), signifie au sens propre se donner ses propres maximes d'action.

On peut distinguer deux types d'autonomie :

- l'**autonomie psychique**, qui consiste à être capable de penser par soi-même, pour s'orienter dans la vie. Il s'agit là d'une autonomie qui revient à se départir de deux types d'influences, celle des instincts et celle des autres personnes ;
- l'**autonomie d'action**, qui renvoie à la capacité d'agir de façon libre, compte tenu des contraintes de la société. Cela suppose de disposer de marges de manœuvre permettant de faire des choix entre plusieurs alternatives, sans pour autant empiéter sur la liberté des autres, ni sur les règles communes.

Appliquée au monde du travail, l'autonomie d'action est forcément réduite, encadrée dans des limites strictes, mais évolutives. Elle consiste à donner une certaine marge de manœuvre aux subordonnés, notamment dans la réflexion sur leur propre travail, dans une visée parfois combinée de meilleure réactivité et de réponse à des aspirations nouvelles. Dynamique par sa nature, elle conduit les managers à redéfinir en permanence le périmètre d'activité de leurs collaborateurs. Elle est donc le pendant de la délégation, qui consiste à confier de nouvelles responsabilités à un subordonné. Plus on délègue, plus on accorde d'autonomie.

Cependant, pour être efficace, la délégation suppose que les personnes concernées disposent au préalable d'une autonomie psychique, c'est-à-dire d'une capacité de penser leur travail par elles-mêmes, en se défaisant des visions toutes faites. Elle est alors susceptible d'engendrer de la créativité et de l'innovation.

L'autonomie entretient des relations complexes avec la prescription, le pouvoir et le contrôle : elle apparaît souvent quand la prescription est impossible ou inefficace. Mais elle est alors le plus souvent prescrite elle-même, dans le sens où l'on exige de l'individu qu'il fasse preuve d'autonomie, ce qui le plonge dans une injonction paradoxale. Elle ne s'oppose pas totalement au contrôle, mais en exige une modification pour ne pas tomber dans des contradictions.

1.2 Les défis de la délégation à l'échelle de l'organisation

Une organisation qui souhaite développer des pratiques de délégation, parce qu'elle a identifié qu'il s'agissait d'un facteur de compétitivité, se trouve confrontée à un certain nombre de défis et de difficultés que l'on peut regrouper selon chacune des sphères organisationnelles (voir chapitre 2, section 2.2).

Les dispositifs organisationnels se doivent d'être compatibles avec le développement de l'autonomie. La sphère culturelle doit valoriser des attitudes constructives dans un climat de confiance. En ce qui concerne enfin les stratégies d'acteurs, la mise en place de pratiques de délégation peut être confrontée à de fortes résistances.

1.2.1 La cohérence des pratiques de gestion

Un management plus délégatif implique de modifier les autres pratiques de gestion, mises en place pour des structures plus hiérarchisées.

En ce qui concerne l'organisation du travail, il est impossible de déployer l'autonomie des personnes dans un cadre qui définit des postes de façon rigide. Qui dit délégation dit définition de périmètres de fonction souples, adaptés au degré d'autonomie de chacun. Ainsi, l'une des premières réformes à mettre en œuvre consiste à casser les définitions de postes pour passer à une logique de classification liée aux personnes. Cela suppose un énorme travail de diagnostic, de définition de compétences, puis de négociation quant à la hiérarchie des positions dans l'entreprise et aux salaires attenants, tout en respectant les conventions collectives. À l'inverse, le passage d'une grille de classification fondée sur les qualifications à une gestion par les compétences permet de déployer l'autonomie dans la mesure où les opérateurs valident des compétences. C'est ce qu'a vécu le groupe Usinor, devenu depuis Arcelor, à la suite de son accord de gestion par les compétences, signé en 1990. Chaque opérateur occupe une situation de travail qui correspond à ses compétences et à son degré d'autonomie, et il est rémunéré pour cela. Cela permet aux managers de motiver leurs subordonnés à se développer continuellement, au lieu qu'ils restent « coincés » dans une définition de poste, en attendant de pouvoir accéder à une autre.

Cela implique ensuite un système d'actualisation des définitions de fonction fondé sur des entretiens d'appréciation et sur des audits réguliers, prenant notamment en compte l'évolution des métiers.

Un second point important concerne les modalités de contrôle de l'activité. Il est nécessaire d'adapter les modes de contrôle à l'évolution de l'autonomie des personnes, en passant notamment à des systèmes d'autocontrôle, puis de confrontation des points de vue entre pairs et entre personnes de niveaux hiérarchiques différents.

Il s'agit ensuite de repenser les politiques salariales en fonction de ce qui est demandé aux salariés. Sur quels critères accorder des augmentations ou des primes ? Qui est en mesure de les accorder ? Dans de rares organisations (voir exemple 8.1) le développement de l'autonomie va jusqu'à l'autofixation de son salaire compte tenu des résultats de l'entreprise. Dans d'autres, cela passe par une décentralisation très poussée des décisions d'attribution de primes. Ainsi, dans certains groupes industriels, le chef d'équipe décide des primes à attribuer à ses coéquipiers ouvriers.

La question devient alors de savoir s'il est possible de rétribuer des salariés plus impliqués par la seule possibilité de se réaliser dans leur travail, ou s'il n'arrive pas un moment où le système s'épuise de lui-même. À ce moment-là, le levier culturel devient primordial.

Exemple 8.1

L'autonomie des individus appliquée à la SEMCO

Dans son ouvrage intitulé *Maverick*, Ricardo Semler raconte comment il a repris la direction de l'entreprise familiale SEMCO, située au Brésil, en y créant un haut niveau d'autonomie de tous les salariés. Cette entreprise spécialisée dans l'électroménager a été révolutionnée par son nouveau patron, de telle sorte que chacun puisse apporter sa créativité au travail.

Ainsi, les définitions de poste ont été supprimées, les horaires de travail ont été libérés, chacun pouvant venir et repartir à l'heure qui lui convenait. Les salariés ont eu le droit de s'habiller comme bon leur semblait.

Le succès de ce changement a été tel que l'entreprise a connu une forte croissance, et que son jeune patron a pu néanmoins s'absenter deux mois par an pour s'adonner à son sport favori, la croisière au long cours, sans être dérangé pendant ce temps.

Un symbole de cette autonomie instituée a de quoi marquer les esprits : à la SEMCO, chacun est libre de déterminer son salaire et de décider s'il mérite une augmentation. La seule contrainte consiste à écrire son salaire dans un registre mis à la disposition de tous. Ce système fonctionne sans abus ni réclamations.

Source : Ricardo Semler, *Maverick*, Éditions Century, Londres, 1993.

1.2.2 Une culture de la coopération, de l'exemple et de la confiance

La mise en place d'une organisation dans laquelle les salariés peuvent développer leurs initiatives implique le plus souvent un changement culturel. Il ne suffit pas de mettre au point les bons outils de gestion, encore faut-il que les personnes soient convaincues de la possibilité et de l'intérêt de déployer leur autonomie dans leur travail. Or, le plus souvent, les cultures ont plutôt mis en avant la nécessité d'aller tous dans le même sens, de suivre les directives.

Comme pour tout changement organisationnel, cela implique que les dirigeants eux-mêmes soient porteurs des valeurs d'autonomie et acceptent de perdre un peu de pouvoir pour le redistribuer. Cela implique ensuite que cette culture de l'autonomie se diffuse dans l'ensemble de la chaîne hiérarchique de façon à ce que tous soient persuadés de ses bienfaits.

Cela ne peut se faire que par l'exemple répété en permanence, la mise en avant des initiatives des subordonnés, leur reconnaissance, leur publication. Il existe des instrumentations possibles, comme des concours d'idées nouvelles, l'utilisation de la communication interne pour valoriser des innovations venues du terrain. Mais, par-delà ces outils, c'est surtout la confiance que le manager place dans chacun de ses subordonnés qui est source d'un esprit de coopération qui se perpétue. Derrière cette confiance, il y a la connaissance de chacun, le dialogue, la progressivité des responsabilités qui lui sont données et la reconnaissance accordée.

La culture ainsi diffusée est celle d'une reconnaissance réelle des différences individuelles et de leur richesse pour l'organisation, tout en conservant un fort sens économique de la nécessité de coopérer dans le même sens. Ainsi, dans telle grande organisation qui avait pour souci de développer les initiatives, des formations à l'économie du secteur étaient dispensées aux ouvriers, de façon à ce qu'ils intègrent dans leurs décisions de production des notions de coûts ou d'économie pour l'entreprise.

1.3 Les stratégies d'acteurs officialisées ?

Dans une structure taylorienne, les acteurs avaient intérêt à faire preuve d'autonomie car ils y gagnaient, par la lutte et la négociation, une reconnaissance de leur identité.

Se pose alors la question de savoir ce qui peut motiver les mêmes acteurs à faire preuve d'autonomie lorsque leurs supérieurs le leur demandent officiellement, témoignant ainsi par avance qu'ils reconnaissent leurs capacités, sans qu'il y ait besoin d'un combat pour cela. Que leur reste-t-il à gagner ? N'ont-ils pas au contraire beaucoup à perdre dans le fait de livrer directement leurs secrets de fabrication. Dans ce cas, ils risquent de perdre des atouts dans le jeu d'acteurs et de se retrouver sans éléments de négociation.

Selon ce point de vue, la question de la mise en autonomie est donc confrontée à la résistance des acteurs pour qui ce nouveau jeu est dangereux, inquiétant. Cela implique de réfléchir à de nouveaux éléments de négociation à mettre dans la balance, de façon à reconstituer un jeu qui en vaille la chandelle pour tous les acteurs. Or, la plupart des anciennes organisations tayloriennes qui développent l'autonomie le font pour des raisons économiques. Elles ont donc des difficultés à rémunérer plus leurs salariés. Si la solution n'est pas dans la rémunération, elle peut se trouver dans une autre forme de rétribution. Par exemple, on pourrait reconnaître aux acteurs le droit de gérer eux-mêmes leurs évolutions de carrière, en les informant davantage sur les possibilités de formation et de mutation et en acceptant leurs choix[3]. Il existe certainement d'autres pistes, différentes selon les contextes et les individus. Penchons-nous donc plus précisément sur les enjeux et les freins à l'autonomie pour les individus concernés.

2. Enjeux de l'autonomie pour l'individu au travail

Si l'autonomie constitue un enjeu important pour l'organisation, elle l'est surtout pour l'individu à qui l'on donne la possibilité d'en user. En effet, conçue comme une sorte d'équilibre atteint à la maturité psychique, elle comporte autant d'aspects attirants que de risques effrayants. Il est donc temps à présent de se concentrer sur la capacité et la volonté d'un individu à faire preuve d'autonomie, en s'appuyant notamment sur certains apports de la psychanalyse.

Nous étudierons successivement :

- les avantages de l'autonomie pour l'individu ;
- les stades d'autonomie de l'individu dans l'organisation ;
- les freins à l'autonomie.

2.1 L'autonomie : un idéal pour chacun ?

L'autonomie peut se concevoir comme un état de bonne santé de la personnalité. En ce sens, elle est très attrayante tant sur le fond que pour les possibilités de carrière qu'elle engendre.

L'individu peut être très attiré par les sirènes de l'autonomie. En effet, la possibilité de se réaliser par son travail, d'y trouver une reconnaissance de ses capacités professionnelles, et donc une identité propre, est un levier majeur pour de nombreuses personnes. Si, comme le défendait Marx, à la suite des travaux de Hegel, le travail est la voie d'accès à la pleine réalisation de soi (voir chapitre 5, section 1.1.2), le déploiement de l'autonomie dans le travail, en remettant en cause le taylorisme, apporte enfin la possibilité d'accéder à la pleine réalisation de son potentiel, et donc à un équilibre plus grand entre ses aspirations et ses réalisations. En effet, le fait de récupérer une partie de la réflexion sur son travail permet de se l'approprier, si bien que le produit de son travail devient un représentant de soi et témoigne de ses capacités professionnelles. C'est là le premier bénéfice de l'autonomie au travail : elle permet de projeter dans la réalité son identité et de la renforcer par allers et retours successifs, dialectiques, dans le monde des objets.

L'effacement progressif de la ligne de démarcation entre vie privée et vie professionnelle, qui découle de l'engagement personnel dans le travail, permet aussi au sujet de construire une cohérence dans son cheminement personnel, sans ligne de fracture, sans mise de côté de ses valeurs éthiques. La mise en autonomie, parce qu'elle ne peut être que progressive, permet de modifier en permanence l'horizon de sa croissance, d'où un élargissement de perspective, source de motivation intrinsèque très forte.

Enfin, la possibilité d'imprimer sa marque dans son travail, mis à part les conséquences directes sur la reconnaissance et l'identité, permet de construire le sens que l'on donne à son action et confère par là même au travail un rôle pleinement développant. Ici encore, l'autonomie procure une motivation intrinsèque très forte de par la possibilité d'accéder au symbolique dans ses actes de travail (pour une définition plus précise du « symbolique », voir chapitre 5, section 1.3.1).

On rencontre alors une ivresse inhérente au sentiment de liberté, sentiment d'élargir les possibles par une progression permanente. De là découle un apaisement intérieur, qui aide à faire face aux contraintes diverses qui ne manquent pas d'intervenir dans la vie quotidienne professionnelle. On peut même aller jusqu'à dire que le sentiment de plénitude et de non-contradiction entre plusieurs parties de soi est source d'une motivation profonde et d'une efficacité accrue (voir approfondissement 5.3).

Une autre facette de la prise d'autonomie concerne la possibilité de monter dans la hiérarchie. Dans la progression d'un manager, on considère que, pour confier plus de responsabilités au futur promu, il faut qu'il fasse montre d'une grande capacité à bien utiliser son autonomie. C'est pourquoi les ambitieux n'ont de cesse d'élargir leur périmètre décisionnel de façon à s'entraîner et à montrer qu'ils sont capables d'autonomie et donc dignes de progresser.

En ce sens, l'organisation qui laisse beaucoup d'autonomie à l'un de ses salariés lui montre qu'elle lui fait confiance et qu'elle envisage une relation de long terme avec lui. Ainsi, peu à peu, le fait de disposer de l'autonomie peut devenir un signe positif dans l'entreprise, digne d'intérêt en soi.

Pourtant l'autonomie n'est qu'un état d'équilibre précaire et partiel. Il convient donc à présent d'examiner les étapes de développement qui conduisent chacun à l'autonomie.

2.2 Les stades d'autonomie

Il existe en management des stades d'autonomie qu'il faut prendre en compte lorsque l'on veut déléguer des responsabilités à un individu[4]. Ces stades peuvent même être considérés comme l'évolution quasi naturelle de la personne, à qui l'on délègue de plus en plus (voir figure 8.1). Ils dépendent de la personnalité et de l'histoire de chacun, mais il est possible de considérer que tout le monde passe par les étapes suivantes :

- **Dépendance.** À l'étape de la dépendance, la personne s'identifie à son supérieur hiérarchique et n'est pas capable de penser par elle-même, différemment de lui.
- **Contre-dépendance.** Il peut arriver, lorsque l'on délègue de l'autonomie d'action à cette personne, qu'elle ne saisisse pas le sens de cette délégation et qu'elle en vienne à se rebeller contre l'autorité, à la remettre en cause, confondant ainsi autonomie constructive et révolte pure et simple, opposition permanente. Ce stade est celui où l'on souhaite prendre une revanche, faire à sa façon, sans respecter le sens du travail collectif, et sans s'inscrire dans un raisonnement.
- **Indépendance.** Le stade suivant est souvent confondu avec l'autonomie. La personne fait son travail seule, sans avoir besoin des autres. La difficulté de cette étape est de comprendre qu'une telle posture n'est pas acceptable dans le cadre des organisations. Elle ne peut être que celle de l'expert qui n'a pas besoin d'interactions réelles avec les autres pour que le travail se fasse.
- **Interdépendance.** Il faut alors passer à la dernière étape, celle de l'interdépendance, dans laquelle chacun connaît sa position par rapport à celles des autres, sait quand il faut faire appel à quelqu'un et à qui. C'est surtout le stade où l'identité est suffisamment forte pour que la personne n'ait plus de difficultés à poser des limites réalistes. Ce n'est qu'à ce stade que l'autonomie devient efficace.

Il est important de savoir diagnostiquer le stade auquel se trouve un individu, de façon à lui proposer une délégation adaptée à son niveau. C'est ce qu'on appelle le management situationnel (voir section 3.2).

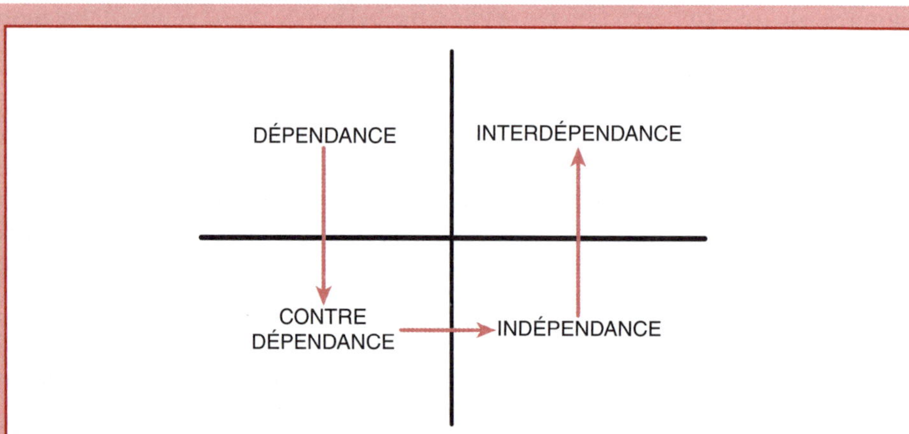

Figure 8.1 • Les stades d'autonomie, d'après Martin, Lenhardt et Jarrosson.

2.3 Les freins à l'autonomie individuelle

Si l'autonomie ne se développe pas harmonieusement et régulièrement chez chacun, c'est qu'elle représente des enjeux très forts pour la personne. Ceux qui ne se sentent pas prêts, à l'affronter mettent en œuvre des stratégies d'évitement.

Nous examinerons successivement les freins de la personne à qui l'on donne de l'autonomie, puis les freins qui empêchent le manager d'en accorder plus.

2.3.1 Les freins pour le subordonné

La dépendance peut être un mécanisme de défense de la personnalité. Certains salariés peuvent refuser de prendre l'autonomie qui leur est déléguée, par peur, souvent inconsciente, de se mettre en danger et de perdre une protection contre des angoisses qui les traversent. Ainsi, pour ceux qui ont pris l'habitude d'obéir, se trouver tout à coup dans une situation qui leur permet de prendre des initiatives et de faire à leur façon représente une nouveauté inquiétante. Comment être certain de bien faire si le patron n'est pas là pour guider l'action ? Se retrouver sans repères peut être très effrayant et conduire à ne pas savoir gérer son autonomie, à la confondre avec une liberté totale et donc à marcher sur les plates-bandes des autres, quitte à désorganiser totalement les services.

Un autre risque est celui de l'exposition de soi aux yeux de tous. En dévoilant sa personnalité à travers son travail, le salarié encourt le risque de se sentir jugé en tant que personne et non dans son simple rôle professionnel. Cela peut engendrer de grandes difficultés quand les résultats ne sont pas bien appréciés, en cas de résultats inégaux ou d'erreurs. La force de l'engagement investi comporte alors un revers : la fragilité de celui qui se sent dévalorisé en tant qu'être humain parce qu'il n'a pas été assez efficace. C'est alors la personne entière qui peut s'effondrer d'un coup face à un jugement perçu comme total. Cela est particulièrement vrai dans les cultures où le culte de la performance est si développé que chacun a des exigences très fortes par rapport à lui-même[5]. On assiste à des dépressions profondes chez ceux qui n'ont plus la protection du masque social fourni par le rôle professionnel. Ce risque est d'autant plus fort quand les procédures d'appréciation du personnel ne sont pas assez professionnelles, en particulier lorsque les personnes qui évaluent ne sont pas formées à cela et se positionnent en juges tout-puissants.

Il convient donc d'insister sur l'importance d'instaurer et d'institutionnaliser un droit à l'erreur dans les organisations qui promeuvent l'autonomie. Ce droit à l'erreur constitue alors une barrière contre l'invasion de doutes sur ses propres capacités. Il revient, pour le manager, à prendre sur lui les erreurs de ses subordonnés, ce qui nécessite un encadrement précis de l'autonomie de chacun de façon à limiter l'impact des erreurs sur le bon fonctionnement de l'organisation.

Ensuite, qui dit autonomie au travail dit mise en concurrence de plusieurs façons de faire, et donc possibilité de comparer les individus deux à deux. D'où, encore une fois, une problématique d'évaluation et de mise en concurrence, tacite ou explicite. Ce danger disparaît dans des cultures qui promeuvent la différence et l'échange, dans lesquelles chacun cherche à apprendre des autres pour progresser, mais il peut être très angoissant et générateur d'une mauvaise ambiance dans des étapes intermédiaires.

Il faut donc veiller à ne pas attiser les jalousies, sauf à manipuler une culture de la compétition à outrance…

D'une façon générale, être plus autonome dans son travail revient à perdre le bénéfice de l'absence de responsabilité sur ce que l'on fait. Devenir plus responsable de son travail, c'est prendre en compte les finalités de celui-ci et par conséquent prendre à cœur sa réalisation. Lorsque l'on a conscience de n'avoir qu'un impact très limité sur les résultats de l'organisation, on hésite à prendre des initiatives et à s'investir du fait du risque lié à la responsabilité encourue. La prise de conscience de l'existence de ce type de sentiments doit conduire les managers à clarifier l'impact que chacun a sur le résultat global. Lorsque ce travail est difficile, cela entraîne parfois la nécessité de modifier les organisations de travail de façon à permettre à chacun d'avoir un impact bien défini.

2.3.2 Les freins pour le manager

Toutes ces réticences peuvent aussi rencontrer celles de la hiérarchie, qui n'est pas toujours à l'aise dans la délégation. Il existe de nombreux freins qui empêchent un manager de croire aux bienfaits de l'autonomie. Parmi ceux-ci, le plus important est sans doute la peur de perdre son pouvoir sur ses collaborateurs, de les rendre indépendants de lui. Blanchard *et al.*[6] relèvent toutes les raisons qui poussent à rationaliser la non-délégation :

- **Le souci de la légitimité technique.** Le plus souvent, on est nommé manager lorsque l'on a été un bon professionnel jusque-là. Abandonner la partie « technique » du travail représente un deuil difficile à assumer, un plaisir auquel il faut renoncer. Par ailleurs, continuer à se charger de la partie technique empêche de se mettre véritablement au management, tâche nouvelle et difficile à aborder. Les nouveaux managers ont souvent l'impression qu'ils ne seront pas légitimes aux yeux de leurs troupes s'ils ne leur montrent pas à quel point ils maîtrisent mieux qu'eux leur travail.
- **Le besoin de se rendre indispensable.** Les managers peuvent aussi avoir l'impression que le fait de ne pas déléguer contribue à les rendre indispensables, car ils sont les seuls à savoir ce qui est nécessaire pour l'organisation. Cela les conforte dans leur ego et les rassure quant à l'impossibilité d'être licenciés.
- **Le souci de rapidité.** Un manager peut se dire que cela ira plus vite s'il fait le travail lui-même plutôt que de passer du temps à expliquer à un collaborateur ce qu'il attend.
- **La difficile acceptation des idées différentes.** Le problème principal réside surtout dans la difficulté à accepter le point de vue des autres dans un domaine sur lequel on a ses propres idées. Le fait de déléguer une tâche implique que le délégataire la fera à sa façon. Cela peut inquiéter considérablement un manager préoccupé des résultats de son service. De fait, l'autonomie implique l'abandon du *one best way* et provoque un surcroît d'incertitude dans un milieu qui n'en est déjà pas exempt. C'est pourtant précisément la possibilité d'abandonner la notion de maîtrise qui est intéressante dans le fait de donner de l'autonomie aux collaborateurs. Elle provoque en effet un changement de paradigme, qui seul pourra permettre de faire face aux enjeux nouveaux de la production. Il faut prendre en compte le niveau d'autonomie psychique du manager lui-même et en particulier quelques attitudes fondamentales vis-à-vis d'autrui : sa capacité à faire confiance à l'autre ou à se défier *a priori*, son ouverture aux autres, son mépris plus ou moins important pour ceux qui ne sont pas au même niveau.

- **L'absence de compétences propres à la délégation.** Ce dernier élément concerne la maturité et l'expérience du manager, du point de vue de sa capacité à évaluer le niveau d'autonomie de chaque collaborateur et la possibilité de lui déléguer ou non tel ou tel point. Dans ce cas précis, l'histoire du manager est importante : a-t-il déjà vécu des situations dans lesquelles il a accordé trop d'autonomie et où cela s'est mal passé ? A-t-il lui-même bénéficié d'une latitude croissante dans ses différentes fonctions, de la part de ses managers passés et actuels ? Ce point renvoie également à l'importance du contexte organisationnel, et notamment à la culture de délégation et à son organisation.

Pour éviter que ces freins n'agissent trop, il faut donc apprendre à piloter la délégation. C'est l'objet de notre dernière section.

3. Le pilotage de la délégation

Le fait d'accorder plus ou moins d'autonomie à un collaborateur ne peut se décider abstraitement, indépendamment du contexte, de la tâche à effectuer et des personnalités du délégant et du délégataire. C'est le premier point abordé dans cette partie : la délégation individuelle. Nous aborderons ensuite son pilotage.

Pour limiter les risques afférant à l'autonomisation des personnes, le moyen le plus couramment employé est celui de la constitution de petites équipes autonomes ou semi-autonomes. Leur fonctionnement est analysé dans le troisième point.

3.1 La délégation individuelle

La délégation concrète de tâches et de missions à un subordonné se heurte à un certain nombre de difficultés qui peuvent être modélisées selon la théorie de l'agence (voir approfondissement 8.1) : le supérieur hiérarchique a peu de garanties au départ que son subordonné s'acquittera convenablement de sa tâche, il va donc avoir tendance à limiter la délégation.

Pour qu'un manager accorde une réelle autonomie à son collaborateur, trois conditions sont alors nécessaires :

- Le manager lui-même doit être convaincu des bienfaits de l'autonomie et doit être capable de lâcher prise.
- Le collaborateur doit démontrer un niveau d'autonomie adéquat, tant dans ses compétences que dans sa personnalité.
- Le manager doit gérer la prise d'autonomie et l'atteinte du résultat escompté.

Nous examinerons ces trois points successivement.

Quatre arguments jouent pour convaincre les managers des bienfaits de l'autonomisation de leurs collaborateurs :

- **Le gain en temps et en qualité.** Un manager qui délègue tout ce qu'il peut déléguer gagne du temps pour se consacrer à son propre travail et notamment pour encadrer convenablement ses équipes. Le plus souvent, quand un manager est débordé, doit travailler tard le soir et emporter du travail le week-end, c'est parce que, sans vraiment s'en rendre compte, il a accepté de prendre en charge la résolution des difficultés que ses subordonnés ont rencontrées. C'est ce que Blanchard[8] appelle « récupérer les singes des autres et avoir à s'en occuper ». Celui qui refuse de prendre soin des singes peut au contraire se consacrer à piloter la gestion des singes par les autres.

- **La possibilité de former ses collaborateurs.** C'est aussi l'occasion pour le manager de former ses collaborateurs en leur confiant de plus en plus de responsabilités et de préparer sa succession et celle de ses subordonnés.
- **La nécessité de faire confiance.** Un manager qui refuse de déléguer envoie à ses collaborateurs le message plus ou moins explicite qu'il ne leur fait pas confiance. Cela peut les entraîner assez rapidement dans un cercle vicieux dans lequel ils perdent réellement confiance en eux-mêmes, ou méprisent le manager pour ce sentiment. Dans tous les cas, il en résulte une motivation plus faible. Il existe aussi des personnalités qui trouvent leur motivation dans le fait de démontrer au contraire à leur manager qu'ils sont dignes de confiance. Mais leur action peut être entravée par un manager défiant qui ne leur donne pas les moyens de travailler correctement et qui ne les contrôle pas à bon escient.

Approfondissement 8.1

L'autonomie selon la théorie de l'agence

La **théorie de l'agence** est une théorie économique qui permet de rendre compte de la relation qui existe entre un **principal** qui donne un mandat à réaliser à un agent, et cet agent, appelé le **mandataire**.

Le problème du principal réside dans le fait qu'il ne peut entièrement contrôler le travail de l'agent et qu'il doit donc soit lui faire confiance, soit mettre en place un dispositif de contrôle qui lui permette de piloter au maximum l'activité de son agent.

Se poser la question de l'autonomie amène aussi à se poser la question de l'ignorance dans l'organisation : on confie à quelqu'un ou à un ensemble constitué une tâche à accomplir, qu'il réalise de façon autonome, et pour laquelle on ignore comment il va s'y prendre. Comment la confiance à l'égard du « mandataire » – pour reprendre la terminologie issue de la théorie de l'agence – va-t-elle se construire ? Une vision particulière du mandataire en organisation nous est donnée par J. Girin[7], qui montre que, souvent, le mandataire n'est pas un homme ou un groupe de personnes mais un ensemble composite, associant à la fois des hommes, des objets, des espaces physiques, des machines, des documents, etc., autant de ressources humaines, matérielles et symboliques. La confiance dans le mandataire ne se construit donc pas uniquement au regard des personnes mais au regard de cet ensemble (ou **agencement**) : par exemple, on délègue à un expert, qui dispose de tel ou tel matériel, et dont le travail s'appuie sur des process plus ou moins définis. La qualité du matériel, la pertinence des process vont tout autant entrer dans la confiance que le mandant aura à l'égard du mandataire que les formations, les histoires des personnes, leur plus ou moins grande habitude à travailler ensemble. De même, la performance du mandataire sera d'autant meilleure que les personnes auront eu l'habitude de mobiliser ce matériel, sauront prendre du recul par rapport aux process. La confiance se construit au regard des différentes ressources de l'agencement, et des relations qui existent entre elles.

- **La motivation et la créativité.** À l'inverse, le manager qui délègue entre dans un cercle vertueux dans lequel les collaborateurs se montrent de plus en plus autonomes, si bien que la délégation va grandissant, jusqu'à une modification du périmètre du poste[9]. Dans ces cas positifs, la motivation intrinsèque (voir chapitre 5, Concepts clés) des collaborateurs augmente et il y a de grandes chances que les résultats du service s'améliorent du fait combiné d'une plus grande implication et d'une plus grande originalité des travaux effectués, chacun y mettant vraiment du sien.

Ainsi, le degré d'autonomie réel dans un service dépend avant tout des attitudes du manager et de l'atmosphère qu'il génère.

3.2 Le pilotage de la délégation individuelle

Il ne suffit pas d'éclaircir les enjeux d'une activité, de donner confiance, de fournir les compétences et les moyens, encore faut-il piloter dans le temps les actions déléguées à son subordonné, de façon à les ajuster en fonction de ses capacités et de leur évolution[10].

Cela suppose de mettre en place un dispositif de suivi et de contrôle qui relève des principes du management par objectifs :

- Fixer des objectifs clairement perçus et les faire accepter. Si un collaborateur se fait sa propre idée de son métier et de ses fonctions, son manager doit veiller à ce que son travail corresponde bien à ce qu'il attend de lui, en fonction de la place qu'il occupe dans l'équipe ou dans le service. Sinon, chaque collaborateur travaillera à ce qui lui semble important et les objectifs du service ne seront pas atteints. Un point essentiel dans le déploiement de l'autonomie consiste à tracer le cadre dans lequel chacun peut exercer son autonomie sans empiéter sur celle des autres et nuire au bon fonctionnement de l'organisation.
- Déterminer à l'avance, ensemble, les étapes de réalisation, de façon à pouvoir suivre les réalisations et faire le point régulièrement à des moments prévus à l'avance.
- Contrôler la réalisation des objectifs fixés et les réajuster en fonction du degré d'autonomie démontré par le collaborateur. Plus un collaborateur se développe, plus on peut élargir et enrichir son poste, en lui confiant une part croissante de gestion de son activité, mais sans jamais abandonner le contrôle, ce qui revient aussi à signifier clairement que la responsabilité finale est du ressort du manager. C'est son rôle fondamental.

Ainsi, le pilotage constant de la délégation à chacun contribue à augmenter la confiance entre le manager et le collaborateur, ce qui conduit peu à peu à autonomiser le collaborateur le plus possible compte tenu du contexte et des personnes. Cela peut aussi amener à limiter certains aspects de l'autonomie accordée lorsque le manager constate que le collaborateur est en recul à un moment donné ou qu'il a atteint ses propres limites.

Le rythme d'autonomisation de chacun doit être respecté de façon à ce qu'il n'y ait pas d'angoisse liée à un trop grand saut dans le vide. Cela implique, pour le manager, d'être situationnel[11], c'est-à-dire de repérer où en sont les collaborateurs dans leur degré de maturité tant professionnelle que psychologique. La maturité professionnelle comprenant la compétence, la motivation et le désir d'assumer ses responsabilités ; la maturité psychologique comprenant quant à elle l'amour propre, l'estime de soi et la confiance en soi. L'idée du management situationnel revient à respecter une progression suivant le schéma suivant : le manager est par nature plus ou moins centré sur la tâche ou sur la relation interpersonnelle. En fonction de son propre style de management et de la maturité de son subordonné, il va tenter de lâcher prise de plus en plus, tant dans la directivité que dans le soutien, pour aller vers une véritable délégation. Mais dès que l'organisation se retrouve sur une nouvelle activité ou dans une situation de changement, le cycle repart pratiquement de zéro et le travail de lâcher prise doit reprendre.

On peut donner une vision plus concrète de la progressivité de la délégation à travers les quatre étapes proposées par Thierry Picq et Didier Retour[12] :

1. Laisser le choix de la méthode de travail, mais en imposant les moyens et les objectifs.
2. Laisser le choix de la méthode, puis le choix des moyens, mais au sein d'une enveloppe budgétaire déterminée.
3. Dialogue sur le montant de l'enveloppe budgétaire.
4. Dialogue sur la détermination des objectifs.

Ces quatre étapes permettent de donner une autonomie d'abord centrée sur les moyens puis sur les finalités du poste. Par cette progressivité dans la délégation, les salariés prennent confiance à la fois en eux et en leur manager. Ils se sentent pilotés et peuvent avancer à leur rythme vers une plus grande autonomie, sans risque de rejet majeur. Ceux qui ne souhaitent pas aller plus loin peuvent s'arrêter à un stade donné, mais savent qu'ils pourront changer d'avis ultérieurement. Finalement, dans ce management à la mesure du niveau d'autonomie de chacun, la figure du manager change totalement et se personnalise.

Ce cadrage individuel permet de s'assurer que la délégation est bien répartie et que le service va dans le bon sens, mais il est insuffisant pour insuffler une dynamique étendue de responsabilisation dans le service. Il faut alors aborder le pilotage de l'autonomie collective d'une équipe.

3.3 L'autonomie collective

L'idée de confier une charge de travail globale à un groupe semi-autonome, qui se répartit lui-même les tâches comme il l'entend, est issue des travaux de l'école sociotechnique, très appliqués en Europe du Nord, et dont l'exemple 8.2 relate une expérience pionnière.

Un groupe semi-autonome est un groupe qui prend en charge plus que la simple production d'un bien ou d'un service. S'y ajoutent, selon les cas, la maintenance, la relation au client, la gestion, y compris celle du personnel, l'autocontrôle, voire le choix des objectifs à poursuivre[13]. Dans le contexte actuel, ces groupes sont composés de salariés polyvalents susceptibles de tourner sur les différents postes de travail, de façon à ce qu'ils soient toujours en état de fonctionnement.

Alors que ce mode d'organisation, alternative au taylorisme, a tout d'abord rencontré peu de succès en France, il s'y développe aujourd'hui, car il constitue une réponse aux enjeux et aux limites de la délégation tels qu'ils ont été abordés dans ce chapitre. En effet, le cadre du petit groupe permet de calmer les angoisses qui peuvent être liées à l'autonomisation d'un individu. Ainsi, Renault, par exemple, a développé les unités élémentaires de travail, sortes d'équipes d'ouvriers polyvalents qui prennent en charge une partie de leur gestion de production. L'exemple 8.3 relate une expérience récente d'organisation sous forme d'équipe semi-autonome.

Exemple 8.2

Les longs fronts de taille dans l'extraction du charbon

Trist et Bamforth, de l'école sociotechnique anglaise, ont attiré l'attention sur les conséquences économiques, sociales et psychologiques d'un modèle d'organisation relevant du taylorisme. Le mode de travail traditionnel dans la mine était le suivant : de petits groupes stables de trois à cinq personnes exploitaient chacun une portion de front de taille relativement courte, en extrayant le charbon manuellement. Ces petits groupes s'auto-organisaient et passaient des contrats avec la direction. Après guerre, quand les directions se sont avisées de mécaniser la production, espérant ainsi augmenter la productivité, elles ont modifié du même coup l'organisation du travail. Les machines permettaient d'attaquer de longs fronts de taille et des équipes d'environ quarante personnes furent formées. Les résultats furent médiocres. Les mineurs éprouvèrent de grandes difficultés morales dans cette nouvelle organisation. L'individualisme, l'absentéisme, les conflits se développèrent. On comprit alors que l'ancienne organisation avait des vertus psychologiques importantes. La cohésion du petit groupe permettait aux mineurs de supporter la pénibilité et le stress du métier. Elle leur permettait aussi d'échapper à l'anonymat d'une grande collectivité. Leur autonomie de manœuvre leur laissait la possibilité d'adapter leur rythme de travail aux conditions rencontrées, à leur fatigue du moment. Enfin, le petit groupe menait une tâche de A à Z, alors que les roulements établis dans la nouvelle organisation conduisaient les mineurs à effectuer des morceaux de tâche. Ayant perdu tous ces avantages, les mineurs s'étaient retrouvés sans moyens d'atténuer les désagréments d'un travail très dur. Ensuite, des innovations organisationnelles permirent de revenir à des équipes de plus petite taille, plus autonomes et plus polyvalentes, ce qui a accru la variété des tâches et la solidarité entre mineurs. D'où des résultats meilleurs tant au niveau de la satisfaction qu'à celui de la productivité.

Source : Trist E., Bamforth K., « Some Social and Psychological Consequences of the Longwall Method of Coal Getting », *Human Relations*, 1951, 4:3-38.

Exemple 8.3

L'organisation en groupes semi-autonomes

En 1983, l'entreprise de sous-traitance automobile FAVI, située en Picardie, met en place une organisation en groupes semi-autonomes sous forme de mini-usines consacrées chacune soit à un constructeur soit à un produit.

Chaque mini-usine est responsable du processus de fabrication, des contrôles qualité, de la maintenance, du réglage et du démarrage des machines, en relation directe avec les clients et avec les fournisseurs. Chacune est dirigée par un leader, ancien opérateur ou technicien, formé à l'animation pendant deux ans. Ces leaders peuvent faire appel à une série d'experts qui viennent les appuyer sur demande. Leur rôle est d'accompagner la prise d'autonomie des collaborateurs, en animant la démarche qualité, en les aidant dans leurs initiatives. Au fur et à mesure de la montée en autonomie des opérateurs, les leaders prennent en charge un plus grand périmètre de gestion, se consacrant de plus en plus au recrutement, à la gestion du personnel et à la prospective sur les évolutions de la demande. Cet enrichissement des tâches des leaders s'accompagne d'une augmentation de salaire individualisée et proportionnelle. Les opérateurs quant à eux bénéficient, grâce à l'intéressement et à la participation, de seize mois de salaire (en 1994).

L'objectif est de mieux satisfaire le client, en maintenant les prix de vente au même niveau, d'où la recherche constante d'améliorations de la productivité, grâce à un budget formation représentant 10 % de la masse salariale. Les opérateurs sont ainsi formés aux nouveaux outils, mais aussi à l'écoute du client, à l'animation de réunions, etc. Autant d'outils qui leur servent à gérer eux-mêmes non seulement le processus de production, mais aussi les relations commerciales.

Les résultats économiques de cette réorganisation ont été sensibles : effectifs triplés en dix ans, 40 % du chiffre d'affaires réalisé à l'export, le tout sans aucune augmentation des prix en dix ans.

Source : « L'autonomie en PME-PMI », article collectif *in Qualité en mouvement*, 1995.

Conclusion

Ce chapitre a abordé la question de l'autonomie dans les organisations en montrant ses avantages, ses limites et la grande difficulté de modifier totalement les modes de management associés à cette mise en valeur des sujets.

On peut considérer qu'à chaque niveau étudié, le développement de la délégation va se heurter à un dilemme particulier, qu'il faudra aborder chaque fois en tenant compte du contexte.

Au niveau de l'individu, la question qui se pose est celle de l'opposition entre l'envie de se réaliser dans son travail et la peur soit de se faire avoir par le système, sans réelle reconnaissance, soit de ne pas être capable d'autonomie.

À l'échelle du groupe, le problème se centre sur la difficulté à recréer une société civile qui fonctionne de façon vertueuse, dans le cadre d'un système organisationnel. La prise d'autonomie oscille entre la surveillance du respect des règles de fonctionnement propres au groupe et la défense collective des intérêts de l'équipe par rapport au reste de l'organisation.

Enfin, au niveau global de l'organisation, la question du développement de l'autonomie renvoie à la problématique plus large de la volonté de maîtrise, qui caractérise toute tentative d'organisation et qui vient toujours contrecarrer un souci de donner des marges de manœuvre pour des motifs de réactivité ou de coûts.

Finalement, cela renvoie à la valeur de l'autonomie dans les sociétés industrialisées, qui en ont fait peu à peu la valeur suprême, alors qu'elles sont structurellement en interdépendance à tous les niveaux. D'où des tensions permanentes.

Bibliographie sélective

Alexandre-Bailly F., *L'autonomie des individus dans l'entreprise : essai de conceptualisation et regard sur les pratiques*, Doctorat HEC, 2001.

Chatzis K., Mounier C., Veltz P., Zarifian P., *L'autonomie dans les organisations. Quoi de neuf ?*, L'Harmattan, 1999.

Everaere C., *Autonomie et collectifs de travail*, ANACT, Lyon, 1999.

Galambaud B., *L'initiative contrôlée ou le nouvel art de manager*, ESF, 1988.

Terssac G. de, *Autonomie dans le travail*, PUF, 1992.

Valeyre A., « Les formes d'autonomie procédurale dans le travail individuel. Disparités sectorielles et déterminants organisationnels, cognitifs et marchands », *Travail et emploi*, n° 76, mars 1998, pp. 25-36.

Notes et références

1. Zarifian P., « L'émergence du modèle de la compétence », *in* F. Stankiewicz, *Les stratégies d'entreprises face aux ressources humaines – L'après-taylorisme*, Economica, 1988, pp. 77-82 ; *Quels modèles d'organisation pour l'industrie européenne ? L'émergence de la firme coopératrice*, L'Harmattan, 1993 ; *Le travail et l'événement*, L'Harmattan, 1995.
2. Terssac G. (de), *Autonomie dans le travail*, PUF, 1992.
3. Alexandre-Bailly F., *L'autonomie des individus dans l'entreprise : essai de conceptualisation et regard sur les pratiques*, Paris, Doctorat HEC, 2001.
4. Martin B., Lenhardt B., Jarrosson B., *Oser la confiance – Propos sur l'engagement des dirigeants*, INSEP Éditions, 1996.
5. Ehrenberg A., *La fatigue d'être soi*, Odile Jacob, 1998.
6. Blanchard K., Oncken W., Burrows H., *Les singes et le manager, l'art de la délégation*, InterÉditions, 1990.
7. Girin J., « Avant-propos », *in* F. Charue-Duboc (ed)., *Des savoirs en action – Contributions de la recherche en gestion*, L'Harmattan, Logiques de gestion, 1995.
8. Blanchard K., Oncken W., Burrows H., *op. cit.*
9. Savel S., Gauthier J.-P., Bussières M., *Déléguer, voyage au cœur de la délégation*, Éditions d'Organisation, 2000.
10. Picq T., Retour D., « La délégation managériale, levier de la responsabilisation croissante », *Gestion*, vol. 25, hiver n° 4, 2001.
11. Hersey P., Blanchard K. H., Johnson D., *Management of Organizational Behavior; Leading Human Resources*, 8e ed., Englewood Cliffs (NJ), Prentice Hall, 200.
12. Picq T., Retour D., *op. cit.*
13. Roy M., Guindon J.-C., Bergeron J.-L., Fortier L., Giroux D., *Équipes semi-autonomes de travail*, Montréal, IRSST, 1998.

Activités

Exercice 1 : Les niveaux d'autonomie

Votre équipe est composée de trois collaborateurs :

- Jean est titulaire d'un BEP d'électromécanique. Il a 57 ans, et 35 ans d'expérience dans la maison. C'est un excellent technicien, qui fait consciencieusement son travail. Il est toujours d'accord avec Paul, ce qui commence à vous causer des difficultés de management.
- Paul est le chef d'équipe. Il est astucieux. À 35 ans, il s'est fait tout seul et, jusque-là, vous étiez ravi de l'avoir fait progresser jusqu'à la maîtrise. Depuis quelque temps, suite à la mise en place du management par objectifs, il semble n'en faire qu'à sa tête et passe son temps à vous mettre en cause.
- Pierre, lui, ne vous pose pas de problèmes. Il est compétent, travaille bien. Pourtant, il a été absent pendant quinze jours pour se faire opérer et vous avez constaté que personne ne l'avait véritablement remplacé. Il ne partage pas ses dossiers.
- Vous-même, vous ne vous sentez pas vraiment en osmose avec cette équipe. Arrivé depuis peu, vous aviez l'habitude d'un vrai travail d'équipe dans vos fonctions précédentes. Vous avez besoin de partager pour sentir la dynamique avancer.

1. **Décrivez à quel stade d'autonomie se trouve chacune des quatre personnes.**
2. **Quel style de management pouvez-vous adopter avec chacun de vos trois collaborateurs ?**
3. **Comment allez-vous vous y prendre pour faire avancer l'équipe ?**

Exercice 2 : Déléguer

Vous venez d'embaucher une secrétaire qui doit, entre autres, prendre en charge la gestion des voyages de votre service. Quelles libertés allez-vous lui laisser pour choisir les modèles de voiture, les classes de train et d'avion et le standing des hôtels ? Pensez-vous nécessaire de fixer une grille pour lui imposer des choix ?

Étude de cas : Aligo

Aligo est un cabinet de conseil en gestion du changement à l'organisation particulière. Contrairement à la plupart des cabinets concurrents, ses dirigeants ont créé leur entreprise dans l'idée de travailler dans une organisation plate, sans aucune hiérarchie. Partout ailleurs, la carrière consiste à monter de grade en passant de consultant junior à senior, puis manager et enfin associé. Il existe même souvent des grades intermédiaires. Le principe associé à cette hiérarchie est celui du *up ou out* : soit le consultant est capable en un ou deux ans de monter de grade, soit il sort du cabinet. Le stade suprême d'associé correspond à un saut de rémunération du fait d'une forte part associée au chiffre d'affaire rapporté par la personne.

Chez Aligo, il n'y a que deux statuts : associé ou consultant. Par ailleurs la division horizontale du travail est également absente : il n'y a pas d'assistante, chacun est responsable de la gestion de son agenda et de la production de ses documents.

Depuis sa fondation en 1990, la formule originale d'Aligo a connu un grand succès tant auprès des candidats qu'auprès des clients. Les consultants interrogés sur les raisons de leur venue dans ce cabinet différent, affirment qu'ils apprécient à la fois l'ambiance détendue mais surtout la proximité entre débutants et expérimentés qui permet aux plus jeunes d'apprendre rapidement et de prendre des responsabilités quand ils se sentent prêts et aux plus expérimentés de transmettre leurs façons de faire.

Le résultat chez les clients est une grande qualité des missions, toujours faites sur mesure, sans méthode universelle appliquée a priori. Ils apprécient le contact et le travail de ces consultants impliqués et responsables.

Le cabinet a donc connu une forte croissance de son chiffre d'affaires et de ses effectifs (120 personnes en 1995), recrutés au fur et à mesure pour assurer les missions vendues. En quatre ans, quatre consultants sont devenus associés et ont développé leurs missions chacun dans un secteur d'activité, regroupant autour d'eux cinq ou six consultants devenus experts de leur secteur. Ce sont des équipes informelles, mais elles se retrouvent toujours sur le même type de missions.

Nous sommes en 2000, le cabinet fête ses dix ans d'existence et les fondateurs sont heureux de constater que leur modèle fonctionne sans hiérarchie. Pourtant, le cabinet n'est plus ce qu'il était à ses débuts. Il ressemble de plus en plus à ses concurrents. Impossible de connaître chacun personnellement ; impossible de l'évaluer sur le terrain et de l'accompagner dans sa progression. Peu à peu, les jeunes embauchés se sentent un peu perdus dans un système qui ne leur donne pas de repères clairs quant à leur évolution professionnelle. Certains se rapprochent d'un jeune associé et travaillent essentiellement avec lui, d'autres se demandent si le positionnement vendu n'est pas devenu un leurre.

Le dilemme de Jean Magloire

Jean Magloire a 30 ans. Il est arrivé chez Aligo il y a quatre ans, après avoir travaillé quatre ans dans un grand cabinet américain. Il a été séduit par le discours et la personnalité d'un des fondateurs et, au moment où il s'apprêtait à quitter le conseil pour rejoindre l'industrie, il a choisi de continuer un peu sa route dans ce métier, pour vivre l'aventure d'Aligo et disposer de plus d'autonomie.

Il se trouve aujourd'hui face à un dilemme : il n'est pas d'accord avec Paul Lejeune, un des récents associés, responsable de la mission de réorganisation d'un grand groupe industriel sur lequel il travaille depuis trois mois. Il a le sentiment que Lejeune ne dispose pas d'une vision objective des enjeux du client et qu'il a une attitude uniquement commerciale à court terme, souhaitant vendre des missions pour augmenter son chiffre. Dans l'équipe de quatre consultants affectée à cette mission, il est le plus expérimenté et se sent aussi responsable du développement professionnel de ses équipiers.

Pressentant un conflit important, il sent qu'il est nécessaire de se positionner : défendre sa vision des choses, quitte à partir ou avoir l'impression de faire du mauvais travail tout en maltraitant un peu les plus jeunes.

▶ **Que va-t-il pouvoir faire ?**

Vous analyserez ce cas en répondant aux questions suivantes :

1. **Quel est le véritable système de délégation mis en place dans le cabinet ?**
2. **Quelles populations y sont attirées ?**
3. **Quels facteurs ont contribué à modifier la donne ? La taille est-elle la seule responsable ?**
4. **Quelle est la faille dans la structure ?**
5. **En quoi l'existence d'équipes sectorielles a-t-elle un impact sur l'avenir du cabinet ?**
6. **Quel peut être cet avenir ?**
7. **Que feriez-vous à la place de Jean Magloire ?**

Chapitre 9

Le changement et les résistances au changement

Objectifs du chapitre

À l'issue de ce chapitre, vous devriez être capable de :

- **caractériser un changement organisationnel ;**
- **analyser un processus de changement ;**
- **identifier les sources possibles de la résistance au changement ;**
- **repérer les différents leviers de pilotage d'un changement.**

Le « changement » est un phénomène auquel toute organisation semble confrontée, et ce de plus en plus souvent, voire, pour certaines, de manière presque permanente. Pourquoi une entreprise est-elle amenée à changer ? Il s'agit souvent, pour elle, de s'adapter à son environnement ou à son contexte interne : des effets de contingence liés à l'évolution de son environnement (économique, culturel), de sa taille, de son âge, etc., expliquent notamment certaines évolutions de sa structure. Une volonté d'innovation, voire des effets de mode ou de mimétisme engendrés par d'autres entreprises du même secteur, peuvent aussi amener une entreprise à évoluer : elle cherchera ainsi à introduire tel nouveau savoir ou démarche, tel outil de gestion (par exemple, un nouveau système d'information), ou à faire évoluer sa culture (la rendre plus coopérative, l'axer davantage sur le client, etc.). Le changement peut aussi être lié à une raison externe à l'entreprise, et sera alors souvent d'autant plus brutal : c'est le cas, par exemple, lors d'une fusion-acquisition.

L'objectif de ce chapitre est d'analyser les conséquences de ces changements sur les individus et leurs comportements, de voir en quoi les individus sont, en retour, à l'origine de certaines évolutions de l'organisation, et d'aider à comprendre comment un manager peut participer à la mise en place de changements dans une organisation. Pour cela, la prise en compte de la façon dont un changement spécifique est appréhendé par l'individu, de la représentation qu'il s'en construit, est importante. Comment considère-t-il le changement en lui-même (inattendu, impossible, inutile, contraire à ses valeurs, nécessaire, etc.), et comment appréhende-t-il, à sa propre échelle, les conséquences de ce changement (avantages, risques, inconvénients, etc.) ? Quelle vision a-t-il du processus de changement et de son pilotage : un changement imposé ou plus négocié, un objectif et un sens clairement définis ou, au contraire, du flou ou des atermoiements ? Tous ces éléments contribuent à créer les attitudes et les comportements que les individus vont adopter (acceptation, résistance, blocage, etc.).

Il s'agira alors, que l'on se place du point de vue des acteurs du changement (pilotes, managers qui le mettent en œuvre) ou des individus qui le vivent, d'analyser comment les représentations du changement se construisent, pour identifier les différentes attitudes qui émergent, et pour mieux situer l'influence qu'il est possible d'avoir sur les comportements et, à travers eux, sur le processus en cours.

Dans ce chapitre, nous aborderons donc successivement :

- le changement à partir de modifications d'éléments organisationnels ;
- les différents mécanismes relevant de la présence de groupes et collectifs dans l'organisation, qui jouent sur les processus de changement ;
- la relation entre les individus et les changements dans l'organisation, qu'ils en soient à l'origine par leur évolution propre, ou qu'ils soient amenés à les vivre et parfois à les subir ;
- des éléments de réflexion portant plus spécifiquement sur le point de vue des acteurs chargés de conduire ou d'accompagner le changement.

Concepts clés

Différents regards sur le changement organisationnel

Le changement peut être analysé de différentes façons : l'une consiste à comparer deux états successifs, sans se préoccuper du cheminement qui conduit de l'un à l'autre ; on peut au contraire choisir de mettre l'accent sur le processus qui mène d'un état à un autre.

Les premières recherches sur le changement organisationnel, qui comparaient deux états, *ex-ante* et *ex-post*, ont mis en avant le caractère systémique de l'organisation : lorsqu'un élément de l'organisation est touché par un changement, des répercussions se produisent pour d'autres éléments clés. Ainsi, dès 1951, Trist et Bamforth ont montré que l'on ne pouvait analyser les effets d'un changement technique sur la productivité du travail sans évaluer symétriquement les effets, voulus ou non, de ce changement sur l'organisation du travail (voir chapitre 8, section 3.3, pour une présentation détaillée de leur recherche).

Dans ces conditions, il est clair qu'un changement de dispositifs (structure par exemple) aura des conséquences sur la culture et/ou sur les stratégies d'acteurs.

Aujourd'hui, les organisations vivent de nombreux changements, de nature et d'ampleur différentes, avec des temporalités et des rythmes variables. Il peut s'agir d'organiser un déménagement, de restructurer l'organisation dans son ensemble, de fusionner avec une autre entreprise ou, à une moins grande échelle, d'introduire une nouvelle technique d'information, de modifier l'organisation d'un service, etc. Selon l'expression de Norbert Alter, l'innovation y devient « ordinaire »[1] : les changements sont multiples, qu'ils se fassent dans la continuité, « à petits pas » (on parle alors de changement incrémental, inspiré du *kaizen* japonais, c'est-à-dire des petits changements continuels) ou de manière plus immédiatement visible. Plutôt qu'une comparaison entre deux états successifs, on s'intéresse alors souvent au passage d'un état à un autre.

Mais leur multiplicité fait qu'il devient parfois impossible de dire si un changement donné a été réussi ou non, tant il se trouve entremêlé avec d'autres changements. De plus, la réussite d'un changement de grande ampleur n'est souvent jugée que plusieurs mois ou années après. Les indicateurs de réussite sont plus globaux, en termes d'augmentation de la « valeur » de la firme (valeur pour l'actionnaire, cotation en Bourse, etc.). Ce manque d'indications économiques sur la réussite d'« un » changement renforce le fait que les changements, qu'ils soient ponctuels ou durables, isolés ou entremêlés, sont souvent analysés au regard de leur impact sur les personnes : sont-ils discutés, adoptés, recueillent-ils « l'adhésion » ou, au contraire, sont-ils l'objet de « résistances » ?

La résistance au changement : origines et interprétations du concept

L'attitude d'un individu est souvent considérée par les instigateurs d'un changement comme un point clé et un « indicateur » de la réussite du changement en question. Si l'individu en est le facilitateur et le moteur, il contribue à donner aux pilotes du changement l'image d'une intégration positive de celui-ci ; au contraire, s'il est défiant et résistant, il apparaît comme pouvant perturber sa mise en œuvre, et évoque alors pour le pilote le risque d'échec du changement. Cela explique l'intérêt porté par les dirigeants des organisations aux phénomènes de « résistance » au changement qu'ils peuvent rencontrer.

À l'origine, le concept de « résistance au changement » a été introduit par Kurt Lewin. Dans ses travaux sur le changement social[2], Lewin définit la notion d'« état quasi stationnaire » : il s'agit d'un état d'équilibre (une situation stable), au niveau d'un groupe de personnes, entre des forces égales en grandeur et opposées en direction. L'état est « quasi » stationnaire car ces forces ne sont pas stables ni immuables, mais restent dans une marge d'évolution (marge de voisinage) qui, si elle n'est pas dépassée, ne rompt pas l'équilibre (voir figure 9.1).

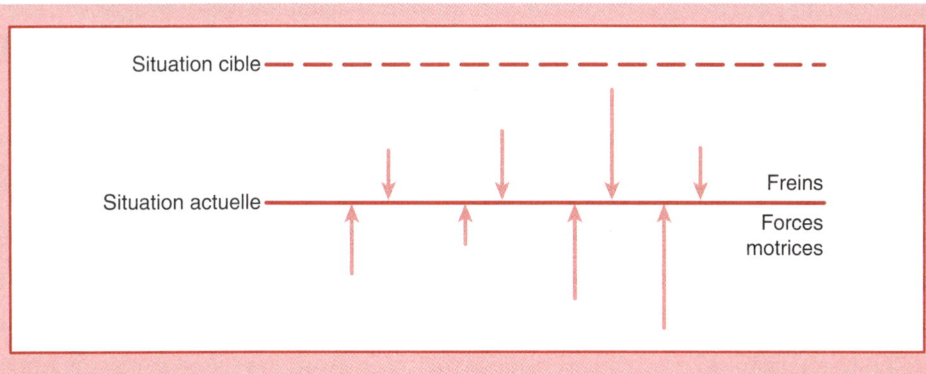

Figure 9.1 • Schéma des forces, d'après K. Lewin.

En revanche, un important accroissement de forces opposées peut créer des tensions dans le groupe. C'est ce phénomène qui a été nommé par Lewin « résistance au changement ».

Le terme de « résistance » au changement a ensuite été élargi, pour désigner toute opposition (consciente ou parfois inconsciente) d'un individu ou d'un système (groupe ou organisation) à un changement. Face à un changement, l'ensemble du système organisationnel est en effet ébranlé : le changement vient parfois contrecarrer les régulations en place. Ces perturbations sont ressenties par les individus, et créent pour certains des sentiments de rupture et d'anxiété. Elles seront en tout cas l'objet d'évaluations conduisant à peser le pour et le contre d'un changement. M. Crozier et E. Friedberg[3] insistent ainsi sur le fait que la résistance au changement est l'expression légitime d'une analyse rationnelle des risques encourus par les individus lors d'un changement. Dans le même esprit, pour P. Bernoux[4], il n'y a pas de résistance « naturelle », mais seulement des résistances « stratégiques ».

Le choix du terme « résistance », pour désigner l'opposition d'un individu à un changement, doit néanmoins être manié avec précaution. En effet, ce terme véhicule la possibilité de désigner un bouc émissaire : en l'occurrence, ceux qui ne veulent pas changer, qui résistent, comme si un comportement de résistance était inéluctable en cas de changement. En fait, il manifeste la confrontation de deux logiques, celle de l'individu qui est touché par le changement, et celle du pilote du changement qui va souvent percevoir toute manifestation d'opposition comme un acte de résistance au changement proposé. Un des risques est alors que chaque partie (les pilotes d'une part, et les individus soumis aux changements d'autre part) utilise la résistance au changement comme un alibi, les uns pour stigmatiser les « résistants », sans chercher à comprendre les raisons ni à réfléchir aux représentations du changement engagé, les autres pour se réfugier dans une attitude passive, voire de blocage, sans chercher à expliciter leurs interrogations et incompréhensions.

Le processus de changement : approche managériale et approche endogène

Enfin, un autre élément important dans les réflexions sur le changement est la prise en compte de sa dimension temporelle. Un changement se vit dans la durée : il n'est pas un événement ponctuel à un moment donné, mais il demande à être progressivement approprié par les acteurs qui le vivent ; il est d'ailleurs souvent programmé en plusieurs étapes. En outre, un changement s'inscrit dans une histoire de l'organisation et dans un contexte, et il est nécessaire de le penser au regard de cette histoire. Dans le cas d'une fusion, on se demandera par exemple si l'histoire de l'organisation ne l'a pas amenée à des antagonismes forts, pour des raisons de concurrence ou de valeurs différentes, avec l'entreprise avec laquelle elle doit fusionner.

Andrew Pettigrew *et al.*[5] préconisent, pour l'analyse d'un changement organisationnel, d'envisager : le contexte, à la fois interne et externe, le contenu du changement et son processus, à savoir les interactions qui produisent le changement (voir figure 9.2).

Une analyse à partir du processus permet de mettre en avant des événements qui jouent un rôle sur la transformation de l'organisation. Deux visions du processus peuvent être opposées : l'une, qualifiée d'endogène, dans laquelle le changement est considéré comme provenant de tous les acteurs de l'organisation et où tout événement, même minime, peut être considéré ; l'autre, plus politique et managériale, qui met en avant le rôle spécifique des dirigeants de l'organisation, qui se fondent sur leur autorité légitime et leur pouvoir pour impulser, à un moment donné, un changement spécifique[6]. Cette dernière approche s'intéresse davantage à des moments clés, créant des inflexions marquantes dans le processus.

Mais, tout en portant un regard différent, ces deux visions se répondent et montrent bien le caractère ambivalent du changement organisationnel[7] : déterminé dans ses grandes orientations par les dirigeants de l'organisation, il est pourtant plein d'imprévus et l'une des qualités d'un pilote du changement organisationnel est de prendre en compte la capacité transformatrice que possède en elle-même l'organisation.

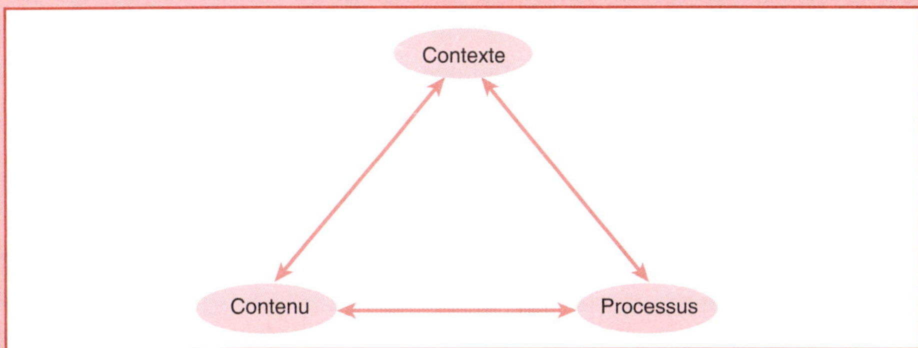

Figure 9.2 • Analyser le changement organisationnel.

DÉFINITIONS

On parle de **changement organisationnel** pour désigner toute transformation touchant l'une des dimensions de l'organisation (structure, culture, personnes, système technique, système d'information, système de gestion, etc.). Une organisation est un système : l'impact en un point du système va retentir sur l'une des autres dimensions de l'organisation. Le changement peut porter sur les relations entre acteurs ou sur les routines et dispositifs de l'organisation qui structurent l'activité des individus.

La réaction d'un acteur à un changement peut être positive ou négative, et plus ou moins consciente. Une position de refus ou une manifestation d'incompréhension est qualifiée de **résistance au changement**. Le terme de « résistance » ne doit pas amener à considérer qu'il existe de fait une résistance à toute proposition de changement : il existe certes des dimensions inconscientes liées à l'approche d'un changement, mais ce qui est qualifié de « résistance » peut aussi être la manifestation d'une approche rationnelle de l'analyse du changement vu par l'acteur qui le vit, et se doit d'être analysée pour être comprise.

1. Agir sur l'organisation : possibilités et limites

Agir sur l'organisation signifie agir sur une ou plusieurs des trois sphères qui la constituent – les dispositifs, la culture, les stratégies d'acteurs – sachant qu'un impact en un point du système qu'est l'organisation va retentir sur les autres. Le changement sera d'autant mieux intégré qu'il ne troublera pas la relative cohérence existant entre les trois pôles, ou que ces pôles évolueront plus ou moins vers une cohérence à terme.

La difficulté vient souvent du fait que, lors d'un changement organisationnel, l'apprentissage des nouvelles pratiques se fait à l'intérieur de l'ancienne organisation, et qu'il faut donc inventer des relations différentes alors que l'on est encore dans l'ancien système. Le changement gêne souvent les régulations antérieures du système (régulations interindividuelles, régulations individus-techniques-outils de gestion, etc.), ce qui pourra occasionner des résistances.

En outre, les trois pôles de l'organisation ont des vitesses d'évolution différentes, et l'implantation d'un changement pourra être freinée par l'évolution plus lente de l'un des pôles : la culture évolue lentement, alors que l'on modifiera plus rapidement une technique ou une structure ; mais est-ce que cette modification sera ensuite réellement intégrée dans la culture, et comment les stratégies d'acteurs évolueront-elles ?

Dans cette section, les sources d'évolution de l'organisation seront analysées en considérant l'action selon les trois sphères constitutives de l'organisation :

- les dispositifs ;
- la culture ;
- les stratégies d'acteurs.

1.1 Le changement dû à une action sur les dispositifs organisationnels

Une première voie de changement, pour un manager, est d'agir sur les dispositifs de son organisation : il peut s'agir d'une action visant à modifier les relations entre acteurs (par exemple un changement de structure, une action sur les processus de décision, sur les circuits d'information) ou, à plus petite échelle, d'une action consistant à modifier un élément d'organisation du travail (une procédure, un design de poste, etc.). Nous prenons ci-après deux exemples : le cas d'un changement de structure et celui d'une modification d'un outil de gestion.

1.1.1 En remaniant la structure de l'organisation

Un changement de structure amène généralement à modifier l'organisation sur une grande échelle. Même si elle porte au départ, de manière visible, uniquement sur les dispositifs, une telle action aura presque immédiatement des répercussions sur les relations entre acteurs dans l'organisation : les départements sont amenés à se réorganiser, les relations hiérarchiques sont modifiées, les collègues directs ne sont plus les mêmes, etc. Un exemple en est le passage, pour une entreprise, d'une structure fonctionnelle à une structure de type matriciel (on greffe alors sur la structure fonctionnelle existante un autre critère de différenciation structurelle, comme le produit, le projet, le critère géographique, voir figure 9.3). Dans ce cas, pour les individus, le changement se concrétisera dans le double rattachement hiérarchique (fonctionnel et projet), et donc à travers toutes les difficultés du vécu avec deux chefs, une double évaluation, des collègues nouveaux, un nouvel horizon temporel, etc.

Certains changements portant sur la structure ne prennent pas en compte, dans un premier temps, les autres sphères de l'organisation qui risqueraient de freiner le mouvement. Le changement se traduit alors par une « crise » (c'est souvent le cas du changement dans une bureaucratie[8]). Une proportion importante des membres de l'organisation risque alors de s'opposer au changement provoqué, celui-ci devant être imposé dans des conditions parfois très difficiles à vivre pour les uns et pour les autres. Il se peut d'ailleurs que le changement dans de telles conditions ne réussisse pas à être instauré.

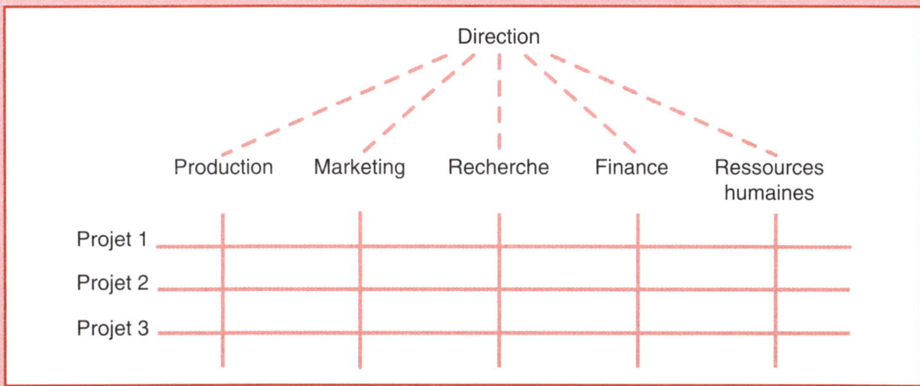

Figure 9.3 • Le passage d'une structure fonctionnelle à une structure matricielle.

Les dispositifs sont aussi constitués d'outils (tableaux de bord, ratios, etc.), qui servent notamment à la prise de décision et à l'évaluation : les instruments de gestion. On peut également agir à travers eux.

1.1.2 À travers une action sur les instruments de gestion

Les comportements individuels dans les organisations sont partiellement structurés par les instruments de gestion[9]. En effet, ceux-ci procurent une représentation de la réalité, laquelle permet aux managers d'agir et de décider. On choisira ainsi de lancer ou non une production en fonction d'un coût de revient, on se fondera sur un calcul du chiffre d'affaires pour décider de produire plus ou moins. Par ailleurs, ces instruments ont souvent un rôle d'évaluation et de contrôle : tel service sera jugé sur ses charges de personnel, sur des indicateurs de qualité ; tel vendeur sera évalué à partir de son chiffre d'affaires personnel ; telle personne faisant de la vente par téléphone sera évaluée au nombre de personnes dont elle a obtenu qu'on puisse les rappeler, etc. Un acteur, s'il est jugé localement à travers un indicateur, cherchera, du fait de la complexité qui l'entoure et de l'urgence nécessaire des décisions, à satisfaire cet indicateur.

On a donc souvent intérêt à modifier un instrument de gestion. Or, cela peut ne pas être simple. Les instruments de gestion sont généralement le fruit d'une construction longue, qui a conduit à cristalliser le résultat d'une négociation entre acteurs de l'organisation à un moment donné. Par ailleurs, ces instruments sont devenus partie intégrante d'habitudes et de pratiques professionnelles et culturelles (voir l'analyse de C. Riveline, développée dans l'approfondissement 9.1, passant en revue les différents niveaux sur lesquels est ancré un instrument de gestion). Un changement qui soit met en cause un outil de gestion, soit veut amener à un comportement s'avérant en contradiction avec l'outil est d'autant plus difficile à provoquer.

Approfondissement 9.1

« Les mauvaises tonnes avant les bonnes »

C. Riveline a explicité un paradoxe, que lui ont soumis des dirigeants des Charbonnages de France.

Suite à la baisse du prix des hydrocarbures, de plus en plus de mines ont été fermées. Or, à chaque fermeture, on a été surpris de constater que de belles ressources, planes et régulières, n'avaient pas été exploitées, alors que les mauvaises, plus difficiles d'accès, avaient été extraites jusqu'à la dernière tonne. C. Riveline a montré que cette « hérésie économique » (il est plus facile et donc moins cher d'extraire les bonnes ressources que les mauvaises !) était due à l'utilisation d'un instrument de gestion : la « mesure quotidienne de la production ». Cette « mesure quotidienne » était importante pour la mine, car de nombreuses dépenses étaient fixes à court terme, et devaient être rentabilisées par un volume de production élevé pour que le coût de revient unitaire soit le plus bas possible. La production était donc surveillée avec soin chaque jour.

Le comportement de l'exploitant rationnel avait pour objectif de stabiliser la production quotidienne. Pour ce faire, une première équipe commençait à travailler dans les mauvaises ressources. Un point était ensuite fait à 14 h, au moment où démarrait la deuxième équipe. Si la production était suffisante, on terminait la journée sans changement, toujours en creusant dans les mauvaises ressources. En revanche, s'il manquait du tonnage, on travaillait l'après-midi dans les bonnes couches, faciles à exploiter, afin de rattraper le retard. La production était ainsi stabilisée, mais à un coût qui cumulait les frais de main-d'œuvre des mauvaises ressources et les frais d'équipement des bonnes. L'instrument de gestion qu'était la mesure quotidienne de la production était rationnel localement, au niveau de la mine, mais irrationnel du point de vue global de l'entreprise.

Quand les dirigeants se sont rendu compte de ce comportement irrationnel, il a été question de supprimer la mesure quotidienne de la production pour la remplacer par une mesure moins fréquente, hebdomadaire ou mensuelle. Cela aurait permis aux exploitants d'extraire en priorité les bonnes ressources et donc de réduire les effectifs du personnel.

Mais C. Riveline montre que cette volonté de changement a rencontré des résistances à plusieurs niveaux :

- **Au niveau technique.** La mesure de la production quotidienne étant automatique, il suffisait de compter les berlines extraites, et il paraissait étrange de supprimer un instrument de contrôle aussi simple et commode.
- **Au niveau des personnes.** La production de la veille était un sujet de conversation quotidien pour tous les ouvriers et cadres, une habitude de pensée ancrée dans leur pratique professionnelle.
- **Au niveau institutionnel.** La production journalière est un chiffre qui était souvent réclamé par les nombreuses tutelles administratives et politiques des houillères.

…

Approfondissement 9.1

…

- **Au niveau de la culture professionnelle.** Chaque chef d'exploitation attachait, depuis ses débuts dans le métier, une importance privilégiée à la production journalière ; et ils avaient débuté dans les années 1950, époque où l'impératif était de maximiser la production quotidienne et où toutes les ressources étaient bonnes à prendre, avec des consignes du genre : « On n'abandonne jamais du charbon au fond ; là où la lampe passe, le mineur passe (sachant qu'une lampe traditionnelle mesurait 30 cm de haut) ».

On voit bien que, dans le cas des Charbonnages de France, le changement de comportement des exploitants était soumis à une modification de l'instrument de gestion et que la modification de l'instrument de gestion devait être compatible avec d'autres dimensions de l'organisation, et notamment avec celles renvoyant à la culture et aux stratégies d'acteurs.

Les méthodes de changement qui portent directement sur les dispositifs (la structure et/ou les instruments de gestion) s'exposent à des résistances fortes du système, car elles ne prennent en compte les autres sphères (culture, stratégies d'acteurs) que dans un second temps. Il peut s'agir d'un choix : provoquer une crise pour créer un électrochoc dans l'organisation, notamment dans des organisations rigides qui ont du mal à évoluer. Les autres sphères évoluent alors par contrecoup. Mais il est également possible d'agir directement à partir de ces autres sphères.

Source : D'après Riveline C., « Un point de vue d'ingénieur sur la gestion des organisations », *Gérer et comprendre*, décembre 1991.

1.2 Le changement et la culture de l'organisation

L'évolution, voire le changement de culture, est un point souvent discuté, et considéré comme primordial lors d'un changement organisationnel. La culture renvoie en effet à l'essence de l'organisation et à des fondamentaux partagés par les différents acteurs, concernant aussi bien leurs représentations du travail et de l'action collective que le type de relations entre acteurs (voir chapitre 2, section 2.2). Or, le changement peut toucher à ces différents fondamentaux de l'organisation et, parmi les trois sphères dispositifs-culture-stratégies d'acteurs, la culture est sans doute celle qui évolue le moins rapidement et le plus difficilement, car elle touche à des points directement ancrés chez les acteurs et qui concernent la raison d'être de leur participation à l'organisation, le fait qu'ils s'y sentent bien.

L'existence d'une cohérence entre la culture et la nouvelle forme prise par l'organisation est souvent un pré-requis, un gage de la réussite d'un changement : en effet, une culture donnée peut ne pas être compatible avec le changement visé par les dirigeants de l'organisation. Ainsi, à l'époque de la diffusion dans les organisations des cercles de qualité, une étude réalisée par Chevalier[10] avait montré que les entreprises où les cercles s'étaient développés présentaient des traits culturels s'accordant avec les hypothèses sous-jacentes à l'outil « cercle de qualité » : le sens de la rigueur et une orientation vers le travail de groupe. La cohérence entre le changement introduit et la culture de l'entreprise était un facteur d'intégration du changement.

Au-delà de cette nécessité de cohérence, la question fondamentale qui se pose ensuite est celle du changement de culture : si la culture constitue parfois un facteur bloquant, peut-on envisager de la transformer ? Les individus, dans l'organisation, agissent au regard de schémas de référence qui se sont construits progressivement. Pour qu'un changement radical de culture survienne, il faudrait que tous modifient en même temps leurs schémas de référence. Cela peut notamment se produire dans les cas où l'entreprise est dans une situation difficile, sa survie étant en jeu, et où l'importance de l'enjeu fait qu'un mode de raisonnement différent pourra s'imposer plus facilement[11].

Dans d'autres situations, quels sont les moyens qui peuvent être mobilisés pour faire évoluer la culture de l'organisation ? Signalons d'emblée que l'évolution est rarement radicale mais progressive. Néanmoins, le rôle de la direction et sa capacité à mobiliser, à faire passer le message, sont importants dans ces processus.

En termes de message, les dirigeants peuvent notamment choisir d'utiliser en les valorisant des éléments culturels existants, ce qui permet progressivement d'en occulter d'autres[12]. Par exemple, dans une organisation où l'expertise et la réalisation du travail bien fait sont des éléments de culture forts, un changement d'orientation en direction d'une plus grande prise en compte des impératifs clients s'appuiera sur l'importance accordée à la qualité dans l'organisation : passer de la qualité du travail bien fait à la qualité envisagée sous l'angle du client. Des actions symboliques de la part de la direction pourront aussi être des signes forts pour les salariés de l'évolution de l'organisation et de l'évolution de sa culture : l'entreprise d'un dialogue avec une catégorie particulière de personnel, la proposition d'une formation, une reconnaissance manifestée publiquement pour tel type d'action, etc. Ainsi, à son arrivée à la RATP en 1990, Christian Blanc a instauré un certain nombre de réformes destinées à asseoir en profondeur le changement de structure (passer d'une structure centralisée, avec neuf niveaux hiérarchiques, à une structure décentralisée comprenant seulement trois niveaux hiérarchiques) qu'il désirait mettre en place. Comme le montre A. David[13], qui a analysé ce changement, certains éléments ont eu un impact symbolique fort : pour la première fois, les compétences des chefs de dépôts de bus et leur capacité de management ont été évaluées par un cabinet de conseil, un signe fort de l'accroissement à venir de leurs responsabilités dans l'organisation. Un autre changement, qui a joué à la fois en tant qu'évolution d'un dispositif et en tant qu'élément symbolique, est la dissociation entre grade et fonction : cette césure a introduit une souplesse dans l'organisation, engendré moins d'automatismes dans l'évolution des carrières, et mis l'accent sur les qualités requises des personnes choisies pour tel ou tel poste.

De fait, la culture d'une organisation porte souvent en elle une échelle de prestige (par exemple, un métier sera reconnu comme plus « noble » qu'un autre dans telle entreprise, un statut sera significatif d'une autorité, etc.). Elle produit des sources de légitimité (légitimité liée à l'expertise, au métier, au statut, etc.). Toucher aux éléments symboliques représentant ces sources de légitimité peut créer des formes d'opposition à un changement : ainsi, remettre en cause le fait qu'un poste au siège de l'entreprise représente une évolution de carrière importante peut créer des résistances dans une organisation. Mais une action sur ces éléments symboliques peut aussi constituer un levier d'évolution de la culture. Les éléments symboliques, parce qu'ils touchent au sens perçu par les individus de l'évolution de l'organisation et de leur lien à cette organisation, qu'ils conduisent à des prises de conscience et à des remises en question, jouent souvent fortement sur l'évolution d'une organisation (voir exemple 9.1).

Exemple 9.1

Une association professionnelle veut faire évoluer sa culture

Les actionnaires d'une association professionnelle dans le domaine bancaire changent le mode de financement de l'association : auparavant fixe, le budget dépendra dorénavant du nombre de missions demandées par ses membres (ses clients) à l'association. Ce changement va inciter à faire évoluer la culture de l'organisation, en la centrant beaucoup plus sur les clients et l'obtention de commandes. Comment la direction a-t-elle obtenu cette évolution de la culture de l'association ? Quelques actions symboliques fortes ont mis en avant la nouvelle orientation de la direction.

Un exemple d'action symbolique concerne l'affichage de l'emploi du temps des cadres. En effet, l'emploi du temps des cadres de l'association était affiché chaque semaine, ce qui montrait la nature et l'intensité de leur activité (avec notamment les missions clients). Or, il s'est trouvé qu'un jour une jeune embauchée, non cadre, a réussi à obtenir une mission auprès d'un client. La direction a alors demandé que cette mission soit également affichée, même si la personne n'était pas encore cadre et que son emploi du temps n'était jusqu'ici pas affiché. Cette action symbolique était destinée à montrer l'importance prise par l'obtention de commandes : le fait d'aller chez les clients devenait dorénavant plus important que de se préoccuper de l'emploi du temps des cadres.

D'autres actions destinées à faire évoluer la culture d'une organisation vont s'appliquer à la sphère des dispositifs. Par exemple, le passage d'une structure très formalisée à une structure où l'autonomie et la prise d'initiatives vont être valorisées crée un cadre favorable à l'apparition d'une culture laissant plus de champ à la réactivité. On met alors en place un cadre susceptible de faire évoluer les personnes : des systèmes d'incitations financières à caractère collectif pour favoriser la coopération, ou des grilles d'évaluation qui tiennent compte de la prise d'autonomie des acteurs (voir chapitre 8, section 1.2.1). Autre exemple d'action à partir des dispositifs : des formations, des embauches sur des profils différents ou des actions de mobilité interne. Citons le cas de France Telecom, grand groupe qui est passé d'un service public monopolistique au statut d'entreprise privée fortement concurrentielle (et dans le même temps, d'une culture d'excellence technique à une culture de rentabilité). Ce changement s'est appuyé sur le recrutement de personnes issues du privé, avec des profils très différents, et n'ayant pas acquis la culture de l'entreprise publique monopolistique.

1.3 Nouvelles stratégies, nouveaux acteurs ?

Les évolutions des acteurs sont dues à des évolutions du cadre organisationnel, ce qui induit des modifications des relations de pouvoir, mais aussi à des modifications de leurs missions, les conduisant à se projeter différemment dans l'organisation et à avoir une nouvelle conception de leurs rôles possibles.

1.3.1 De nouvelles relations de pouvoir

Prenons l'exemple de la mise en place d'une nouvelle structure : cela crée immédiatement une modification des responsabilités, la création de nouveaux postes, des changements au niveau de la ligne hiérarchique, etc. Autant de changements qui vont jouer sur les statuts individuels, modifier le positionnement de l'individu dans les différents collectifs auxquels il participe, et donc modifier sa place dans l'organisation formelle. Or, les relations de pouvoir telles qu'elles ont été analysées par exemple par M. Crozier et E. Friedberg[14] (voir chapitre 7, section 3.1) se sont développées dans le cadre d'une organisation formelle donnée et ont acquis une certaine permanence. Donc, tout changement qui touche l'organisation va affecter les fondements de ces relations de pouvoir, à travers la restructuration des zones d'incertitudes. La phase du changement en elle-même est un moment où tout bouge, l'organisation formelle comme l'organisation informelle, et où l'on ne peut généralement s'appuyer que sur les autorités légitimes formelles existantes, qui sont les seuls repères stables restant dans l'organisation.

Les pilotes d'un changement organisationnel prêteront ainsi une forte attention aux personnes qui vont perdre du pouvoir et qui pourront, de ce fait, bloquer le changement, mais également aux personnes nouvelles qui vont gagner en termes de pouvoir et qui pourront, quant à elles, être motrices. Certaines actions portent ainsi sur des personnes clés, soit parce que l'on a repéré qu'elles risquent de bloquer des évolutions (on parle parfois de « placards », même dorés, dans certaines organisations), soit parce qu'elles y sont favorables et que l'on souhaite leur donner des places plus visibles et permettant l'action.

1.3.2 De nouvelles figures de l'acteur

Une autre forme d'action porte directement sur les stratégies d'acteurs : il s'agit de définir de nouvelles missions pour les individus. En effet, qui dit nouvelles missions dit nouveaux rôles et nouvelles fonctions, ce qui doit permettre aux individus de créer de nouvelles relations dans l'organisation. Une vision du changement qui, par exemple, tablerait uniquement sur des changements de personnes sans modifier les missions laisserait penser que les nouvelles personnalités introduites dans l'organisation seraient suffisantes[15]. Or, les comportements sont aussi façonnés par les missions et leurs évolutions, et l'évolution des stratégies d'acteurs dépendra également de choix réalisés par l'encadrement en termes de définition de rôles et de relations dans l'organisation.

On s'intéresse alors à l'apparition de nouvelles figures de l'acteur. En effet, en cas de changement organisationnel, le cadre évolue, de nouvelles connaissances entrent en jeu, les représentations se modifient, et l'on peut aboutir à une évolution de la façon dont les individus perçoivent leur position dans les collectifs de travail, et le sens de leur action. Dans ces cadres d'action modifiés, les métiers existants sont amenés à évoluer, les personnes elles-mêmes conçoivent des rôles nouveaux, font évoluer leur conception de leur activité. De nouvelles figures de l'acteur émergent alors[16], à savoir la reconnaissance dans l'organisation d'un ensemble de savoirs, de procédures et de représentations de l'action. À terme, une figure d'acteur nouvelle pourra devenir un métier si elle est associée longuement à des compétences et des modes d'intervention spécifiques.

Résumé

- Dans l'idéal, un changement conduit à un état de compatibilité des trois sphères de l'organisation.
- On choisit souvent d'instaurer un changement dans une organisation en modifiant certains dispositifs, l'action étant alors relativement rapide. Mais ce choix peut provoquer une crise, car les modifications ont des répercussions sur les autres sphères.
- L'évolution de la culture, même plus lente, est possible à travers des actions touchant notamment aux personnes de l'organisation (actions symboliques de valorisation de certains comportements, formations, recrutements, etc.).
- Les stratégies d'acteur contribuent également au changement, soit par la modification des relations de pouvoir, soit en raison du fait que les missions elles-mêmes évoluent et que les acteurs se représentent différemment leur position et leur rôle dans l'organisation.

2. Les groupes et le changement

Un changement dans l'organisation déstructure souvent les différents collectifs qui la composent. Il se trouve alors confronté aux forces portées par ces acteurs collectifs, mais il peut également les mobiliser. Dans cette perspective, on analysera l'influence de l'appartenance à des groupes pour des individus qui vont vivre un changement, et notamment :

- En quoi les normes d'un groupe peuvent jouer sur les attitudes face au changement ?
- Quelles sont les phases d'évolution d'un groupe face à un changement qui lui est proposé ?
- Quel peut être le rôle d'« acteurs clés », leaders pour des groupes et collectifs de l'organisation ?

2.1 Normes de groupe et résistance au changement

L'importance de la fonction normative dans la vie d'un groupe a été évoquée au chapitre 1, section 2.3. Des pressions s'exerçant sur les membres du groupe peuvent les conduire à adopter des attitudes communes.

C'est notamment K. Lewin qui, parmi les premiers, a mis l'accent sur les conséquences de cette fonction de normalisation pour le changement social, montrant notamment que l'une des sources de la résistance au changement était la crainte de s'écarter des normes de groupe. Il a testé cette hypothèse lors d'une recherche sur les changements d'habitudes alimentaires aux États-Unis pendant la guerre de 1939-1945.

2.1.1 L'expérience menée par K. Lewin

Du fait d'une pénurie de viande à cette époque dans le pays, l'administration américaine voulait inciter les consommateurs à modifier certaines habitudes alimentaires, en vue notamment de favoriser la consommation de mets ordinairement négligés ou dévalués, comme les abats. Les campagnes d'affiches, les prix réduits, les discours diététiques étaient manifestement sans effet sur le comportement des consommateurs. Lewin, consulté dans ce cadre, a mené plusieurs expériences. Il n'a pas cherché à provoquer un changement des habitudes alimentaires en abordant « l'individu en tant que tel », ni en utilisant une approche de masse par le recours à un média comme la radio. Selon lui, « tant l'approche de masse que l'approche individuelle placent l'individu dans une situation quasi privée et psychologiquement isolée face à lui-même et ses idées propres ». Dans les expériences menées, il va considérer les personnes comme membres d'un groupe en interaction et fait l'hypothèse que la « résistance » au changement tient à des facteurs affectifs et collectifs plutôt qu'à des facteurs rationnels et personnels, et notamment que l'une des raisons pour lesquelles les « changements portés par le groupe » s'opèrent plus facilement semble être le fait que « l'individu est peu disposé à s'écarter trop des normes de groupe ». Si ces dernières évoluent, l'individu peut lui aussi évoluer.

Il a donc imaginé de recourir à des réunions de groupe où les ménagères, responsables des achats quotidiens, abordaient ce problème de changement alimentaire et pouvaient envisager ensemble un essai. Il a par ailleurs réalisé une comparaison entre des groupes où un exposé était fait sans être suivi d'une discussion et des groupes où une discussion était instaurée. Il est apparu que les personnes conviées à une discussion s'impliquaient davantage qu'elles ne l'auraient fait à la vue d'une image ou à la lecture d'un texte ; elles s'exprimaient spontanément, posaient les questions dans leur propre langage, etc. Si l'idée d'essayer un produit se dessinait, elle ne venait pas d'une personne seule dans son coin.

L'enquête réalisée par la suite dans les quartiers où de telles réunions de groupe avaient été organisées, montra que, comparativement à d'autres quartiers, il y avait eu une évolution des comportements d'achat.

Kurt Lewin avait mis là en évidence une des sources de la résistance au changement : la crainte de s'écarter des normes communes, d'être en butte à la réprobation ou au ridicule. Et il en a conclu que, si la résistance au changement dépendait partiellement de la valeur qu'avait la norme de groupe pour l'individu, cette résistance devait diminuer lorsqu'on diminuait l'importance de la valeur de cette norme ou lorsqu'on modifiait le niveau de conduite perçu par l'individu comme une valeur sociale[17]. Ainsi, alors que l'on se serait peut-être attendu à ce que des individus isolés soient plus malléables que des groupes composés de personnes pensant de la même façon, Lewin a montré qu'il était plus facile de faire changer des individus constitués en groupe qu'un individu pris séparément.

2.1.2 Les applications dans l'organisation

Dans une organisation, cette dimension de l'évolution des groupes est à prendre en compte dans les cas où il existe des groupes constitués, porteurs de normes. Deux questions peuvent notamment être posées :

- Comment instaurer le changement dans un groupe ?
- Le groupe est-il un échelon pertinent pour la diffusion d'un changement organisationnel ? Plus particulièrement : l'annonce et la discussion autour d'un changement se font-elles plus facilement en groupe ou au cours d'un entretien individuel ?

Pour instaurer le changement dans un groupe, il s'agit en premier lieu de trouver le ou les portiers (selon l'expression de Lewin[18]), c'est-à-dire les personnes que le changement peut intéresser, et d'examiner ensuite les normes du groupe et leur possible évolution. Dans le cas décrit du changement des habitudes alimentaires, les personnes intéressées étaient les ménagères, c'est-à-dire celles qui prennent les décisions concernant l'alimentation du foyer, et qui ont été réunies pour l'expérience dans des groupes de discussion.

Quant au fait de savoir si un travail par groupes est pertinent pour lancer un changement, il dépend en grande partie de la force du phénomène de normalisation dans les groupes étudiés. Les discussions en groupe peuvent déboucher sur une attitude favorable au changement proposé, ou au contraire sur un renforcement de l'opposition. Il faudra alors faire des choix en ce qui concerne la composition des groupes de travail et l'orientation de la discussion.

Prenons comme illustration l'exemple d'une entreprise où il est question d'introduire des horaires de travail flexibles pour les assistants administratifs dans un service commercial : chacun pourrait arriver et partir à des heures différentes. Or, les assistants constituent un collectif de travail pour qui les rencontres informelles ont de l'importance et notamment celles qui se produisent lors de l'arrivée et du départ de l'entreprise, chacun étant dans la journée attaché à la gestion administrative d'une personne ou d'une équipe, et les bureaux étant relativement éloignés. Par ailleurs, les horaires fixes mettent tout le monde sur un pied d'égalité : vont-ils pouvoir être remis en cause ? Il apparaît alors que certaines personnes peuvent être sensibles à des horaires flexibles : les mères de famille qui doivent emmener leurs enfants à l'école le matin, ceux qui désirent partir tôt le soir parce qu'ils pratiquent une activité sportive, etc. Une discussion en groupe peut permettre de faire ressortir les avantages liés à la nouvelle formule, et faire que le groupe accepte peu à peu, collectivement, de tester ces nouveaux horaires de travail. La norme du groupe aura alors évolué : les « portiers » auront été les personnes qui peuvent y avoir intérêt, et la discussion aura peut-être fait évoluer le groupe pour que des intérêts collectifs se dégagent et que l'on réussisse à instaurer de nouvelles formes de rencontres informelles entre les assistants administratifs (instaurer l'usage de prendre un déjeuner en commun tel jour de la semaine, par exemple).

2.2 Les trois phases du changement dans un groupe

L'analyse faite par Lewin du groupe comme système constitué d'un champ de forces, qui peuvent être en tension et donc créer des résistances à l'évolution de ce système (voir *infra*), le conduit à des préconisations sur l'évolution du système qu'est le groupe : pour modifier la structure du champ de forces, il faut augmenter ou diminuer l'une des forces.

Il présente pour ce faire un modèle d'explication du changement dans un groupe, en trois phases :

- La première étape va modifier, soit en l'augmentant soit en la diminuant, l'une des forces du système. Il s'agit de la « décristallisation » (*unfreezing*). Décristalliser signifie modifier peu à peu, notamment à travers des méthodes de discussion non directives, les habitudes existantes[19]. La décristallisation doit conduire à diminuer la résistance au changement et mener à la rupture de l'équilibre existant, en créant une crise dans le groupe qui permet la modification des attitudes. Elle peut cependant conduire à un changement très éphémère. De plus, selon Lewin, le choix entre augmenter l'une des forces ou en diminuer une autre n'est pas neutre, car chercher à en accroître une produit dans le groupe un état de tension élevée (agressivité, conflit, ressenti d'une volonté de domination d'un individu sur le groupe, etc.), alors que chercher à aller dans le sens de la diminution va au contraire contribuer à réduire la tension interne et faciliter le changement.

- La deuxième étape est constituée par le déplacement vers un autre niveau d'équilibre, qui est fonction de la définition du nouvel objectif (définition de nouvelles relations entre acteurs, de nouveaux axes de travail, etc.).
- La troisième étape est la cristallisation (*freezing*) qui consiste à renforcer le nouvel équilibre atteint, en mettant en place, par exemple, de nouveaux outils, des règles d'évaluation différentes, en instaurant de nouvelles relations entre les acteurs, etc. Autant d'éléments qui cherchent à stabiliser le nouvel état du système auquel on a abouti.

Ces trois phases du changement sont très parlantes pour l'analyse du changement organisationnel, et la réflexion qu'elles portent a été élargie, dépassant la dynamique du petit groupe pour aller vers la dynamique de l'organisation dans son ensemble.

La phase *unfreezing*, dite de dégel ou de décristallisation, correspond à la prise de conscience de la nécessité ou de l'intérêt de changer. Il pourra s'agir de faire réaliser un audit qui montrera le mauvais positionnement de l'entreprise, pour créer un sursaut et une prise de conscience chez les individus. Le mouvement, *moving*, est la phase où l'on expérimente une nouvelle manière de faire, à travers des réunions et des groupes de travail par exemple. Enfin, la phase de cristallisation doit permettre de consolider les nouveaux comportements, par la modification, entre autres, des outils d'évaluation.

Dans le cas évoqué précédemment, concernant la mise en place de nouveaux horaires de travail, la décristallisation consiste :

- En une mobilisation des forces motrices. Il faut montrer l'intérêt, pour l'entreprise, de la présence constante d'une personne dans le service, présence permise par la flexibilité des horaires.
- En une diminution des forces de résistance. Il faut faire ressentir l'intérêt personnel que l'on peut avoir à cette nouvelle organisation, et diminuer les résistances individuelles.

  On créera alors moins de tensions en agissant sur la diminution de ces forces de résistance : mieux vaut en effet s'orienter vers cette diminution plutôt que de chercher à convaincre du bien-fondé de l'introduction du changement.

Ensuite, le mouvement est une réflexion autour de la mise en œuvre pratique de ces nouveaux horaires, la volonté de trouver d'autres formes d'existence du collectif (repas en commun, réunion hebdomadaire, etc.). Enfin, la cristallisation est une officialisation des choix des horaires au sein des équipes, se traduisant par l'achat d'une « pointeuse » ou la mise en place de plannings de présence.

Ces trois étapes ne sont pas nécessairement successives ; on peut les retrouver à différents moments d'un processus de changement. Ainsi, l'annonce d'un dialogue avec telle catégorie de personnes, quand elle suit celle d'un changement, peut avoir un rôle symbolique et constituer une forme de cristallisation, même si l'on n'en est encore qu'au début du processus de changement.

Être conscient de l'existence de ces trois phases est important pour le pilotage d'un changement : les connaître permet de les prévoir, et d'analyser le stade du changement auquel on se situe.

Un autre élément clé pour la dynamique d'un groupe est le rôle que joue un leader.

2.3 Le rôle du leader

Bon nombre de récits circulent dans les organisations, qui mettent en avant le rôle d'un fondateur ou d'un dirigeant qui, reprenant une entreprise, a contribué à un nouvel essor : ils laissent l'impression d'individus miracles, d'acteurs qui, par leur charisme, leur personnalité, jouent un rôle important dans un processus de changement. De tels acteurs peuvent être qualifiés de « leaders » (voir chapitre 7).

Mais à quelles conditions ce rôle de leader, mobilisateur par son charisme et son exemplarité, peut-il s'exercer ? On sait en effet que telle personne, qui aura bien réussi dans telle entreprise, dans un contexte donné, ne connaîtra pas les mêmes conditions de réussite dans un autre contexte. Cette différence s'explique notamment par le fait qu'un leader n'existe qu'au regard d'un groupe donné : il correspond aux aspirations du groupe, il est reconnu pour des qualités importantes au regard de celui-ci (voir chapitre 7, section 1.3). On peut prendre l'exemple d'un groupe d'ingénieurs qui reconnaissent le leadership d'un chef d'équipe en raison de ses compétences techniques, avec lesquelles ils sont en phase, et dont la cohésion se défait lorsqu'un nouveau chef d'équipe, aux compétences managériales et commerciales avérées mais sans connaissances techniques, est nommé.

Proche du groupe, le leader est le mieux à même de comprendre ses attentes et de les traduire pour l'extérieur. Il faut donc relativiser l'impression de « miracle » liée à l'arrivée d'un acteur clé dans l'organisation[20] : il ne produit ce « miracle » que parce que les acteurs du groupe sont en phase avec lui, et c'est de l'alchimie entre les qualités de cet acteur clé et les attentes des membres de l'organisation qu'émerge l'évolution positive attendue. Si cette alchimie se produit, c'est parce que le groupe a confiance en son leader ou qu'il existe différentes formes de proximité (technique, culturelle, familiale, etc.) entre le leader et les membres du groupe.

Résumé

- Le changement dans un groupe passe par une évolution des normes du groupe, ces dernières pouvant être à l'origine de résistances au changement.
- Trois phases caractérisent l'évolution d'un groupe : décristallisation, mouvement, cristallisation (Lewin, 1951), que l'on se situe à l'échelle du petit groupe (on peut alors réfléchir à l'évolution du groupe à travers des méthodes de discussion spécifiques) ou à l'échelle de l'organisation.
- Le rôle d'un leader est important, mais son leadership est indissociable de la nature du groupe sur lequel il s'exerce.

3. L'individu et le changement

La relation de l'individu au changement, à la transformation des organisations, peut être considérée selon deux perspectives :

- Tout d'abord, l'individu lui-même est porteur de changement, en raison de ses évolutions et aspirations personnelles, ainsi que des contradictions qu'il peut ressentir, lesquelles le conduisent à se transformer.
- Ensuite, une autre dimension de sa relation au changement est la façon dont il va percevoir et vivre un changement organisationnel qui peut plus ou moins correspondre à ses aspirations personnelles.

3.1 L'individu porteur de changement

L'individu n'est pas statique dans une organisation : à travers ses propres évolutions, il est lui-même porteur de changement. La dynamique d'un individu dans une organisation peut être analysée au regard des différents éléments qui constituent son identité : les éléments corporels, biologiques et physiologiques, les éléments culturels, historiques, et les éléments cognitifs (voir chapitre 1, Concepts clés). Ils vont fortement influencer son parcours dans une organisation, et ce de façon plus ou moins rapide, plus ou moins inéluctable, et plus ou moins consciente.

Un individu évolue, bien sûr, en âge et en expérience. Son parcours inclut généralement de la mobilité, à son initiative et à celle de l'entreprise, désireuse de créer à travers la mobilité une forme de dynamisme. La relation des individus au changement est d'ailleurs très différente. Certains en ont déjà fait plusieurs fois l'expérience et sont plus habitués à ce type de situation. Ainsi, aujourd'hui, les aléas du marché du travail font que les plus jeunes ont souvent occupé plusieurs emplois, en CDD, et possèdent une expérience des évolutions et de la mobilité plus grande que celle de leurs aînés.

Ce qui caractérise également les évolutions personnelles des individus, c'est la volonté plus affirmée de maîtriser son parcours. Construire sa carrière au sein d'une ou de plusieurs entreprises, créer une cohérence dans ses différents choix professionnels, utiliser des formations pour se ménager des passerelles d'un poste à un autre, ne pas être passif dans sa relation avec les managers, etc., témoignent d'une détermination de plus en plus grande dans la conduite de sa trajectoire professionnelle.

Les évolutions selon le niveau « biologique » (par exemple l'âge, auquel on associe généralement l'expérience et la maturité), mais aussi les choix liés aux valeurs personnelles (dimension « culturelle » de l'identité) en ce qui concerne la relation à l'organisation, aux collaborateurs, aux supérieurs hiérarchiques jouent fondamentalement sur le parcours intra- et interorganisation. La dimension « cognitive », qui renvoie au raisonnement, est également très importante : grâce à elle, l'individu peut se construire une représentation du « bon moment » pour quitter une organisation, chercher à évoluer, ou encore demander une augmentation de salaire.

L'individu peut également avoir un rôle pour faire évoluer son poste ou l'organisation qui l'environne : proposer des innovations, négocier des ressources, etc. Ces évolutions permettent souvent à l'individu d'entretenir une motivation individuelle relativement à son travail (voir chapitre 5), en cassant la monotonie d'une activité, en suscitant des objectifs nouveaux et différents, en renouvelant le sens de l'engagement qui le lie à son organisation.

Un autre moteur personnel de l'évolution, toujours par rapport à la dimension cognitive, est la différence qui existe pour un individu entre ses groupes d'appartenance et ses groupes de référence (voir chapitre 1, approfondissement 1.4). La volonté d'atteindre un groupe de référence peut, en effet, conduire les personnes à des évolutions qui retentiront sur l'organisation.

L'individu peut donc, par son comportement, contribuer aux évolutions de son organisation. Mais il se trouve aussi confronté à des changements qu'il n'a pas initiés. Dans ce cas il peut être amené à les favoriser ou au contraire à les freiner.

3.2 L'individu qui vit un changement

Pour l'individu qui vit un changement, la phase d'incertitude que celui-ci engendre génère, sinon une résistance, du moins une interrogation vis-à-vis de ce changement. Il s'agit ici d'analyser la relation de l'individu au contenu du changement, à son processus et à ses porteurs. Quelle importance attache-t-il à un changement du contenu de son travail, à l'introduction de nouvelles valeurs fondant l'activité de l'organisation ? Sa personnalité, son histoire, sa formation, etc., jouent mais compte également le regard qu'il porte sur le changement en soi et sur l'action des pilotes de ce changement (compréhension de l'utilité et de la nécessité de changement, jugement porté sur l'efficacité de l'action des dirigeants, sur sa transparence, etc.). L'individu pèse le pour et le contre. Il peut aussi percevoir le changement comme une rupture, souvent créatrice d'anxiété. Enfin, le changement peut susciter des « dissonances cognitives », à savoir des contradictions entre des attitudes liées aux visions du monde qu'a l'individu, et aux comportements demandés par le changement organisationnel.

3.2.1 Une approche rationnelle-stratégique : peser le pour et le contre

L'opposition à un changement peut s'expliquer de façon rationnelle et logique, à partir d'une analyse des intérêts et stratégies individuelles. Face à un changement, chacun prend en compte les dimensions qui vont varier lors du passage d'une situation à une autre, et fait une sorte de bilan des aspects positifs et négatifs.

Pour mieux comprendre les impacts d'un changement sur un individu, il est important d'analyser en particulier les différentes dimensions des situations de travail dans lesquelles il se trouve (voir figure 9.4).

Un changement organisationnel peut, en effet, modifier plusieurs des éléments de sa situation de travail, et l'amener à évaluer le changement en termes de conséquences sur cette situation. Va-t-il perdre tel collègue avec lequel il appréciait travailler ? Le changement correspond-il à ses valeurs ? Son statut (hiérarchique, position d'expert) est-il touché ? Etc.

Une telle approche a été formalisée par Strebel[21], qui montre notamment les différences de point de vue entre cadres et employés vis-à-vis d'un changement : au-delà des modifications très visibles en termes de contribution et de rétribution, certains aspects implicites de la relation sont à prendre en compte. Certes, les tâches évoluent sur le papier, mais quelle sera l'attente réelle du supérieur hiérarchique ? Quelle reconnaissance va être obtenue ? Ces exemples montrent qu'en liaison avec ces dimensions formelles, nombre de dimensions informelles de la relation vont également être modifiées.

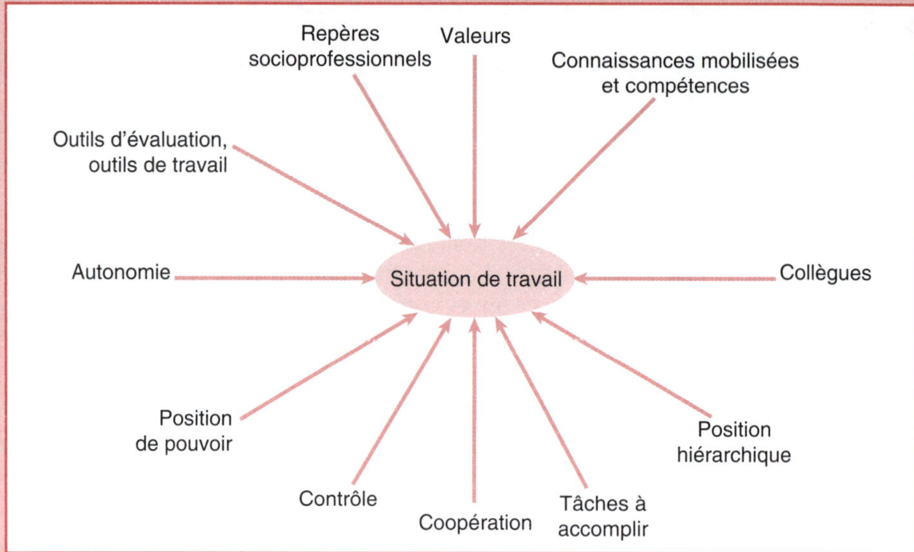

Figure 9.4 • Situation de travail de l'individu.

Dans cette perspective, la résistance au changement est analysée d'un point de vue rationnel pour l'acteur : aussi bien dans le cadre de la relation hiérarchique, que plus largement dans la situation de travail, tout changement peut créer des bouleversements. Prendre la mesure de ces modifications permet à l'individu de réaliser la mesure du changement qui va le toucher ; avoir ce même type de regard pour un pilote de changement lui permet de mieux comprendre des comportements qui, s'il est persuadé du bien-fondé du changement, peuvent lui sembler irrationnels.

Il se peut aussi que des comportements liés à l'inconscient des individus se manifestent, notamment quand le changement crée une rupture forte en ce qui concerne le cadre de vie des individus dans l'organisation.

3.2.2 *Quand le changement est perçu comme une rupture*

Un des points qui perturbe souvent la relation entre l'initiateur d'un changement et celui qui le vit est qu'il existe parfois peu de liens entre l'ampleur du changement dans l'organisation et l'ampleur du changement pour l'individu. Un changement mineur pour l'organisation peut représenter un changement majeur pour l'individu : le point de vue de celui-ci sur la situation est alors fondamental, et ce point de vue est construit par l'individu à partir d'éléments de la réalité tels qu'il les perçoit (nous sommes là dans une optique constructiviste où la réalité est considérée comme propre à chaque personne, comme étant une construction réalisée par chacun).

Une rupture de la « réalité » que s'est construite l'individu

Certains auteurs de l'école de Palo-Alto (voir la présentation de cette école de pensée au chapitre 4) se sont intéressés à l'intensité de la rupture qu'un changement peut provoquer chez un individu, et aux apprentissages nécessaires pour y faire face[22]. Ils distinguent le changement de type 1, qui correspond à des modifications mineures ne modifiant pas le cadre d'analyse, du changement de type 2, qui nécessite un changement de cadre d'analyse. La construction d'une nouvelle définition de la réalité entraîne la nécessité, pour un individu, de changer sa compréhension de la relation aux autres. Ce changement de point de vue, nommé « recadrage » par P. Watzlawick[23], est considéré comme une étape fondamentale pour l'accès à un changement de type 2. Il s'agit, relativement à une situation donnée, d'adapter aux « faits » concrets de cette situation un cadre d'analyse plus pertinent.

Prenons l'exemple d'une petite entreprise qui vient d'embaucher un nouveau commercial. Dans une organisation de petite taille, l'arrivée d'un nouveau collaborateur constitue un changement important. Comment va-t-il s'intégrer ? Les débuts sont difficiles. En effet, il est d'usage dans cette entreprise que les tâches d'accueil et de réception soient accomplies par tout le monde lorsque la personne qui en a la charge est absente. Or, le nouveau commercial laisse le téléphone sonner très longtemps, quoiqu'il sache fort bien que la réceptionniste est momentanément absente. Ses collègues interprètent cet acte comme un signe d'arrogance qui manifeste la volonté de délimiter sa place (il veut montrer qu'il n'a pas à accomplir cette tâche), et un conflit prend naissance. Mais cette action peut tout simplement relever de l'ignorance (le commercial est nouveau), de la timidité (il ne se considère pas comme étant à la hauteur pour répondre, car il ne connaît pas suffisamment l'entreprise), ou du souci de rester concentré sur son travail sans s'interrompre pour répondre au téléphone. S'il n'y a pas recadrage, son attitude reste interprétée comme de l'arrogance et il va probablement, après moult conflits, intégrer le fait qu'il est de bon ton de répondre au téléphone. On est alors dans un changement de type 1, qui ne modifie pas fondamentalement l'ordre existant. Mais une autre situation peut se produire, avec l'évolution du cadre d'analyse de la situation (recadrage) faite par les collègues en question. Supposons que les collègues « recadrent » leur analyse, interprètent la non-réponse au téléphone comme le fait pour le commercial de vouloir rester concentré. Ce recadrage peut éviter le conflit, et il peut également conduire à un changement de type 2, si par exemple il devenait admis que l'on n'interrompt plus son travail pour répondre au téléphone.

Dans une phase de changement, il est fréquent que certains cadres d'analyse deviennent inadaptés. Or, cela crée pour les individus des ruptures plus ou moins faciles à vivre, les recadrages étant parfois difficiles à réaliser et pouvant nécessiter l'intervention d'une personne extérieure (c'est souvent le rôle d'un *coach* que d'amener un individu à envisager une situation sous un autre angle). Il se peut d'ailleurs qu'une personne, pour différentes raisons, refuse cette reconstruction de « sa » réalité : motifs liés à l'anxiété ou à la nécessité de faire le deuil de sa vision des choses.

La rupture du rempart contre l'anxiété que constitue l'organisation

Un des rôles des systèmes sociaux est de contribuer à renforcer les mécanismes individuels de défense contre l'anxiété, grâce à leur stabilité et à leur cohérence. Une organisation, comme tout système social, peut donc être envisagée par certains individus avant tout comme un rempart contre l'anxiété ; le changement vient rompre cet équilibre, notamment s'il est flou et trouble, et si l'individu ne peut en contrôler les sources. Comme ils touchent l'organisation, les changements affaiblissent ses mécanismes de défense et provoquent en retour de fortes résistances. Ainsi, Elliot Jaques[24] montre que des résistances au changement peuvent exister du fait d'une attache forte au système social existant.

Selon lui, toute institution, en plus de sa fonction traditionnelle d'atteinte des objectifs, possède des fonctions de nature inconsciente, non reconnues, qui se situent au niveau fantasmatique. Ainsi, pour les individus, une organisation représente un lieu de projection de pulsions ou d'objets internes qui, sinon, seraient une source d'anxiété. Consciemment ou inconsciemment, certains éléments de l'organisation (personnes, outils, structure, etc.), partagés avec d'autres personnes, sont donc des espaces d'identifications et de projections. Par exemple, certaines personnes peuvent devenir des boucs émissaires dans l'organisation, tout simplement du fait de cette nécessité de projection des pulsions (le directeur adjoint d'un service peut jouer le rôle d'un fusible qui saute quand des résistances au changement liées à ce type d'anxiété se cristallisent sur lui). La résistance à un changement vient alors du fait que « des groupes de gens se cramponnent inconsciemment à leurs institutions, parce que des changements dans les relations sociales menacent de perturber les défenses sociales existantes qui protègent contre l'anxiété psychotique[25] ».

Que les résistances proviennent d'une rupture trop forte de la réalité que s'est construite l'individu, ou d'une opposition due au fait que les fonctions de protection assurées par l'organisation sont menacées, le passage de la résistance à l'acceptation du changement (s'il se produit) demande souvent du temps, et l'on peut distinguer différentes étapes dans cette progression.

Des étapes personnelles nécessaires pour surmonter la rupture

Lors d'un changement qui le touche profondément, parce que son travail se modifie, que ses collègues sont mutés, que les valeurs portées par l'organisation changent, l'individu traverse différentes phases. La phase la plus critique est celle où, centré sur l'instant présent, il vit des moments de doute et des remises en question. La rupture est trop forte pour qu'il puisse adhérer à une représentation positive du changement et le fait qu'il doive traverser un processus semblable au processus de deuil pour parvenir à une acceptation du changement est au-dessus de ses forces. Par exemple, le départ d'un chef très apprécié ou le changement de relations dans le travail peuvent provoquer des phénomènes qui ont pu être comparés à des processus de deuil. Ainsi, lors du pot de départ de telle personne, on voit parfois des larmes couler, et certains quitteront eux-mêmes l'entreprise peu de temps après, ne supportant pas que de nouvelles conditions de travail succèdent à des rapports professionnels antérieurs très appréciés.

À un tel stade de crise pour l'individu, un message managérial centré sur les nouveaux objectifs, la prise de risque, ou proposant un bel avenir organisationnel, tombera à plat, parce que le cheminement comparable au processus de deuil n'aura pas été fait.

L'étude des processus de deuil a permis de mettre en avant plusieurs phases dans le cheminement d'une personne, parallèlement aux changements qui se produisent dans l'organisation. Au choc de départ succède une phase de déstructuration, puis une phase de restructuration. Les modèles issus de ces réflexions sur le deuil ont été développés à l'origine par une Américaine, Elizabeth Kübler-Ross, qui s'est intéressée aux réactions des personnes face à un diagnostic de maladie incurable (voir approfondissement 9.2).

Des recherches sur les processus de deuil

Approfondissement 9.2

Plusieurs recherches sur les processus de deuil ont été menées à la suite notamment des travaux de la psychologue américaine Elizabeth Kübler-Ross. Cette dernière a observé les réactions de nombreuses personnes atteintes d'une maladie incurable, après qu'elles ont appris qu'elles allaient prochainement mourir. Elle a constaté qu'elles passaient le plus souvent par cinq étapes :

- Le déni : le refus de considérer l'information ou la disqualification de celle-ci.
- La colère, face à une frustration, un sentiment d'injustice.
- Le marchandage : la recherche d'une solution de compromis ; par exemple, espérer vivre un peu plus longtemps en échange d'un effort sur tel ou tel point.
- La dépression : un état de tristesse profonde.
- L'acceptation : un état de sérénité.

Kübler-Ross indique bien que ce n'est qu'un modèle indicatif fréquent. Ces cinq étapes ne sont pas obligatoires ; certains n'en vivent que quelques-unes, mais tous en vivent au moins deux, selon elle. De même, certains peuvent les vivre dans un ordre différent.

Elle a ensuite appliqué ce modèle avec succès dans l'accompagnement de deuils liés à d'autres sources (par exemple, la perte d'un être cher ou un divorce). Ces modèles ont été transposés à des pertes vécues dans un cadre organisationnel.

Sources : Kübler-Ross E., *Les derniers instants de la vie*, Ed. Labor et Fides, 1969.

De nombreuses recherches ont été menées en France également[26]. J.-L. Roy[27] s'est intéressé à de tels phénomènes de deuil survenant à la fin des projets dans les organisations (fin d'un projet industriel, qui peut être assimilée à la fin du tournage d'un film ou à la dernière d'une pièce de théâtre) : l'activité s'arrête, on quitte des collègues avec lesquels on a parfois travaillé pendant plusieurs années et avec qui on a vécu des moments intenses. Déni, révolte, culpabilité, dépression, puis apaisement et créativité sont alors autant de micro-étapes dans le processus de deuil. Ainsi, lors de la phase de départ, il peut y avoir une forme de « déni », de refus de comprendre (« Non, ce n'est pas possible »), qui crée une sorte de flottement, accentué par le vide lié au changement. Puis, ce sentiment de déni peut se muer en colère, en révolte, qui seront peut-être vues comme des « résistances » au changement, mais qui sont des étapes logiques si l'on accepte de prendre en considération le fait que l'on est dans un processus de deuil. La phase de marchandage se traduit souvent par des formes de culpabilité, à travers des remarques telles que : on aurait pu faire ou dire ceci ou cela qui aurait pu changer des choses, on aurait pu aller plus à fond sur tel projet… On peut même être amené à idéaliser la situation antérieure. Enfin, fatigue, absence, idées noires ou troubles du sommeil sont autant de signes d'une possible dépression. Cette phase, difficile à vivre, est une étape forte d'avancée dans le travail de deuil et de restructuration ; elle est parfois indispensable pour parvenir à une phase d'apaisement. Mais, en ce qui concerne l'organisation, elle peut se traduire par de l'absentéisme, peu d'implication, des discours très négatifs, etc. La phase de reconstruction est entamée quand on se détache des anciens affects et que la réalité fait retour. Mais il se peut au contraire que l'on s'installe dans un monde où la situation disparue subsiste, un monde « fantasmatique et imaginaire ». Car la reconstruction peut conduire à l'apaisement et à une créativité nouvelle, tout autant qu'à l'enlisement dans une situation de culpabilité et à l'impossibilité de quitter les relations affectives associées à l'ancienne situation.

Pour l'entreprise, il s'agit de ne pas nier ce temps de reconstruction nécessaire aux personnes : reconstruire une énergie est aussi positif pour l'entreprise que pour la personne en question. Même si la reconstruction passe par des phases apparemment négatives (révolte, dépression, etc.), celles-ci sont des étapes indispensables au cheminement personnel.

Lors de ce cheminement se manifestent agressivité, ennui, peur, empathie, désarroi, etc. En effet, toute interaction sociale – et ce, plus fortement encore dans le cadre professionnel – met en jeu un grand nombre d'émotions. L'important est alors, pour les personnes, de pouvoir les identifier et les nommer : c'est souvent une première condition, impérative, pour favoriser les processus de changement.

D'autres approches du changement au niveau individuel portent sur l'introduction, du fait d'un changement, d'éléments cognitifs incompatibles (des « dissonances cognitives ») qui peuvent pousser une personne à évoluer pour que ces éléments deviennent compatibles.

3.2.3 Quand le changement crée des dissonances cognitives pour l'individu

Les liens entre attitudes et comportements ont été présentés au chapitre 1 (Concepts clés). En matière de changement, ce sont à la fois les incompatibilités entre attitudes et comportements et les incompatibilités entre les attitudes elles-mêmes qui produisent une dissonance et peuvent amener les individus à changer pour supprimer cette dissonance (ils peuvent alors faire évoluer leur vision des choses).

Cette théorie a notamment été développée par L. Festinger[28], qui s'est intéressé à la dimension cognitive des attitudes. Selon lui, tout individu a une connaissance de soi plus ou moins approfondie et contenant des éléments plus ou moins cohérents entre eux. Il a analysé l'univers des personnes à travers l'ensemble des connaissances qu'ils ont sur eux-mêmes et sur autrui (éléments cognitifs). L'hypothèse de L. Festinger est que l'existence d'une dissonance (contradiction entre éléments cognitifs) provoque une gêne chez la personne, qui va chercher, consciemment ou non, à réduire cette dissonance pour retrouver une consonance. Ici, la difficulté à prendre en compte est l'histoire de la construction de ces attitudes : en effet, faire en sorte de se sentir en harmonie avec son environnement actuel a pu coûter de nombreux efforts, et renoncer à cette harmonie préfigurerait d'autres efforts, ce qui peut être refusé par les individus.

Imaginons, par exemple, une personne qui adhère à une association antimondialisation et qui, dans le même temps, est fortement attachée à son chef de service, lequel, quant à lui, critique fortement les organisations antimondialisation. Cette discordance de vues pourra entraîner une modification du comportement de la personne en question : elle va peut-être chercher à convaincre son chef, ou à changer de poste dans l'organisation. Ou bien elle cherchera à expliciter la dissonance pour tenter de la diminuer : son chef est âgé et ne peut pas comprendre ces nouvelles évolutions ; elle pourra aussi se dire que l'avis isolé d'une seule personne lui importe peu, etc. Une telle recherche de rationalisation sera moins porteuse d'évolutions de comportement que dans le cas précédent (voir approfondissement 9.3).

Approfondissement 9.3

Provoquer un changement d'attitude

Selon Festinger et Baron, on peut provoquer un changement d'attitude significatif chez quelqu'un en s'appuyant sur ses contradictions.

Sous l'effet d'un stimulus approprié, une récompense par exemple, il est possible de provoquer un changement de comportement qui fera à terme basculer l'attitude de la personne, mais à certaines conditions :

- Si la récompense apparaît comme insignifiante aux yeux du sujet, la contradiction entre attitude et comportement ne se manifeste pas et l'on n'assiste à aucun changement d'attitude.
- Si la récompense est très importante, et dépasse très largement le coût des conséquences négatives du changement, alors le comportement du sujet aura tendance à changer, compte tenu de l'enjeu. Mais son attitude évoluera peu, car la justification de son choix sera uniquement liée à son intérêt, sans que ses convictions profondes soient mises en cause.
- Si la récompense dépasse juste le seuil de basculement spécifique au sujet, on observera chez lui un changement de comportement. Mais ce changement entraînera une forte « dissonance cognitive » (le nouveau comportement est contradictoire avec l'attitude). L'individu, comme pris dans un engrenage, éprouvera alors le besoin de réduire sa « dissonance cognitive » en changeant d'opinion. Et, dans ce cas, on observe généralement un grand changement d'attitude (revirement, conversion). En effet, la personne, pour justifier en quelque sorte son choix à ses propres yeux et à ceux des autres, va accumuler les raisons qui le justifient et en arriver à modifier radicalement son attitude. Ce faisant, elle rétablit sa « consonance » interne sur de nouvelles bases.

Le principe peut être énoncé autrement : lorsqu'on veut amener un individu à changer et à adopter une attitude favorable envers une activité qu'il déteste au départ, il faut exercer juste assez de pression pour qu'il agisse, mais pas assez pour qu'il puisse dire : « Je n'avais absolument pas le choix ». Cette situation devrait créer chez lui une dissonance cognitive, qu'il pourra réduire par la suite en modifiant dans le sens positif son attitude envers l'activité en question.

La théorie de Festinger permet souvent d'expliquer certains phénomènes après qu'ils se sont produits. Toutefois, elle ne permet pas de prédire comment un individu va réagir ou se comporter dans telle ou telle situation, parce qu'il a généralement le choix entre plusieurs façons de rétablir son équilibre cognitif.

Sources : Festinger L., *A Theory of Cognitive Dissonance*, Evanston, Illinois, Row, Peterson, 1957 ; Baron R. A., *Behavior in Organizations*, Newton, Massachusetts, 1983.

L'individu peut donc, par son comportement, contribuer aux évolutions de son organisation. Mais il se trouve aussi confronté à des changements qu'il n'a pas initiés, auquel cas il peut être amené à les favoriser ou, au contraire, à les freiner.

Les différentes réflexions menées jusqu'ici vont avoir une résonance particulière pour les acteurs qui cherchent à mener des changements, les pilotes, et tout le management intermédiaire chargé de sa mise en œuvre.

Résumé

- Les évolutions propres à un individu ont une influence sur l'organisation elle-même, notamment en termes de choix de parcours.
- Lorsqu'un individu est confronté à un changement, il peut développer deux grandes catégories de comportements susceptibles de créer des résistances au changement de nature différente : d'une part, une analyse rationnelle du changement, où l'on pèse le pour et le contre ; d'autre part, des comportements liés à un sentiment de rupture, plus ou moins conscient, dû à la perte de ses repères personnels dans l'organisation.
- Le changement vécu comme une rupture par un individu peut l'amener à franchir des étapes comparables à celles du processus de deuil, pour recomposer sa vision de la réalité.
- Un changement peut provoquer des dissonances entre éléments cognitifs, qui brouillent les liens entre attitude et comportement ; l'individu cherchera parfois à les atténuer, en recréant une consonance entre éléments cognitifs.

4. Le management du processus de changement

Plusieurs catégories d'acteurs sont concernées par le pilotage et la conduite du changement. On distinguera :

- **Les décideurs ou pilotes du changement.** Ils sont les acteurs du changement au sens où ils vont donner les impulsions. Il peut s'agir d'un dirigeant, d'un groupe de personnes clés (comité exécutif), etc. Lors d'un changement important, il se peut qu'un nouveau dirigeant soit appelé à la tête de l'organisation pour mener ce changement et gérer la situation de crise. Les compétences du management de « crise » sont d'ailleurs spécifiques : un dirigeant qui a pris l'habitude d'un rythme de croisière peut ne pas être à même de gérer une situation de crise.
- **Les agents de changement** (qu'ils soient internes à l'organisation ou extérieurs). Ils sont ceux qui sont appelés pour mettre en œuvre un changement. Il peut s'agir du consultant ou de l'équipe interne, des managers chargés de la mise en œuvre, etc.

Le pilotage du changement repose sur un certain nombre de paradoxes[29], qui en révèlent toute la difficulté.

On insiste parfois sur la nécessité de créer une rupture avec l'organisation antérieure. Or, comment créer une rupture tout en conservant une continuité, autrement dit une cohérence avec l'identité et la culture de l'entreprise ? Il est également important de prévoir et d'anticiper les différentes étapes du changement, mais comment faire une planification compte tenu des évolutions dues au jeu des acteurs dans l'organisation ? En outre, comment imposer certaines des étapes du changement, tout en demandant aux acteurs de se montrer responsables et autonomes dans le processus ? Enfin, le flou dans une situation de changement est source de rumeurs, d'anxiétés, etc. Pour y remédier, on cherche souvent à avoir une définition claire des objectifs d'un changement, l'élaboration d'une « vision ». Or, est-il possible de le faire, tout en sachant qu'il est impossible de maîtriser entièrement le processus, que le changement confronte à l'inconnu ?

Ces interrogations mettent l'accent sur les difficultés inhérentes au management d'un changement.

Nous avons précédemment évoqué, dans la section 1 de ce chapitre, les possibilités d'action de changement au regard des trois sphères de l'organisation (dispositifs, culture, stratégies d'acteurs), et donc les choix managériaux portant sur le contenu du changement. Nous verrons dans cette section quelques-uns des choix à réaliser en matière de pilotage du processus de changement :

- les points clés du processus, c'est-à-dire le développement d'une vision, le choix du rythme du processus de changement, et le problème de sa diffusion à une grande échelle ;
- les éléments qui déterminent le choix d'une méthode de changement, et notamment son caractère imposé ou négocié, la nature des agents du changement mobilisés, et l'aspect plus ou moins permanent du changement dans une organisation ;
- enfin, nous considèrerons une action managériale plus indirecte, qui consiste à favoriser l'apprentissage de l'organisation en agissant sur ses « routines ».

4.1 Les points clés du processus

L'action des managers va notamment porter sur certains points clés du processus de changement : en premier lieu, définir des objectifs au changement mené ou encore en proposer une vision d'ensemble ; ensuite, choisir le rythme du processus de changement (étapes, événements clés) ; enfin, réfléchir aux modes de diffusion en interne d'un changement.

4.1.1 Objectifs et vision

Le cadrage général, les grandes étapes et la stratégie du changement sont maîtrisés par la direction générale. Cependant, il arrive que les objectifs n'apparaissent pas clairement, que ce soit volontaire ou non, aux yeux du reste de l'organisation. La question qui se pose donc aux pilotes du changement est celle de la clarté et de la transparence de leur action. Ils peuvent, pour des questions stratégiques ou pour éviter de brusquer l'organisation, fixer des objectifs intermédiaires et ne pas exposer dès le départ les objectifs globaux. Les acteurs comprendront alors la logique de chaque étape du changement, mais pas la philosophie d'ensemble présidant à sa mise en œuvre. Les dirigeants peuvent choisir d'exposer la philosophie générale du changement, tout en laissant l'organisation dans le flou pendant quelque temps, ce qui favorisera les rumeurs et les extrapolations, mais laissera aussi les acteurs libres de construire leurs actions au regard des cadrages généraux proposés[30].

Dans les deux approches, il importe qu'existe une « vision » de la démarche de changement. Les membres de l'organisation doivent pouvoir mieux comprendre où elle va (en fonction de l'histoire de l'organisation), pour quelles raisons un changement est mis en œuvre, et raccorder le changement au système symbolique de l'organisation (mythes fondateurs, héros, etc.). L'importance d'une telle recherche de sens est encore plus flagrante dans le cas du « changement en permanence » vécu dans certaines organisations : le fait que des projets multiples et parfois contradictoires se mettent en place, voire que certains changent en cours de route sans que l'on comprenne pourquoi, crée un vide de sens et peut amener à des comportements de résistance au changement, lesquels traduisent l'incompréhension, la perte de repères dans l'aventure organisationnelle. Les salariés peuvent ainsi se plaindre de ce que la direction change sans arrêt d'avis, de ce qu'ils se sentent obligés d'attendre le contre-ordre avant d'engager le changement demandé, car celui-ci est inutile.

Comment faire pour créer ou maintenir un « sens » au changement mis en place ?

La vision peut se traduire par l'existence d'objectifs clairs ou d'un cadrage, par la définition d'une philosophie du changement, mais aussi par des perspectives d'une autre nature. En effet, créer un sens ne signifie pas maintenir constant et stable l'objectif défini. Il est sûr que si son objectif est compris par les salariés, qu'il leur paraît important et ne subit aucune modification en cours de route, il est plus facile de donner un sens au changement. Mais si l'environnement est mouvant et que les objectifs doivent être fréquemment réajustés, il incombe alors à la direction de donner un sens au changement, d'en déterminer une « vision ».

Il est donc important que le processus de changement corresponde à une histoire qui puisse être racontée et qui rende légitimes les efforts faits par les individus qui y participent. Un des moyens de donner un sens au changement sera de le « théâtraliser[31] ». De manière un peu artificielle, on crée alors des personnages du changement (le dirigeant, quelques hommes clés), on favorise l'émergence d'un récit (par exemple, les hauts faits ou les coups bas lors d'une opération brutale comme une fusion-acquisition) (voir approfondissement 9.4).

Approfondissement 9.4

Le rôle des récits lors d'un processus de changement

« L'une des activités fondamentales des dirigeants consiste à lier des événements entre eux, à souligner des relations de causes à effets, à oublier d'autres aspects des problèmes étudiés, bref à raconter ce qui est en train de se passer. » Mettre en scène un changement conduit à mettre en avant l'action de certains acteurs ou l'irruption de certains événements, et la diffusion de ces récits permet aux collaborateurs d'intégrer leur interprétation des choses et de renvoyer leurs actes à ce schéma global. Chaque acteur se sentira intégré s'il connaît les épisodes antérieurs du récit et s'il peut contribuer à construire les épisodes suivants. Aujourd'hui, un des rôles du management est de permettre cette contribution au récit, de la favoriser.

Source : Christian D., Boudès T., « Il était une fois le changement », *Revue française de gestion*, n° 120, 1998.

Des actions symboliques, comme le lancement d'un journal interne ou les « grand-messes » qui réunissent un certain nombre de collaborateurs, les séminaires, le discours annuel du DG, etc., entrent dans l'histoire du changement et par là dans celle de l'organisation.

Cette dynamique de construction du sens est liée aux temporalités du changement : des événements sont créés pour donner un sens au processus. On comprend dès lors l'importance accordée au rythme du changement.

4.1.2 Étapes et rythme

Le choix des étapes dépend de la nature et du contexte du changement. Plusieurs auteurs ont proposé des modèles de conduite du changement (voir approfondissement 9.5). Il s'agit toutefois de choisir une succession d'étapes appropriées à la situation.

Approfondissement 9.5

Existe-t-il un modèle universel de conduite du changement ?

Divers auteurs ont proposé des modèles de conduite du changement, fondés sur une liste d'actions ou d'étapes clés. Le plus connu est celui de John Kotter (*Leading Change*, HBS Press, 1984), qui comprend huit points :

- créer une sensation d'urgence ;
- créer une coalition pour guider le changement ;
- développer une vision et une stratégie ;
- communiquer la vision du changement ;
- déléguer largement aux collaborateurs ;
- générer des gains à court terme ;
- consolider les gains et poursuivre le changement ;
- ancrer les nouvelles approches dans la culture de l'organisation.

Si ce genre de modèle a le mérite de rappeler à l'attention du manager des points importants, il convient de garder à l'esprit les limites de l'exercice. Tout d'abord, John Kotter le dit lui-même, les étapes qu'il décrit ne sont pas strictement séquentielles. Elles peuvent se chevaucher, survenir au moins partiellement en même temps ; il peut y avoir des allers et retours dans la séquence. Ensuite, il est douteux qu'un modèle s'adapte à toutes les situations de changement et à toutes les cultures. Celui de John Kotter est très marqué par la vision anglo-saxonne du leadership et de l'entreprise. Ainsi, il n'est pas acquis que, partout et en toutes circonstances, la vision du leader soit nécessairement légitime parmi les collaborateurs et/ou qu'elle doive être nécessairement largement affirmée dès le départ.

Lorsqu'il s'agit d'introduire un nouvel outil ou un nouveau procédé de travail, et ce à travers un pilotage fermé laissant peu de place à l'improvisation, les étapes du changement renvoient à un schéma relativement classique : le diagnostic, la conception, la mise en œuvre.

En revanche, si le cadrage fixé au départ est large (définition d'une nouvelle philosophie de gestion pour l'organisation : « être plus axé client », par exemple) et que le changement porte d'abord sur les relations entre acteurs, avec une réflexion sur un nouvel agencement (mise en place d'une nouvelle structure, par exemple), on compte sur les acteurs pour évoluer dans ce cadre et construire eux-mêmes de nouvelles routines de travail. Il s'agira alors surtout de créer un rythme dans le processus de changement[32]. Ainsi, à la RATP, une nouvelle structure plus plate et décentralisée a été mise en place par Christian Blanc en 1990, associée à une nouvelle philosophie de gestion, centrée explicitement sur le client : « Le voyageur au cœur des préoccupations ». Mais comment le changement va-t-il ensuite prendre corps dans l'organisation ? Christian Blanc a lui-même présenté la gestion du temps comme un point clé : « La gestion des rythmes du temps me paraît l'instrument clé du pilotage du changement pour une organisation[33] ».

Le choix des événements marquants, des moments de communication crée ainsi un rythme dans le processus de changement. Le changement peut être perçu comme trop rapide, les acteurs n'ayant pas le temps de se l'approprier, ou au contraire comme trop lent ; il est rythmé par des événements symboliques qui lui permettent de prendre corps peu à peu. Ces choix concernant le rythme du temps s'accompagnent également d'une réflexion sur les modalités de la diffusion du changement à grande échelle, au sein de l'entreprise.

4.1.3 Diffusion

Dans les grandes entreprises, la diffusion du changement à l'échelle de toute l'organisation est souvent difficile. Le risque existe d'une déconnexion entre la direction qui met en place le changement, et le reste de l'organisation. Les dirigeants peuvent alors s'appuyer sur des réseaux transversaux, à qui ils délèguent une partie de leur pouvoir. Il s'agira dans ce cas de repérer des modalités de diffusion, de créer un réseau d'accompagnement et de diffusion du changement.

Par exemple, des « réseaux d'entrepreneurs » ont été mis en place chez Thomson Multimédia, à l'arrivée du nouveau manager T. Breton en 1997. Ces réseaux jouent un rôle de relais dans l'organisation, pour les décisions prises par le comité exécutif. Les entrepreneurs sont choisis en raison de leurs compétences, mais aussi pour leur aptitude à la communication et à des fonctions de leadership ; ils sont des supports pour la diffusion et la mise en œuvre des grands principes et des décisions définis au sommet hiérarchique, et sont réunis très régulièrement par le top-management.

L'exemple de Thomson témoigne de l'importance du rôle du management intermédiaire pour faire vivre le changement dans l'organisation. Cependant, l'encadrement peut aussi se trouver dans une position difficile, dans la mesure où il doit relayer des messages de la direction (flous, peu clairs, voire ambigus : que se cache-t-il derrière un changement annoncé, une restructuration se profile-t-elle ?) et faire face aux inquiétudes et aux demandes de prise de distance critique émanant de leurs collaborateurs. Un processus de changement nécessite que le manager mobilise son équipe et participe avec elle à la construction du sens pris par le changement au regard des valeurs de l'organisation. Le manager, pour être crédible vis-à-vis de son équipe, se doit parfois d'être critique vis-à-vis des décisions prises par la hiérarchie. Mais comment concilier cette volonté de sens critique et la nécessité d'une construction collective autour du changement ?

La transparence des actions de la direction, les valeurs d'engagement et de responsabilité, de *commitment* (« Je fais ce que j'ai dit que j'allais faire »), en donnant moins de prise à la critique, permettent de surmonter plus facilement cette contradiction : on donne en exemple, on s'appuie sur des actions phares, etc. Mais que faire quand la direction est très floue et donne l'impression de jouer un jeu ambigu ou hypocrite ? Il s'agit alors pour le manager de ne pas être une simple courroie de transmission de la direction, mais d'accompagner, s'il le peut, la construction d'un sens partagé autour des changements qui touchent l'organisation[34]. Il peut, par exemple, amener à comprendre comment un process qualité peut s'intégrer au travail de l'équipe et réellement l'améliorer, comment l'adoption d'une structure en *business units* va permettre d'intégrer des dimensions commerciales non prises en compte auparavant par l'équipe, qui raisonnait uniquement en termes d'expertises techniques, etc.

D'autres décisions renvoient à des choix de méthode de négociation et de mise en œuvre du changement.

4.2 Choisir une méthode de changement

Comment annoncer un changement ? Qui faire intervenir ? Le changement est-il exceptionnel pour l'entreprise en question, ou au contraire s'inscrit-il dans une succession de modifications telle qu'on finit par se demander quand l'organisation atteindra une période de stabilité ?

Ces différentes questions renvoient à la méthode adoptée par un acteur pour lancer et piloter un changement.

4.2.1 *Entre changement négocié et changement imposé*

Des méthodes de changement organisationnel ont été développées à différents moments et dans différents lieux, donc dans des contextes particuliers, à la fois sur les plans économique, culturel et historique. Elles mettent en avant des philosophies différentes, ainsi que des compréhensions diverses des comportements individuels (voir approfondissement 9.6).

Les différences seront notamment appréhendées selon le caractère plus ou moins directif du changement, et l'on caractérisera ici les deux extrêmes : le changement imposé, annoncé sans ou avec peu de négociations et discussions préalables avec les membres de l'organisation, et le changement à caractère négocié, guidé, dans lequel les acteurs ont une responsabilité de mise en œuvre.

Ces deux aspects, changement imposé et changement négocié, se trouvent souvent mêlés dans un processus de changement, et cette opposition binaire sert surtout de modèle à la compréhension du processus. Outre les choix de la direction, le mode de changement dépend aussi des caractéristiques de celui-ci : périmètre, urgence, oppositions existantes, secret ou transparence, etc.

On peut distinguer trois paramètres qui influencent, pour un manager, le choix d'une méthode de changement :

- L'urgence : le changement imposé se fait plus vite ; quand il y a crise et que tout le monde en est conscient, la direction peut demander des choses qu'elle ne pourrait pas obtenir en temps normal.

Approfondissement 9.6

Quelques méthodes connues de changement organisationnel

Le développement organisationnel, une négociation des objectifs de mise en œuvre du changement

Une démarche de changement, développée dans les années 1970, est celle du développement organisationnel : cette méthode veut à la fois concilier les objectifs de l'organisation et les objectifs de ses membres, en leur procurant une plus grande satisfaction au travail. L'un de ses promoteurs, Richard Beckard, en donne la définition suivante : « Le développement des organisations est une action planifiée concernant l'organisation dans son ensemble, mise en œuvre par le sommet de la hiérarchie pour améliorer l'efficacité de l'organisation et sa santé, grâce à des interventions programmées dans les processus de l'organisation, utilisant l'apport des sciences du comportement ». L'objectif est de comprendre les répercussions des actions sur toute l'organisation, et non d'avoir un regard trop partiel sur la résolution d'un problème limité. Les unités de base d'action pour l'intervenant sont les groupes, le but ultime étant le changement des comportements et des attitudes en interne. Les groupes vont définir des objectifs, en adéquation avec le problème défini et les modes de résolution envisagés : l'idée fondamentale est que, plus les individus et les groupes participent à la définition des objectifs, plus il y a de chances qu'ils les atteignent.

Le développement social, à caractère négocié, qui recherche les acteurs porteurs

La méthode du « développement social », quant à elle, repose sur le repérage d'acteurs de terrain qui seront les porteurs du changement.

Cette méthode est fondée elle aussi sur l'intervention d'une personne extérieure à l'organisation, et va chercher à faire apparaître des groupes ou catégories d'acteurs internes à l'organisation, porteurs de ce développement. L'objectif pour les sociologues comme F. Piotet et R. Sainsaulieu, qui ont proposé et théorisé cette méthode, est de repérer les groupes acteurs à l'intérieur de l'organisation, qui ont une capacité d'innovation créatrice.

Le développement social des entreprises a longtemps reposé, entre autres, sur le rôle des syndicats. Avec la crise actuelle de la représentation syndicale, les objectifs des promoteurs du développement social sont de faire apparaître des configurations d'acteurs participatifs, sans qu'ils aient pour autant des responsabilités ou une représentation officielle spécifiques.

Sources : Beckard R., *Le développement des organisations, stratégies et modèles*, Dalloz, 1975 ; Piotet F., Sainsaulieu R., *Méthodes pour une sociologie de l'entreprise*, Presses de la fondation nationale des sciences politiques & ANACT, 1994.

- La répartition du pouvoir dans l'organisation : un changement imposé demande que la direction ait le pouvoir d'imposer ce changement ; si le pouvoir est très réparti dans l'organisation, le changement demande à être négocié entre les différentes parties prenantes.
- La nature du changement : la direction peut plus facilement imposer un changement quand il s'agit de procéder à un changement pour lequel les solutions à trouver sont

connues d'avance ; on sait alors relativement bien où l'on veut aller, et l'on peut plus facilement prescrire aux collaborateurs leur nouvelle conduite. Quand il s'agit d'un saut dans l'inconnu, au moins partiel, la direction a nécessairement besoin que les collaborateurs trouvent eux-mêmes les voies pour adapter ce qu'ils font aux nouvelles conditions ou exigences. On ne peut alors pas prescrire le contenu du changement, ou pas totalement, mais proposer des principes d'action.

Du côté des individus qui doivent entrer dans le changement proposé, le changement négocié facilite l'expression des points de vue, des initiatives et des résistances ; il demande en revanche un engagement plus fort, une implication, et cherche à favoriser la responsabilisation des personnes. Le risque est qu'il apparaisse comme une stratégie de manipulation : le dirigeant peut être perçu comme cherchant à tout prix à obtenir un accord, en partageant des zones de pouvoir, en acceptant des modifications sur certains objectifs. La négociation peut être ressentie comme une manipulation, mais il est parfois difficile de faire autrement !

Le changement imposé peut, quant à lui, être plus facilement accepté par des personnes qui ne souhaitent pas entrer dans un débat sur le changement en cours. Dans ce cas, le manager a recours à son autorité légitime, à sa position de dirigeant pour imposer le changement ; des possibilités de sanctions ou de récompenses pourront être couplées au changement. Les managers qui choisissent cette voie peuvent également vouloir atteindre le côté rationnel-stratégique des individus : chercher à démontrer le bien-fondé d'un changement, pour l'entreprise mais aussi pour les individus, et ce en s'appuyant sur leurs compétences, qu'elles soient techniques, juridiques ou économiques. Une des conséquences de ce mode de changement sera le sentiment ressenti par certains d'être exclus du processus, ce qui pourra conduire à une opposition.

4.2.2 Le choix d'un intervenant

Que le changement soit imposé ou négocié, il est fréquent que certains membres de l'organisation (à divers niveaux) fassent appel à des intervenants extérieurs. Quelle en est la raison ? Ces intervenants extérieurs, généralement des consultants, vont apporter, à un moment donné, des ressources dont l'entreprise ne dispose pas en interne : qu'il s'agisse d'un apport d'énergie supplémentaire, au moment où tout le monde est englué dans les difficultés engendrées par le changement, ou de compétences supplémentaires (expérience, méthode, connaissance de techniques, etc.). Par ailleurs, leur statut d'extérieurs à l'organisation fait qu'ils ne sont pas impliqués dans les intrigues politiques internes, qu'ils ne jouent pas leur poste. Ils sont amenés à « mettre les mains dans le cambouis » de l'organisation, et il arrive parfois qu'ils prennent les « coups » – au sens figuré – que n'osent pas s'envoyer directement les membres de l'organisation.

D'ailleurs, le consultant, par sa simple présence, est déjà un changement : il en est le signe, il incarne la volonté de l'entreprise de se modifier et les moyens qu'elle emploie.

Un autre type d'intervention, axé, lui, très directement sur l'individu, est le *coaching*, méthode de développement personnel qui se répand de plus en plus : elle consiste en un accompagnement personnalisé qui peut aider un individu à prendre la mesure de son positionnement dans l'organisation et de ses évolutions possibles. D'autres méthodes, comme celles du théâtre d'entreprise ou de l'intervention par le rire (voir approfondissement 9.7), veulent agir sur les individus et donner une place importante au débat et à la prise de recul par rapport à soi-même, en transposant les relations internes à l'organisation dans un autre cadre, celui du théâtre qui, étant extérieur à l'organisation, crée *de facto* une possibilité de distance.

Approfondissement 9.7

L'intervention par le rire

Certaines interventions en organisation sont fondées sur le rôle du rire. C'est le cas du théâtre d'entreprise. Un acteur raconte (École de Paris, A. Lorgnier) qu'une entreprise, suite à une enquête de climat social dont les résultats étaient catastrophiques (au point que personne ne voulait les annoncer), lui a demandé de mettre en scène la remise des résultats de l'enquête. Il a également monté quelques scènes mettant en avant certains des problèmes soulevés au cours de l'enquête. Le théâtre d'entreprise permet de porter la contestation sur la scène publique, et montre qu'elle intéresse les dirigeants. De plus, on rit plus facilement du comportement du comédien, qui est quelqu'un d'étranger, même si le nôtre est en fait très proche ! Le rire a en quelque sorte un effet de catharsis.

Source : D'après Bourguinat E., Lorgnier A., « Le rôle du rire dans les organisations », Séminaire Vie des affaires, *Annales de l'École de Paris*, vol. 4, 1997.

4.2.3 Du changement au changement permanent : le changement devenu un mode de management ?

L'évolution d'éléments du contexte (grande rapidité de circulation de l'information, outils technologiques nouveaux, pressions économiques et sociales plus fortes, etc.) a conduit les entreprises à s'adapter beaucoup plus rapidement. Cette exigence peut donner, dans certaines organisations, une impression de « changement en permanence ». Il semble alors que le changement soit devenu une manière d'être, de penser dans l'organisation, un élément permanent de l'environnement des managers. Certaines entreprises vivent dans le changement, leurs salariés se trouvant alors dans un contexte de mutations et d'incertitudes quasi continuelles, sources d'attraits mais aussi de difficultés quant au sens à donner à ces évolutions, sans compter le stress qu'engendre l'instabilité.

Dans de tels contextes, le changement parait souvent inéluctable aux salariés : il faut changer parce que l'environnement change. Mais le « changement en permanence » est aussi utilisé comme mode de management : il permet d'instaurer un stress, une mise sous tension de l'encadrement, légitimée par l'existence de cette « nécessaire » réactivité face à un environnement changeant. Le stress peut alors être utilisé dans une perspective de management afin d'obtenir de plus grands efforts, une forte implication, une créativité stimulée, etc. Dans ces conditions, le changement n'est plus vécu comme une phase de transition après laquelle les choses redeviendront plus calmes, mais il devient un état permanent. Or, le stress chronique peut être vécu très négativement et avoir des effets inverses : baisse de motivation, absentéisme, etc. (On parle parfois de l'« explosion en vol » de certains salariés, qui ne supportent plus ces situations.) Par ailleurs, les individus peuvent se sentir leurrés, ayant accepté cette situation de stress pour une phase de durée limitée, en l'occurrence la phase de changement, et s'apercevant finalement que celle-ci s'est muée en un changement permanent.

D'autres réflexions sur la dynamique d'une organisation portent sur l'apprentissage dit « organisationnel ». Une autre action pour favoriser le changement dans l'organisation peut consister à favoriser l'apprentissage dans l'organisation. Il ne s'agit pas alors d'introduire un changement spécifique, mais de favoriser la dynamique au sein de l'organisation, à travers une multitude d'adaptations locales.

4.3 L'apprentissage organisationnel ou l'action sur les « routines » de l'organisation

Le changement peut aussi être envisagé de manière beaucoup plus fine dans l'organisation. Cet autre regard va mettre au centre de l'analyse le rôle de tout un chacun dans la transformation d'une organisation (il renvoie en cela à une approche endogène du changement), (voir concepts clés). C'est le cas des théories de l'apprentissage organisationnel, qui ont choisi d'analyser le changement à travers l'évolution des « routines » de l'organisation, routines fondées sur les savoirs et les connaissances. Les acteurs interviennent comme porteurs de ces savoirs et comme étant capables ou non de les faire vivre dans l'organisation. L'action sur le changement aura alors lieu en amont, à travers la mise en place de conditions propices à l'apparition de l'apprentissage organisationnel et à la dynamique des routines organisationnelles.

4.3.1 Les connaissances organisationnelles au cœur de l'apprentissage

L'analyse du rôle des savoirs dans l'organisation (leur diffusion, leur mémorisation, leur évolution, etc.) prend une résonance importante dans le contexte actuel, où la connaissance est un capital de développement et d'innovation important pour les entreprises.

On distingue, en matière de connaissances dans l'organisation, d'une part les connaissances des individus, qui sont détenues par les personnes et seront perdues si ces dernières quittent l'organisation, et d'autre part les connaissances de l'organisation. Ces dernières sont des gisements de connaissances stockées dans des fichiers, des organigrammes, des procédures, des objets physiques, ou des éléments plus informels comme des croyances, des cadres de référence, des paradigmes, des codes, etc. : autant de « routines » qui servent de références et d'indicateurs aux membres de l'organisation[35]. Pour que des connaissances soient « organisationnelles » et non uniquement liées à telle ou telle personne, elles doivent être ancrées dans des « théories » qui guident l'action (par exemple, des grilles d'évaluation, des tableaux de bord, des accords implicites sur les niveaux de qualité exigés, etc.). Si l'on considère les routines comme produites par les connaissances de l'organisation, on comprend que leur évolution puisse être considérée comme un « apprentissage » de l'organisation. Ainsi, pour des auteurs comme Argyris et Schön, l'apprentissage dit « organisationnel » sera la modification des repères et théories de l'action qui sont fondés sur les connaissances de l'organisation (voir approfondissement 9.8). D'autres auteurs cherchent à analyser la nature de l'évolution des routines, pour comprendre comment elles peuvent être sources de la dynamique organisationnelle (voir approfondissement 9.8).

Approfondissement 9.8

Une recherche sur la dynamique des routines de l'organisation

Des auteurs considèrent qu'il est intéressant de regarder le changement au niveau de la dynamique interne aux routines de l'organisation.

Ainsi, pour Feldman et Pentland, une routine organisationnelle est constituée de deux aspects : un aspect dit « ostensible » et un aspect dit « performatif ». L'aspect ostensible renvoie au schéma en quelque sorte idéal de la routine (l'idée abstraite que l'on se fait de la routine, sa « structure »), alors que l'aspect performatif correspond à la routine dans sa mise en pratique (par telle personne, à tel moment, à tel endroit) et dans sa relation à l'atteinte de la performance (liée à la dynamique de l'action, à l'« agency »). Par exemple, dans le cas d'une procédure de recrutement, l'aspect performatif renvoie à l'aspect structurel de la procédure, constitué des différentes étapes qu'il est logique de réaliser. Mais considérer la routine dans sa mise en pratique conduit à prendre en compte les ajustements, les improvisations mises en œuvre pour que la routine « marche ». Pour une situation de recrutement donnée, il est possible qu'une étape soit modifiée, raccourcie, qu'une autre soit ajoutée…

Selon ces auteurs, il faut, pour penser le changement, se demander comment l'aspect performatif et l'aspect ostensible de la routine interagissent. L'aspect ostensible est utilisé dans l'action comme un guide ou un référent qui permet, par exemple, de légitimer ou d'évaluer une action. L'aspect performatif va être source de création (quand un élément qui ne fait pas partie du schéma de référence devient répétitif), de maintien ou de modification d'une routine. On retrouve à l'échelle de la routine certains phénomènes comme le pouvoir ou la subjectivité des acteurs, déjà évoqués à l'échelle de l'organisation. Ainsi, certains managers vont user de leur pouvoir pour soutenir la transformation d'éléments relevant de la dimension performative vers la dimension ostensive de la routine.

Source : Feldman M. et Pentland B., « Reconceptualizing Organizational Routines as a Source of Flexibility and Change », *Administrative Science Quarterly*, N° 48, 2003, p. 94-118.

4.3.2 *La séquence de l'apprentissage organisationnel*

Les individus et leurs actions sont à la source de l'apprentissage de l'organisation. C. Argyris et D. Schön[36] montrent que l'apprentissage organisationnel met en jeu la séquence suivante.

- En premier lieu, les individus remarquent un décalage entre le résultat qu'ils attendent d'une action et celui qu'ils obtiennent : par exemple, une procédure est suivie pour réaliser un produit, et le produit contient un défaut.
- Un apprentissage organisationnel se produit si ce décalage contribue à modifier les représentations que les individus se font de l'organisation, qui va ensuite être intégré dans les repères collectifs (dispositifs organisationnels, valeurs partagées, etc.) structurant l'action organisationnelle : pour suivre l'exemple précédent, la procédure sera modifiée.
- L'action des individus, qui se réfère à ces repères et théories en usage dans l'organisation, va alors en être modifiée.

Réfléchir sur le changement à partir de l'apprentissage organisationnel consiste à analyser l'évolution des connaissances organisationnelles et leurs conséquences sur la vie de l'organisation. Mais on ne préjuge pas du caractère incrémental ou au contraire plus radical du changement.

Ainsi, C. Argyris et D. Schön montrent que l'on peut rester dans le cadre existant, les connaissances évoluant à la marge ; il s'agit alors d'un apprentissage en simple boucle (tel est, par exemple, le cas d'un produit défectueux, qui conduit à remanier quelque peu le processus de production, mais sans repenser le système dans son ensemble). Une évolution où l'apprentissage conduit à changer de système de repères est nommée apprentissage en double boucle (tel sera, par exemple, le cas d'un changement de structure, comme le passage d'une organisation par métiers à une organisation par produits). On retrouve des « types » de changements évoqués précédemment (*kaizen*, changement radical, etc.).

4.3.3 Quelles actions pour favoriser l'apprentissage organisationnel ?

La réflexion en termes de connaissances amène ensuite à se poser la question de la capacité de l'organisation à apprendre. Argyris et Schön suggèrent de réfléchir à des mécanismes qui permettent d'« apprendre à apprendre », comme par exemple :

- les canaux de communication, comme les forums de discussion et de débats, les schémas formels et informels d'interaction ;
- les systèmes d'information, y compris les médias et les technologies ;
- l'environnement spatial, dans la mesure où il influe sur les schémas de communication ;
- les procédures et les routines qui guident l'investigation individuelle et interactive ;
- les systèmes de rétribution qui jouent sur la volonté ou non d'investiguer.

Il s'agit aussi de prendre conscience des nombreux obstacles à l'apprentissage organisationnel et de tenter de les éviter : des raisonnements erronés, une inertie de l'organisation, le fait de surinvestir dans une expertise alors qu'elle est devenue inutile ou inadaptée pour l'organisation, ou encore la tendance naturelle à reproduire un comportement passé sont autant de pièges qui peuvent bloquer l'apprentissage organisationnel.

Résumé

- La définition d'une vision est importante, car elle permet de créer un sens au changement en le reliant à l'histoire de l'organisation. Différents moyens peuvent être mobilisés : une décomposition en objectifs, mais aussi des moyens plus indirects comme la mise en récit des hauts faits du changement, ou le déclenchement d'événements phares pour rythmer le processus.
- La réflexion sur les étapes et les événements clés permet de construire un rythme du processus de changement, en veillant à ce qu'il ne soit ni trop rapide ni trop lent.
- La réflexion sur la diffusion du changement est importante pour éviter une déconnexion entre la direction et le reste de l'organisation. Le management intermédiaire joue alors un rôle clé, devant contribuer à la diffusion du changement tout en manifestant une certaine indépendance de vue vis-à-vis des directives des pilotes.

Exemple 9.2

La modification d'un outil de veille technologique

Dans une entreprise informatique, des instruments de veille technologique ont été mis en place pour repérer les différents concurrents, ainsi que les innovations technologiques du secteur. Le système analyse les innovations par types de produits. Pourtant, une innovation arrive sur le marché sans qu'elle ait été prévue à temps par les dirigeants de l'organisation. La classification utilisée dans le cadre du système de veille, fondée sur l'état existant des produits, n'a pas conduit à prendre en compte l'importance d'un nouveau système utilisé par l'un des concurrents. Pour remédier à ce dysfonctionnement, l'organisation va modifier son système de veille technologique : ne plus partir des produits, mais des composants, situés plus en amont dans la réalisation des produits, qui sont le premier objet des recherches et des innovations potentielles. Dans cet exemple, l'observation d'un décalage entre le résultat attendu et le résultat obtenu a conduit l'organisation à « apprendre », puisqu'elle a fait évoluer ses outils et ses repères communs d'action.

- Le choix de la méthode (changement imposé ou changement négocié) et le choix des pilotes (en interne ou intervenant extérieur) dépendent des circonstances qui ont conduit au changement, mais également de la façon dont les dirigeants souhaitent impliquer les membres de l'organisation.
- Dans certaines organisations, le management du changement se transforme en une utilisation du changement pour mettre sous pression les membres de l'organisation. Il faut alors peser le pour et le contre du stress qui en découle.
- La théorie de l'apprentissage organisationnel met en évidence l'importance pour l'organisation de réussir la transformation des connaissances et des idées nouvelles et pertinentes venues des individus, en connaissances communes « organisationnelles ».

Conclusion

Lors d'un changement organisationnel, la situation cible, visée par les acteurs du changement, n'est jamais exactement celle qui sera atteinte (voir figure 9.5). Tout changement doit être analysé comme un processus, qui crée une alchimie parfois un peu mystérieuse entre un contenu, un système organisationnel, et des acteurs dont les attitudes évoluent (résistance, adaptation, deuil, etc.) et qui construisent leurs propres représentations du changement. Les paradoxes du pilotage du changement doivent prendre en compte ces incertitudes, voire s'appuyer sur elles pour créer une forme de pilotage à vue, tout en dessinant un cadre général et une vision, points de repères symboliques importants pour les acteurs de l'organisation.

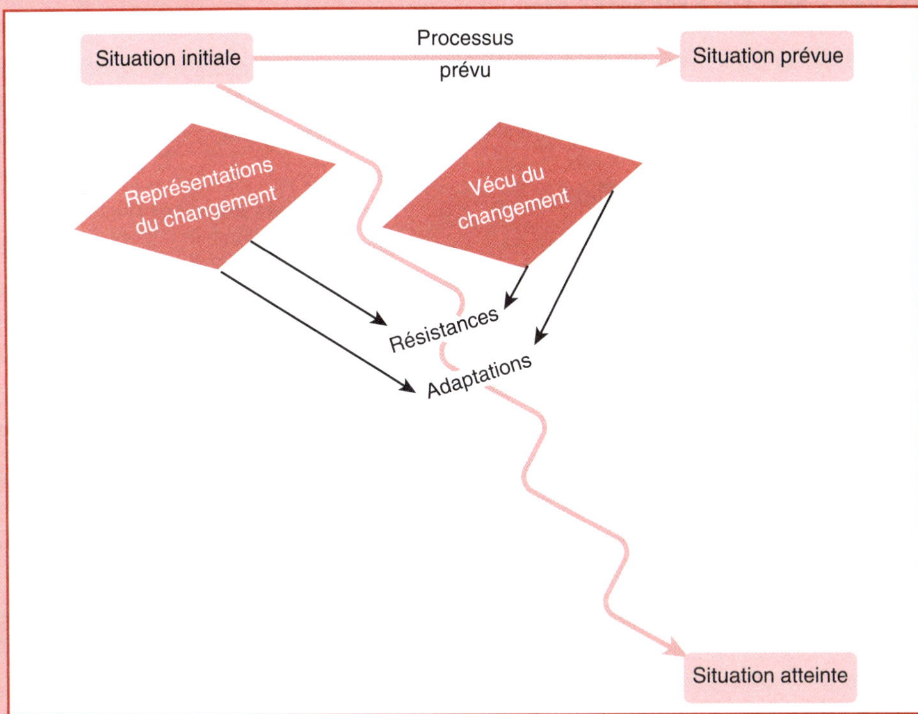

Figure 9.5 • Schéma récapitulatif.

Bibliographie sélective

Alter N., *L'innovation ordinaire*, PUF, 2000.

Bernoux P., *Sociologie du changement dans les entreprises et les organisations*, Seuil, 2005.

Charue-Duboc F., « L'apprentissage organisationnel, du concept séduisant à la complexité des processus en jeu », *in* Gilbert P., Guérin F., Pigeyre F., *Organisations et comportements*, Dunod, 2005.

Jaques E., « Systèmes sociaux en tant que défenses contre l'anxiété », *in* Lévy A. (ed), *Psychologie sociale, textes fondamentaux anglais et américains*, Dunod, 1996.

Kourilsky F., *Du désir au plaisir de changer : comprendre et provoquer le changement*, 3e édition, Dunod, 2004.

Lewin K., « Décisions de groupe et changement social », *in* Lévy A. (ed), *Psychologie sociale, textes fondamentaux anglais et américains*, Dunod, 1996.

Notes et références

1. Alter N., *L'innovation ordinaire*, PUF, 2000.
2. Lewin K., *Field Theory in Social Science*, New York, Harper, 1951.
3. Crozier M., Friedberg E., *L'acteur et le système*, Seuil, 1977.
4. Bernoux P., *Sociologie du changement dans les entreprises et les organisations*, Seuil, 2005.
5. Pettigrew A., « Context and Action in the Transformation of the Firm », *Journal of Management Studies*, vol. 24, n° 6, 1987.
6. Courpasson D., « Le changement est un outil politique », *Revue française de gestion*, n° 120, 1998.
7. Perret V., « La gestion ambivalente du changement », *Revue française de gestion*, n° 12, 1998.
8. Voir Crozier M., *Le phénomène bureaucratique*, Seuil, 1963.
9. Berry M., *Une technologie invisible ? L'impact des instruments de gestion sur l'évolution des systèmes humains*, École polytechnique, 1983.
10. Chevalier F., *Cercles de qualité et changement organisationnel*, Economica, 1991.
11. Thévenet M., *La culture d'entreprise*, PUF, 1993.
12. Thévenet M., *op. cit.*
13. David A., *RATP. La métamorphose – Réalités et théorie du pilotage du changement*, InterÉditions, 1995.
14. Crozier M., Friedberg E., *op. cit.*
15. Bernoux P., *La sociologie des entreprises*, Paris, Seuil, 1995.
16. Hatchuel A., Weil B., *L'expert et le système*, Economica, 1992.
17. Lewin K., « Décisions de groupe et changement social », *in* A. Lévy (ed), *Psychologie sociale, textes fondamentaux anglais et américains*, Dunod, 1996 (1947, édition originale).
18. Lewin K., 1996, *op. cit.*
19. Anzieu D., Martin J.-Y., *La dynamique des groupes restreints*, PUF, 1968.
20. Bernoux P., *op. cit.* 1995.
21. Strebel P., « Why Do Employees Resist Change? », *Harvard Business Review*, mai-juin 1996.
22. Voir notamment Bateson G., *Vers une écologie de l'esprit*, Seuil, 1990 (1977, édition originale).
23. Watzlawick P., Weakland J., Fisch R., *Change. Principles of Problem Formation and Problem Resolution*, 1973 (traduction française : *Changements : paradoxes et psychothérapie*, Seuil, 1975).
24. Jaques E., « Systèmes sociaux en tant que défenses contre l'anxiété », *in* A. Lévy (ed), *Psychologie sociale, textes fondamentaux anglais et américains*, Dunod, 1996.
25. Jaques E., *op. cit.*
26. Augagneur M.-F., *Vivre le deuil*, Chronique sociale, 1995.
27. Roy J.-L., « De l'usage du deuil dans l'entreprise », *L'Expansion Management Review*, septembre 1997.
28. Festinger L., *A Theory of Cognitive Dissonance*, Evanston, Illinois, Row, Peterson, 1957.
29. Thompson J. D., *Organizations in Action*, McGraw-Hill, New York, 1967 ; Perret V., « La gestion ambivalente du changement », *Revue française de gestion*, n° 12, 1998.
30. David A., *op. cit.*
31. Chavel T., *La conduite humaine du changement*, Paris, Demos, 2000.
32. David A., *op. cit.*
33. Préface à David A., *op. cit.*
34. Chavel T., *op. cit.*
35. Levitt B., March J. G., « Organizational Learning », *Annual Review of Sociology*, 1988.
36. Argyris C., Schön D. A., *Organizational Learning: A Theory of Action Perspective*, Addison-Wesley, 1978.

Activités

Étude de cas 1 : Trecca et la démarche qualité

L'entreprise Trecca, une petite entreprise d'insertion, créée en 1989, propose aux industriels des services de sous-traitance (manutention, ensachage). Elle compte six salariés permanents et des salariés en insertion. Trecca connaît une croissance de son activité (de nouveaux projets sont engagés, l'entreprise est de plus en plus reconnue dans la région) et, pour mieux gérer cette croissance, elle est amenée à s'engager dans un processus de normalisation qualité et à se réorganiser. Soucieux de l'image de l'entreprise auprès de ses partenaires, ses responsables décident, en 2000, de s'engager dans un travail de mise aux normes pour l'obtention de la certification ISO. Le travail sur la qualité implique la mise en place de procédures et une clarté accrue vis-à-vis de l'extérieur et notamment des clients : « Écrire ce que l'on fait, faire ce que l'on écrit, et contrôler ce que l'on fait ». Une personne est embauchée, Jacqueline Pascal, pour organiser cette réflexion qualité.

Avant la réorganisation, l'entreprise fonctionnait plutôt bien, mais de manière assez informelle. Les attributions des tâches et les responsabilités de chacun étaient parfois floues, tout le monde faisant « un peu de tout », ce qui occasionnait parfois des difficultés de positionnement et des conflits.

La directrice, Claudine Paris, était assistée d'un responsable de production, Bernard Laffont, et d'un chargé d'affaires récemment recruté, Laurent Serrat, s'occupant de la prospection et du montage de nouvelles activités. Travaillaient également dans l'entreprise Juliette Letellier, secrétaire comptable, placée directement sous la responsabilité de Claudine Paris, et Annick Delaporte, chargée d'insertion.

Suite à la réorganisation, Bernard Laffont, dont le travail a été directement touché par la volonté de mise aux normes, a préféré quitter l'entreprise. Après son départ, une réflexion sur l'organisation a été menée avec les personnes en place, dans la perspective de remplacer Bernard Laffont, mais sans que le nouveau collaborateur ait nécessairement le même profil et les mêmes responsabilités.

De ce travail de réorganisation est née la structure suivante, organisée en quatre pôles :

- un pôle production, dont Jacqueline Pascal est devenue la responsable ;
- un pôle gestion, dont le responsable est Laurent Serrat, et qui comprend également Juliette Letellier ;
- un pôle insertion, comprenant la responsable insertion, Annick Delaporte ;
- un pôle commercial, avec une personne nouvellement recrutée.

Ainsi, les tâches et responsabilités de chacun ont été repositionnées. Laurent Serrat, qui, dans l'une des activités qu'il avait contribué à créer, s'occupait jusque-là à la fois des devis, des bilans de production et de la facturation, ne s'occupe plus que de la facturation, les devis étant réalisés par le commercial, et les bilans production par le pôle production. Claudine Paris se voit délestée d'un certain nombre de tâches qu'elle assumait jusqu'alors, comme, par exemple, le contrôle des factures à payer, et nombre d'autres missions de terrain.

D'autres changements sont apparus, concernant les responsabilités de chacun et les relations hiérarchiques. C'est notamment le cas pour Laurent Serrat. Devenu responsable gestion, il s'est vu confier l'entière responsabilité de certaines tâches qu'il n'effectuait jusqu'alors que partiellement (comme le recrutement) et il supervise de nouvelles activités comme la facturation. Surtout, il est maintenant le supérieur hiérarchique direct de Juliette Letellier, dont les missions ne changent pas. Toutefois, une évolution de ses missions est prévue, notamment du fait de cette nouvelle collaboration avec Laurent Serrat. De plus, il apparaît que certaines tâches que Juliette Letellier réalisait précédemment (travail de conception de documents notamment) lui sont de moins en moins demandées, car les nouvelles personnes embauchées maîtrisent l'outil informatique et réalisent souvent leurs travaux elles-mêmes.

Côté ambiance, les uns disent trouver mieux leurs marques et les limites de leur travail, mais remarquent que l'atmosphère est en revanche moins bon enfant qu'avant. Juliette Letellier, quant à elle, se sent parfois exclue et dit avoir l'impression de régresser, d'avoir moins de responsabilités. Il lui arrive de prononcer des phrases du style : « De toute manière, je n'en ferai maintenant pas plus que ce qui m'est demandé ». Alors qu'elle travaillait jusqu'ici directement avec Claudine Paris (elle venait souvent à tout propos dans son bureau pour lui demander un conseil ou un avis), elle dit maintenant que cette dernière ne s'intéresse plus à son travail.

Laurent Serrat également travaillait auparavant beaucoup en direct avec Claudine Paris puisque, initialement, il avait plus ou moins un rôle d'adjoint de direction. La nouvelle structure doit l'amener à prendre une certaine autonomie vis-à-vis de Claudine Paris (sur certains dossiers, il n'a théoriquement plus à lui demander son aval concernant le processus et peut se contenter de lui présenter le dossier une fois monté). Dans le même temps, il se trouve investi d'un rôle nouveau de management vis-à-vis de Juliette Letellier. Jacqueline Pascal a modifié ses relations de travail avec Juliette Letellier, passant davantage par Laurent Serrat pour toute demande de travail à Juliette Letellier.

Voici quelques réactions des principaux acteurs :

- Juliette Letellier : « Je ne me sens plus faire partie de l'équipe. Je ne suis plus qu'une simple exécutante ». Si on lui demande quels sont ses souhaits : « Je veux du créatif, évoluer».
- Laurent Serrat se demande comment mieux positionner son rôle dans l'entreprise. Voici quelques-unes de ses réflexions : « Je dois asseoir vraiment ma fonction de management, devenir une référence reconnue pour Juliette, et notamment intervenir davantage dans son travail au quotidien. Je travaille peut-être encore trop en binôme avec Claudine Paris. Comment faire pour impliquer davantage Juliette ? »

1. Caractérisez la nature du processus de changement mis en œuvre dans l'entreprise.

2. Analysez les atouts et les risques du changement pour chacun des acteurs.

3. Identifiez différentes sources possibles de la résistance au changement, telle que la manifeste Juliette Letellier.
4. Peut-on mobiliser la métaphore du processus de deuil pour mieux comprendre les réactions de Juliette Letellier ?
5. Proposez, en vous référant au chapitre 8, une analyse de la relation entre Laurent Serrat et Juliette Letellier.
6. Quelles propositions feriez-vous pour que la situation évolue ?

Étude de cas 2 : Jouo ou le transfert d'une équipe

L'entreprise Jouo s'occupe de la création de jeux vidéo. Créée à l'origine par trois jeunes gens passionnés d'image et d'informatique, elle a peu à peu grandi en taille, et compte aujourd'hui six salariés en CDI (informaticiens, graphistes, scénaristes, etc.). À sa tête, quatre associés, dont un gérant, chargé notamment des aspects financiers, juridiques et comptables. Les décisions stratégiques pour l'entreprise (recrutement de nouveaux salariés, lancement de nouveaux jeux, alliances, etc.) sont prises collégialement par les associés. Quatre jeux sont actuellement en préparation, sur des idées originales proposées par les associés. Pour chaque jeu, un *game designer* s'occupe de gérer la qualité globale du produit, son caractère de « jouabilité ». Il tranchera, par exemple, sur des questions du type : tel détail de programmation informatique, qui crée un nouvel obstacle pour le parcours du héros (dans un jeu d'aventures), est-il vraiment utile ? Tel affinement graphique est-il important ou demande-t-il trop de temps au regard du délai de sortie ?

La durée de développement d'un jeu est d'environ 18 mois. Or, la concurrence sur le marché est très rude, et des jeux similaires pourraient sortir entre-temps, rendant le projet obsolète. Les membres de l'entreprise sont très soudés, et travaillent parfois largement plus de dix heures par jour. L'ambiance de travail est intense, créative ; tous ont la sensation de partager une aventure. L'investissement financier dans les jeux, qui permet de faire vivre l'entreprise, est réalisé par de futurs producteurs, démarchés lors de la présentation de prototypes dans les salons internationaux. L'entreprise n'a pour l'instant sorti qu'un seul jeu, trois autres sont en préparation, qui demandent de nouveaux investissements et du travail supplémentaire. L'entreprise a besoin de nouvelles forces en main-d'œuvre (d'autres personnes sont intégrées à l'entreprise, mais avec des contrats à durée déterminée). Ces nouveaux emplois, ainsi que l'achat de matériel informatique supplémentaire, peuvent être financés car un grand groupe de l'audiovisuel a investi sur la réalisation d'un des jeux, qu'il trouve très prometteur.

Le transfert

Malheureusement, la filiale jeux vidéo de ce groupe est vendue, et les repreneurs ne poursuivent pas la même politique d'investissements. L'entreprise Jouo est alors contrainte à la cessation de paiement. Lors de la mise en cessation d'activité et du redressement judiciaire, une autre entreprise du secteur, l'entreprise Davina, se déclare intéressée par certains jeux en cours de conception, et propose d'embaucher, en CDD d'un an, l'équipe qui travaillait sur un jeu très original, le jeu Méga, à charge pour eux de poursuivre la réalisation du produit au sein de l'entreprise Davina. L'équipe est constituée de trois informaticiens programmateurs, deux infographistes et du *game designer*. Ils ont tous environ 25 ans, et sont passionnés par le jeu vidéo. Ils travaillent ensemble depuis au moins deux ans ; leurs relations sont fondées sur beaucoup d'implicite, une forte complicité ; toute nouvelle idée pour améliorer le jeu est discutée en équipe, les essais de programmation permettant d'améliorer la vitesse de progression des personnages sont testés tout de suite, et ils peuvent passer une bonne partie de la nuit à améliorer une séquence.

Davina est une entreprise de taille moyenne du secteur de l'audiovisuel (elle compte une centaine de salariés), elle mise beaucoup sur les produits nouveaux, et donc sur l'intégration de cette petite équipe innovante. Le directeur général de Davina prend lui-même en charge l'opération. L'entreprise fonctionne de façon matricielle, avec deux fonctions opérationnelles, conception et marketing, une fonction support, administration et ressources humaines, et un ensemble de projets, de plus ou moins grande ampleur, pour lesquels il existe un responsable désigné. Dans ces projets, des personnes qui sont également sous la responsabilité fonctionnelle soit de la direction conception, soit de la direction marketing, interviennent. Dans le projet de Jouo, les six membres de l'équipe vont être rattachés à la fonction conception. Le directeur général tient à préserver l'esprit qui régnait dans le groupe, fait d'implication forte et de créativité. Mais il lui apparaît important également, comme l'entreprise en a l'habitude, de faire intervenir dans le projet une personne de la fonction marketing, chargée d'évaluer le marché pour le jeu et d'influencer le projet en cours de conception pour qu'il réponde au mieux au marché.

L'équipe intègre donc l'entreprise, et une nouvelle personne, un responsable commercial, se joint au projet.

L'apparition de tensions

Au départ, les ex-Jouo se sentent un peu comme des Martiens dans le paysage de Davina : ils sont implicitement amenés à se plier à certaines habitudes de l'entreprise. Par exemple, arriver à 11 h du matin et partir régulièrement à 1 h du matin est une pratique qui détonne, ils adoptent donc petit à petit des horaires plus « normaux » au regard de l'entreprise. Mais le plus difficile est le travail avec la nouvelle personne de l'équipe. Plus âgé que les ex-Jouo, il est également passionné par le jeu vidéo. Mais sa compétence porte davantage sur les marchés existants, les produits similaires, et il lui arrive de mal comprendre l'acharnement avec lequel ses nouveaux collègues traquent un point de détail du programme, alors que la concurrence est rude et que d'autres boîtes sont sans doute prêtes à sortir des jeux concurrents. Ses remarques sont souvent mal acceptées par les ex-Jouo. Le *game designer* reste le responsable de l'équipe, mais il se sent parfois remis en question par le nouvel arrivant, qui a le soutien de la direction marketing. Des tensions se font sentir dans l'équipe. Un clash se produit notamment quand une décision du *game designer*, qui a demandé à l'un des informaticiens de retravailler un bout de programme, est remise en cause par le chargé marketing. Les informaticiens eux aussi acceptent mal que l'on remette en question la compétence et le mode de fonctionnement de leur équipe. On sent que petit à petit les uns et les autres prennent une distance vis-à-vis du jeu. Les discussions en aparté sont de plus en plus nombreuses, suspendues quand arrive, soit le *game designer*, soit le chargé marketing. La concentration sur le jeu n'est plus aussi intense.

Le *game designer* démissionne

Au bout de quelque temps, le *game designer* décide de démissionner. Le jeu est pratiquement terminé, mais l'ambiance est devenue morose et très éloignée de ce qu'il connaissait auparavant. Deux autres membres de l'équipe le suivent. La finition du jeu sera faite avec d'autres personnes. Il va être très bien accepté sur le marché. Mais l'équipe innovante n'existe plus et ne monte pas d'autre projet dans le cadre de Davina.

1. **Identifiez les grandes caractéristiques des organisations Jouo et Davina.**
2. **Quelles sont, selon vous, les difficultés rencontrées par Davina pour conserver l'esprit qui existait chez Jouo ?**
3. **Caractérisez le fonctionnement de l'équipe Jouo avant et après l'arrivée du responsable commercial engagé par Davina.**
4. **Comment pouvez-vous expliquer, à l'aide des éléments théoriques sur le changement dans un groupe, les difficultés rencontrées par l'équipe après cette arrivée ?**
5. **Quelles actions, selon vous, auraient pu prévenir la survenue de ces difficultés ?**

Étude de cas 3 : Le « Nissan Revival Plan », 1999-2002

Une alliance entre Renault et Nissan est signée le 27 mars 1999. Il s'agit du premier partenariat industriel et commercial de ce type entre une société française et une société japonaise, chacune conservant sa culture propre et son identité de marque. Les deux sociétés partagent une stratégie commune de croissance rentable et une communauté d'intérêts. Afin de mettre en œuvre cette stratégie, l'alliance Renault-Nissan a établi dès juin 1999 des structures communes qui couvrent la majeure partie des activités des deux entreprises. Par ailleurs, Renault détient en 2004 44,4 % du capital de Nissan, et Nissan détient 15 % du capital de Renault. Chacune des deux sociétés est ainsi directement intéressée au résultat de son partenaire.

En 2002, trois ans après l'alliance, les gains réalisés sont estimés à plus de un milliard cinq cents millions de dollars. Sur cette somme, plus de la moitié (59 %) peut être attribuée aux économies réalisées sur les achats. Entre 1997 et 2000, Renault avait réalisé un effort important de productivité avec ses fournisseurs ; en revanche, tout restait à faire chez Nissan et l'on relevait des écarts de coût de 20 % à 30 % entre les deux entreprises en 1999.

Un important effort de redressement avait alors été entrepris, dès 1999, chez Nissan, sous l'impulsion de Carlos Ghosn. En voici les principales étapes.

25 juin 1999

Carlos Ghosn intègre le conseil d'administration de Nissan, dont il devient le patron opérationnel (*chief operating officer*).

5 juillet 1999

Carlos Ghosn annonce la création d'équipes transversales chargées de stimuler l'entreprise dans l'ensemble de ses fonctions. Chaque équipe implique un membre du comité exécutif comme leader, et un pilote choisi parmi les cadres, aussi jeune que possible, mais assez âgé pour avoir une vue large de l'entreprise (un quadra).

Voici comment Carlos Ghosn décrit cette étape :

> *En 1999, je suis arrivé chez Nissan sans plan préconçu. J'ai constitué des équipes, neuf au total, chacune chargée de réfléchir à un problème particulier : la RD, les achats ou la production. Chaque équipe était composée de membres de l'entreprise, qui ont été cooptés, puisque nous ne connaissions pas suffisamment les gens pour désigner qui devait participer à quelle équipe. Nous n'avons pas pris que les plus hauts gradés, et avons mélangé des experts et des généralistes. L'idée était de leur demander d'identifier ce qui allait mal dans chaque division, de déterminer pourquoi et de proposer des solutions. C'est ainsi que nous avons élaboré le « Nissan Revival Plan », en trois mois.*

18 octobre 1999

Carlos Ghosn dévoile son « Plan de renaissance de Nissan » (NPR). Cette renaissance commence par la disparition programmée de 21 000 postes dans le monde, dont une majorité au Japon, où seront fermées cinq usines. La pilule est amère, mais assortie de trois promesses qui seront toutes tenues : le retour à l'équilibre financier dès la première année d'entrée en vigueur du NPR, la réduction de moitié de la dette et une marge opérationnelle portée à 4,5 % du chiffre d'affaires d'ici à trois ans. L'épine dorsale du plan est la réduction des coûts d'achat, qui constituera le moteur du renouveau pendant les deux premières années.

Lorsque Carlos Ghosn explique la mise en œuvre du plan, il insiste sur la communication et sur les engagements précis qu'il a pris. La communication est d'autant plus importante que, dans les entreprises japonaises, elle est assez peu présente. Elle porte à la fois sur le « comment » (le processus de changement) et sur les engagements : « J'ai pris des engagements précis. (...) Et j'ai aussi dit que si l'un de ces trois objectifs n'était pas réalisé, mon équipe et moi nous engagions à démissionner. »

Par ailleurs, la mise en œuvre du plan s'appuie sur l'approche de Carlos Ghosn de son rôle de dirigeant. Il insiste sur l'existence d'une vision partagée : « Il faut s'assurer que la vision de l'entreprise, de son avenir, est connue, comprise et partagée, jusqu'à l'ouvrier qui travaille dans l'usine, jusqu'au vendeur dans les concessions. Il faut s'assurer que, pour soutenir cette vision, il y aura une stratégie relativement simple, articulée et partagée ; que cette stratégie intègre des objectifs cruciaux, identifiés et classés par ordre de priorité ; et il faut faire en sorte que la contribution attendue de chacun soit connue, de manière quantifiée. »

Comme le raconte Patrick Pelata, un des membres du *board* de Nissan, Carlos Ghosn s'est appuyé sur la notion de « *commitment* » (engagement), notion importante de la culture japonaise : « Lors de la présentation du plan, il s'engage et engage l'ensemble du comité exécutif, démission à la clé, sur les objectifs annoncés. Cela donnera le ton de ce que sera un *commitment* et générera de la confiance dans l'entreprise, même si le plan paraît irréaliste de l'extérieur. » Au Japon, les engagements pris sont précédés de longs débats, mais ensuite l'ensemble des participants veut tenir ses engagements, quitte à y passer ses nuits et ses week-ends.

Les résultats, comme ils portent sur une réduction de coûts, ont l'intérêt majeur de pouvoir être assez rapides. Ils sont communiqués chaque mois à l'ensemble du personnel, qui peut très vite se rendre compte de l'évolution, et se mobilise d'autant plus. L'essentiel des résultats obtenus, notamment en termes de profit opérationnel, sera dû à la réduction des coûts. L'objectif de réduction des coûts de 20 % est ainsi atteint au bout de deux ans, au lieu des trois initialement prévus.

Le Nissan Revival Plan est alors arrêté pour être remplacé par un plan, non plus de réduction des coûts, mais de croissance, « Nissan 180 », qui va permettre de poursuivre le redressement de Nissan.

Sources : D'après le site Internet www.renault.com ; le site Internet Les Echos.fr, entretien du 19 juin 2001 ; Patrick Pelata, « Nissan : le nouveau et le renouveau », *Les annales de l'École de Paris du management*, 2004 ; Georges Douin, « Renault-Nissan, les coulisses de l'exploit », Séminaire Vie des affaires, École de Paris du management, 2002 ; Carlos Ghosn et Philippe Riès, *Citoyen du monde*, Le Livre de Poche, 2004.

1. **Expliquez pourquoi, selon vous, Carlos Ghosn a choisi d'élaborer son plan à partir de la mise en place d'équipes transversales.**
2. **Commentez les choix faits par Carlos Ghosn en matière d'élaboration d'une vision et de fixation des objectifs dans son pilotage du changement.**
3. **Que pensez-vous du rythme du processus de changement dans le cas du NPR ?**
4. **Identifiez les différents leviers mobilisés par Carlos Ghosn pour créer la confiance chez Nissan.**

Bibliographie

A

Abrahamson E., « Management Fashion », *Academy of Management Review*, vol. 1, 1996, pp. 254-285.

Adams J. S., « Inequity in Social Exchanges », *in* L. Berkowitz (ed), *Advances in Experimental Social Psychology*, New York, Academic Press, 1965.

Adler A., *La compensation psychique de l'état d'infériorité des organes*, Payot, 1956 (1907, édition originale allemande).

Adler N. J., *Comportement organisationnel, une approche multiculturelle*, Québec, Éditions Reynald Goulet, Inc., 1994.

Alderfer C. P., *Existence, Relatedness and Growth*, New York, Free Press, 1972.

Alexandre G., « Le coaching, l'irrésistible développement d'une démarche en quête de professionnalisation », *in* J. Allouche (coord.), *Encyclopédie des ressources humaines*, Vuibert, 2003.

Alexandre-Bailly F., *L'autonomie des individus dans l'entreprise : essai de conceptualisation et regard sur les pratiques*, Paris, Doctorat HEC, 2001.

Allouche J. (coord.), *Encyclopédie des ressources humaines*, Vuibert, 2003.

Allouche J., Schmidt G., *Les outils de la décision stratégique*, tome 2, Repères La Découverte, 1995.

Allport G. W., « The Historical Background of Modern Social Psychology », *in* G. Lindzey, E. Aronson (eds), *The Handbook of Social Psychology*, London, Addison Wesley, 1968.

Alter N., *L'innovation ordinaire*, PUF, 2000.

Alvesson M., Willmott H., *Critical Management Studies*, London, Sage, 1992.

Alvesson M., *Organization Theory and Technocratic Consciousness*, Berlin, De Gruyter, 1986.

Amado G., « Cohésion organisationnelle et illusion collective », *Revue française de gestion*, n° 69, 1988, pp. 37-43.

Anzieu D., *Le groupe et l'inconscient*, Dunod, 1972.

Anzieu D., Martin J.-Y., *La dynamique des groupes restreints*, PUF, 1968.

Argyle M., *Bodily Communication*, London, Methuen, 1976.

Argyris C., « L'empowerment ou les habits neufs de l'empereur », *L'Expansion Management Review*, sept. 1998, pp. 25-30.

Argyris C., Schön D. A., *Organizational Learning : A Theory of Action Perspective*, Addison-Wesley, 1978.

Aristote, *La politique*, Denoël-Gonthier, 1980.

Arthur M. B., Rousseau D. M., *The Boundaryless Career : a New Employment Principle for a New Organizational Era*, New York, Oxford University Press, 1996.

Asch S. E., « Effects of Group Pressure Upon the Modification and Distortion of Judgments », *in* H. Guetzhow (ed.), *Groups, Leadership, and Men*, Pittsburg, Carnegie, 1951.

Asch S. E., « Forming Impressions of Personality », *Journal of Abnormal and Social Psychology*, 41, 1946, pp. 258-290.

Asch S. E., « Studies in the Principles of Judgments and Attitudes. Determination of Judgments by Group and by Ego Standards », *Journal of Social Psychology*, 12, 1940, pp. 433-445.

Atlan H., *Entre le cristal et la fumée*, Seuil, 1979.

Aubert N., Gaulejac V. (de), *Le coût de l'excellence*, Seuil, 1991.

Aubert N., Gruère J.-P., Jabes J., Laroche H. et Michel S., *Management — Aspects humains et organisationnels*, PUF, 1991.

Auer P., Riegler C.-H., *Le post-taylorisme : l'entreprise comme lieu d'apprentissage du changement organisationnel*, Éditions de l'ANACT, 1990.

Augagneur M.-F., *Vivre le deuil*, Chronique sociale, 1995.

Augendre M., « Un enjeu pour les organisations », *Sciences humaines* (hors-série), n° 16, mars-avril 1997.

Aoun J., *Gérer les différences culturelles*, Multi-Mondes, 2004.

Axelrod R., *Comment réussir dans un monde d'égoïstes*, Odile Jacob, 1996.

B

Bales R. F., *Interaction Process Analysis : A Method for the Study of Small Groups*, Cambridge, Mass., Addison Wesley, 1950.

Barnard C., *The Functions of the Executive*, Cambridge, Mass. Harvard University Press, 1938.

Baron R. A., *Behavior in Organizations*, Newton, Massachusetts, 1983.

Bateson G. *et al.*, *La nouvelle communication*, Points Seuil, 1984.

Bateson G., *Vers une écologie de l'esprit*, Seuil, 1990 (1977, édition originale).

Bavelas A., « A Mathematical Model for Group Structures », *Applied Anthropology*, 7, 1948.

Bavelas A., « Communication Patterns in Task-Oriented Groups », *Journal of Acoustical Social American*, 22, 1950, pp. 725-730.

Baudouin C., Brosseau O., *Les Créationnismes : Une menace pour la société française ?*, Syllepse, 2008.

Beckard R., *Le développement des organisations, stratégies et modèles*, Dalloz, 1975.

Berne E., *Games People Play*, New York, Grove Press, 1964.

Bernoux P., *La sociologie des entreprises*, Points Seuil, 1995.

Bernoux P., *La sociologie des organisations*, Points Seuil, 1985.

Bernoux P., *Sociologie du changement dans les entreprises et les organisations*, Seuil, 2005.

Berry M., *Une technologie invisible ? L'impact des instruments de gestion sur l'évolution des systèmes humains*, École Polytechnique, 1983.

Bertalanffy L. (von), *Théorie générale des systèmes*, Dunod, 1973.

Bettelheim B., *Le cœur conscient : comment garder son autonomie et parvenir à l'accomplissement de soi dans une civilisation de masse*, Robert Laffont, 1972.

Bion W. R., *Recherches sur les petits groupes*, PUF, 1965.

Blake R., Mouton J., *Les deux dimensions du management*, Éditions d'Organisation, 1972.

Blake R., Mouton J., *La troisième dimension du management*, Éditions d'Organisation, 1987.

Blanchard K., Oncken W., Burrows H., *Les singes et le manager, l'art de la délégation*, InterÉditions, 1990.

Bollinger D., Hofstede G., *Les différences culturelles dans le management*, Éditions d'Organisation, 1987.

Boltanski L., Chiapello E., *Le nouvel esprit du capitalisme*, Gallimard, 1999.

Borzeix A., Linhart D., « La participation : un clair-obscur », *Sociologie du travail*, 1/88, 1988, pp. 37-54.

Bouchikhi H., « Living in and Building on Complexity : A Constructivist Perspective on Organizations », *Organization*, vol. 5(2), 1998, pp. 217-232.

Bourdieu P., *La distinction, critique sociale du jugement*, Éditions de Minuit, 1979.

Bourguinat E., Lorgnier A., « Le rôle du rire dans les organisations », Séminaire Vie des affaires, *Annales de l'École de Paris*, vol. 4, 1997.

Brabet J. (dir.), *Repenser la gestion des ressources humaines ?*, Economica, 1993.

Brangier E., Lancry A. & Louche C. (éd.), *Les dimensions humaines du travail : Théories et pratiques de la psychologie du travail et des organisations*, Presses universitaires de Nancy, 2004.

Breaugh J. A., Becker A. S., « Further Examinations of the Work Autonomy Scales : Three Studies », *Human Relations*, vol. 40, n° 6, 1987, pp. 381-400.

Brouwers I. *et al.*, *Management humain et contexte de changement*, Paris-Bruxelles, De Boeck Université, 1997.

Bruner J. S., Taguiri R., « Person Perception », *in* G. Lindzey, *Handbook of Social Psychology*, vol. 2, Reading, Mass., Addison-Wesley, 1954.

Brunet L., Savoie A., *La face cachée de l'organisation*, Presses de l'Université de Montréal, 2003.

Bué J., Rougerie C., « L'organisation du travail : entre contrainte et initiative. Résultats de l'enquête Conditions de travail de 1998 », *Premières synthèses de la DARES*, vol. 32.1, août 1999.

Burns T., Stalker G. M., *The Management of Innovation*, London, Tavistock, 1961.

Burrell G., Morgan G., *Sociological Paradigms and Organizational Analysis*, London, Heinemann, 1979.

C

Cabin P., Dortier J.-F., *La communication, État des savoirs*, 3e éd., Sciences Humaines, 2008.

Carson C., Shepard K. (eds), *A Call to Conscience : The Landmark Speeches of Dr. Martin Luther King*, New York, IPM/Warner Books, 2001.

Castoriadis C., « Pouvoir, politique, autonomie », *Revue de métaphysique et de morale*, vol. 1, 1988.

Cattell R. B., *La personnalité*, PUF, 1956.

Charreire S., Huault I., *Les grands auteurs en management*, Éditions EMS, 2002.

Charue-Duboc F., « L'apprentissage organisationnel, du concept séduisant à la complexité des processus en jeu », *in* P. Gilbert, F. Guérin, F. Pigeyre (coord.), *Organisations et comportements*, Dunod, 2005.

Charue-Duboc F. (dir.), *Des savoirs en action — Contributions de la recherche en gestion*, L'Harmattan, Logiques de gestion, 1995.

Chatzis K., Mounier C., Veltz P., Zarifian P., *L'autonomie dans les organisations. Quoi de neuf ?*, L'Harmattan, 1999.

Chavel T., *La conduite humaine du changement*, Paris, Demos, 2000.

Chevalier F., *Cercles de qualité et changement organisationnel*, Economica, 1991.

Christian D., Boudès T., « Il était une fois le changement », *Revue française de gestion*, n° 120, 1998.

Ciccotti S., *150 petites expériences de psychologie pour mieux comprendre nos semblables*, 2e éd., Dunod, 2007.

Coase R. H., « La nature de la firme », *Revue française d'économie*, 1987, pp. 134-163 (1937, édition originale).

Cohen M., March J., Olsen J., « A Garbage Can Model of Organizational Choice », *Administrative Science Quarterly*, n° 17, 1972, pp. 1-25.

Cooley C. H., *Social Organization : A Study of The Larger Mind*, New York, Scribner's, 1909.

Couchard F., *La psychologie clinique interculturelle*, Dunod, 1999.

Courpasson D., *L'action contrainte*, PUF, 2000.

Courpasson D., « Le changement est un outil politique », *Revue française de gestion*, n° 120, 1998.

Crozier M., *Le phénomène bureaucratique*, Seuil, 1963.

Crozier M., Friedberg E., *L'acteur et le système*, Seuil, 1977.

Cyert R. M., March J., *A Behavioral Theory of the Firm*, New York, Prentice Hall, 1963.

D

Dany F., Livian Y.-F., *La gestion des cadres*, Vuibert, 1995.

David A., *RATP. La métamorphose — Réalités et théorie du pilotage du changement*, InterÉditions, 1995.

Dearborn D. C., Simon H. A., « Selective Perception : A Note On The Departmental Identifications of Executives, *Sociometry*, 21, 1958, pp. 140-144.

Dejours C., *Souffrance en France : la banalisation de l'injustice sociale*, Seuil, 1998.

Delavallée E., *Le manager idéal n'existe pas !*, Éditions d'Organisation, 2005.

Détrie J.-P. (dir.), *Strategor : politique générale d'entreprise*, Dunod, 2000.

Desombre C., Durand-Delvigne A., Verquerre R., *Psychologie du travail et des organisations : des savoirs au service de l'action*, Presses Universitaires de Nancy, 2008.

Dilthey J., *Le monde de l'esprit*, Paris, Aubier, 1947.

Dortier J.-F., « Les mystères de la communication », *Sciences humaines* (hors-série), n° 16, mars-avril 1997.

Dortier J.-F., *Le langage, Sciences Humaines*, 2001.

Dortier J.-F., *Le cerveau et la pensée : La révolution des sciences cognitives*, Sciences Humaines, 2003.

Douin G., « Renault-Nissan, les coulisses de l'exploit », Séminaire Vie des affaires, École de Paris du management, 2002, www.ecole.org.

Drucker P., *Post-Capitalist Society*, Oxford, Butterworth-Heinemann, 1993.

Drucker P., *The Practice of Management*, New York, Harper and Row, 1954.

Dubar C., *La socialisation. Construction des identités sociales et professionnelles*, Armand Colin, 1991.

Dubois P., Durand C., Chave D., Maître G.-L., *L'autonomie ouvrière dans les industries de série*, Lyon, Groupe de sociologie du travail, 1976.

Dumond J.-P., « Oblativité et rationalité instrumentale dans le travail de coopération », *Revue française de psychosociologie*, n° 7, 1997.

Dumont L., *Homo hierarchicus. Le système des castes et ses implications*, Gallimard, 1967.

Durkheim E., *Les règles de la méthode sociologique*, PUF, 1898.

E

Ehrenberg A., *La fatigue d'être soi*, Odile Jacob, 1998.

Emery F., « Characteristics of Socio-technical Systems », *in* E. Trist, H. Murray (eds), *The Social Engagement of Social Science*, Philadelphia, University of Pennsylvania Press, 1993, pp. 157-186.

Emery F., « The Second Design Principle : Participation and the Democratization of Work », *in* E. Trist, H. Murray (eds), *The Social Engagement of Social Science*, vol. II : *The Sociotechnical Perspective*, Philadelphia, University of Pennsylvania Press, 1993, pp. 214-233.

Enriquez E., « L'individu pris au piège de la structure stratégique », *Connexions*, 54-2, 1989.

Enriquez E., *L'organisation en analyse*, PUF, 1992.

Erikson E., *Adolescence et crise*, Flammarion, 1972 (1950, édition originale).

Everaere C., *Autonomie et collectifs de travail*, Lyon, ANACT, 1999.

Everaere C., « L'autonomie dans le travail : sens et contresens », *La GRH : autonomie et contrôle ;*

actes du 10e congrès de l'AGRH, Lyon, 1999, pp. 469-480.

Eysenck H.J., *Personality, Genetics and Behavior*, New York, Prager, 1982.

F

Faucheux C., Moscovici S., « Études sur la créativité des groupes, tâches, structures, communications et réussite », *Bulletin du CERP*, 9, 1960.

Faucheux C., Moscovici S., « Le style de comportement d'une minorité et son influence sur les réponses d'une majorité », *Bulletin du CERP*, 16, 1967, pp. 337-360.

Ferrier O., « Altruisme, soumission et négociation intrafamiliale », *in* C. Roland-Lévy et Adair P., *Psychologie économique : théories et applications*, Economica, 1998, pp. 215-230.

Festinger L., *A Theory of Cognitive Dissonance*, Evanston, Illinois, Row, Peterson, 1957.

Flament C., *Réseaux de communications et structures de groupe*, Dunod, 1965.

Follett M. P., « Constructive Conflict », *in* P. Graham (ed), *Prophet of Management*, Boston, Harvard Business School Press, 1995 (1925, édition originale).

Fombrun C., « Structural Dynamics Within and Between Organizations », *Administrative Science Quarterly*, vol. 31, 1986, pp. 403-421.

Foucault M., *L'archéologie du savoir*, Gallimard, 1969.

Foucault M., *Les mots et les choses*, Gallimard, 1966.

Foucault M., *Surveiller et punir*, Gallimard, 1975.

Francfort I., Osty F., Sainsaulieu R., Uhalde M., *Les mondes sociaux de l'entreprise*, Desclée de Brouwer, 1995.

Freud A., *Le moi et les mécanismes de défense*, PUF, 1946.

Freud S., « Au-delà du principe de plaisir », *Essais de psychanalyse*, Petite Bibliothèque Payot, 1982 (1920, édition originale).

Freud S., « Le moi et le ça », *in* S. Freud, *Œuvres complètes*, PUF, 1922, pp. 258-309.

Freud S., *Malaise dans la civilisation*, PUF, 1973.

Freud S., « Psychologie des masses et analyse du moi », *Œuvres complètes*, PUF, 1921, pp. 5-81.

Freud S., « Pulsions et destins des pulsions », *Métapsychologie*, Gallimard, 1968 (1915, édition originale).

Friedberg E., *Le pouvoir et la règle*, Seuil, 1993.

Fromm E., *La peur de la liberté*, Buchet-Chastel, 1963.

G

Galambaud B., *L'initiative contrôlée ou l'art du manager*, Paris, Entreprise Moderne d'Édition, 1988.

Ghosn C., Riès P., *Citoyen du monde*, Le Livre de Poche, 2004.

Gilbert P., Guérin F., Pigeyre F. (coord.), *Organisations et comportements*, Dunod, 2005.

Girard R., *Le bouc émissaire*, Grasset, 1987.

Girard R., *Mensonge romantique et vérité romanesque*, Seuil, 1961.

Girin J., « Avant-propos », *in* F. Charue-Duboc (ed)., *Des savoirs en action — Contributions de la recherche en gestion*, L'Harmattan, Logiques de gestion, 1995.

Godbout J., Caillé A., *L'esprit du don*, La Découverte, 1992.

Goffman E., *La mise en scène de la vie quotidienne*, Éditions de Minuit, 1974.

Goleman D., *L'intelligence émotionnelle*, Robert Laffont, 1997.

Goleman D., Boyatzis R., McKee A., *L'intelligence émotionnelle au travail*, Village Mondial, 2002.

Gollac M., « Les dimensions de l'organisation du travail : communication, autonomie, pouvoir hiérarchique », *Économie et statistiques*, n° 224, septembre 1989, pp. 27-44.

Graham R., « The Role of Perception of Time in Consumer Research », *Journal of Consumer Research*, vol. 7, mars 1981, pp. 335-342.

Grosjean M., Lacoste M., « Communication et intelligence collective », *in Le travail à l'hôpital*, coll. Le Travail Humain, PUF, 1999.

Gruère J.-P., Morel P., *Cadres français et communications interculturelles*, Eyrolles, 1991.

Guimelli C., « Pratiques nouvelles et transformation sans rupture d'une représentation sociale : la représentation de la chasse et de la nature », *in* J.-L. Beauvois, R.-V. Joule, J.-M. Monteil (eds), *Perspectives cognitives et conduites sociales*, 2, Del Val, Cousset, 1989, pp. 117-141.

Guittet A., *L'entretien*, Armand Colin, coll. U, 1986.

H

Hall E. T., *Au-delà de la culture*, Points Seuil, 1979.

Hall E. T., *La dimension cachée*, Seuil, 1978 (1966, édition originale).

Hall E. T., *The Silent Language*, Garden City, New York, Doubleday, 1959.

Hammer M., Champy J., *Le reengineering — Réinventer l'entreprise pour une amélioration spectaculaire de ses performances*, Dunod, 1993.

Hannan M., Freeman J., « The Population Ecology of Organizations », *American Journal of Sociology*, 83, 1977, pp. 929-984.

Hatchuel A., Nobre Morais A. P. (de), Pallez F., « Des autobus bien tempérés », *in* J.-C. Moisdon (ed), *Du mode d'existence des outils de gestion. Les instruments de gestion à l'épreuve de l'organisation*, Seli Arslan, 1997, pp. 192-215.

Hatchuel A., Weil B., *L'expert et le système*, Economica, 1992.

Hegel G. F., *Phénoménologie de l'esprit*, Aubier, 1992 (1807, édition originale).

Herbst P. G., *Alternatives to Hierarchies*, Leiden, Hollande, Martinus Nijhoff Social Sciences Division, 1976.

Hersey P., Blanchard K. H., *Management of Organizational Behavior; Utilizing Human Resources*, Englewood Cliffs (NJ), Prentice Hall, 1977.

Herzberg F., *Work and The Nature of Man*, New York, The Mentor Executive, 1966.

Hirigoyen M.-F., *Le harcèlement moral. La violence perverse au quotidien*, La Découverte et Syros, 1998.

Hofstede G., *Culture's Consequences: International Differences in Work-Related Values*, Berverly Hills, CA, Sage, 1980.

Horckheimer M., Adorno T., *The Dialectics of Enlightment*, London, Verso, 1947.

Hull C. L., *Principles of Behavior*, New York, Appleton, 1943.

Hyman H. H., « The Psychology of Status, », *Archives Psychology*, n° 269, 1942.

I, J

Iribarne P. (d'), *La logique de l'honneur*, Seuil, 1989.

Jabes J. *et al.*, *The Vertical Solitude. Managing in the Public Sector*, Halifax, L'institut de recherches politiques, 1989.

Jakobson R., *Essais de linguistique générale*, Éditions de Minuit, 1963.

Jaques E., *Equitable Payment*, Paris, Éditions Hommes et techniques, 1963.

Jaques E., *Manuel d'évaluation des fonctions*, Paris, Éditions Hommes et techniques, 1965.

Jaques E., « Systèmes sociaux en tant que défenses contre l'anxiété », *in* A. Lévy (ed), *Psychologie sociale, textes fondamentaux anglais et américains*, Dunod, 1996.

Jaques E., « Social Systems as a Defense against Persecutory and Depressive Anxiety », *in* M. Klein (ed), *New Directions in Psychoanalysis*, London, Tavistock, 1955.

Jodelet D., « Représentation sociale : phénomènes, concept et théorie », *in* S. Moscovici (ed), *Psychologie sociale*, PUF, 1984.

Jones E. E., Davis K. E., « From Acts To Dispositions, The Attribution Process in Person Perception », *in Advances in Experimental Social Psychology*, vol. 2, Academic Press, New York, 1960.

Jung C. G., *Types psychologiques*, Genève, Librairie des universités, Paris (5e éd. Buchet-Chastel), 1967.

K

Kaes R., *Le groupe et le sujet du groupe*, Dunod, 1993.

Kant E., *Fondements de la métaphysique des mœurs*, Flammarion, 1994 (1785, édition originale).

Kant E., *Traité de pédagogie*, Hachette, 1981 (1883, édition originale ; traduit en français en 1886 par J. Barni, Éditions F. Alcan, Paris).

Keenoy T., Oswick C., Grant D., « Organizational Discourses: Text and Context », *Organization*, n° 4, 1997, pp. 147-157.

Kelley H. H., « Attribution Theory In Social Psychology », *in* D. Levine (ed), *Nebraska Symposium on Motivation*, vol. 15, pp. 129-238, Lincoln: University of Nebraska Press, 1967.

Kets de Vries M., *Combat contre l'irrationalité des managers*, Éditions d'Organisation, 2002.

Kets de Vries M., *L'entreprise névrosée*, McGraw-Hill, 1979.

Kieser A., « Rhetoric and Myth in Management Fashion », *Organization*, vol. 4, n° 1, 1997, pp. 49-74.

Klein M., Riviere J., *L'amour et la haine*, Payot, 1968.

Klein M., *Essais de psychanalyse*, 1921-1945, Payot, 1947.

Kleinke C. L., *La première impression. Image de soi, image des autres*, Éditions de l'Homme, Montréal, 1979.

Klineberg O., « Les aspects du langage », *Bulletin de psychologie*, Groupe d'étude de psychologie de l'université de Paris, 1966.

Knapp M. L., *Nonverbal Communication in Human Interaction*, New York, Holt, Rinehart et Winston, 1978.

Koffka K., *The Growth of the Mind*, New York, Harcourt Brace Jovanovich, 1925.

Kohler W., *The Mentality of Apes*, New York, Harcourt Brace Jovanovich, 1925.

Korzybski A., *Science and Sanity : An Introduction to Non-Aristotelian Systems and General Semantics*, Lancaster, Pa., Science Press, 1933.

Kourilsky-Belliard F., *Du désir au plaisir de changer*, Dunod, 1995.

L

La Boëtie E. (de), *Discours sur la servitude volontaire*, Payot, 1993.

Lainé S., *Management de la différence. Apprivoiser l'interculturel*, Paris, AFNOR, 2004.

Lalande A., *Vocabulaire technique et critique de la philosophie*, PUF, 1991.

Lang G., *Du mode d'existence des modes managériales — Étude d'un cas de reengineering*, Thèse de doctorat de l'École Polytechnique, 1999.

Lassare D., *Psychologie sociale et économie*, Armand Colin, coll. U, 1995.

Lasswell H. D., « The Structure and Function of Communication in Society », *in* L. Bryson (ed), *The Communication of Ideas*, New York, Harper & Brothers, 1948, pp. 37-51.

Laufer R., Paradeise C., *Le Prince bureaucrate*, Flammarion, 1982.

Laurent A., « The Cross-Cultural Puzzle of International Human Resource Management », *Human Resource Management*, vol. 25, n° 1, printemps 1986, pp. 91-102.

La Vega X. (de), « Enquête sur le coaching », *Sciences humaines*, 165, novembre 2005.

Leavitt H., Mueller R., « Some Effects of Feed-Back Upon Communication », *Human Relations*, 4, 1951, pp. 401-410.

Les associés d'EIM, *Les dirigeants face au changement*, Les Éditions du Huitième Jour, 2004.

Levi P., *Les naufragés et les rescapés*, Gallimard, 1995.

Levine R. A., *Culture, Behavior and Personality*, New York, Aldine, 1982.

Levitt B., March J. G., « Organizational Learning », *Annual Review of Sociology*, 1988.

Levy A., *Psychologie sociale, textes fondamentaux anglais et américains*, tome 2, Dunod, 1996 (1947, édition originale).

Lewin K., « Décisions de groupe et changement social », *in* A. Lévy (ed), *Psychologie sociale, textes fondamentaux anglais et américains*, Dunod, 1996 (1947, édition originale).

Lewin K., *Field Theory in Social Science*, New York, Harper, 1951.

Lewin K., *La psychologie dynamique*, PUF, 1964.

Lewin K., Lippitt R., White R., « Patterns of Aggressive Behavior in Experimentally Created Social Climates », *Journal of Social Psychology*, 10, 1939, pp. 271-288.

Linton R., *Le fondement culturel de la personnalité*, Dunod, 1978.

Livian Y.-F., « L'intervention en entreprise », *in* J. Allouche (coord.), *Encyclopédie des ressources humaines*, Vuibert, 2003.

Livian Y.-F., *Organisation – Théories et pratiques*, 3e éd., Dunod, 2005.

Locke E. A., « Toward a Theory of Task Motivation and Incentives », *Organizational Behavior and Human Performance*, mai 1968, pp. 157-189.

Louche C., *Introduction à la psychologie du travail et des organisations, concepts de base et applications*, Armand Colin, 2007.

Luft J., *Introduction à la dynamique des groupes*, Privat, 1967.

M

Machiavel N., *Le Prince*, Gallimard, 1962 (1513, édition originale).

Maddi S. R., *Personality Theories, A Comparative Analysis*, Homewood III, Dorsey, 1980.

March J. G., « Rationalité limitée, ambiguïté et ingénierie des choix », *in Décisions et organisations*, Éditions d'Organisation, 1991.

Marcuse H., *One-Dimensional Man*, Boston, Beacon Press, 1964.

Martin B., Lenhardt B., Jarrosson B., *Oser la confiance — Propos sur l'engagement des dirigeants*, INSEP Éditions, 1996.

Marty M.-O., Sainsaulieu R., Tixier P.-E., *La démocratie en organisation : vers des fonctionnements collectifs de travail*, Librairie des Méridiens, Paris, 1983.

Marx K., Engels F., *L'idéologie allemande*, Éditions sociales, Paris, 1982 (1845, édition originale).

Maslow A., *Motivation and Personality*, New York, Harper and Row, 1954.

Mauss M., « Essai sur le don », *in Sociologie et anthropologie*, PUF, 1950.

Mc Gregor D., *La dimension humaine de l'entreprise*, Paris, Gauthier-Villars, 1969.

Mc Clelland D., *The Achieving Society*, New York, Van Nostrand Reynhold, 1961.

Mc Clelland D., « The Two Faces of Power », *Journal of International Affairs*, vol. 24, 1, 1970.

Mendras H., *Sociétés paysannes, éléments pour une théorie de la paysannerie*, Armand Colin, 1976.

Mérö L., *Les aléas de la raison : de la théorie des jeux à la psychologie*, Seuil, 2000.

Merton R., *Éléments de théorie et de méthode sociologique*, Plon, 1965.

Midler C., « Logique de la mode managériale », *Annales des Mines Gérer et comprendre*, juin 1986.

Miles R., *Macro-Organizational Behavior*, Goodyear, 1980.

Milgram S., *Soumission à l'autorité*, Calmann-Lévy, 1974.

Miller E. J., Rice A. K., *Systems of Organization: Task and Sentient Systems and Their Boundary Control*, London, Tavistock, 1967.

Mintzberg H., *Le manager au quotidien*, Éditions d'Organisation, 1984 (éd. originale : *The Nature of Managerial Work*, Prentice Hall, 1980).

Mintzberg H., *Le pouvoir dans les organisations*, Éditions d'Organisation, 1986.

Mintzberg H., *Structure et dynamique des organisations*, Éditions d'Organisation, 1982.

Molénat X. et *al.*, *L'individu contemporain : Regards sociologiques*, Sciences Humaines, 2006.

Molinié M., *La psychanalyse. Points de vue pluriels*, Sciences Humaines, 2007.

Montoussé M., Renouard G., *100 fiches pour comprendre la sociologie*, Paris, Bréal, 1997.

Moreno J.-L., *Les fondements de la sociométrie*, PUF, 1954 (publié en anglais sous le titre *Who Shall Survive?*, 1953).

Morgan, G., *Images de l'organisation*, 2e éd., Presses de l'Université de Laval, 2003.

Morris D., *Le langage des gestes*, Marabout, 1997.

Moscovici S., « L'ère des représentations sociales », *in* W. Doise, A. Palmonari (eds), *L'étude des représentations sociales*, Neuchatel, Delachaux & Niestlé, 1986.

Moscovici S., Lage E., Naffrechoux M., « Influence of Consistant Minority on the Responses of a Majority in a Color Perception Task », *Socio-Communication*, 32, 1969, pp. 365-379.

Munk J. (de), *Les métamorphoses de l'autorité*, Autrement, n° 198, 2000.

Myerson R., *Game Theory*, Cambridge, Mass., Harvard University Press, 1991.

N

Nelson R., Winter S., *An Evolutionnary Theory of Economic Change*, Cambridge, MA, Harvard University Press, 1982.

Nicholson N., « Le rôle de la personnalité », *in L'art du management*, Village Mondial, 1997 (2001, nouvelle édition).

Nonaka I., Takeuchi H., *The Knowledge-Creating Company*, Oxford University Press, 1995 (traduction française : *La connaissance créatrice*, De Boeck University, 1997).

Nuttin J., *Théorie de la motivation humaine*, PUF, 1985.

P

Pagès M., *La vie affective des groupes, Esquisse d'une théorie de la relation humaine*, Dunod, 1972.

Pagès M., Bonetti M., Gaulejac V. (de), Descendre D., *L'emprise de l'organisation*, PUF, 1979.

Païtra J., *La société de l'autonomie, comment les comportements vont changer*, Éditions d'Organisation/Les Échos Éditions, coll. Tendances, 2000.

Pavlov I. P., *Conditioned Reflexes*, Londres, Oxford University Press, 1927.

Pelata P., « Nissan : le nouveau et le renouveau », *Les annales de l'École de Paris du management*, 2004.

Pelletier G., « Les formes du leadership : approches américaines », *in* P. Cabin (dir.), *Les organisations. État des savoirs*, Éditions Sciences humaines, 1999.

Perret V., « La gestion ambivalente du changement », *Revue française de gestion*, n° 12, 1998.

Perron R., *Genèse de la personne*, PUF, 1985.

Pervin L. A., *Current Controversies and Issues in Personality*, 2nd ed., New York, Wiley, 1984.

Peters T. J., Waterman R. H., *In Search of Excellence*, Harper and Grow, New-York, 1982 (traduction française : *Le prix de l'excellence*, InterÉditions, Paris, 1983).

Pettigrew A., « Context and Action in the Transformation of the Firm », *Journal of Management Studies*, vol. 24, n° 6, 1987.

Pfeffer, J., Veiga J. F., « Putting People First for Organizational Success », *The Academy of Management Executive*, vol. 13, n° 2, 1999, pp. 37-48.

Piaget J., *La psychologie de l'intelligence*, Armand Colin, 1947.

Piaget J., *Le jugement moral chez l'enfant*, Paris, F. Alcan, 1932.

Picq T., « Partager des valeurs pour créer de la valeur », *in Management et conjoncture sociale*, n° 615, été 2002.

Picq T., Retour D., « La délégation managériale, levier de la responsabilisation croissante », *Gestion*, vol. 25, hiver n° 4, 2001.

Piotet F., Sainsaulieu R., *Méthodes pour une sociologie de l'entreprise*, Presses de la fondation nationale des sciences politiques & ANACT, 1994.

Polanyi M., *The Tacit Dimension*, Londres, Routledge & Kegan Paul, 1966.

Porter L. W., Lawler E. E., *Managerial Attitudes and Performance*, Illinois, Irwin and Dorsey, 1968.

Powell W. W., Di Maggio P. J., *The New Institutionalism in Organizational Analysis*, Chicago, University of Chicago Press, 1991.

Pruitt, D. G., *Negotiation Behavior.* New York, Academic Press, 1981.

R

Raulet-Croset N., « Processus de structuration et émergence de la coopération », *in* T. Froehlicher, S. Vendemini (eds), *Connivences d'acteurs, contrats, coopération inter-entreprises et métamorphose des organisations*, Nancy, Presses universitaires de Nancy, 1999.

Renault, « Les U.E.T. de production », *Les dossiers du Progrès. Renault Fabrications*, Dossier n° 1 bis, 1996.

Reynaud J.-D., *Les règles du jeu ; l'action collective et la régulation sociale*, Armand Colin, 1989.

Riveline C., « Un point de vue d'ingénieur sur la gestion des organisations », *Gérer et comprendre*, décembre 1991.

Roethlisberger F. J., Dickson W. J., *Management and the Worker*, Cambridge, Mass., Harvard University Press, 1939.

Rojot J., *Théorie des organisations*, Eska, 2003.

Ross L., « The Intuitive Psychologist and His Shortcomings: Distortions In The Attribution Process, *in* L. Berkowitz (ed), *Advances In Experimental Social Psychology*, vol. 10, New York, Academic Press, 1977.

Rousseau J.-J., *Du contrat social*, Garnier-Flammarion, 1966.

Roy J.-L., « De l'usage du deuil dans l'entreprise », *L'Expansion Management Review*, septembre 1997.

Roy M., Guindon J.-C., Bergeron J.-L., Fortier L., Giroux D., *Équipes semi-autonomes de travail*, Montréal, IRSST, 1998.

S

Saigne M., Trouillet M., Lavalette F., « Les cadres prennent de la distance », *Enjeux Les Échos*, n° 186, décembre 2002.

Sainsaulieu R. (dir.), *L'entreprise, une affaire de société*, Paris, Presses de la FNSP, 1990.

Sainsaulieu R., *L'identité au travail*, Paris, Presses de la FNSP, 1977.

Sapir E., « The Status of Linguistics as a Science », *Language*, 5, 1929, pp. 207-214.Sarnin P., *Psychologie du travail et des organisations*, de Boeck, 2007.

Savel S., Gauthier J.-P., Bussières M., *Déléguer, voyage au cœur de la délégation*, Éditions d'Organisation, 2000.

Schachter S. *et al.*, « An Experimental Study of Cohesiveness and Productiving », *Human Relations*, août 1951, pp. 229-239.

Schein E., *Organizational Culture and Leadership*, San Francisco, Jossey-Bass, 1985.

Schermerhorn J. R., Chappell D. S., *Principes de management*, Québec, Village Mondial, 2002.

Secord P. F., Backman C. W., *Social Psychology*, 2e éd., New York, McGraw-Hill, 1974.

Segrestin D., *Les chantiers du manager*, Armand Colin, 2004.

Semler R., *Maverick*, Éditions Century, Londres, 1993.

Senge P., *The Fifth Discipline*, New York, Doubleday/Currency, 1990.

Shannon C. E., Weaver W., *The Mathematical Theory of Communication*, Urbana, University of Illinois Press, 1949.

Sheldon W. H., Stevens S. S., *The Varieties of Temperaments*, New York, Harper, 1942.

Sherif M., *Intergroup Relations and Leadership*, New York, Willey, 1962.

Sherif M., « The Concept of Reference Group in Human Relations », *in* M. Sherif, M. O. Wilson (eds), *Group Relations at the Crossroad*, New York, Harper, 1953.

Sherif M., *The Psychology of Social Norms*, New York, Harper and Bros, 1936.

Simmel G., *Le conflit*, Paris, Circé, 1999 (1908, édition originale).

Simon H., *Administration et processus de décision*, Economica, 1947.

Simon H., *Administrative Behavior*, 2nd edition, New York, MacMillan, 1957.

Skinner B. F., *Pour une science du comportement : le behaviorisme*, Delachaux & Niestlé, 1974.

Skinner B. F., *The Behavior of Organisms*, New York, Appleton, 1938.

Smith A., *Recherches sur la nature et la cause de la richesse des nations*, Paris, Guillaumin, 1881 (1776, édition originale).

Srivasta S., Paul F., Salipante J., « Autonomy in Work », *in* L. Spray, *Organizational Effectiveness : Theory, Research, Utilization*, Kent, KenState University Press, 1976, pp. 49-60.

Stogdill R. M., « Personal Factors Associated with Leadership : A Survey of the Literature », *Journal of Psychology*, 25, 1948, pp. 35-71.

Strebel P., « Why Do Employees Resist Change ? », *Harvard Business Review*, mai-juin 1996.

Stoczkowski W., *Anthropologies rédemptrices. Le monde selon Lévi-Strauss*, Herman, 2008.

Sullivan H. S., *Conceptions of Modern Psychiatry : The Study of Interpersonal Relations*, Londres, Tavistock, 1955.

Sutherland R. L., Woodward J., *Introductory Sociology*, New York, Lippincott, 1937.

T

Tajfel H., « La catégorisation sociale », *in* S. Moscovici (ed), *Introduction à la psychologie sociale*, tome 1, Paris, Larousse Université,1972.

Tannenbaum A. S. *et al.*, *Hierarchy in Organizations*, San Francisco, Jossey-Bass, 1974.

Taylor F., *Direction scientifique des entreprises*, Dunod, 1971 (1911, édition originale).

Terssac G. (de), *Autonomie dans le travail*, PUF, 1992.

Terssac G. (de), Maggi, B., « Autonomie et conception », *in* G. de Terssac, E. Friedberg, *Coopération et conception*, Toulouse, Octares, 1996, pp. 243-266.

Terssac G. (de), Reynaud J.-D., « L'organisation du travail et la régulation sociale », *in Les nouvelles rationalisations de la production*, Paris, CEPAD, 1992, pp. 169-187.

Thévenet M., *La culture d'entreprise*, PUF, 1993.

Thévenet M., « L'écot de la mode », *Revue française de gestion*, sept.-déc., 1985.

Thévenot L., « Les investissements de forme », *Conventions économiques*, PUF, Cahiers du centre d'étude de l'emploi, 1983.

Thibaut J. W., Riecken H. W., « Some Determinants and Consequences of The Perception of Social Causality », *Journal of Personality*, 24, pp. 113-133, 1955.

Thomas C., *Suppression ou transformation des hiérarchies intermédiaires : une subtile alchimie*, Lyon, ISEOR, IAE de Lyon, E.M. Lyon, 1999.

Thomas W., Znaiecki F., *The Polish Peasant in Europe and America*, Boston, Richard G. Badger, 1918, 5 vol. ; 2° éd. 1927, New-York, Knopf, 2 vol.

Thompson J. D., *Organizations in Action*, McGraw-Hill, New York, 1967.

Thorndike E. L., *Animal Intelligence*, New York, MacMillan, 1911.

Thorsrud E., « La démocratisation du travail et le processus de transformation de l'organisation », *Sociologie du travail*, juillet-septembre 1975, n° 3.

Tixier P.-E., Ramirez R., Heckscher C., Maccoby M., *La métamorphose des géants*, Éditions d'Organisation, 2005.

Touzard H., « De la théorie des jeux à la négociation », *in* C. Roland-Lévy et Adair P., *Psychologie économique : théories et applications*, Economica, 1998, pp. 231-243.

Trist E., « The Evolution of Socio-Technical Systems as a Conceptual Framework and as an Action Research Program », *in* A. Van de Ven, W. Joyce (eds), *Perspectives on Organization Design and Behavior*, New York, John Wiley, 1982.

Trist E., Bamforth K., « Some Social and Psychological Consequences of the Longwall Method of Coal Getting », *Human Relations*, 1951, 4:3-38.

Trist E., Murray H., *The Social Engagement of Social Science*, Philadelphia, The University of Pennsylvania Press, 1990.

Turgeon B., *La pratique du management*, Montréal, McGraw-Hill, 1985.

U, V

Usunier J. C., *Commerce entre cultures*, PUF, coll. Gestion (tome 1), 1992.

Valeyre A., « Les formes d'autonomie procédurale dans le travail individuel, disparités sectorielles et déterminants organisationnels, cognitifs et marchands », *Travail et emploi*, mars 1998, vol. 76, pp. 25-36.

Vroom V., *Work and Motivation*, New York, John Wiley and Sons, 1964.

W

Watson J. B., Rayner R., « Conditioned, Emotional Reactions », *Journal of Experimental Psychology*, 1920.

Watzlawick P., Helmick-Beavin J., Jackson D., *Pragmatics of Human Communication. A Study of Interactional Pattern, Pathologies, and Paradoxes*, New York, W. W. Norton, 1967.

Watzlawick P., Weakland J., Fisch R., *Change. Principles of Problem Formation and Problem Resolution*, 1973 (traduction française : *Changements : paradoxes et psychothérapie*, Seuil, 1975).

Weber M., *Essais sur la théorie de la science*, Presses Pocket, 1992 (1904, édition originale).

Weber M., *Économie et société*, Plon, 1995 (1922, édition originale).

Weick K. E., *The Social Psychology of Organizing*, Addison-Wesley, 1969.

Weil P., *Communication oblige !*, Éditions d'Organisation, 1990.

Whorf B. L., *Language, Thought, and Reality : Selected Writings*, Cambridge, Mass., Technology Press of MIT, 1956.

Wiener N., *Cybernetics*, New York, John Wiley & Sons, 1948.

Woodward J., *Industrial Organization: Theory and Practice*, London, Oxford University Press, 1965.

Z

Zadi M., *Culture africaine et gestion de l'entreprise moderne*, Abidjan, CEDA, 1998.

Zarifian P., « L'émergence du modèle de la compétence », *in* F. Stankiewicz, *Les stratégies d'entreprises face aux ressources humaines — L'après-taylorisme*, Economica, 1988, pp. 77-82.

Zarifian P., *Le travail et l'événement*, L'Harmattan, 1995.

Zarifian P., *Objectif Compétence*, Paris, Liaisons, 1999.

Zarifian P., *Quels modèles d'organisation pour l'industrie européenne ? L'émergence de la firme coopératrice*, L'Harmattan, 1993.

Index

D

Q

R

S

S. BETHUNE

sepec
L'imprimerie spécialisée dans le livre

Achevé d'imprimer sur les presses de la SEPEC
1 rue de Prony - 01960 PERONNAS
www.sepec.com
Tél : +33 (0)4 37 62 11 06

Dépôt légal : Février 2009

IMPRIM'VERT®